50 *Klassiker*
EROTISCHE LITERATUR

Sinnliche Zeilen über die Liebeskunst
dargestellt von Barbara Sichtermann und Joachim Scholl
unter Mitarbeit von Birgit Fricke

GERSTENBERG

4

Alles beim Namen nennen

■ Illustration zu der *Ars amatoria,* der *Liebeskunst* des römischen Dichters Ovid. Das Werk ist voller Weisheit über Männer und Frauen, geht weit über Ratgeberliteratur hinaus.

Dass es erotische Literatur überhaupt gibt, hängt mit der Verborgenheit zusammen, in der das Liebesleben der Menschen sich in aller Regel abspielt, das illegitime ebenso wie das von Sitte und Moral abgesegnete. Es muss immer noch eine Tür zusätzlich aufgestoßen werden, wenn von der Liebeslust erzählt werden soll, oder von Lust ohne Liebe, von Liebe zur Lust, von Lust aus Liebe … eine Geheimtür ins Seelenleben, von der die handelnden Personen eines Romans oft selbst nichts wissen. Auf diese Türöffnung muss der Verfasser von Erotika sich verstehen. Der klare Verstand wird im Reich der Lüste außer Kraft gesetzt; die Begierden, die Passionen und die Ängste, die dort lauern, sind nicht so einfach beim Namen zu nennen wie die Entscheidungen der Vernunft oder des Herzens. Und die Vorgaben der Kultur, in der religiöse und weltlich-moralische Ge- und Verbote sich mischen, tun ein Übriges, um die Arbeit von Dichterinnen und Romanciers, die über Sex schreiben wollen, zu erschweren. Es ist ja keineswegs immer erlaubt, was gefällt, und was gefällt, wandelt sich mit den Jahrhunderten. Zudem reicht die Skala der erotischen Sehnsüchte von der Unterwelt bis in den Himmel; zwischen den Geschlechtern, den Generationen und den Individuen können die Varianten enorm sein.

Dennoch gibt es so etwas wie ein Grundmuster oder einen Hauptstrom, in den die meisten Wünsche der meisten Menschen einfließen. Auch die Utopie eines harmonischen Sexlebens im Zeichen der Gleichheit beider Geschlechter kehrt öfters wieder. Und beide, Grundmuster wie Utopie, sind sehr alt und zugleich aktuell, so dass wir den Zerfall aller Gewissheiten im Reich des Sexus nicht befürchten müssen. Die Verschiedenheit der erotischen Vorlieben und Spielarten ist groß, aber die Gefühle der Wollust und das Glück der Erfüllung sind immer ähnlich.

So kann man schon im *Hohelied* des Salomo, das vor dreitausend Jahren entstand, vom Segen einer Sinnenlust lesen, der Mann und Weib gleichberechtigt als Gebende und Empfangende voraussetzt. Ein weiteres zeitloses Modell für freies Liebesleben liefert der römische Dichter Ovid. Er schrieb sein Lehrgedicht vor rund zweitausend Jahren, und was er aufbietet, könnte auch in einem zeitgenössischen Sex-Ratgeber stehen: wie man dem anderen Geschlecht imponiert, wie man wirbt und sich entzieht, wie man Spannung herstellt und löst, wie man lockt und spielt, wie man die Vereinigung inszeniert, Eifersucht verbirgt – oder auch schürt, falls das Feuer der oder des Geliebten zu erlöschen droht. Ein positives Menschenbild, das die Akteure trotz List und Lüge, zu der sie manchmal greifen, als Schenkende versteht und nicht als Beherrschende oder Unterworfene, macht die Lektüre dieser *Ars amatoria – Liebeskunst* zu einem ungetrübten Vergnügen. Und Ovids großes Gedicht legt Zeugnis davon ab, dass die antike Welt, anders als später die christliche, es verstand, Sex ohne Schuldkomplexe zu genießen. Auch Aristophanes, Catull und Lukian sprechen unbeschwert von körperlicher Liebe – wobei sie aber,

■ *Il cantico dei cantici.* Gemälde, 1890, von Domenico Morelli (1826–1901). Rom, Nationalgalerie für Moderne Kunst.
Das biblische *Hohelied* des Königs Salomo hat auch nach Jahrtausenden nichts von seinem erotischen Zauber verloren.

■ *Nana.* Gemälde, 1877, von Edouard Manet (1832–1883). Hamburg, Kunsthalle. Nana, der Hauptfigur des gleichnamigen Romans von Émile Zola, liegen alle Männer zu Füßen. Was sie schamlos ausnutzt.

wie auch Ovid, die Macht des Liebesgottes nie unterschätzen.

Die christliche Religion hat den Eros mit Eifer beargwöhnt. Nur in streng reglementierter Weise durfte er im Ehebett seine pflichtgemäße Rolle spielen. Dieser erstickende Zugriff der Kirche auf die Sexualität führte in der Literatur zu solch leblosen Ritualen wie dem Minnesang, und literarische Rebellen wie Walther von der Vogelweide mussten dafür sorgen, dass mit dem »roten Mund« der körperliche Reiz und der lustvolle Vollzug wieder besungen werden durften.

Der Kampf der Poeten und Erzählerinnen gegen die Leibfeindlichkeit des Christentums zieht sich durch das gesamte Mittelalter und die Neuzeit bis hinein in die Moderne; ausgestanden ist er im Grunde immer noch nicht. So machte es Giovanni Boccaccio, Pietro Aretino und Margarete von Navarra einen Heidenspaß, Mönche und Priester als praktizierende Lüstlinge bloßzustellen, und der Marquis de Sade bestand auf der Gotteslästerung als bestem Aphrodisiakum bei Orgien. Zugleich aber wirkte die Botschaft der Antike, ihre Assoziation von Sex mit Spaß, unterschwellig fort und regte Schriftsteller wie Nicolas Chorier oder Restif de la Bretonne zum Verfassen purer Pornographie an. Hier schlossen später Guillaume Apollinaire mit seinem *Don Juan*, »Walter« mit *Mein geheimes Leben* oder Oscar Wilde mit *Teleny* an.

Nicht weit entfernt von der Atmosphäre solcher »mit einer Hand« zu lesenden Bücher sind die »Dirnenromane«, die wieder ein eigenes Genre bilden. Hierher gehört nach Aretinos *Kurtisanengesprächen* die berühmte *Fanny Hill* von John Cleland, ferner die *Josefine Mutzenbacher* eines anonymen Autors und auch die skandalöse *Nana* von Émile Zola. »Es geht mir darum, alles beim Namen zu nennen«, schrieb der Romancier. Pornographisch ist sein Buch allerdings nicht. Es arbeitet eher die zerstörerische

Seite sexueller Besessenheit heraus. Das gilt ebenso für Alberto Moravias Buch *Die Römerin*. Doch die Grundidee eines jeden Dirnenromans hat auch Zola und Moravia inspiriert: die Begeisterung einer Hure für ihren großartigen Beruf. Dass es sich hierbei um eine männliche Projektion handeln könnte, also um eine den Prostituierten von ihren Freiern (und den Romanautoren) angedichtete Freude am Akt mit zahlenden Fremden, dieser Gedanke floss erst in die Literatur ein, als der Feminismus anfing, die Varianten weiblicher Unterwerfung und besonders deren angebliche Freiwilligkeit unter die Lupe zu nehmen.

Es begann mit George Sand. Diese mutige Schriftstellerin brach mit den Anstandsregeln ihrer Zeit, als sie – etwa in ihrem Roman *Lelia* – verzweifelt ausrief: Der weibliche Körper und sein Lustverlangen sind Terra incognita! Seither wird dieses unbekannte Land erkundet – von Frauen wie Pauline Réage, die mit ihrer *Geschichte der O* das Genre der SM-Pornographie neu erfand, von Anaïs Nin, Emmanuelle Arsan, Erica Jong, Marguerite Duras und Benoîte Groult. Wie lassen sich die Resultate dieser Forschungen zusammenfassen? Frauen wollen mehr Zeit, mehr Aufmerksamkeit, mehr Phantasie, mehr Einfühlung und mehr Autonomie beim Sex. Aber sonst sind sie den Männern nicht völlig unähnlich. Ein Gutteil jener Benachteiligungen, auf die einst Madame Sand verwies, ging nicht auf die Natur der Geschlechter zurück,

■ Die Autoren Albert Simon (links) und Raymond Queneau (rechts) mit »Pauline Réage«. Photo von 1955.
Nicht alle Autoren erotischer Literatur wollten sich zu ihrem Werk bekennen. Anne Desclos, die den Skandalroman *Geschichte der O* schrieb, benutzte nicht nur gleich zwei Pseudonyme, Dominique Aury und Pauline Réage, sondern verbarg auch ihr Gesicht in der Öffentlichkeit.

sondern auf die Moral der Gesellschaft, die es Frauen untersagte, in die Welt hinauszugehen, um ihre Sexualität zu erleben und deren Räume auszumessen. Das ist inzwischen anders, wie die sicher nicht zufällig weit gereisten Protagonistinnen aus *Emmanuelle, Angst vorm Fliegen, Der Liebhaber* und *Salz auf unserer Haut* beweisen.

Auch Männer können ihr Liebesleben als ein Medium der Emanzipation von einengenden Rollenvorgaben verstehen. So ist die berüchtigte *Lady Chatterley* von D. H. Lawrence in Wahrheit nichts weniger als der Versuch, neue soziale Werte zu etablieren, die sich auf Respekt vor dem Sexus und seiner Naturnähe gründen. Und Friedrich Schlegels *Lucinde* erregte vor allem deshalb Anstoß, weil der Autor für die Einheit von Ehe, Liebe und erfüllter Sexualität eintrat.

Immer wieder haben Schriftsteller versucht, durch die Schilderung erotischer Abenteuer und Verirrungen Gesellschaftskritik zu üben. Bei homosexuellen Autoren, denen Schande und Gefängnis drohten, liegt das nahe. Die Bücher von Djuna Barnes, Oscar Wilde, Jean Genet und James Baldwin sind auch gegen die gefühllose Intoleranz ihrer Zeit gerichtet, unter der die Verfasser bitter zu leiden hatten. Schon ein Pietro Aretino wollte seine *Kurtisanengespräche* als satirische Abrechnung mit dem verderbten Ungeist der Gesellschaft verstanden wissen, ganz wie Choderlos de Laclos, dessen *Gefährliche Liebschaften* die im Ancien Régime gängige Verknüpfung von Sex mit Herrschsucht, Intrige und Manipulation geißelten. George Sand hatte bei *Lelia* ebenfalls Kritik an Konventionen im Sinn. Am schärfsten aber hat Aristophanes mit der *Lysistrata* über seine in den Bürgerkrieg verrannte Epoche Gericht gehalten. Ob er selbst geglaubt hat, dass ein Sexstreik Frieden erzwingen könne, mag zweifelhaft sein. Aber die Idee fasziniert bis heute.

Autobiographien können ebenfalls Amor in den Mittelpunkt stellen und einen Lebensweg von erotischen Eskapaden, sexuellen Eroberungen und amourösen Verwicklungen her nachzeichnen. So verfuhr Frank Harris in *Mein Leben und*

■ Auf einem Maskenball. Farbdruck, 1908, von Ferdinand von Reznicek (1869–1909). In Arthur Schnitzlers *Traumnovelle* geht es sehr geheimnisvoll zu. Muss die Psychoanalyse die erotischen Abgründe des Menschen enträtseln?

Lieben, er büßte seine Offenheit mit Verfemung. Etwa 150 Jahre zuvor hatte Giacomo Casanova in ähnlich freimütiger Weise sein Glück in der Liebe geschildert – das Manuskript zunächst aber nicht für den Druck bestimmt. Als der dann doch für einen Skandal sorgte, konnte posthum nur noch der Name des Venezianers darunter leiden. Henry Miller und Philip Roth legten Werke über ihr Leben mit dem Trieb zu einer Zeit vor, die keine moralische Abscheu mehr davor hatte, jene »Geheimtür« ins Seelenleben aufzustoßen, obschon es ihr weiterhin schwerfiel. Und da beide Schriftsteller imstande waren, über ihre Erotomanie auch zu lachen und lachen zu machen, ging es mit ihnen gut aus: Ruhm statt Reue.

Ein Sonderfall im Bereich der erotischen Biographie ist Goethe. Seine späte Erweckung zur Sinnenlust hat der Dichter in den *Römischen Elegien* zu Versen verarbeitet, deren sexueller Kern von der Literaturgeschichte lange verleugnet wurde – das prüde 19. Jahrhundert wollte nicht zugeben, dass der »Olympier« einen Unterleib besaß. Auch bei Thomas Mann, dem eine ähnliche Heiligsprechung widerfuhr, wurde anfangs nicht gern klar gesagt, dass *Der Tod in Venedig* sich Erregungen verdankt, die der Meister aus eigenem Erleben kannte. Leopold von Sacher-Masoch gehört ebenfalls in diese Reihe, er schrieb *Venus im Pelz* unter dem Eindruck persönlicher Erfahrung. Musste doch seine

■ Harmonische *ménage à trois:* Der Schriftsteller Henry Miller (Fred Ward), gerahmt von seiner Geliebten Anaïs Nin (Maria de Medeiros, links) und seiner Ehefrau June (Uma Thurman). Szene aus dem Film *Henry & June* von Philip Kaufman (USA 1990).

Frau nackt im Pelz einhergehen, und er bestand darauf, von ihr erniedrigt zu werden – womit er nebenbei die Ansicht widerlegte, dass die Bereitschaft zu sexueller Unterwerfung eine weibliche Besonderheit sei.

Die Psychoanalyse Sigmund Freuds hat mit größter Unbeirrbarkeit die Tür ins Untergeschoss der Seele aufgesperrt. Ihr im Grunde pessimistisches Menschenbild – sind wir doch alle von den Dämonen unserer Triebe ferngesteuert – blieb nicht ohne Einfluss auf die erotische Literatur, auch dort, wo Autoren betonen, von der Analyse rein gar nichts zu halten. So nimmt die in Freuds Wien entstandene *Traumnovelle* von Arthur Schnitzler das Motiv des Erschreckens vor den eigenen Triebwünschen auf. Bei Philip Roth ist der »shrink«, der Seelenklempner, dann schon eher eine Lachnummer, auch bei Erica Jong, aber es bleibt dabei doch klar, dass das dahintersteckende Problem ernst ist. Das wahrscheinlich wirkungsvollste Werk über eine erotische Obsession, in der die erstrebte Lust in den Qualen des Schuldgefühls erlischt, ist Vladimir Nabokovs *Lolita*. Das Werk über eine äußerst asymmetrische Liebesbeziehung wurde indiziert, was unnötig war, denn der Romanheld besorgte seine Verurteilung aufs Entschiedenste selbst.

■ Verbotene Liebe zu einem »Nymphchen«: Szene aus der Verfilmung des Nabokov-Romans *Lolita* von Adrian Lyne mit Dominique Swain in der Titelrolle und Jeremy Irons als Humbert Humbert (USA / F 1997)

Wir haben unsere Revue erotischer Literatur in den 1980er Jahren enden lassen. Was danach kommt, muss seine Tauglichkeit zum Klassiker erst noch beweisen. Die Szenerie ändert sich. Gedruckte Pornographie hat heute angesichts der Bilderflut im Internet an Relevanz eingebüßt. Ratgeberliteratur nach Art des Ovid, wie denn das sexuelle Glück zu machen sei, ist allerdings immer noch gefragt. Dagegen dürfte die Gesellschaftskritik unter dem Motto »Love and Peace« mit der Hippiebewegung abgeklungen sein. Und da Frauen als erotische Akteurinnen inzwischen weitgehend zu den Männern aufgeschlossen haben, ist eine feministische Neuauflage sexueller Aufklärung auch nicht zu erwarten. Heitere Dirnenromane sind wahrscheinlich für immer passé, stattdessen leben wir unter dem Schlagschatten, den die Psychoanalyse über das ganze 20. Jahrhundert geworfen hat. An ihm liegt es, wenn erotische Biographien derzeit eher vom Scheitern handeln als von der Erfüllung – obwohl ja eine neue Freiheit dafür sorgt, dass Abweichungen vom sexuellen Grundmuster unter »consenting adults« (Erwachsenen, die einvernehmlich handeln) nicht mehr sanktioniert werden. Das Reden über Sexualität ist erlaubt, ja erwünscht, es geschieht in einem breiten, toleranten Diskurs. Und doch wird jeder Leser, jede Forscherin, jeder Patient auf der Couch und jede Autorin erotischer Literatur die Erfahrung machen, dass es einen Widerstand unseres wachen Bewusstseins gibt, »alles beim Namen zu nennen«, dass die Tür ins untere Gelass der Seele sich nur schwer öffnen lässt. Sie hat die Neigung, stets aufs Neue zuzufallen.

■ Das junge Mädchen (Jane March) sieht den Chinesen ... Szene aus der Verfilmung von Marguerite Duras' *Der Liebhaber*, Regie führte Jean-Jacques Annaud (F / GB / VIE 1992).

Lass uns sehen, ob der Weinstock sprosst
Das Hohelied
Salomo

Im biblischen Buch der Könige wird die Geschichte Salomos und seiner Herrschaft erzählt. Demnach war Salomo der dritte König nach Saul und David, seinem legendären Vater, der den Riesen Goliath bezwang, die zwölf israelitischen Stämme vereinte und ein großes Reich schuf. Salomo festigte dessen Macht, errichtete eine Verwaltung mit Regierungsbezirken und Beamten, förderte den Handel mit den Nachbarvölkern und setzte ganz auf friedliches Miteinander, das er von einem modernen Heer schützen ließ. Die neuartigen Streitwagen wurden gefürchtet und ebenso berühmt wie die Weisheit und Menschlichkeit ihres Oberbefehlshabers.

Laut der Legende war es Gott selbst, der Salomo diese Gaben schenkte. In einem Traum erschien ihm der Höchste und fragte nach seinen Wünschen. Salomo wählte Weisheit, was dem Herrn so gut gefiel, dass er den jungen König zudem mit Macht und Reichtum ausstattete. Die nahezu vierzig Jahre während Regentschaft Salomos wird in der Bibel als Israels glücklichste Zeit bezeichnet, und die Eigenschaft, weise und gütig zu sein, hat seinen Namen über die Jahrtausende im Bewusstsein gehalten. Bis heute sprechen wir von einem »salomonischen« Urteil, wenn uns ein Schiedsspruch, ob vor Gericht oder im Alltag, besonders ausgewogen und gerecht erscheint. Mit kritischem Unterton erzählt das Buch der Könige aber auch von diesen Neigungen des großen Herrschers: Salomo schätzte Pracht und Prunk, feierte rauschende Feste in seinem luxuriösen Palast – und liebte die Frauen! An Damen war in Salomos Leben wahrlich kein Mangel, sein Harem umfasste siebenhundert Haupt- und dreihundert Nebenfrauen! Und so nimmt es nicht wunder, dass man den einzigen wahrhaft erotischen Text der Bibel diesem sinnenfrohen Herrscher zugeschrieben hat.

Das ist das Lied der Lieder / das von Salomo stammt, lautet die Überschrift des *Hoheliedes,*

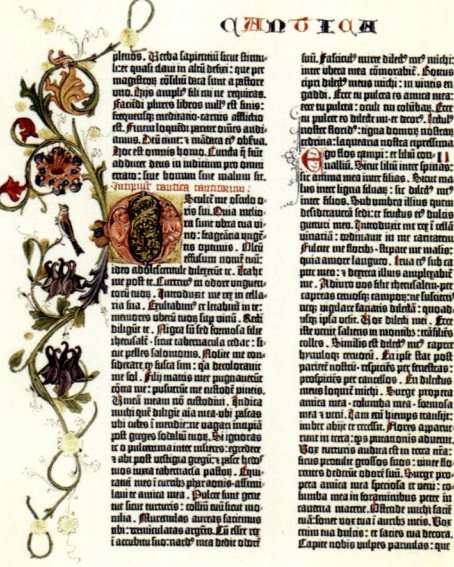

■ Das *Hohelied* Salomos in der Gutenberg-Bibel, gedruckt um 1455

dessen neuzeitlicher Titel von Martin Luther geprägt wurde. Aber nur die ersten Verse nehmen eindeutigen Bezug auf Salomo, preisen dessen Sinnlichkeit, seinen Reiz, den er auf Frauen ausübt, und wohl auch das Talent zur Liebe. Ebenso klar ist von Anbeginn, dass diese Liebe nicht nur Gefühl und romantischen Überschwang meint. Vielmehr geht es um Leidenschaft und Hingabe, um körperliches Verlangen und die Freude am Sex: *Er soll mich mit seinen Küssen küssen! / Ja, deine Liebe ist besser als Wein / und besser als der Duft deiner Salben. / Ausgegossenes Salböl ist dein Name; / darum lieben dich die Frauen. / Zieh mich hinter dir her. Wir wollen laufen. / Der König hat mich auf sein Zimmer*

■ *Il cantico dei cantici.*
Gemälde, 1890, von Domenico Morelli (1826–1901). Rom, Nationalgalerie für Moderne Kunst.
Wörtlich übersetzt lautet der Titel dieses Werks »Das Lied der Lieder«, wie im hebräischen Original. Die deutsche Bezeichnung »Hohelied« stammt von Martin Luther.

DICHTER SALOMO

Dass er als Einziger der israelitischen Könige tatsächlich ein Schriftsteller war, bezeugt seine Spruchdichtung. Mehrere biblische Quellen weisen Salomo als Autor aus. Für den oder die Verfasser des *Hoheliedes* existieren keinerlei Belege. Dass Salomo persönlich daran mitgeschrieben hat, ist eher unwahrscheinlich. Manche Texte könnten allerdings im Umkreis Salomos, vielleicht sogar an seinem Hof, entstanden sein.

■ *Salomon als Dichter des Hohelieds.* Kupferstich, 1625 / 1627, von Matthäus Merian (1593–1650)

»Nicht obwohl, sondern weil das *Hohelied* ein ›echtes‹, will sagen: ein ›weltliches‹ Liebeslied war, gerade darum war es ein echtes ›geistliches‹ Lied der Liebe Gottes zum Menschen. Der Mensch liebt, weil und wie Gott liebt. Seine menschliche Seele ist die von Gott erweckte und geliebte Seele.«
Franz Rosenzweig, jüdischer Religionsphilosoph

gebracht. / Ausgelassen wollen wir sein, uns mit dir vergnügen. / Deine Liebe wollen wir rühmen höher als Wein. / Zu Recht lieben sie dich.

Die Bibel gliedert das *Hohelied* in acht Kapitel mit insgesamt – je nach Zählweise – rund 430 Versen. Die Forschung nimmt an, dass die einzelnen Abschnitte zu unterschiedlichen Zeiten entstanden, und so bildet der Text kein geschlossenes Ganzes, sondern eine Folge von Gedichten, in denen sich weibliche und männliche Stimmen bei der Feier der Liebe und des jeweils geliebten Menschen abwechseln. Einheitlich jedoch sind Form und Duktus, etliche Motive und Metaphern, wie man sie aus altorientalischer, vornehmlich ägyptischer Fest- und Liebeslyrik kennt. *Siehe, du bist schön, meine Freundin / Deine Blicke sind Tauben / hinter deinem Schleier hervor. / Dein Haar ist wie eine Ziegenherde, / die vom Gileadgebirge herabstürmt / … / Wie der Davidsturm ist dein Hals / aufgebaut in Schichten / Deine Brüste sind wie zwei Kitzlein, Zwillinge einer Gazelle, die unter Lotosblumen weiden.*

Das ist die bekannteste, meistzitierte Passage, die uns intuitiv poetisch wunderschön vorkommt, in ihren Einzelheiten jedoch einiger historischer Klärung bedarf. Die Tauben etwa symbolisieren zu jener Zeit noch längst nicht den Frieden, sondern gelten als Liebesbotinnen. Sie durchbrechen den sittsamen Schleier wie das Haar, dem mythisch-erotische Kraft zugebilligt wird. Man erinnere sich an den biblischen Samson, der all seine Kraft verliert, weil ihm das Haar abgeschnitten wird. Im Gedicht stürmt es wie eine Ziegenherde, frech wallen demgemäß die Locken und verheißen ungestüme, animalische Lust. Ziegen waren in der Region von Salomos Reich meistens schwarz; der zeitgenössische Leser wusste also sofort, von welcher Haarfarbe hier die Rede ist. Das Gileadgebirge wiederum war für seinen Herdenreichtum berühmt, zugleich ein hart umkämpftes Grenzgebiet. So wird die besungene Schönheit zum flotten, auch gefährlich heißen Feger, der überdies stolz den Hals reckt. Dafür steht der uns heute wenig charmant erscheinende Vergleich mit einem Turm, der aber in der poetischen Bildsprache der Epoche ein überaus reizvolles Kompliment bedeutet. Mehrfach finden sich im *Hohelied* die Brüste, die hier

flinken und verspielten Gazellenjungen äh-
neln, andernorts strotzenden Weintrauben,
die der Geliebte wollüstig aussaugt. Als eines der häufigsten Motive in der ägyptischen
Ikonographie verkörpert eine Gazelle die
Anmut der Natur, während die Weintraube
der hebräischen Überlieferung zufolge le-
ben- und lustspendende Nahrung bedeutet.
Zeile für Zeile haben moderne Theologen
und Kunsthistoriker das *Hohelied* solcherart
entschlüsselt und sind sich heute, ungeachtet strittiger Details, weitgehend darin einig,
dass es ein erstes erotisches Meisterwerk der
Dichtung darstellt.

EIN SALOMONISCHES URTEIL
Die berühmteste Geschichte über Salomo
handelt von zwei Frauen, die sich um ein
Baby streiten. Jede behauptet, es sei ihr Kind.
Salomo lässt sich ein Schwert bringen, um den
Knaben gerecht zu »teilen«. Die eine Frau ist
damit zufrieden, die andere fällt weinend zu
Boden und fleht den König an, den Säugling
zu verschonen und ihn der Rivalin auszu-
händigen. »Das ist die Mutter«, befindet der
weise Salomo. Weil sie den Sohn eher hergibt,
als ihn tot zu sehen.

Frühere, fromme Exegeten indes hatten ihre liebe Not damit.
Jüdische Gelehrte verbannten den Text vorübergehend aus der
Heiligen Schrift, weil sie in dieser unverblümten Feier der Him-
melsmacht als irdisch-sexueller Kraft eine skandalöse Aufforderung zur außerehelichen Unzucht sahen. In der Tat sprechen die
Gedichte niemals von Heirat, Treue und Moral, vom Segen Gottes ganz zu schweigen: »Wenn jemand einen Vers aus dem *Hohelied* als profanes Lied singt oder wenn jemand in einem Gasthaus
einen Schriftvers zur ungeeigneten Zeit vorliest, so bringt er Unglück über die Welt«, heißt es in einem rabbinischen Text um
90 n. Chr.

■ *Salomo baut das Haus
des Herrn.* Holzschnitt, um
1860, von Julius Schnorr von
Carolsfeld (1794–1874).
Neben seinem Palast in
Jerusalem ließ Salomo einen
Tempel errichten, der die
Bundeslade, das Zentralheilig-
tum der Juden, enthielt.

Aber war nicht die Bibel,
mithin auch das *Hohelied,* das
Wort Gottes beziehungsweise
Jahwes? So gesehen musste eine
andere, dem göttlichen Autor
angemessene Deutung her; man
fand sie in der allegorischen
Auslegung, wonach die Dialoge
des Gedichts eine Zwiesprache
zwischen Gott und der Welt bedeuteten. Die Scholastiker des
Mittelalters arbeiteten mit Jesus
und Maria, allesamt verzweifelt
bemüht, dem Text höhere Wirklichkeit und Weihen zuzuweisen
und den Verdacht erotischer Libertinage zu zerstreuen. Über

■ Szene aus dem ameri-
kanischen Film *Salomon und
die Königin von Saba* (1959)
mit Yul Brynner und Gina
Lollobrigida in den Titelrollen.
Regie führte King Vidor.

»Wir beklagen freilich,
dass uns die fragmentarisch
durcheinander geworfenen,
übereinander geschobenen
Gedichte keinen vollen reinen
Genuss gewähren. Mehr-
mals gedachten wir aus der
lieblichen Verwirrung einiges
herauszuheben, aneinander
zu reihen, aber gerade das
Rätselhaft-Unauflösliche gibt
den wenigen Blättern Anmut
und Eigentümlichkeit.«
Goethe, *Noten und Abhandlungen zu besserem Verständnis
des West-östlichen Divans*

Jahrhunderte hielt sich diese Auffassung; erst mit der Aufklärung
setzte eine weltliche Lesart ein. In Deutschland war das vor allem Johann Gottfried Herder zu danken, der das *Hohelied* als
eine literarische Sammlung von Liebesliedern unterschiedlicher
Stimmen und Völker interpretierte. Im prüden späten 19. Jahrhundert reckten noch einmal konservative Kostverächter das Haupt.
Schließlich, 1943, erklärte ein Rundschreiben von Papst Pius XII.
den biblischen Text endgültig zur Literatur. Und inzwischen re-
zitieren fortschrittliche Priester gern die Verse, um die Emanzipation der Frau schon im Alten Testament zu verankern. Denn
auch das gehört zum schönen Wesen dieser Lyrik: Als einander
gleichwertige Partner besingen sich die Liebenden, keiner spricht
von Macht und Unterwerfung. Vielmehr zeigt sich entschiedenes
weibliches Selbstbewusstsein, wenn die Frau den Mann unverhohlen zum Beischlaf auffordert: *Auf, mein Geliebter, / wir wollen
aufs Feld hinausgehen, / wir wollen bei den Hennasträuchern ruhen, / wir wollen früh zu den Weinbergen aufbrechen! / Wir wollen
sehen, ob der Weinstock sprosst, / ob die Knospen sich öffnen, / ob
die Granatapfelbäume blühen! / Dort will ich dir meine Liebkosungen schenken.* Wer immer das *Hohelied* also schrieb – fest
steht, dass er um die Wahrheit wusste und sie in Worte goss, die
noch heute wirken.

SALOMO

 BIOGRAPHIE

In der Bibel, im 1. Buch der Könige, findet sich die sog. Thronnachfolgegeschichte. Darin wird erzählt, wie Salomo (auch: Salomon), Sohn König Davids, als dessen Thronerbe eingesetzt wird. Die Erbfolge geht jedoch nicht reibungslos vonstatten: Der Prophet Nathan und Salomos Mutter Bathseba müssen erst eine Verschwörung aufdecken, damit Salomos Halbbruder Adonija bei David in Ungnade fällt und der König seinem anderen Sohn den Vorzug gibt. Möglicherweise war Salomos Herrschaft anfangs also umstritten, weshalb es sein kann, dass sein Name, hebräisch für »der Friedliche«, lediglich ein Thronname war, der Vertrauen zu dem neuen König von Juda, Israel und Jerusalem schaffen sollte. Der Bibel zufolge fällt seine Regierungszeit in das 10. Jh. v. Chr.; genauer lassen sich seine Lebensdaten nicht ermitteln. Fest steht, dass Salomo große diplomatische Erfolge erzielt: Mit Hilfe kluger Heiratspolitik gelingt es ihm, das israelitische Großreich weitgehend ohne Blutvergießen zu stabilisieren. Gleichzeitig organisiert er die Verwaltung neu, baut die Festungen aus und modernisiert das Militär. Nach wie vor setzt er aber nicht auf kriegerische Aktivitäten, sondern auf geschickte Wirtschaftspolitik: Israelitische Handelsschiffe laufen phönizische Häfen an, segeln sogar bis nach Spanien. Zu dieser Weltoffenheit passt auch eine große Toleranz gegenüber fremden Religionen. Unter König Salomo gelangt das israelitische Großreich zu einer kulturellen Blüte. – Außer dem *Hohelied* werden

Salomo weitere Dichtungen zugeschrieben, ebenso die biblischen Bücher Sprüche und Prediger sowie die Weisheit, die Psalmen und die Oden Salomos.

 WISSENSWERTES

Der Tempel
König Salomo war nicht nur weltliches Oberhaupt der Israeliten, er war zugleich auch ihr oberster Priester. Sein Vater David hatte mit der Überführung der Bundeslade, des Zentralheiligtums der israelitischen Stämme, den ersten Schritt getan, Jerusalem zum religiösen Zentrum des Reiches zu machen; Salomo vollendete dieses Vorhaben, indem er dort einen prächtigen Tempel errichten und die Bundeslade in dessen Allerheiligstem aufstellen ließ. Der Tempel, der vermutlich um das Jahr 960 v. Chr. geweiht wurde, grenzte an Salomos Palast und lag in der Nähe des heutigen Felsendoms. Durch diesen neuen Mittelpunkt wurde Jahwe endgültig zum alleinigen Gott der Israeliten. Obwohl der Tempel mehrfach zerstört wurde, einmal im 6. Jh. v. Chr. und endgültig während des jüdisch-römischen Krieges um das Jahr 70 n. Chr., ist seine Bedeutung für das Judentum ungebrochen: Die sog. Klagemauer soll die ehemalige Westmauer des wiederaufgebauten Tempels sein. Sie ist bis heute das wichtigste jüdische Heiligtum. Hier wird aber nicht nur die Zerstörung des Tempels

beklagt, die Gläubigen wenden sich mit den verschiedensten Anliegen an ihren Gott.

 EMPFEHLUNGEN

Lesenswert:
Wenn er mich doch küsste. Das Hohelied der Liebe, übersetzt von Herbert Haag und Katharina Elliger, mit Bildern von Marc Chagall, Düsseldorf 2008

Israel Finkelstein, Neil A. Silberman: *David und Salomo. Archäologen entschlüsseln einen Mythos,* München 2006

Erich Zenger u. a.: *Einleitung in das Alte Testament,* Stuttgart 2008

Herbert Donner: *Geschichte des Volkes Israel und seiner Nachbarn in Grundzügen,* Göttingen 2001

Johann Maier: *Judentum von A bis Z: Glauben, Geschichte, Kultur,* Freiburg / B. 2001

Stefan Heym: *Der König-David-Bericht.* München 1972

Hörenswert:
Georg Friedrich Händel: *Salomo.* Oratorium 1749

Karl Goldmark: *Die Königin von Saba.* Oper 1875

Sehenswert:
Salomon und die Königin von Saba. Regie: King Vidor; mit Yul Brynner, Gina Lollobrigida. USA 1959

 AUF DEN PUNKT GEBRACHT

Bezaubernd, poetisch und echt modern: Mit seiner zärtlichen, humanen Feier von Liebe und Leidenschaft überstrahlt das *Hohelied* die vielen rüden Sexszenen des Alten Testaments.

Meisterwerk der Verbalerotik
Lysistrata
Aristophanes

■ Büste des Aristophanes. Der berühmte Dichter wurde im 5. Jh. v. Chr. in Athen geboren.

Es gibt wohl weltweit kein Theaterstück, das so dicht mit sexuellen Anspielungen gespickt ist wie die *Lysistrata* des Aristophanes. Das ist umso bemerkenswerter, als dieses Stück von einem Sex-Streik der Frauen handelt: Das, wovon alle reden, passiert nicht, und weil es nicht passiert, reden alle davon. Der Streik hätte ja auch den umgekehrten Effekt haben können: dass die frustrierten Athener und Athenerinnen mürrisch verstummen. Aber wir befinden uns erstens im klassischen Griechenland und zweitens in einer Komödie. Und deshalb muss das Thema Sex, egal ob es sich um geglückten oder vorenthaltenen Vollzug handelt, sozusagen in ganzer Pracht und Ausführlichkeit auf die Bühne.

Die griechischen Stadtstaaten befanden sich, als Aristophanes im Jahre 411 v. Chr. seine *Lysistrata* schrieb, seit zwanzig Jahren in einem verlustreichen Krieg gegeneinander, genannt der Peloponnesische Krieg. Das hegemoniale Athen kämpfte mit dem Attischen Seebund gegen den Peloponnesischen Bund unter Führung Spartas – Athen sollte in diesem Weltkrieg der Antike schließlich besiegt werden und untergehen. Aristophanes konnte gar kein anderes Thema haben als den Frieden. Aber er war kein naiver Pazifist, der etwa an die Macht guter Worte geglaubt hätte. Also überlegte er, was wohl eine ähnlich starke Triebkraft für die Menschen sein könne wie die Kriegslüsternheit. Und er kam auf die Liebe, genauer: die Lust, die Sexualität. Wenn die Frauen, so

DER THEATERBAU
Der Zuschauerraum des Athener Theaters war im Halbrund angeordnet. Er fasste ein nach Tausenden zählendes Publikum. Die vordere Bühne hieß Orchestra, hier agierte der Chor. Im Bereich der Skene, des Bühnenhauses im Hintergrund, befanden sich die Kulissen, hier traten die Schauspieler auf. Das überdachte Haus dahinter bot Platz für Garderoben sowie Kostüme und Gerätschaften. Es gab auch Maschinen im antiken Theater – etwa Kräne auf Rollen, die den »deus ex machina«, den »Gott aus der Maschine«, von oben hereinschweben ließen.

dachte er, der ewigen Feldzüge müde, sich zusammentäten und den Männern ihre Körper vorenthielten, bis der Frieden geschlossen sei, dann könnte es ein Innehalten unter den Kämpen geben, eine Umkehr, einen Sieg der Zivilität über den kriegerischen Geist. Und aus so einer erpresserischen Verschwörung der kriegsmüden Weiber ließe sich, so hoffte Aristophanes, eine witzige, frivole Komödie fabrizieren. Also gab er die Idee vom Sex-Streik seiner Hauptfigur Lysistrata (auf Deutsch heißt sie die »Heeresauflöserin«) ein und stellte diese Frau als zum Äußersten entschlossene Friedenskämpferin auf die Bühne. Schauplatz ist der Berg über der Stadt Athen mit der Akropolis und dem Parthenon, dem großen Tempel der Schutzgöttin Pallas Athene.

Lysistrata hat Boten ausgeschickt, an alle ihr bekannten Frauen Athens und auch der gegnerischen Stadt Sparta: Sie sollten zu ihr auf den Berg kommen, sie habe einen Plan, wie der Frieden zu gewinnen sei. Aber als sie mit ihrer Idee rausrückt: *Wir dürfen mit den Männern nicht ins Bett*, machen alle Freundinnen auf dem Absatz kehrt und streben zu Tal. *Was habt ihr denn? Wohin so eilig? Sagt!?* Myrrhine ruft: *Nein! Ich nicht! … da soll der Krieg doch weitergehen!* Und Kalonike: *Ich auch nicht! Lieber Krieg!*

■ Jelena-Ana Stupar als Myrrhine und Maxim Perju als ihr Mann Kinesias. Szene aus einer Ballettaufführung der *Lysistrata* im Jahr 2007 in Schwerin

Aber Lysistrata lässt nicht locker. Sie hat noch mehr in petto: Sie kapert die Kriegskasse und führt ihre Getreuen zur Besetzung der Stadtburg. Und schließlich gelingt es ihr, Myrrhine, Kalonike und die anderen zu überzeugen. *Seht her: Wir sitzen da, / zu Haus, ganz schön gemacht, im durchsichtigen Kleid, / geschminkt, so gut wie nackt. Da machen wir sie scharf. / Und dann, wenn's so weit ist, da machen wir nicht mit. / »Zuerst macht Frieden!«* Es kommt zum Schwur. Lysistrata: *Die Göttin (Athene) will, dass ihr den Schwur mir nachsprecht jetzt. / »Ich lass keinen Mann zu mir kommen, weder Liebsten noch Gatten.«* Kalonike und die anderen: »Ich lass keinen Mann zu mir kommen ...« Lysistrata: *»Auch wenn er kommt wie ein Sturmbock, der Mauern bricht ...« / Sprich doch nach!* Kalonike: *»Auch wenn er kommt wie ein Sturmbock ...« – O Göttin! / Mir werden die Knie ganz weich! – »... der Mauern bricht!«* Aristophanes macht sich einen Hauptspaß daraus, seine Schar verschworener Frauen als geiles Völkchen darzustellen, das sich durch seine Verweigerung vor allem erst mal selbst bestraft. Und trotzdem durchhält.

Zum Tumult kommt es, als die Männer in einer Gefechtspause die Burg zu erstürmen versuchen, um die Kriegskasse zurückzuerobern und ihre Gattinnen und Geliebten nach Hause zu holen. Männer und Frauen toben und schimpfen und hauen sich, sie werfen mit allem, was sie in die Finger bekommen, und sparen dabei nicht mit Beleidigungen. Das Weibervolk wird ausfallend, die Mannsleut denken an Vergewaltigung. Lysistrata: *Bei dir steht eh nichts mehr, so leg dich, / – dreckiger alter Hund!* Chorführer: *Am besten, wir binden sie an. / Ihr Größenwahn wird sonst zu groß. / Ein tüchtiger Mann, der steckt dann / ihnen doch noch Vernunft in den Schoß.* Das geht so weiter, bis die Heeresauflöserin zur Schlichtung des Geschlechterkrieges schreitet. Lysistrata (zu den Männern): *Ihr braucht nicht Stangen, ihr braucht Verstand.* Noch einmal beschwört sie ihr Frauenbataillon, den Streik nicht zu brechen. Und sie betet zu Aphrodite: *Doch hauche du, Gottheit der Liebe, / unsere Brüste, unsere Hüften heut an, / entfach die Begierde der Männer, / angespannt lass sie sich sehnen nach süßer Lust, / dass wir sie locken können und alle Griechen / uns rühmen müssen als die, die den Frieden bringen.*

Gekonnt spielt Aristophanes mit den Assoziationen, die sich zu »Frieden« und »Befriedigung«, zu »Waffe«, »Spieß«, »Stange«, zu »Höhle«, »Wolle«, »Feige«, zu »Zweikampf« auf dem Schlachtfeld und im Bett jeweils einstellen wollen, er führt den antiken Phalluskult in komödiantischer Verkleidung auf der Bühne fort und setzt ihn in Beziehung zur Kriegskunst. Erstmals denken die erregten Männer darüber

■ Nicht nur im Theater, auch in der bildenden Kunst pflegten die alten Griechen einen unverkrampften Umgang mit Sexualität. Davon zeugen die freizügigen Darstellungen auf Vasen, Trink- und Essgeschirr. Auf dieser Tonschale ist eine Satyr-Orgie zu sehen. Satyrn waren in der griechischen Mythologie wilde Fruchtbarkeitsdämonen im Gefolge des Dionysos. Tonschale, um 500 v. Chr., vom Nikosthenes-Maler. Berlin, Antikensammlung

nach, ob der Krieg sich noch lohnt, wenn der Preis so hoch ist.
Die Frauen bestehen darauf: Erst müssen die Waffen weggelegt
werden, bevor die friedlichen Lanzen der abgerüsteten Krieger
wieder treffen dürfen.

Wir wissen nicht genau, wie die Inszenierung auf der Bühne
ausgesehen hat, können aber einiges aus Text und Regieanweisun-
gen erschließen. Wahrscheinlich ging es hoch her. Beim Kampf
auf der Akropolis sind Männer und Frauen am Ende nackt, was
die symbolische Vertauschung von Krieg und Liebe oder: die Lie-

■ »Ihr braucht nicht Stangen,
ihr braucht Verstand!« Szene
aus einer Aufführung der
Lysistrata aus dem Jahr 1951 an
der Volksbühne Berlin

DER PHALLUS

Das erigierte männliche Glied galt in der Antike als Fruchtbarkeits-
symbol. Es wurde bei religiösen Feiern zur Anrufung der Götter
in vergrößerter Nachbildung von Tänzern vorm Schritt getragen
und geschwenkt; es sollte auch Gefahren bannen wie zum Beispiel
von Dämonen geschickte Krankheiten. Auf den »Phallophorien«,
Umzügen zur Feier des Phallus, wurden riesige künstliche Glieder
gezeigt. Überliefert ist der Einsatz eines vergoldeten künstlichen
Phallus von vierzig Metern Länge, der bei einem Festzug von einer
ganzen Truppe gestemmt wurde.

AUBREY BEARDSLEY.

■ Lysistrata hält eine Rede vor den athenischen Frauen, dass sie sich ihren Männern verweigern sollten, bis der Krieg beendet sei. Illustration, von Aubrey Vincent Beardsley (1872–1898). Berlin, Kunstbibliothek

be als Krieg umso augenfälliger gemacht haben dürfte. Die Antike kannte jene Hemmung und Scham noch nicht, die mit dem Christentum über Europa kam, sie feierte den Sexus völlig ungeniert in ihren Kulten, Epen und Illustrationen, von denen uns die Darstellungen ganzer Orgien mit in homo- und heterosexuellen Akten vereinten Liebesleuten als Zierrat auf Vasen und Trinkgeschirr erhalten geblieben sind.

Die unzensierte Sinnlichkeit, die das Stück des Aristophanes bis heute auf den Spielplänen hält, war im alten Athen Realität – unter den Männern nicht anders als unter den Frauen. Dennoch: Letztere waren vom politischen Leben ausgeschlossen, ihr Aktionsradius war aufs Haus beschränkt. Die hohe Stellung der Hetären und Aristophanes' Charakteristik seiner temperamentvollen Protagonistinnen sprechen indes dafür, dass es zur Zeit der griechischen Klassik Versuche gab, die Stellung der Frauen zu verbessern, ihnen mehr Freiheit zu gewähren. Die Literaturgeschichte betont, dass die Figur der Lysistrata (gespielt wurden alle Frauenrollen von Männern) jenseits jeglicher Karikatur als echte Heldin auftritt. Der Theaterbesuch war Frauen erlaubt. Sie saßen in ihrem eigenen Block und werden sich auf die Schenkel geschlagen haben, wenn Lysistrata ausrief: *Wer nur einen Finger gegen mich erhebt, / bei dem hat sich zum letzten Mal was erhoben.* Das Werk hatte seinerzeit großen Erfolg. Die Utopie allerdings, die am Ende aufscheint: ein Frieden, gegründet auf der Sehnsucht nach Liebe, blieb Theater. 405 v. Chr., sechs Jahre nach der Premiere der *Lysistrata,* erlitt Athen die finale Niederlage bei Aigospotamoi. Das war das Ende der wunderbaren Kultur des alten Griechenland.

ARISTOPHANES

BIOGRAPHIE

Die Lebensdaten des Aristophanes lassen sich nur aus den Aufführungsdaten seiner Werke erschließen. Seine erste Komödie stammt aus dem Jahr 427 v. Chr., die letzte ist von 386 v. Chr., man kann also davon ausgehen, dass er etwa von 445 bis 385 v. Chr. gelebt hat. Sicher ist, dass Aristophanes – als Einziger der großen Dramatiker Athens – das Jahr 404 v. Chr., in dem der Peloponnesische Krieg nach der Niederlage Athens in der Schlacht von Aigospotamoi 405 v. Chr. zu Ende ging, überlebte. Elf seiner insgesamt rund 40 Komödien sind erhalten: *Die Acharner, Die Ritter, Die Wolken, Die Wespen, Der Frieden, Die Vögel, Lysistrata, Thesmophoriazusen, Die Frösche, Ekklesiazusen* und *Plutos*.

WISSENSWERTES

Erotik in der Antike
Die Freizügigkeit, wie sie in Aristophanes' *Lysistrata* auf der Bühne gefeiert wird, war im antiken Griechenland nichts Ungewöhnliches. Der Umgang mit Sexualität war unverkrampft, der Phallus wurde kultisch verehrt, Darstellungen auf Vasen und anderen Keramikwaren zeigen in aller Deutlichkeit das gesamte Bandbreite homo- und heterosexueller Liebe. Die erotische Erziehung gehörte sogar ganz selbstverständlich zur Ausbildung von Jungen und Mädchen. So war es durchaus üblich, die Knaben bei einem älteren Mann in die Lehre zu geben; er unterrichtete sie in klassischen Schulfächern und führte sie zudem in die Geheimnisse der körperlichen Liebe ein. Von der Dichterin Sappho heißt es, sie habe eine Art Pensionat geführt, wo sie junge Mädchen auf ihr Leben als Ehefrauen vorbereitet habe – wozu neben dem Lesen und Schreiben auch die Liebeskunst gehört haben soll. Bei der Bewertung dieser Art von Ausbildung ist die heutige Forschung uneins; eine Passage in Platons Dialog *Phaidros* lässt vermuten, dass den Knaben und Mädchen die sexuellen Handlungen mit ihren sehr viel älteren Erziehern nicht immer angenehm waren: »Aber das Gezwungene, sagt man, ist gewiss allen lästig, in allen Dingen, und dieses noch zur Unähnlichkeit hinzu findet sich ganz besonders in dem Umgange des Liebhabers mit dem Liebling. Denn den so viel Jüngeren will der Ältere weder Tag noch Nacht gern verlassen, so wird er vom inneren Ungestüm und Stachel getrieben, welches ihm zwar immer Vergnügen gewährt, indem er den Geliebten sieht, hört und mit allen Sinnen genießt, so dass er ihm mit Lust unaufhörlich anklebend dient: welchen Trost aber oder welche Lust gewährt es dem Geliebten, um zu verhindern, dass er nicht, wenn er jenen so lange Zeit um sich hat, den äußersten Widerwillen fasse, indem er eine alternde nicht mehr blühende Gestalt vor Augen hat …«

EMPFEHLUNGEN

Lesenswert:
Aristophanes: *Lysistrate*, neu übersetzt von Niklas Holzberg, Stuttgart 2009

Ders.: *Sämtliche Komödien*, übersetzt von Ludwig Seeger, Zürich 1988

Peter von Möllendorff: *Aristophanes*, Hildesheim 2002

Bernhard Zimmermann: *Die griechische Komödie*, Frankfurt / M. 2006

Heinz-Günther Nesselrath: *Die attische mittlere Komödie. Ihre Stellung in der antiken Literaturkritik und Literaturgeschichte*, Berlin 1990

Jean Racine: *Die Prozesswütigen*, Hamburg 1961 (Komödie von 1668 nach *Die Wespen* von Aristophanes)

Rolf Hochhuth: *Inselkomödie*, Reinbek 1993 (Drama, ursprünglich erschienen unter dem Titel *Lysistrate und die NATO*)

Carola Reinsberg: *Ehe, Hetärentum und Knabenliebe im antiken Griechenland*, München 1989

Marguerite Yourcenar: *Feuer*, Frankfurt / M. 1998 (Erzählungen über die Liebeserlebnisse antiker Gestalten)

Hörenswert:
Paul Lincke: *Lysistrata*. Operette 1902

Sehenswert:
Boris Blacher: *Lysistrata*. Ballett 1950

AUF DEN PUNKT GEBRACHT

Von der Antike bis heute versetzt die »Heeresauflöserin« Lysistrata ihr Publikum durch die Hoffnung auf Frieden mittels Sehnsucht nach Sex in helle Begeisterung.

Römische Hochzeit
Gedichte 61 und 5
Catull

■ »Gib der Küsse mir tausend und dann hundert …«
Der Dichter Catull liest aus seinen Werken. Gemälde, 1885, von Stephan Wladislawowitsch Bakalowicz (1857–1947). Moskau, Tretjakow-Galerie

■ Gegenüber: Doppelporträt eines Ehepaars mit Hochzeitsgenius auf einem Sarkophag. München, Staatliche Antikensammlung und Glyptothek

Hochzeiten waren im alten Rom unter hochgestellten Familien eine Angelegenheit der Politik und der Vermögensmehrung – im Ehebett sollten Kinder gezeugt werden, aber erotische Freuden suchte der Mann zumeist woanders. Für die Frau war Lust nicht vorgesehen. Entsprechend verhalten wandten sich die Sänger von Hochzeitsliedern vor allem an die Götter und die Ahnen und ließen die Gattenliebe im engeren Sinne höchstens am Rande anklingen.

Ganz anders ist das bei Catull, Lyriker aus dem Jahrhundert vor Christi Geburt. Der griechische Einfluss, unter dem er stand, die dichterische Strömung der Neoteriker (»die Neuen«), die keine staatstragenden Hymnen mehr liefern, sondern eigene Erfahrungen in Poesie umsetzen wollten, all das führte dazu, dass aus seinen Hochzeitsgedichten erregende Oden von eindeutig erotischer Qualität wurden. Angerufen wird Hymen, der Gott des Ehebundes, aber er soll nicht nur den Bund im spirituellen Sinne segnen, sondern zuerst die Körperlichkeit des Paares. Er sei *Bote herrlicher Wonnen und / Stifter herrlicher Liebe.* Mit wahrer Begeisterung malt der Dichter den Akt aus, der den Jungvermählten nun gestattet ist. Er sagt zur Braut: *… zart, wie die Rebe sich / um benachbarte Bäume schlingt, / wird von deiner Umarmung fest / er umschlungen. Der Tag vergeht. / Komm, du heute Vermählte.* Auch das geschmückte Lager, Ort des Glücks eines jungen Paares, das seine Hochzeitsnacht genießt, bis in den hellen Tag schläft und sich dann erneut umarmt, bekommt seine Strophen: *O du Brautbett, so üppig für / Liebeswonnen bereitet mit / Purpurdecken aus Tyrus und / Indiens Elfenbein, schimmernd hell, / an den Füßen des Lagers, // wie doch Freuden jetzt deines Herrn / zahllos har-*

ren, und wie der Nacht / kurze Spanne, der Mittag ihm / Freuden spenden! Der Tag vergeht: Komm, du heute Vermählte!

Nein, da geht es nicht um Heiratspolitik, sondern um Sex, und wenn dieses Gedicht, das Catull für seinen Freund Lucius Manlius Torquatus und dessen Verlobte Vinia schrieb, auf der Feier vorgetragen worden ist, hat man sicher kräftig gelacht, gejohlt und sich zugetrunken.

Das Gedicht, in kurzen griechischen »Glykoneen« verfasst, spricht auch Mahnungen aus, das gehörte zum Ritual. So sollte Vinia nur ihrem Gatten angehören, während Lucius daran erinnert wird, dass es Zeit sei, seine Lustknaben (damals für den erotischen Zeitvertreib unverzichtbar und moralisch vertretbar) aufzugeben, und wenn sie noch so hübsche Locken hätten. Ja, der Favorit unter den Jünglingen, der zur Hochzeitsgesellschaft dazugehört, wird eigens verspottet. Denn nun ist es aus mit seinem Privileg.

Catull kam in Verona zur Welt; seine Familie war begütert und bedeutend, Cäsar selbst genoss ihre Gastfreundschaft. Aber Gajus Valerius wollte weder in der Politik noch beim Militär Karriere machen: Er ging nach Rom und wurde Dichter. Cäsar und Cicero, der größte Feldherr und der größte Rhetor jener Zeit, lehnten die Poesie der Neoteriker ab – sie war ihnen zu wenig staatstragend, zu persönlich, zu privat. Dabei hat Catull durchaus eine Funktion in der Öffentlichkeit wahrgenommen – er hat in etwa die Rolle gespielt, die heute die Boulevardpresse innehat. Das beweisen seine zahlreichen Schmähgedichte, in denen er prominente Personen des Ehebruchs, der Lüge oder des schlechten Geschmacks bezichtigt. Diese Gedichte waren nicht für die Schublade bestimmt, sie wurden auf dem Marktplatz vorgetragen oder an eine Wand gepinselt – und der Herausgeforderte konterte nach Kräften. Catull war ein arges Lästermaul und musste viel einstecken. Für sein Liebesleben galt das auch. Außer dem Lustknaben Juventius besang er seine Geliebte, die er Lesbia nannte, und er konnte sie – und sich selbst – aufs Grausamste verdammen, nachdem sie ihn verlassen hatte.

Erotische Empfindungen – das Verlangen, die Erfüllung, die Pein des Verlustes – sind ein großes Thema bei Catull; in dem von ihm selbst veröffentlichten Werk, einer Sammlung von Epigrammen, Poemen und Kurzepen, nimmt es breiten Raum

DAS BUCH
Zu seiner Zeit war Catull berühmt, sein Gedichtbuch hat wahrscheinlich viele Abschriften erfahren. Im 9. Jahrhundert noch bekennt ein Veroneser Bischof, gern und oft Catull zu lesen. Doch dann wurde der Poet vergessen. In Verona tauchte Anfang des 14. Jahrhunderts eine (heute verlorene) Handschrift auf, die vielfach kopiert wurde. Catull beeinflusste ab jetzt die Dichter aller kommenden Generationen. Sein Buch umfasst 116 Gedichte unterschiedlicher Länge plus einige Fragmente.

■ Darstellung der Clodia Pulcher, die wahrscheinlich Catulls Geliebte und Vorbild für seine »Lesbia« war.

ein. Kühn und frei spricht er von sich und seiner Liebsten: *Lass uns leben, meine Lesbia, lass uns lieben!*

Die Ordnung der Geschlechter, der zufolge ehrbare Ehefrauen ihrer häuslichen Pflicht oblagen und der Welt des Eros fernstanden, während die Männer an der Seite von Jünglingen und Hetären aus der Unterschicht ihrem Vergnügen nachgingen, erlitt während der Blütezeit des Imperium Romanum einige Risse. Bei Lesbia handelt es sich wahrscheinlich um die schöne Clodia, Frau eines Konsuls und zehn Jahre älter als Catull. Wenn der Dichter sich die Liebesgeschichte nicht ausgedacht hat, was unwahrscheinlich ist, ging hier also eine hochgestellte Dame offen fremd, und zwar nicht nur – zu dessen Verdruss – mit dem jungen Dichter. In dieser für die Schönheiten und Qualen der Liebe aufgeschlossenen Epoche suchte Catull lyrisch etwas zu greifen, was als Gegenstand der Dichtkunst schon deshalb zuvor kaum infrage gekommen war, weil es eines Mannes unwürdig war: die Leidenschaft. Die Hemmungslosigkeit. Die Maßlosigkeit. Ein Mann sollte sich immer in der Gewalt haben, so lehrten es die klassischen griechischen Philosophen, deren Nachfahren bei reichen Römern als Hauslehrer wirkten. Catull aber hielt es mit der verehrten Sappho und ließ sich von der Liebe überwältigen.

Im *Gedicht 5,* das an Lesbia gerichtet ist, gibt er der Unersättlichkeit des Verliebten die poetische Gestalt der unendlich vielen Küsse – nur wenige Gedichte der Weltliteratur sind so oft kopiert worden. *Gib der Küsse mir tausend und dann hundert, / dann noch tausend und noch hundert. / Sind's dann recht viele Tausend, bringen wir sie durcheinander, auf dass wir nichts mehr wissen / und damit uns kein schlechter Mensch es neide, / wenn er weiß, dass es so viel Küsse waren.*

SAPPHO

Dass Catull seine Angebetete Lesbia nennt, ist eine Huldigung an die Dichterin Sappho (gelebt um 600 v. Chr.), die von der Insel Lesbos stammte. Das Wort »lesbisch« oder »Lesbe«, das wir heute für eine homosexuelle Frau gebrauchen, wurde erst zweitausend Jahre später erfunden; zu Catulls Zeit – und natürlich auch zur Zeit Sapphos – war »Lesbia« nicht mehr als eine Herkunftsbezeichnung. Übrigens war Sappho gar nicht lesbisch, sondern bestenfalls »bi«. Sie war verheiratet und Mutter einer Tochter.

CATULL

BIOGRAPHIE

Catull wird vermutlich im Jahr 84 v. Chr. in Verona geboren. Sein Vater ist ein wohlhabender, angesehener Bürger. Als junger Mann begleitet Catull den Prokonsul Gajus Memmius nach Bithynien am Schwarzen Meer, gehört zum Stab des Provinzverwalters. Nach seiner Rückkehr zieht er nach Rom und beginnt, Gedichte zu schreiben. Sein weiterer Lebenslauf lässt sich leider nur anhand dieser Gedichte rekonstruieren. Sie legen nahe, dass er eine Affäre mit einer verheirateten Frau unterhält – vielleicht Clodia Pulcher, Schwester des Volkstribuns Publius Clodius Pulcher –, die zum Vorbild der Kunstfigur »Lesbia« wird. Nimmt man Catulls Gedichte wörtlich, endet diese Beziehung in der Katastrophe: »Lesbia« sucht sich andere Liebhaber und macht mit dem jungen Dichter Schluss, was dieser nur schwer verkraftet. Was dann passiert, bleibt im Dunkeln; wir wissen nur, dass Catull im Jahr 55 v. Chr. noch gelebt haben muss, da er in zwei Gedichten auf Ereignisse Bezug nimmt, die in jenem Jahr stattgefunden haben, nämlich das zweite Konsulat des Pompejus sowie die Britannienfahrt Cäsars. Danach ist der Dichter verstummt, weshalb man das Jahr 54 v. Chr. als sein Sterbejahr annimmt. Er hat eine Sammlung von 116 Gedichten hinterlassen, die grob in drei Gruppen eingeteilt werden: kürzere Liebes-, Preis- und Spottgedichte, umfänglichere Gedichte mythischen Inhalts und wiederum kürzere Elegien.

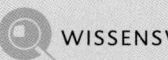

WISSENSWERTES

Lesbia

Mit großer Wahrscheinlichkeit gab es die von Catull besungene »Lesbia« wirklich, wenngleich sie einen anderen Namen trug. Das bedeutet jedoch nicht, dass man Catulls Lyrik als Autobiographie lesen sollte. Sicher war die Frau hinter dem Pseudonym Lesbia für ihn Inspiration, doch er »verdichtet« die Geschehnisse, abstrahiert das Erlebte sehr stark, um die von ihm beschriebenen Emotionen in großer Klarheit darstellen zu können: Liebe, Hass, Wut, Freude, Enttäuschung. Catull nutzt Lesbia, um diesen Gefühlen eine Gestalt und ein Gesicht zu geben. Das ist typisch für die Neoteriker, eine Dichterbewegung im Rom jener Zeit, die genau diese Subjektivität, diese starken Gefühle, das eigene Erleben zum Gegenstand ihrer Lyrik machten, anstatt, wie bis dato, sich dem Erhabenen zu widmen. Außer den berühmten erotischen Gedichten, die er nicht nur Lesbia, sondern auch dem Jüngling Juventius widmete, verfasste Catull bitterböse Spottgedichte auf Angehörige der römischen Oberschicht, scheute dabei auch vor Cicero und Cäsar nicht zurück. Als Catull dessen Präfekten Mamurra als *mentula*, »Schwänzelchen«, bezeichnete, verlangte Cäsar eine Entschuldigung. Catull zeigte Reue – Cäsar lud ihn zum Essen ein.

EMPFEHLUNGEN

Lesenswert:

Catull, lat.-dt., hrsg. und übersetzt von Werner Eisenhut, Düsseldorf 1994 (Versübersetzung)

Catull: *Sämtliche Gedichte*, lat.-dt., hrsg. und übersetzt von Michael von Albrecht, Stuttgart 1995 (Prosaübersetzung)

Cicero: *Rede für Marcus Caelius*, lat.-dt., mit einem Anhang ausgewählter Briefe des Caelius an Cicero, hrsg. und übersetzt von Marion Giebel, Stuttgart 1994 (Zeitdokument, das einen guten Einblick in die Kreise gewährt, in denen Catull verkehrte)

Niklas Holzberg: *Catull. Der Dichter und sein erotisches Werk*, München 2003

Hans Peter Syndikus: *Catull. Eine Interpretation*, Darmstadt 2001

Thornton Wilder: *Die Iden des März*, Frankfurt / M. 2004 (Roman über die letzten Tage Cäsars, in dem Catull und Clodia Pulcher wichtige Rollen spielen)

John Maddox Roberts: *Die Catilina-Verschwörung. Ein Krimi aus dem alten Rom. SPQR*, München 1993 (historischer Krimi, in dem Catull vorkommt)

AUF DEN PUNKT GEBRACHT

Der römische Poet hielt nichts von der staatstragenden Lyrik seiner Zeit und holte die erotische Leidenschaft in die Dichtkunst zurück.

Im Dienst der Venus

Liebeskunst
Ovid

Kaiser Augustus, Lenker des römischen Weltreichs zur Zeit von Christi Geburt, war ein sittenstrenger Mann. Er hielt es mit Zucht und Ordnung, auch und vor allem im Privatleben. Als er auf das neueste Werk seines Zeitgenossen Publius Ovidius Naso stieß, ein Lehrgedicht mit dem Titel *Ars amatoria,* »Liebeskunst«, war er sogleich skeptisch. Er las und urteilte: So geht es nicht. Und ihm fiel wieder ein, dass Ovids Name im Zusammenhang mit einer Ehebruchsaffäre in seiner eigenen Familie genannt worden war. Das reichte. Der Kaiser verbannte den damals 51-jährigen römischen Poeten, schickte ihn weit weg von der inspirierenden Metropole in das götterverlassene Nest Tomis am Schwarzen Meer. Dies geschah im Jahre 8 n. Chr. Zeitlebens versuchte Ovid, mit immer neuen Eingaben seine Rückkehr nach Rom zu erwirken. Vergebens. Augustus, auch sein Nachfolger Tiberius, beide blieben hart. Schließlich fand Ovid sich mit dem Exil ab. Er lernte die Sprache der Gegend, freundete sich mit den Menschen an und dichtete weiter.

Was war es nun aber, das den Kaiser an der *Liebeskunst* so sehr empört hatte? In der Tat ist dieses Werk etwas ganz Besonderes. Es ist ein Lehrgedicht, und es lehrt durchaus Moral – aber nicht die Moral der Gesellschaft, der zufolge der Ehestand sakrosankt und insbesondere die Verpflichtung der Frauen zu ehelicher Treue bindend war, sondern eine »Moral« der Leidenschaft, die kalte Pflicht im Ehebett verwirft und einzig dem heißen sexuellen Appetit ein Recht auf Befriedigung und dichterische Würdigung zugesteht. Alle Regeln und Gesetze von Ehe und Familie sind ausgeblendet, sie interessieren nicht. Auch die erotischen Spielereien mit Lustknaben und Hetären reizen Ovid nicht wirklich. Für ihn

■ Erotische Szene. Römisches Mosaik in Pompeji aus dem 1. Jh. n. Chr. Neapel, Archäologisches Nationalmuseum

gibt es nur eins im Liebesleben: dass ein Mann und eine Frau, die einander gefallen, anziehen und begehren, zusammenkommen, sich wechselseitig Lust schenken und diesen Genuss so raffiniert, so beglückend und so lange auskosten wie möglich. Dabei ist es völlig egal, ob die Frau verheiratet, jungfräulich, promisk oder eigentlich schon zu alt ist – und ebenso gleichgültig ist, ob der Mann versprochen, gebunden, arm oder eigentlich zu jung ist. Was zählt, ist allein die erotische Spannung. Ist sie entstanden, so dürfen – ja *sollen,* nach der Moral der Leidenschaft – Mann und Mädchen, Jüngling und Matrone sich aufeinander zubewegen, sich umwerben und umschwärmen und schließlich umarmen. Und es gibt nur eines, was sie dabei beachten müssen: alles vermeiden, was ihre Lust mindern könnte. So wollte Ovid sein Lesepublikum, Jungen und Mädchen, erziehen: zu hingebungsvollen Dienern und Dienerinnen der Venus. Den Begriff der Treue kennt er durchaus. Aber nicht als Treue des Gatten zur Gattin und vice versa, sondern zur Göttin der Liebe und ihren Geboten. Kein Wunder, dass später in christlichen Zeiten auch der Vatikan dieses Werk des Ovid auf den Index setzte.

■ Porträt des Ovid. Stich im Stil einer antiken Büste, undatiert

Breitesten Raum in dem ganz aus elegischen Distichen bestehenden Text nehmen wohl erwogene Hinweise darauf ein, was Jünglinge und Mädchen tun müssen, um sich angenehm zu machen; es geht um Schönheitspflege, elegante Kleidung, Gesprächskultur und liebenswürdiges Auftreten. Aber bald tut Ovid den nächsten Schritt und kommt auf die Taktiken der Verführung zu sprechen. Dabei ist wie selbstverständlich von einem Ehemann die Rede, dessen Abwesenheit es auszunutzen gilt, dessen Sym-

DAS AUF UND AB DER LIEBE

Die *Liebeskunst* besteht aus Distichen, aus Doppelversen: Nach einem Hexameter mit sechs Hebungen kommt ein Pentameter mit fünf Hebungen. Auf jede Hebung folgen zwei Senkungen, das heißt, auf eine betonte Silbe folgen zwei unbetonte. Schiller dichtete ein Distichon, welches das Distichon trefflich erklärt: *Im Hexameter steigt des Springquells flüssige Säule, / Im Pentameter drauf fällt sie melodisch herab.*

■ Diese Illustration zu Ovids *Liebeskunst* stammt aus dem 19. Jh. Das Werk taugt noch heute als Ratgeber in Sachen Erotik.

pathie der Liebhaber seiner Frau jedoch zuvor unbedingt erworben haben sollte, um unverdächtig zu sein – damit ist klargestellt, dass Ovid vor allem illegitime Verhältnisse im Auge hat und sich nicht etwa als Ehetherapeut aufspielen will.

Im Zentrum seines Gedichts steht die Kategorie des *Geheimnisses*. Nicht nur soll der Gemahl von der Affäre seiner Frau nichts wissen, auch die Liebesleute sollen aus sich selbst ein Geheimnis machen, um so immer wieder aufs Neue aufregend und anziehend zu sein. Von Verschwiegenheit hält Ovid sehr viel. Auch von der Kunst der Verstellung, des reizvollen Theaters zum Zwecke der Verführung und der Betörung. *Heimliche Minne lockt des Mädchens zärtlichen Sinn. / Doch sie versteht, gelassen und kalt sich zu zeigen. Ungeschickt nur verrät sich der glühende Jüngling.* Frauen, die nicht zum Höhepunkt kommen, rät Naso unverblümt zum Vortäuschen des Orgasmus: *Ach! Wenn Natur das Gefühl der Lust dir versagte, / So verbirg deine Schmach, suche den Trost der Verstellung. Gib, was du selbst nicht empfindest, dem andern als Gabe, / Lerne zu seufzen und stammeln liebreich, als fühltest auch du.*

Die Liebeskunst, von der Ovid spricht und zu der er hinführen will, ist großzügig, heiter, verspielt und frei – vorausgesetzt, das Paar wahrt sein Geheimnis. Die Geschlechter sind bei ihm und in Bezug auf sein Thema gleichberechtigt. Man könnte das bezweifeln, weil von den drei Teilen der *Ars amatoria* zwei den jungen Männern gewidmet sind und nur einer den Mädchen. Aber der Grund ist gewiss nicht, dass Ovid die Frauen weniger schätzte, sondern dass er ihren Instinkt in Liebesdingen für besser ausgebildet hielt als den der Männer. Vor allem die Neigung der Jünglinge, sich durch Angeberei zu verraten, machte ihm Sorgen:

Einer Geliebten / Treu dich zu wünschen fällt mir nicht ein. Aber mit Frauen / Doppelspiel meide oder bewahr das Geheimnis, / Birg nur dein Freien mit List, sei wachsam, zärtlicher Räuber … Schweigen soll Eitelkeit. Rühmende Worte verschmähe!

Aber wenn nun doch mal was rauskommt? Wenn der Ehemann Verdacht schöpft? Zunächst bestreitet Ovid, dass ein Liebespaar mit Ehehälften im Hintergrund Schuld auf sich lade. Wenn schon von Schuld die Rede sein soll, dann in dieser Weise: Der Gatte, der die Frau allein gelassen hat, nötigt sie ja zum Fremdgehen. So beschuldigt er Menelaos, den Ehemann der schönen Helena: *Zwangest zum Treubruch dein Weib, indem du Gelegenheit schufst.* Paris und Helena dagegen spricht er frei. *Sagt mir doch selbst: verreist ist der Gatte, nahe ein Hausfreund …* Fliegt aber dann die Sache auf, so muss der Liebhaber sich mit Anstand verziehen. Und alles leugnen. Bloß kein Krieg wegen einer Liebesnacht!

Heikler noch ist die Situation, wenn eine Geliebte ahnt, dass ihr Galan eine andere hat. Auch hier leugnet der kluge Liebhaber. Und begibt sich, wenn sie misstrauisch bleibt, mit seiner Schönen zu jener Stätte, auf der allein Vergebung möglich ist: *Nur auf dem Lager allein beginne die Friedensverhandlung. / Lass es dir sagen, dort, sonst nirgends, keimt das Verzeihen.* Ovid rät sogar, Eifersucht auch mal zu schüren, um die Leidenschaft neu anzufachen: *Denn es versiegt das Feuer der Schönen, wähnt sie sich sicher.* Und wenn der Liebhaber selbst Grund zur Eifersucht hat, soll er die Treulose keinesfalls überraschen. Denn: *Glühender wächst zu jenem die Liebe, mit dem sie ertappt wird.*

Einfühlsam fallen Ovids Betrachtungen über all die Unvollkommenheiten aus, die abschrecken könnten und die doch auch unser Teil sind. Besonders ausführlich widmet er sich den Fragen des Alters. Ach, die Frauen verlieren die schöne Figur und die Männer ihr Haar. Offenbar verband man in der Antike die erotische Anziehungskraft genauso unbedingt mit Jugend wie heute. Dagegen Ovid: *Meisterlich lieben vermag nur die reifere Frau, / Sie ganz allein weiß Bescheid in der holdesten Kunst. / Rührend versteht sie, ihr Alter dem Blick zu verbergen, / Sorgsam erwogen Gewand täuscht leicht darüber hinweg … Manches Geheimnis verschließt sich knospender Jugend, / Reifenden Jahren erblüht der Liebe höchste Vollendung.*

Erfreulich ist für Leserinnen zweitausend Jahre nach Erscheinen der *Ars amatoria*, wie selbstverständlich Ovid die Frau als erotisch aktive Figur voraussetzt und hoch schätzt. Erst die italienische Renaissance und die Szene der »Libertins« im vorrevolutionären Frankreich haben dem weiblichen Part eines Liebespaares wieder so viel Körperbewusstsein und Sinnenfreude zugestanden. Diese Epochen gingen vorbei; die Nachwelt hatte den lebendigen

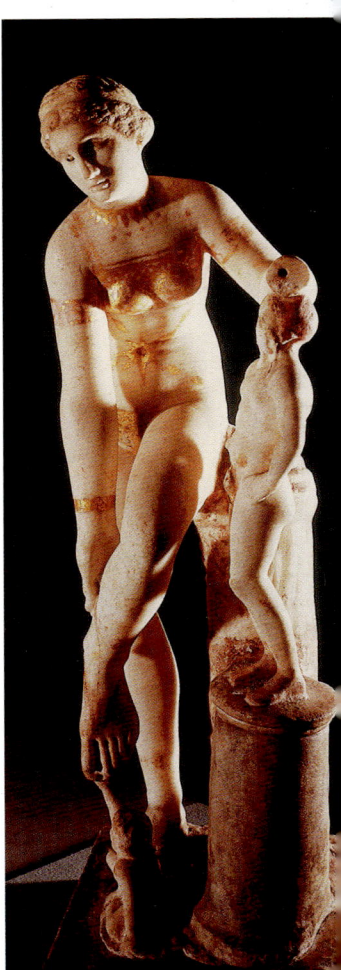

■ Venus mit Priapus, dem Gott der Fruchtbarkeit. Hellenistische Skulptur. Entschlossen packt die Liebesgöttin den Priapus, das Symbol für den ungezügelten Trieb, beim Schopf. Auch Ovid rät, bei aller Leidenschaft nicht ganz den Verstand zu verlieren.

■ *Die Sünde.* Gemälde,
1893, von Franz von Stuck
(1863–1928). Graz, Neue
Galerie am Universalmuseum
Joanneum.
Ovids Frauenbild ist sehr
modern. Dass die Frau erotisch
aktiv ist, betrachtet er als
selbstverständlich.

Begriff von weiblicher Sexualität bald wieder verloren. Das Verlangen der Frauen sollte sich darin erschöpfen, der Lust des Mannes zu dienen. Im Bürgertum des 19. Jahrhunderts entstand sogar ein vollkommen lustfernes Frauenbild, das sich in der Mutterschaft zu erfüllen hatte, und deshalb musste der weibliche Sex als dämonische Verderbnis ein Schattendasein führen. Bei Ovid ist von all dem nichts zu spüren. So bezeichnet denn auch der Kommentator Alexander von Gleichen-Rußwurm dessen *Liebeskunst* als ein Werk des »antiken Rokoko«. Das passt durchaus – und erinnert daran, dass ein Gedicht wie die *Ars* nur in der Aristokratie entstehen und auch nur dort rezipiert werden konnte. Ovid entstammte dem wohlhabenden römischen Landadel und genoss alle Privilegien, die Rom seinen Eliten gewährte. Sein Vater hatte ihn für die Politik vorgesehen und ihn entsprechend ausbilden lassen. Publius aber fand die *res publica* zu anstrengend und vielleicht auch zu gefährlich. Er entschied sich für die Dichtkunst. Dass auch eine solche Laufbahn gefährlich sein konnte, musste er schmerzlich erfahren.

Trotz weltlicher wie geistlicher Zensurversuche trat Ovids Gedicht über die Liebeskunst einen triumphalen Siegeszug durch die Jahrhunderte an. Nichts ist verstaubt oder unverständlich, alles erfrischend lebensnah. Woraus wir ersehen können, dass die Conditio humana erotica eine erstaunliche Stabilität durch die Geschichte bewahrt hat. Auch finstere Frömmelei, Hexenverbrennung und bürgerliche Lustfeindlichkeit konnten nichts daran ändern, dass wir uns heute als erotische Menschen in Ovids Beispielen und Protagonisten sofort wiedererkennen. Selbst seine Ratschläge sind noch triftig. Zum Beispiel dieser: *Glück lebt im Geheimnis. Schweigsam nun breite den Schleier über die Stunde der Lust.*

NICHT SO STÜRMISCH!

Zu den ewig gültigen Ratschlägen des Ovid gehört auch dieser, den man die »Entdeckung der Langsamkeit« nennen könnte und der den Heißspornen unter den entflammten Jünglingen einst wie jetzt erteilt werden muss, weil ihr Temperament sie auf das Gegenteil aus sein lässt: *Neige dein Ohr und lass dich belehren, glühender Jüngling, / nicht in das Heiligtum dringe mit wildestem Stürmen, / Sondern genieße sacht und lass die Geliebte genießen. / Köstlichen Tropfen stürzt niemand hastig hinunter, / Langsam wird er geschlürft. So halt es im Taumel der Venus.*

OVID

 ## BIOGRAPHIE

Die wichtigste Quelle über das Leben des Publius Ovidius Naso ist sein eigenes dichterisches Werk. Dem zehnten Gedicht des vierten Buches seiner *Klagelieder (Tristia)* etwa ist zu entnehmen, dass er am 20. März 43 v. Chr. in Sulmo (heute Sulmona), östlich von Rom, geboren wird. Weil sein Vater, der dem römischen Ritterstand angehört, ihn dazu anhält, studiert er Rhetorik und beginnt die römische Ämterlaufbahn, gibt aber die politische Karriere auf, als er Marcus Valerius Messalla Corvinus (64 v. Chr.– 8 n. Chr.) kennenlernt: Der General ist selbst Autor, er wird sein Mäzen, und nun kann sich Ovid ausschließlich der Dichtkunst widmen. Seine oft frivolen und provokanten Werke führen jedoch dazu, dass er beim Kaiser in Ungnade fällt, im Jahr 8 n. Chr. gar von Augustus nach Tomis (heute Konstanza) am Schwarzen Meer in die Verbannung geschickt wird. Als Grund dafür nennt Ovid selbst »carmen et error« – ein Gedicht und eine Verfehlung, ein Fehltritt, hätten den Kaiser dermaßen erzürnt, dass er den Dichter zwang, den Rest seines Lebens am Rande des Römischen Reiches zu verbringen. Immer wieder bittet Ovid um Gnade, schreibt Briefe an den Kaiser, doch der bleibt hart. Ovid stirbt 17 n. Chr. in Tomis. – Ovid hat ein umfangreiches Werk hinterlassen. Gleich mit seinem Debüt gelang ihm der große Durchbruch als Dichter: Seine *Amores*, »Liebesgedichte«, an die fiktive Geliebte Corinna waren ein Riesenerfolg und bereiteten Ovid den Weg zum gefeiertsten Dichter Roms. Für sein nächstes Werk ließ er sich durch mythische Gestalten inspirieren und dichtete Liebesbriefe aus ihrer Perspektive, die *Epistulae* oder *Heroides*: So schreibt etwa Penelope an den auf Irrfahrt befindlichen Odysseus, Briseis an Achilles, die Karthagerfürstin Dido an Äneas, den mythischen Stammvater Roms, Ariadne an Theseus oder Paris an die schöne Helena. Den Abschluss seines Frühwerks bildet die *Ars amatoria*, die *Liebeskunst*. Die mittlere Schaffensphase wird von zwei großen erzählenden Dichtungen beherrscht: den *Metamorphosen (Verwandlungen)* und den *Fasti (Festkalender)*. Die *Metamorphosen* sind eine der wichtigsten Quellen der bildenden Kunst Europas. Um die Zeitenwende entstanden, erzählt diese Textsammlung 250 Verwandlungssagen, die aus Griechenland, Rom und dem Orient stammen. Die Erzählung umfasst die Zeitspanne von der Erschaffung der Welt bis zur Vergöttlichung des Kaisers Augustus und beschreibt, wie Menschen zu Tieren, Pflanzen, Steinen, Sternen oder zu Feuer und Wasser werden. Das Spätwerk Ovids entstand in der Verbannung. In den autobiographischen *Tristia* beschreibt und beklagt der Dichter sein eigenes Schicksal, ebenso in den *Epistulae ex Ponto (Briefe vom Schwarzen Meer)*. Eine Tragödie, *Medea*, ist leider nicht erhalten.

 ## EMPFEHLUNGEN

Lesenswert:
Publius Ovidius Naso: *Liebeskunst*, lat.-dt., hrsg. und übersetzt von Michael von Albrecht, Stuttgart 1996

Ders.: *Die Kunst der Liebe*, übersetzt von Wilhelm Hertzberg, Köln 2005 (*Liebeselegien, Liebeskunst* und *Heilmittel gegen die Liebe*)

Ders.: *Briefe der Heroinen*, lat.-dt., hrsg. und übersetzt von Detlev Hoffmann, Christoph Schliebitz und Hermann Stocker, Stuttgart 2000

Ders.: *Metamorphosen*, lat.-dt., hrsg. und übersetzt von Michael von Albrecht, Stuttgart 2010

Niklas Holzberg: *Ovid. Dichter und Werk*, München 2005

Hörenswert:
Carl Ditters von Dittersdorf: *12 Symphonien nach Ovids »Metamorphosen«*. Orchesterwerk 1786

Sehenswert:
Vom Suchen und Finden der Liebe. Regie: Helmut Dietl; mit Moritz Bleibtreu, Alexandra Maria Lara. D 2005 (nach dem Mythos von Orpheus und Eurydike, bei Ovid in den *Metamorphosen* 10,1–85)

 ## AUF DEN PUNKT GEBRACHT

Der Dichter Ovid legte sein Lehrgedicht *Ars amatoria* als Schule der Sinnenlust an und ließ die Ehemoral seiner Zeit bewusst außer Acht. Das reichte dem Kaiser, um ihn aus Rom zu verbannen.

Huren mit Herz

Hetärengespräche

Lukian von Samosata

Das älteste Gewerbe der Welt war schon in der Antike reich an Branchen und Qualitätsstufen; es gab das, was wir heute den Straßenstrich nennen, und es gab die gehobene Klasse der gebildeten Prostituierten beiderlei Geschlechts – in Griechenland hießen die käuflichen Frauen Hetären, was wörtlich übersetzt »Gefährtin« bedeutet. Hetären konnten es weit bringen. Die Ehefrau des großen Staatsmanns Perikles, Aspasia, galt als einflussreiche Intellektuelle und führte in ihrem Hause einen philosophischen Salon; sie war eine Hetäre gewesen. Allerdings wohl doch eine Ausnahme. Die kleine Hetäre von nebenan war mit weniger zufrieden. Ihren Stolz aber hatte auch sie.

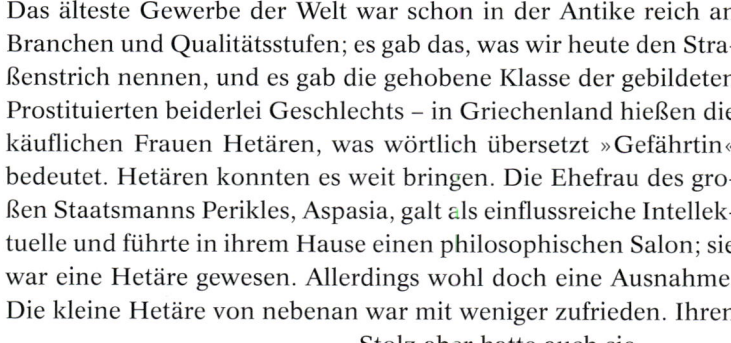

■ »Lukian – Der scharfzüngige König der Satire«. Illustration aus dem Jahr 1964, von James Edwin McConnell (1903–1995)

Und die üblichen Sorgen: Ob das Einkommen auch reiche für eine vornehme Haushaltung, denn die musste sein, damit die Dame des Hauses für vermögende und verwöhnte Herren interessant blieb. Ob es nicht möglich sei, den derzeitigen Hauptliebhaber dazu zu bewegen, mehr zu geben und weniger zu verzehren, wenn er zu Besuch käme? Und ob es nicht gelingen könne, in einem großzügigen Freier eine starke Leidenschaft zu wecken und sich so über längere Zeit aushalten zu lassen, frei von den Mühen der Akquise neuer Gönner?

Woher wir das alles wissen? Zum Beispiel von Lukian von Samosata, der uns in seinen *Hetärengesprächen* hinter die Kulissen des horizontalen Gewerbes führt und uns an den vertraulichsten Unterhaltungen zwischen Mutter und Tochter, Lehrmeisterin und

Schülerin, Konkubine und Kunde, Hetäre und Hetäre teilnehmen lässt.

Korinna: *Aber, liebe Mutter, sind die Herren, die uns mieten, alle so wie Eukritus, bei dem ich gestern schlief?* Krobyle: *Nicht alle. Es gibt noch bessere; manche darunter sind schon älter und mannhafter; es melden sich aber auch welche an, die nichts weniger als so hübsch und wohlgestaltet sind.* Korinna: *Und bei denen muss man auch schlafen?* Krobyle: *Jawohl, meine Tochter, denn die geben auch am meisten; die schönen Herren sind in sich selbst verliebt und rechnen uns ihre Schönheit gar hoch an. Du hingegen musst nur immer darauf sehen, wer am meisten gibt, wenn du die Zeit recht bald erleben willst, wo alle Leute mit Fingern auf dich weisen und sagen werden: Seht einmal, Korinna, der Krobyle Tochter! Wie reich sie ist und wie glücklich sie ihre Mutter gemacht hat.*

Die gute Krobyle ist keine käufliche Frau. Sie ist Witwe. Nachdem ihr Mann, ein Hufschmied, gestorben war, hatte sie Hammer und Amboss verkauft und davon eine Weile gelebt. Jetzt hat sie nur noch ein Kapital: die Reize ihrer Tochter. Wie überall und zu jeder Zeit ist es die Not, die in die Prostitution treibt. Mütter und erfahrene Freundinnen sind es meist, die in Lukians Dialogen dafür sorgen, dass eine junge Anfängerin begreift, worauf es ankommt.

Obwohl die käufliche Liebe ein Geschäft ist und deshalb das Geld und die Bilanz von Ausgaben für schöne Gewänder und Einnahmen aus lustvollem Beilager im Vordergrund stehen, lässt es sich doch nicht vermeiden, dass Gefühle in die körperliche Intimität einfließen, dass die Hetäre sich in einen Freier verliebt oder der sich in sie. Letzteres ist gewollt. Der Verliebte zahlt mehr. *Die Verliebte aber ist schlimm dran, denn sie nimmt weniger ein.* Und riskiert, dass der Liebhaber geht, selbst wenn sie ihm umsonst zu Willen ist. Denn mit einer Buhlerin, die hinter ihm her weint, hat er weit weniger Spaß. So rät denn auch die erfahrene Pythias der Novizin Joessa, deren Stammgast auf Abstand ging: *Du hast ihn selbst dadurch verdorben, dass du ihn übermäßig liebtest und es ihn merken ließest. Weine nicht, armes Kind. Und schließe ihm ein paar Mal die Tür vor der Nase zu, du wirst sehen, wie bald er wieder in Flammen steht.* Joessa antwortet als wahre Liebende und nicht als Professionelle: *Geh mit deinem Rat! Ich dem Lysias*

■ Phallus aus dem 1. Jh. n. Chr. mit der Inschrift *Hic habitat felicitas* (»Hier wohnt das Glück«), gefunden in Pompeji. Neapel, Archäologisches Nationalmuseum

Lukian schrieb noch weitere Dialoge, so unterhielten sich bei ihm die Toten und die Götter, seine Religionskritik ließ sich darin gut unterbringen. Er machte sich über die Oberschicht und ihre Verschwendung lustig, griff in *Der Lügenfreund* die Philosophen an und schrieb ein viel gelesenes Buch über die Dummheit. Seine *Hetärengespräche* wurden im 18. Jh. von Christoph Martin Wieland übersetzt und mit Anmerkungen versehen. Diese Fassung ist bis heute verbreitet.

■ *Messalina.* Gemälde, 1900, von Pawel Alexandrowitsch Swedomsky (1849–1904). Kasan, Museum für Bildende Künste.
Messalina, die Frau des römischen Kaisers Claudius, stand in dem Ruf, eine unersättliche Nymphomanin zu sein. Um ihren sexuellen Appetit zu stillen, soll sie sich gar als Hure in einem Bordell verdingt haben. Hier ist sie als Straßendirne dargestellt.

die Tür verschließen?! Wie öfters bei Lukian gibt es auch in diesem Dialog eine überraschende Wendung. Es kommt heraus, dass Lysias seinerseits eifersüchtig war, als er Joessa verließ. Denn er sah einen »Jüngling« zur Geliebten ins Bett steigen. Das aber war niemand anderes als Pythias ohne Perücke, die sich bei der Freundin wärmen wollte. Auch Hetären, erzählt Lukian, verlieren ihr Herz. Und was vielleicht noch erstaunlicher ist: Hetären werden nicht nur gevögelt, sondern auch geliebt.

Lukian von Samosata wurde um 120 n. Chr. geboren, er war ein Bewohner des römischen Imperiums, seine Wiege stand in der Provinz Syrien, er sprach Griechisch. Nach einer Bildhauerlehre ließ er sich zum Rhetor ausbilden, arbeitete als Gerichtssprecher, reiste durch die halbe Welt und wurde schließlich ein erfolgreicher Berufsschriftsteller. Seine Muse hatte Humor, Lukians Werke sprühen vor Spottlust, die Satire ist sein Feld. Tucholsky dichtete ihn so an: *Freund! Vetter! Bruder! Kampfgenosse! / Zweitausend Jahre – welche Zeit! / Du wandeltest im Fürstentrosse, du kanntest die Athenergosse / und pfiffst auf alle Ehrbarkeit. / Du strichst beschwingt, graziös und eilig / durch euern kleinen Erdenrund – / Und Gott sei Dank: nichts war dir heilig, / du frecher Hund!*

Lukians *Hetärengespräche* erfreuen durch ihre Menschlichkeit: Die geschäftstüchtigen Athener Huren, die er zu Worte kommen lässt, schauen scheinbar nur aufs Geld und verlieren dann doch ihr Herz. Und wenn sie Liebe gefunden haben, vermissen sie ihre eigene Kaltblütigkeit und überlegen, was sie tun könnten, um ein paar Drachmen mehr in den Beutel zu kriegen. Das Sittenbild, das Lukian zeichnet, das die Menschen vorführt als unermüdlich auf der Jagd nach dem Vorteil und doch sofort bereit, sich aufzugeben, wenn die Liebe es erfordert, hat etwas Überzeitliches, und es ist nicht auf die Prostituiertenszene beschränkt. Wir sind – mehr oder weniger – alle so.

LUKIAN VON SAMOSATA

 ## BIOGRAPHIE

Lukian wird um das Jahr 120 in Samosata (heute Samsat in der Türkei, damals Teil des Römischen Reiches) geboren. Er macht eine Bildhauerlehre, scheitert in diesem Beruf, studiert daraufhin Rhetorik, wird Wanderlehrer, der in Kleinasien, Griechenland, Italien und Gallien Vorträge hält, lässt sich schließlich als Schriftsteller in Athen nieder. Als Parodist und Satiriker macht er sich einen Namen, schonungslos verspottet er die zeitgenössischen Philosophen, Literaten und Redner. Vor allem mit seinen Dialogen, den *Göttergesprächen*, *Hetärengesprächen* und *Totengesprächen*, schreibt er Literaturgeschichte. Im Alter arbeitet er als Sekretär des Statthalters von Ägypten. Er stirbt nach 180, wahrscheinlich in Alexandria.

 ## WISSENSWERTES

Hetären vor Gericht
Durch eine Gerichtsrede, die unter dem Namen des Demosthenes überliefert wurde, ist uns das Schicksal einer Hetäre namens Neaira, die im 4. Jh. v. Chr. in Athen lebte, bekannt. Sie wuchs in Korinth als Sklavin der Bordellbetreiberin Nikarete auf. Zwei Freier verliebten sich in sie und kauften sie gemeinsam für 3000 Drachmen. Nachdem sie ehrbare Frauen geheiratet hatten, verkauften sie Neaira weiter, an einen reichen Athener namens Phrynion. Mit ihm besuchte sie rauschende Feste, lief aber eines Tages davon, weil sie schlecht behandelt wurde, und floh in die Nachbarstadt Megara. Doch als sie Stephanos, einen anderen Athener kennenlernte, zog sie mit ihm zurück nach Athen. Das Verhängnis nahm seinen Lauf: Phrynion wollte sie wiederhaben, klagte gegen Stephanos auf die »Herausgabe seines Eigentums«. Das Gericht verfügte einen Kompromiss: Phrynion und Stephanos sollten sich Neaira »teilen«. Das ging nicht lange gut, Phrynion verzichtete schließlich. Jahre später kam es zu einem zweiten Prozess, diesmal direkt gegen Neaira: Sie wurde aufgrund ihrer Herkunft angeklagt. Das dürfte jedoch nur ein Vorwand gewesen sein, tatsächlich wollte der Kläger, Apollodoros, seinem politischen Gegner Stephanos schaden. Der Ausgang dieses Prozesses ist leider nicht überliefert. Spektakulär war der Prozess gegen die Hetäre Phryne: Man warf ihr Gottlosigkeit vor, ein todeswürdiges Verbrechen. Als ihr Verteidiger merkte, dass er mit Worten nichts erreichen konnte, bat er Phryne nach vorn, riss ihr die Kleider vom Leib und fragte die Richter, ob diese schöne Frau, ein Abbild der Aphrodite, zum Tode verurteilt werden solle? Nein, entschied das Gericht. Phryne wurde freigesprochen.

 ## EMPFEHLUNGEN

Lesenswert:
Lukian: *Gespräche der Götter und Meergötter, der Toten und der Hetären*, griech.-dt., hrsg. und übersetzt von Otto Seel, Stuttgart 1998

Peter von Möllendorff: *Auf der Suche nach der verlogenen Wahrheit. Lukians »Wahre Geschichten«*, Tübingen 2000

Manuel Baumbach: *Lukian in Deutschland. Eine forschungs- und rezeptionsgeschichtliche Analyse vom Humanismus bis zur Gegenwart*, München 2002

Wolfgang Schuller: *Die Welt der Hetären. Berühmte Frauen zwischen Legende und Wirklichkeit*, Stuttgart 2008

James N. Davidson: *Kurtisanen und Meeresfrüchte. Die verzehrenden Leidenschaften im klassischen Athen*, Berlin 2005

Debra Hamel: *Der Fall Neaira. Die wahre Geschichte einer Hetäre im antiken Griechenland*, Darmstadt 2004

Klaus Thiele-Dohrmann: *Pikant wie ein Engel. Hetären, Kurtisanen, Mätressen*, Hamburg 1995

Helene Sonnet-Altenburg: *Hetären, Mütter, Amazonen. Frauencharaktere aus der antiken Welt*, Heidenheim 1963

Sarah B. Pomeroy: *Frauenleben im klassischen Altertum*, Stuttgart 1985

Frauen vor Gericht, griech.-dt., hrsg., eingeleitet und übersetzt von Kai Brodersen, Darmstadt 2004

 ## AUF DEN PUNKT GEBRACHT

Aus dem 2. Jh. n. Chr. berichtet ein humorvoller syrischer Reporter von der Liebe als Geschäft – die aber das Herz nicht unberührt lassen muss.

Ewige Treue
Die Waffen des Eros
Xenophon von Ephesos

Was Götter nicht verzeihen, ist die Leugnung ihrer Macht. Als der junge Habrokomas, eine männliche Schönheit aus Ephesos, die Gottheit Eros lästerte, indem er schwor, sich niemals zu verlieben, holte der erzürnte Gott seinen schärfsten Pfeil aus dem Köcher, spannte die Bogensehne und schoss und traf. Denn er richtete es so ein, dass Habrokomas auf dem großen Artemis-Fest der Anthia begegnen musste, dem schönsten Mädchen von Ephesos, und nun war es mit der Ruhe und dem Hochmut des Jünglings vorbei. Doch auch Anthia hatte Habrokomas gesehen, und der Anblick war ihr tief ins Herz gedrungen. Jetzt seufzte sie nur noch und schmachtete und magerte ab. Habrokomas erging es nicht anders. Beider Kinder besorgte Eltern befragten das Orakel des Apollon, und das riet, den Jüngling und das Mädchen recht bald zu verheiraten und danach mit dem Schiff auf eine Reise zu schicken. Dort werde dem Paar manches Unheil begegnen, am Ende jedoch werde sein Schicksal sich wenden.

Der Roman *Die Waffen des Eros,* auch *Ephesiaka,* Geschichten aus Ephesos, oder *Habrokomas und Anthia* genannt, erzählt die Geschichte dieser Reise – auf der die Jungvermählten bald getrennt werden und gefahrvolle Abenteuer und leidvolle Prüfungen durchzustehen haben. Was da geprüft wird? Die Treue und die Keuschheit. Und es zeigt sich am Ende: Die Liebe ist stärker als der Tod. Zufrieden packt Eros Pfeil und Bogen wieder ein. Er hat mal wieder gezeigt, wozu er fähig ist.

In der Antike stand die Romankunst nicht in hohem Ansehen. Drama und Epos galten mehr. Deshalb sind auch nur wenige Romane überliefert und nur wenige Autoren bis heute bekannt – zu ihnen gehört Xenophon von Ephesos. Alles, was wir über ihn wissen, müssen wir aus seinem Werk erschließen, denn biographische Daten fehlen völlig. Man ist sich nicht einmal sicher, ob Xenophon wirklich so hieß oder sich womöglich seinen Namen von dem Historiker und Zeitgenossen des Sokrates aus dem vierten vorchristlichen Jahrhundert geborgt hat. Gelebt hat der Schriftsteller aus Ephesos in Kleinasien

■ *Amour à l'affut* (»Amor auf der Lauer«). Gemälde, 1890, von William-Adolphe Bouguereau (1825–1905). Privatsammlung.
Erst in späterer Zeit stellte man Amor / Eros als geflügelten Knaben dar, der mit Pfeil und Bogen umherstreift, um Menschen ineinander verliebt zu machen. Zuvor wurde Eros in der Kunst durch einen schönen, athletisch gebauten jungen Mann verkörpert.

– heute in der Türkei – wahrscheinlich in der ersten Hälfte des 2. Jahrhunderts n. Chr., während der Herrschaft des römischen Kaisers Hadrian. Er schrieb auf Griechisch. Wie viele seiner Zeitgenossen war er wohl öfters auf Reisen, denn er hält sich gerne bei der Beschreibung der mediterranen Inselwelt auf, ebenso wie bei manchen Gegenden in Nordafrika, die zum römischen Imperium gehörten. Wahrscheinlich hat er eine Weile in Alexandria gewohnt, denn die Götter, die die Handlung seines Romans lenken, sind ebenso griechischen wie ägyptischen Ursprungs.

Anthia ist eine Dienerin der Artemis, die in Rom der Diana, in Ägypten der Isis entspricht und eine schützende Hand über das Mädchen hält. Was nur gerecht ist, denn schließlich hat Anthia keine Gottheit geschmäht und wird dennoch sehr hart gestraft – *ihr* Schicksal ist es ja, das dem Habrokomas nahegeht und ihn fürchterlich leiden lässt.

Aber zurück zum Anfang. Die Hochzeitsnacht gewährt den Liebenden höchstes Glück: *Sie lagen da, außer sich vor Wonne und Scham und Erregung, mit keuchendem Atem, voll Seligkeit: Der Leib bebte ihnen, und die Sinne vergingen ihnen.* Die Eltern nun bestehen darauf, dass der Wille des Orakels erfüllt werde, und so schiffen sich die jungen Eheleute bald für eine weite Hochzeitsreise ein. Ach, die sollte viel länger dauern und weit ärger verlaufen,

■ *Die Begegnung von Anthia und Habrokomas beim Fest der Diana.* Gemälde, 1750, von Giovanni Battista Tiepolo (1696–1770). Venedig, Galleria dell'Accademia.
Xenophons Roman erinnert einerseits an Homers *Odyssee*, die tausend Jahre zuvor entstand, andererseits an Cervantes' *Don Quijote* und den Picaro- oder Schelmenroman, die mehr als tausend Jahre später für Lesespannung sorgen werden. Erotische Motive kommen in dieser Art Irrfahrtenroman immer mal wieder vor, aber nur als Einsprengsel, zur Abwechslung. Bei Xenophon stehen sie im Mittelpunkt und treiben die gesamte Handlung voran.

Romane wurden zu Xenophons Zeit auf Markt-
plätzen oder Tempelstufen einem geneigten
Publikum vorgelesen, und so behielt die Sprache etwas von der Kunstlosigkeit des mündlichen Vortrags – mit vielen Stereotypen und
Wiederholungen. *Die Waffen des Eros* ist volks-
tümlichen Abenteuergeschichten nachgebildet,
wie sie damals am Herdfeuer erzählt wurden,
fasst vielleicht auch solche Erzählungen nur
zusammen.

■ Priesterin des Isiskults.
Römische Marmorstatue,
Ende des. 2. Jh.s n. Chr.,
Fundort: Kyrenaika (Libyen)

als die glücklich Liebenden sich das gedacht
hatten. Ihr Schiff wird von Piraten gekapert;
die beiden werden getrennt, sie wird von
Räubern verschleppt, er auf dem Sklaven-
markt feilgeboten. Und so geht es weiter:
Sie wird lebendig begraben, er ausgepeitscht
und eingekerkert. Keine Qual bleibt den beiden erspart, wobei der größte Schmerz darin
liegt, dass keiner von ihnen wissen kann, wie
es dem jeweils anderen geht, und beide das
Schlimmste befürchten. Schließlich landet
Anthia in einem Hurenhaus und Habroko-
mas in einem Steinbruch. Dabei durchmessen die Geprüften fast
das ganze Imperium Romanum: Alexandria, Sizilien, Kreta, Zy-
pern, Rhodos – sind nur einige Stationen ihrer Irrfahrt.

Bei allen Grausamkeiten, die Habrokomas und Anthia erlei-
den müssen, bei allen Gefahren, in die sie geraten und aus denen
sie stets erst in letzter Sekunde herausfinden, ist das auslösende
Moment für Verdammnis und Errettung jedes Mal ihre betörende
Schönheit. Sowohl der Jüngling als auch seine Angetraute werden
von den Räubern, denen sie anheimfallen, und von den Herren,
die sie auf den Sklavenmärkten erwerben, ob ihrer Reize bald
leidenschaftlich begehrt. Weil sie einander aber Treue geschworen
haben und lieber sterben wollen, als den Schwur zu brechen, und
sich deshalb ihren Peinigern verweigern, verwandelt sich deren
Verlangen in Wut und Hass, und schrecklich müssen Held und
Heldin büßen. Zweimal entgeht Habrokomas nur knapp der To-
desstrafe, weil eine zurückgewiesene Frau mit raffinierten Lügen
und gefälschten Beweisen behauptet, von ihm geschändet worden
zu sein. Mehrmals entrinnt Anthia – Isis sei Dank – nur durch
glückliche Fügung dem Anschlag auf ihr Leben, nachdem sie ihre
Anbeter bitter enttäuscht hat. Einer Vergewaltigung kann sie nur
entkommen, indem sie ihren Bedränger ersticht. So durchzieht
die *Ephesiaka* eine fiebrige erotische Gier – die unbefriedigt bleiben muss, weil sie illegitim und einseitig ist. Isis ist die Schutzgöttin der Ehe. Am Ende finden Habrokomas und Anthia wieder
zusammen und dürfen sich nun leib-seelisch für den Rest ihres
Lebens aneinander ergötzen. Nicht nur Eros, auch Isis ist zufrie-
dengestellt.

XENOPHON VON EPHESOS

 BIOGRAPHIE

Über das Leben des Autors, der wahrscheinlich im 2. nachchristlichen Jh. die *Ephesiaka* schrieb und sich Xenophon von Ephesos nannte, ist uns nichts überliefert. Die *Ephesiaka* oder *Die Waffen des Eros* sind sein einziges erhaltenes Werk. Das wiederum ist von großer literaturgeschichtlicher Bedeutung, da es sich um einen der ganz wenigen Romane aus der Antike handelt.

 WISSENSWERTES

Der Eros
Mit *eros* bezeichneten die alten Griechen die geschlechtliche Liebe. Sie stand unter dem Schutz des gleichnamigen Gottes, den die Römer Amor oder Cupido nannten. Nach klassischer Tradition war Eros ein Sohn der Liebesgöttin Aphrodite und des Kriegsgottes Ares (der römische Mars). Als makellos schöner, kräftiger, athletischer junger Mann dargestellt, war Eros für die körperliche Liebe in all ihren Spielarten zuständig, also auch für die homosexuelle. Platon (427–347 v. Chr.) sieht im Eros die Verkörperung der Liebe zur Weisheit und der männlichen Zeugungskraft, auch im übertragenen Sinn, also auch die Fähigkeit zur geistigen Schöpfung. Diese Doppelbedeutung hat zu dem Missverständnis geführt, »platonische Liebe« beschränke sich auf rein geistige Zuneigung; tatsächlich gehören bei Platons Erosbegriff das geistige Streben

und die körperliche Liebe zusammen. – Erst in späterer Zeit stellte man sich Eros als geflügelten Knaben vor, der mit Pfeil und Bogen bewaffnet ist; wird ein Mensch von einem seiner vergoldeten Pfeile getroffen, erwacht in ihm die Begierde für einen anderen, ist es ein in Blei getauchter Pfeil, verliert der Getroffene das Interesse an einem Liebenden und weist ihn kaltherzig zurück. Zur Zeit der römischen Dichter, etwa bei Vergil, hatte sich die Vorstellung des kindlichen Eros durchgesetzt. Eine besonders schöne Geschichte über den Eros erzählt der Römer Apuleius (ca. 125–180 n. Chr.) in *Amor und Psyche*: Weil die Königstochter Psyche so atemberaubend schön war, fielen die Menschen vom Kult der Venus (Aphrodite) ab und verehrten statt ihrer das Mädchen. Daraufhin befahl die wütende Venus ihrem Sohn Amor (Eros), Psyche in das hässlichste Geschöpf verliebt zu machen, das ihr je begegnen würde. Doch als er Psyche sah, konnte er nicht gehorchen: Er hatte sich selbst in sie verliebt. Mit Hilfe eines Orakelspruchs arrangierte er es, dass er mit Psyche das Lager teilen konnte, doch durfte sie nicht erfahren, wer er war. Als sie eines Tages das Geheimnis lüftete, entschwand der Geliebte. Erst nach langer, mühevoller Suche gelang es Psyche, Amor wiederzufinden – im Olymp, dem Sitz der Unsterblichen. Venus verzieh ihr, Jupiter (Zeus) machte sie unsterblich, und bald bekamen Amor und Psyche eine Tochter: Voluptas, die Göttin der Lust.

 EMPFEHLUNGEN

Lesenswert:
Xenophon von Ephesos: *Abrokomes und Anthia*, übersetzt und mit Anmerkungen versehen von Bernhard Kytzler, Leipzig 1986

Apuleius: *Amor und Psyche*, hrsg. und übersetzt von Kurt Steinmann, Stuttgart 2008

Platon: *Das Gastmahl*, hrsg. und mit einem Nachwort von Jürgen Mittelstraß, München 2008 (darin die Abhandlung über den Eros)

Homer: *Die Odyssee*, übersetzt von Wolfgang Schadewaldt, Reinbek 2008

Martina Seifert: *Aphrodite. Herrin des Krieges, Göttin der Liebe*, Mainz 2009

Marion Giebel: *Reisen in der Antike*, Düsseldorf 2006

Marion Giebel: *Das Geheimnis der Mysterien. Antike Kulte in Griechenland, Rom und Ägypten*, Düsseldorf 2003 (über antike Mysterienkulte, u. a. den Kult der Isis)

Sehenswert:
Geliebte Aphrodite. Regie: Woody Allen; mit Woody Allen, Helena Bonham Carter, Olympia Dukakis. USA 1995

 AUF DEN PUNKT GEBRACHT

Ein junges Paar auf Hochzeitsreise fällt unter die Räuber und wird vom Schicksal hart geprüft – bis es endlich wieder zueinanderfindet. Eine Doppel-Odyssee voller Versuchungen.

Die Kunst, den Pfau zu füttern
Kamasutra
Vatsyayana Mallanaga

■ *Chakra asana* – »Das Rad«. Indische Buchmalerei aus dem 18. Jh., Nepal.
Diese Darstellung zeigt, dass das *Kamasutra* mehr ist als nur ein Sex-Ratgeber: Dahinter steht auch eine Philosophie der Gleichberechtigung, beide Partner sollen Erfüllung finden. *Chakra asana* ist zudem eine Yogaposition, die sog. Brücke.

Der Schemel sollte ungefähr so hoch sein, dass ein Mann, der davor kniet, mit seinem erigierten Glied über die Kante hinausreicht. Die Frau setzt sich auf den Hocker, umschlingt mit ihren Beinen die Hüften des Mannes. Dessen Hände ruhen auf dem Becken der Liebsten, sie verschränkt ihre Arme hinter seinem Kopf, das stabilisiert die Lage, unten fügt sich alles bestens, und so wird auf altindisch zarte Weise »der Pfau gefüttert«! So inniglich, wie eine Affenmutter ihr Junges an sich drückt, geht es bei der »Affenstellung« zu, während der »Elefantenritt« jener Liebe huldigt, die etwas schwerer wiegt. Schlank und gelenkig sollte man für den »Regenbogen« oder »gespaltenen Bambus« sein, bei Letzterem ruhen die Fußsohlen der Frau auf dem Brustkorb des Partners, während er, bequem gestützt, flott rein- und rauswippt.

Alle diese Positionen findet man auf der Website der Frauenzeitschrift *Jolie*, die solcherart ihren Leserinnen die Wonnen des *Kamasutra* zu testen nahelegt: Eine resche Blondine turnt mit einem auf indisch gestylten Bartträger, einen Mausklick weiter verschränken die Puppen Ken und Barbie mannigfaltig ihre Glieder, die frohe Botschaft lautet: »Das ist doch gar nicht so schwer …« Wer nun jene Stellungen im gedruckten Werk selbst nachschlagen möchte, wird überrascht und vermutlich enttäuscht sein. In einer dürren, oft umständlichen Diktion beschreibt und erklärt

---

64 LIEBESKÜNSTE
Verwirrend viele Zahlen tummeln sich im *Kamasutra*. Sie reichen von den drei Lebenszielen – Religion, Macht, Lust – über weitere Zahlenkolonnen bis zu den 64 indischen Liebeskünsten, die im ersten Buch sämtlich aufgelistet werden. Überraschende Künste sind hier dabei, etwa die Tischlerei, Scherze und Rätsel vortragen oder auch Papageien das Sprechen beizubringen. Darüber lacht der Inder keineswegs, auch für Vatsyayana ist die Zahl heilig: Das *Kamasutra* ist exakt in 64 Abschnitte unterteilt!

das Buch sexuelle Verhaltensweisen und -normen, nur mühsam erschließt der Leser die blumige Akrobatik, die als erotisches Substrat in späteren Bearbeitungen, Kommentaren und bebilderten Ausgaben den Weltruhm des *Kamasutra* erst begründeten. Der Urtext hat mit unserer Vorstellung der schlüpfrig-exotischen Liebesschule rein gar nichts zu tun – wer also mit den Augen zwinkert, anzüglich grinst und »O la la« sagt, wenn die Rede auf das *Kamasutra* kommt, hat mit Sicherheit keinen Blick ins Original geworfen!

Das *Kamasutra* zählt zu den ältesten Schriften über die Liebe. Obwohl man kaum Genaues über die Entstehung weiß, geht die Wissenschaft davon aus, dass es im 3. Jahrhundert n. Chr. im nördlichen Indien entstand. Durch zahlreiche Bezüge auf andere zeitgenössische Autoren lässt sich dieser historische Kontext einigermaßen erhellen. Von Vatsyayana Mallanaga selbst ist außer seinem Namen nichts überliefert, der einzige Hinweis im Text verrät, dass er sein Werk in »Keuschheit und höchster Ver-

■ *Prinz und Dame bei Nacht auf einer Terrasse.* Miniatur aus einer Ausgabe des *Kamasutra* von 1790 aus Rajasthan, Indien

senkung« verfertigt haben will. In Sanskrit geschrieben, hält das Buch, was der Titel wörtlich verspricht: *Kama* steht für »Begehren« oder »Lust«, *Sutra* bedeutet »Abhandlung«, und über weite Strecken herrscht eine Gelehrsamkeit, der man ohne nähere kulturhistorische Kenntnisse oft ratlos gegenübersteht. Nur am Ende eines jeden Abschnitts versprüht Vatsyayana allgemein verständliche, östliche Poesie, wenn er seine Überlegungen in sentenzenhaften Versen zusammenfasst: *Das Gebiet der Lehrbücher reicht nur so weit / wie die Gelüste der Menschen mäßig bleiben / doch wenn das Rad der sexuellen Ekstase in vollem Schwung ist / gibt es kein Lehrbuch mehr und keine Ordnung.* So heißt es am Ende des zweiten Buches, das mit seinen Stellungen und Sexspielarten als Zentrale des *Kamasutra* gilt. Vor allem das Kapitel über den Oralverkehr genießt legendären Ruhm, die ersten westlichen Leser waren ausgerechnet die prüden Briten im Viktori-

■ Richard Francis Burton.
Holzstich von 1890

EIN OFFIZIER UND
GENTLEMAN
Sir Richard Francis Bur-
ton (1821–1890) hieß
der kühne Mann, der
1884 die erste englische
Übersetzung des *Kama-
sutra* veröffentlichte.
Burton war Militär,
Forschungsreisender
und Abenteurer. Er
sprach mehrere Spra-
chen, übertrug auch
die Geschichten aus
Tausendundeiner Nacht
aus dem Arabischen.
Die erste deutsche
Übersetzung aus dem
Jahr 1897 stammt von
dem Indologen Richard
Schmidt.

anischen Zeitalter, die von der detailliert geschilderten Technik des »Mango-Saugens« zutiefst erschüttert gewesen sein müssen.

Heutzutage lesen sich diese Passagen genauso drollig wie etliche andere der insgesamt sieben Bücher, die dem Umgang mit Jungfrauen, Ehefrauen und Kurtisanen gewidmet sind. Das fünfte Buch etwa handelt davon, wie man »Ehefrauen anderer Männer« stressfrei erobert. Folgenden Rat erteilt Vatsyayana: *Ein Verständiger zieht, auf seine Sicherheit bedacht, nicht einmal in Gedanken eine Frau in Betracht, die besorgt, gut bewacht oder furchtsam ist / oder in Begleitung ihrer Schwiegermutter.* Diesen Hinweis sollten auch moderne Ehebrecher beherzigen, wohingegen Vatsyayanas Übersicht von »Frauen, die mühelos gewonnen werden können« inzwischen überholt sein dürfte: *Eine Frau, die an der Tür steht; die von ihrer Dachterrasse aus auf die Hauptstraße hinabsieht; die Frau eines Schauspielers …* – die Liste ist endlos und vermutlich auch im heutigen Indien nicht mehr aktuell. Ebenfalls wenig empfehlenswert scheint der Einsatz von altindischen Aphrodisiaka: *Wenn man sein Glied mit einer Salbe aus zerstoßenem weißem Stechapfel, schwarzem Pfeffer und langem Pfeffer, mit Honig vermischt, einstreicht, erlangt man Macht über seinen Sexualpartner.*

Zu seiner Zeit richtete Vatsyayana sein Lehrbuch explizit an die soziale Schicht der »Lebemänner« und wohlhabenden Großstadt-Dandys, die sich, unbelastet von Arbeit und familiären Verpflichtungen, ganz der Vervollkommnung der Liebeskunst widmen konnten. Dabei spielt das starre indische Kastensystem keinerlei Rolle, Vatsyayanas Regeln sollen für alle gelten und eine nützliche sexuelle Moral der Gesellschaft befördern helfen. Und auch die Frauen werden nicht vergessen! Dass das *Kamasutra* bis heute in unsere Zeit hinein wirkt, ob in Frauenmagazinen oder esoterischen Tantrazirkeln, verdankt sich seinem emanzipatorischen Charakter. Denn stets berücksichtigt Vatsyayana die weibliche Lust, erläutert sogar den G-Punkt und weist darauf hin, dass erfüllender Sex nur im gegenseitigen Einvernehmen und Respekt gelingt. Freundlich sei der Mann, hilfreich und gut. Er reibe die Geliebte nach dem Verkehr mit Duftöl ein, biete köstliche Speisen und Getränke an. Schließlich *sitzen sie auf der Dachterrasse und genießen das Mondlicht und erzählen sich zu ihrer Stimmung passende Geschichten.* So glückt die Liebe, und diese indische Weisheit hat nichts von ihrem Charme verloren.

VATSYAYANA MALLANAGA

 BIOGRAPHIE

Der mutmaßliche Autor des *Kamasutra*, Vatsyayana Mallanaga, hat höchstwahrscheinlich im 3. Jh. n. Chr. in Indien gelebt – das ist alles, was sich mit einiger Sicherheit über ihn sagen lässt. Er selbst bezeichnet sich im Nachwort des *Kamasutra* als »Schüler der Religion« in Varanasi. In diesem Text betont er noch einmal ausdrücklich die Einheit von Tugend, weltlichem Wohlstand und sinnlichem Vergnügen. Seine Argumentationsweise legt nahe, dass er tatsächlich eine religiöse oder philosophische Ausbildung hatte.

 **WISSENSWERTES**

Zahlensymbolik
Dass die Zahl 64 im *Kamasutra* eine so große Rolle spielt, ist kein Zufall. Sie ist das Quadrat der 8, die in sämtlichen frühen Kulturen als Glückszahl von Bedeutung war. Das mag daran liegen, dass mit der 8 etwas abgeschlossen wird und zugleich etwas Neues beginnt: Sieben Tage hat eine Woche, mit dem achten Tag fängt die neue an, es schließt sich ein Kreis (das mathematische Symbol für »unendlich« ist eine liegende 8). Die 8 ist damit eine Zahl der Überwindung von Grenzen, und das macht sie zu einer göttlichen Zahl. In dieser Funktion kannten sie die Babylonier ebenso wie die Perser, in deren Dichtung von »acht Paradiesen« die Rede ist. Auch das Chris-

tentum misst der 8 große Bedeutung bei, so sind z. B. viele Taufbecken achteckig, um den Eintritt in ein neues Leben zu versinnbildlichen. Im *Kamasutra* findet sich die 8 nun mit sich selbst multipliziert; der Übersetzer Richard Schmidt schreibt dazu: »Infolge der achtfachen Verschiedenheit der Kombination der acht Arten der Umarmungen, Küsse, Nägelmale und Bisswunden des Beilagers etc. ergeben sich acht Achter, also 64.« Das *Kamasutra* ist allerdings nicht das einzige Beispiel für die wichtige Rolle der 64 im indischen Kulturkreis: Auch die Gesänge aus dem *Rigveda*, dem ältesten indischen Literaturdenkmal, werden »die 64« genannt, und Shiva (»der Gütige« oder »der Glückverheißende«) ist der Gott der Zerstörung, aus der Neues entstehen kann – die indische Mythologie berichtet dazu passend von den »64 Vergnügungen des Shiva«. Und schließlich weist das Schachbrett – das Schachspiel hat seine allerersten Ursprünge wahrscheinlich in Nordindien – sicher nicht zufällig genau 64 Felder auf. Mit der Betonung der Zahl 64 feiert das *Kamasutra* also die Begegnung von Irdischem und Göttlichem, den Kreislauf von Werden und Vergehen, denn sie liegen der Liebeskunst zugrunde. Die Bedeutung der 64 für den Geschlechtsakt hat übrigens auch die moderne Wissenschaft bestätigt: Der sog. genetische Code besteht aus bestimmten Basenverbindungen, den Tripletts. Diese Tripletts bauen neue DNS-Moleküle auf, indem

sie Aminosäuren »codieren«. Für die Kombination der Tripletts gibt es exakt 64 Möglichkeiten.

 EMPFEHLUNGEN

Lesenswert:
Kamasutra. Das Original von Vatsyayana, neu übersetzt und kommentiert von Wendy Doniger und Sudhir Kakar, Berlin 2002

Das Ka-masu-tra, hrsg. und übersetzt von Klaus Mylius, Stuttgart 1999

Volker Zotz: *Kamasutra im Management. Inspiration und Weisheiten aus Indien,* Frankfurt / M. 2008

Heinrich Zimmer: *Philosophie und Religion Indiens,* Frankfurt / M. 1973

Helmuth von Glasenapp: *Die Philosophie der Inder. Eine Einführung in ihre Geschichte und ihre Lehren,* Stuttgart 1949

Hermann Kulke: *Indische Geschichte bis 1750,* München 2005

Axel Michaels: *Der Hinduismus. Geschichte und Gegenwart,* München 2006

Jenner Zimmermann: *Indien. Das Licht der Weisheit und die Farben des Lebens,* Hildesheim 2009

Franz Carl Endres, Annemarie Schimmel: *Das Mysterium der Zahl. Zahlensymbolik im Kulturvergleich,* München 1984

 AUF DEN PUNKT GEBRACHT

Als Stellungsbuch längst aus der Mode, als Ratgeber indischer Lebenskunst oft schwer verständlich, entfaltet das *Kamasutra* dennoch die schöne Vision von gleichberechtigter männlich-weiblicher Lust – nur wahre Liebe bringt sie hervor!

Was er tat mit mir
Mädchenlieder
Walther von der Vogelweide

Das Wort »Minne« durchlief einen erstaunlichen Bedeutungswandel: Während es anfangs die unerfüllte, anbetende Liebe bezeichnete, meinte es im Spätmittelalter den ganz profanen Geschlechtsakt.

■ Walther von der Vogelweide. Dieses Bild aus dem Codex Manesse, der Großen Heidelberger Liederhandschrift, die zu Beginn des 14. Jh.s entstand, illustriert einige Zeilen aus einem Reichston Walthers: »Ich saz ûf eime steine und dahte bein mit beine …«

Die Liebeslyrik des Hochmittelalters ist als Minnesang berühmt. Der Troubadour widmete sein Lied einer »hehren frouwe«, einer vornehmen Dame, etwa der Gemahlin des Herzogs, der sein Mentor und Brotgeber war. Von der Dame erbat der Poet huldvollen Zuspruch, in der Praxis war das kaum mehr als ein Zunicken oder ein Lächeln. Der Sänger jedoch legte der hohen Frau sein Herz zu Füßen, er sprach von verzehrender Liebe, von der Bereitschaft, sein Leben für die Herrin zu opfern. Die Angebetete aber durfte nicht von ihrem Thron heruntersteigen und den Sänger erhören – das war von vornherein ausgeschlossen. Der Dichter erwartete auch nichts dergleichen. Dennoch spielte er mit allerhöchstem Einsatz, weihte der Herrin sein Leben, gab vor, ohne ihre Huld verloren zu sein. Eine solche asymmetrische Liebesanordnung macht nicht den Eindruck, als könne ihr eine lange Lebensdauer beschieden sein. Dass der Minnesang dennoch die Poesie des Hochmittelalters so nachhaltig prägte, muss besondere Gründe haben.

Einer liegt in der sozialen Bewegung der Ritterzeit. Etliche Troubadoure entstammten dem Ritterstand oder bemühten sich doch, wie der Sänger Walther von der Vogelweide, in ihn aufgenommen zu werden. Das war durchaus möglich, denn Ritter war man nicht von Geburt, sondern durch Leistung – sei es in Kriegen, Aufständen oder Kreuzzügen. Auch ein Sänger konnte zum Ritter geschlagen werden, wenn er denn, zum Beispiel beim Kampf um die heiligen Stätten in Palästina, Lieder gedichtet hatte, die den Mut der Soldaten anfachten. Und was nun das wichtige Genre der Liebeslyrik betrifft, so nahm der aufstrebende Ritterstand samt der in ihm befindlichen dichterischen Talente die Gelegenheit wahr, sich beim Hochadel beliebt zu machen. Denn dieser Stand war es ja, von dem die Planung der Feldzüge ausging und der nicht nur die Soldaten, sondern auch die Sänger bezahlte: »Wes' Brot ich ess, des' Lied ich sing.« Mittels des Minnesangs drückte der Ritterstand seine Loyalität aus. Im Grunde richtete sich die Minnedichtung gar nicht an die Frauen, sondern an deren Gatten, war eine wohlüberlegte und höfisch-galante Geste der Unterwerfung. Trotzdem oder deswegen waren jene herzergreifenden, meist von der Laute begleiteten Minnelieder an den Höfen äußerst beliebt.

Auch Walther von der Vogelweide, geboren um 1170 wahrscheinlich im heutigen Österreich, begann als Minnesänger. Am Babenberger Hof zu Wien wurde er ausgebildet. Der junge Walther nahm eine Botschaft auf, die im Minnesang enthalten ist und zeittypisch war: Das Diesseits, auch die sinnliche Liebe, sie sind nichts als Lug und Trug. Der wahre Christ verzichtet auf die Erfüllung leiblicher Wünsche und übt sich in der Einkehr. Dieses, wenn man so sagen darf, liebespolitische Ziel hatte der Minnesang auch: die Ritter abzulenken von erotischen Begierden und ihnen stattdessen den Verzicht auf weltliche Freuden und den nächsten Kreuzzug schmackhaft zu machen.

Walther wurde mit knapp dreißig Jahren vom Babenberger Hof entlassen. Hintergrund war höchstwahrscheinlich ein jahrelanger Streit mit seinem Lehrer und Konkurrenten Reinmar von Hagenau. Man weiß nicht genau, worum es dabei ging, vermutet aber, dass Walther in Wien schließlich irgendwann fand: Das mit dem Minnesang geht so nicht weiter. »Hehre frouwe« gut und schön, aber es gibt da doch noch etwas anderes: das »wip«, das Weib, egal, welchen Standes, das der Sänger und mit ihm wohl jeder Mann nicht bloß verehren, sondern eines Tages endlich auch entkleiden und umarmen will.

In der Vagantenlyrik, die Walther schätzte, war von derb-sinnlichen Szenen aus dem Liebesleben des Volkes öfter mal die Rede, und Walther bemühte sich nun, das Thema der erfüllten körperlichen Liebe auch in der hohen Dichtkunst heimisch zu machen.

■ Walther von der Vogelweide singt im Jahre 1198 bei der Krönung Philipps von Schwaben und seiner griechischen Gemahlin. Holzstich, 1890, nach einer Zeichnung von Alexander Zick (1845–1907)

LOB UND TADEL

Zu Walthers Zeitgenossen gehörten Wolfram von Eschenbach und Gottfried von Straßburg. Beide erwähnen ihn lobend in ihren Dichtungen, Wolfram im *Parzival* und im *Willehalm*, Gottfried im *Tristan*. Letzterer nennt Walther den größten Lyriker deutscher Zunge. Es gab aber auch Schmähungen Walthers. Die konnten nicht ausbleiben, ergriff doch der Dichter in den Kämpfen der Zeit lebhaft Partei für die weltlichen Gewalten und gegen das Papsttum.

SYMMETRIE DER LIEBE
Der Streit um die wahre Liebeslyrik blieb kein
bloßer Sängerkrieg. Es ging auch darum, was
wahre Minne im Leben sei. »Kann mir jemand
sagen, was Minne ist?«, beginnt eines von
Walthers Gedichten. Er beantwortet die Frage
schließlich selbst, und zwar entgegen der Asym-
metrie des Minnesangs: *Minne ist das Glück
zweier Herzen: / Tragen sie zu gleichen Teilen, dann
ist Minne da.*

Reinmar von Hagenau und mit ihm die
führenden Fürsten meinten indes, solche
Schweinereien hätten in Darbietungen bei
Hofe nichts zu suchen. Walther verlor die
Fehde, er musste sein Bündel schnüren.
Und war nun nicht mehr als ein fahrender
Sänger, der von Hof zu Hof zog und von
der Hand in den Mund lebte. Wie genau
es ihm dabei erging, wissen wir nicht, die
Quellen sind äußerst dürftig. Eines aber ist
ziemlich sicher: Als Walther »frei« und den
Restriktionen des Hoflebens (dem er aller-
dings sein Leben lang nachtrauerte) entronnen war, dichtete er
erotische Verse, die von erfüllter Liebe sprachen, seine sogenannten *Mädchenlieder*. Und er stieß damit den höfisch-ritterlichen
Minnesang als höchste Form der Liebeslyrik vom Sockel.

■ *Liebespaar.* Um 1470, von
einem schwäbischen Meister

Walthers berühmtestes Mädchenlied heißt *Unter der
Linde*. Und geht so weiter: *auf der Heide, / wo unser
beider Lager war* … Hier wird eine Liebesbegegnung in
freier Natur geschildert. Von gebrochenen Blumen und
zerdrücktem Gras ist die Rede, man kann sogar noch
»sehen, wo mein Kopf lag«. Walthers Hinwendung zur
niederen Minne gibt der Berührung, dem Kuss, dem
Akt selbst ihren Rang als Motive der Liebesthematik zurück. *Ob er mich küsste? / Wohl tausend mal … / Seht,
wie rot mein Mund ist.* Und er setzt in *Unter der Linde* noch einen weiteren Akzent: Hier ist es nicht der
Sänger, der das »wip« andichtet, sondern ein Mädchen
besingt ihr Liebesglück, den Eros, die Wiese und ihren
Freund. Dieser Wechsel der Perspektive war neu.

Ob die Damen in Walthers hochgestelltem Publikum
das Lied goutierten, wissen wir nicht. Sie durften natürlich ihr Entzücken nicht zeigen, mussten vielmehr Laute der Empörung von sich geben. Doch wahrscheinlich
kursierten in ihren Zirkeln geheime Abschriften. Dann
lasen die Frouwen im stillen Kämmerlein Zeilen wie
diese: *Was er tat mit mir / niemals soll jemand / das erfahren als er und als ich* … und schmiegten versonnen
die Schriftrolle gegen ihren Schoß …

WALTHER VON DER VOGELWEIDE

 ## BIOGRAPHIE

Walther wird um 1170 geboren. Sein Geburtsort ist unbekannt; Würzburg oder Niederösterreich kommen in Betracht. Aus Walthers Dichtungen geht hervor, dass er am Hof des Babenberger Herzogs Friedrich I. von Österreich in Wien als Sänger engagiert war, dort wahrscheinlich bei dem berühmten Reinmar von Hagenau seine Ausbildung absolviert hat. Bis zum Frühjahr 1198 steht Walther am Wiener Hof in Lohn und Brot. Dann scheint er sich mit seinem Lehrmeister überworfen zu haben, vielleicht ist aber auch einfach der Tod Friedrichs der Grund für Walthers Abreise. Jedenfalls verlässt er den Hof und zieht nun als fahrender Berufssänger durchs Land, erhält nur kurzfristige Engagements an verschiedenen Fürstenhöfen. Eine Zeit lang steht er – mit Unterbrechungen – im Dienst des Staufers Philipp von Schwaben, wirbt mit seinen Liedern für dessen Herrschaft und schmäht Otto, den welfischen Widersacher, der aber am Ende als Otto IV. den Kaiserthron besteigt; Philipp bleibt nur die Königskrone. Walther dichtet Reichssprüche, die Philipps Krönung im September 1198 feiern, doch zwei Jahre später verfasst er ein Preislied für den österreichischen Herzog Leopold VI. – er ist nach Wien zurückgekehrt, scheint mit Philipp in Streit geraten zu sein. Aus einer Textstelle im *Willehalm* Wolfram von Eschenbachs lässt sich folgern, dass Walther offene Kritik an Philipp geübt hat und daraufhin in Ungnade fiel. Auch im weiteren Verlauf seines Berufslebens

eckt Walther immer wieder an, fühlt sich als Künstler nicht anerkannt, beklagt sich über das schlechte Benehmen des Publikums während seines Vortrags und das mangelnde Verständnis für seine anspruchsvolle Lyrik. So zieht er weiter von Fürstenhof zu Fürstenhof, singt für Hermann I. von Thüringen, für Bischof Wolfger von Erla – der ihm am 12. November 1203 Geld für einen Pelz schenkt, die Rechnungsnotiz ist erhalten – und für Otto IV., bevor er endlich, um 1220, von Kaiser Friedrich II. nahe Würzburg ein Lehen erhält und sich zur Ruhe setzen, sein mühsames Leben als fahrender Sänger aufgeben kann. Seine letzten datierbaren Lieder nehmen Bezug auf den Fünften Kreuzzug (1228/1229), wahrscheinlich stirbt Walther also um 1230. Sein Grab soll sich im Würzburger Stift Neumünster befinden.

 ## WISSENSWERTES

Sangspruchdichtung
Walther von der Vogelweide war nicht nur ein Minnesänger. Seine große dichterische Leistung war, die Sangspruchdichtung so zu vervollkommnen, dass sich ganze Generationen von Sängern und Dichtern an seinem Werk orientierten. Ein Sangspruch behandelt ein politisches, moralisches oder religiöses Thema in zugespitzter Form. Der Sänger schlüpft dabei in die verschiedensten Rollen: Lehrer, Gottesbote, Ankläger

oder Ratgeber. Doch offenbar konnte nicht jeder Fürst mit der oft ironisch oder satirisch vorgetragenen, messerscharfen Kritik umgehen, wie Walthers wechselvolles Sängerleben zeigt.

 ## EMPFEHLUNGEN

Lesenswert:
Günther Schweikle: *Walther von der Vogelweide. Werke*, 2 Bde., Stuttgart 1998

Hermann Reichert: *Walther von der Vogelweide für Anfänger*, Wien 2009

Jean Firges: *Walther von der Vogelweide. Dichter der Stauferzeit*, Annweiler 2007

Thomas Bein: *Walther von der Vogelweide*, Stuttgart 1997

Peter Wapnewski: *Waz ist Minne*, München 1975

Dieter Kühn: *Trilogie des Mittelalters*, Frankfurt/M. 1980, 1986, 1988 (Romanbiographien der Minnesänger Oswald von Wolkenstein, Wolfram von Eschenbach und Neidhart von Reuenthal)

Hörenswert:
Minnesang. Die Blütezeit. Heidelberg 2001. Audio-CD

Richard Wagner: *Tannhäuser und der Sängerkrieg auf der Wartburg.* Oper 1845

 ## AUF DEN PUNKT GEBRACHT

Als die Liebeslyrik des Mittelalters im Minnesang erstarrt war, kam Walther und hauchte mit seinen *Mädchenliedern* der Dichtkunst neues, warmes Leben ein.

Zur Hölle mit dem Teufel!

Das Dekameron

Giovanni Boccaccio

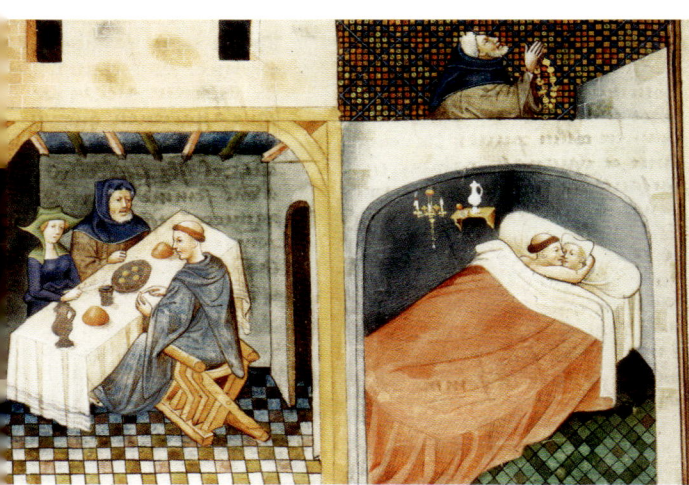

■ Ein Mönch zu Gast bei einem Ehepaar. / Der Mönch schläft mit der Frau, während der Ehemann betet. Französische Buchmalerei aus dem 15. Jh. Paris, Nationalbibliothek

■ Gegenüber: Diese Skulptur von Giovanni Boccaccio befindet sich an der Fassade der Uffizien in Florenz.

Im Jahr 1348 herrscht im stolzen Florenz der »Schwarze Tod«. Tausende fallen der Pest zum Opfer, und wer eine Möglichkeit sieht, verlässt die Stadt. Dies beschließen auch sieben adlige junge Damen, zu deren Begleitung sich noch drei junge Herren bereitfinden. Auf einem Landgut mit gepflegten Gärten und diensteifrigem Personal lässt die kleine Gesellschaft sich nieder. Man möchte Tod und Not vergessen und die Zeit so angenehm wie möglich verbringen. Und so kommen die zehn jungen Leute überein, einander zwei Wochen lang täglich zehn spannende Geschichten zu erzählen – die Wochenenden ausgenommen. An zwei mal fünf Tagen also kommt jede/r einmal dran, so dass am Ende nicht weniger als hundert Novellen zum Vortrag gelangen. Jede Dame, jeder Herr ist einmal Königin oder König des Tages, wird mit einer Krone geschmückt und darf bestimmen, wer als Nächste/r zu erzählen hat.

Das Dekameron – deka heißt auf Griechisch zehn, *hemera* der Tag – gilt als älteste und schönste Novellensammlung der europäischen Literatur und der Schriftsteller Boccaccio als einer der Väter der italienischen Dichtkunst, denn er schrieb nicht wie damals üblich auf Latein, sondern in der Landessprache. Die meisten Novellen hat er nicht selbst ersonnen, sondern nur um- oder ausgeformt; sie entstammen dem Schatzkästlein der mündlichen Überlieferung. So kommt die berühmte »Ringparabel«, die mehr als vierhundert Jahre später das Herzstück von Lessings Drama *Nathan der Weise* bilden wird, schon bei Boccaccio vor.

Und wovon sonst handeln die Geschichten? Von Reisen, Abenteuern, Intrigen und Kriegen, von religiösen Krisen, bestraften Sündern, verfolgter und erretteter Unschuld und immer wieder von der Liebe. Es bereitet Boccaccio ein diebisches Vergnügen, die Frömmler und Betschwestern seiner Zeit vor den Kopf zu stoßen, indem er den Klerus unverblümt als faul und geil charakterisiert und die Weltleute, ob Jünglinge oder Mädchen, als sinnliche Geschöpfe eines gnädigen Gottes, der es ihnen nachsieht, wenn sie vor allem an ihr erotisches Vergnügen denken. Das waren Gründe genug für den Vatikan, das Werk nach seiner Drucklegung im Jahre 1470 zu verdammen, und ebenso viele Gründe für das weltweite Publikum, das *Dekameron*, das vielfach übersetzt wurde, für alle Zeit ins Herz zu schließen.

Im Mittelpunkt der vierten Geschichte des ersten Tages steht ein Benediktiner, der einem Mädchen zusieht, wie es im Klostergarten Kräuter sammelt. Er lockt es in seine Zelle, um mit ihm dort ohne große Umstände »die Freuden der Liebe zu genießen«. Der Abt des Klosters kommt dahinter und beschließt, den Mönch für seine Sünde zu bestrafen. Dieser aber richtet es so ein, dass der Abt das halbnackte Mädchen in der Zelle allein antrifft. Es geschieht sodann, was der Mönch erwartet hat. Der Abt denkt bei sich: »*Warum soll ich mir nicht auch ein wenig von dem Glück nehmen, das der liebe Gott anderen beschert hat?*« ... *Das Mädchen, weder aus Eisen noch aus Diamant, ließ sich auch leicht bewegen, den Gelüsten des Abtes nachzugeben.* Der Mönch schaut durch einen Mauerspalt zu und kann später dem Abt, als der zu einer Strafpredigt ansetzt, leicht beweisen, dass dieser sich der nämlichen Sünde schuldig gemacht habe wie er selbst. *Der Abt verzieh ihm, befahl ihm aber, über alles Stillschweigen zu bewahren.* Die promiske Kräutersammlerin, so könnte man meinen, kommt hier nicht so gut weg. Aber wenn man sich erst mal ins *Dekameron* eingelesen hat, begreift man, dass sein Autor liebeshungrige Frauen keineswegs verachtet, sondern verehrt.

Da ist zum Beispiel Alatiel, Tochter des Sultans von Babylon, die sich auf eine Schiffsreise zu ihrem künftigen Gemahl, dem König von Algarbien, begibt. Ein Sturm verschlägt sie an einen fremden Strand, und der junge Edelmann namens Pericone, der zu ihrer Rettung herbeieilt, verliebt sich so leidenschaftlich in die Schöne, dass der schließlich nichts anderes übrigbleibt, als ihm zu Willen zu sein. Doch Pericones Bruder Marato hat auch ein Auge auf Alatiel geworfen; es gelingt ihm, Pericone zu beseitigen und das Mädchen zu erobern. Und so geht es sage und schreibe neun Mal weiter – als die Braut Jahre später beim König von Algarbien anlangt, ist sie bereits eine erfahrene Liebhaberin. Dem König erzählt sie, dass sie noch Jungfrau sei, der fragt auch nicht groß nach, und Boccaccio weiß sich mit seiner Leserschaft einig,

GIOVANNI BOCCACCIO

■ *Die Erzähler.* Illustration aus dem *Dekameron.* Das friedliche Bild – eine Idylle – ist typisch für die bukolische Dichtung.

Auf Boccaccios Betreiben hin entstand die erste vollständige Übersetzung der Werke Homers ins Lateinische.

wenn er diese siebte Geschichte des zweiten Tages so beendet: *Geküsster Mund an Schönheit nichts büßt ein, / dem Monde gleich wird stets sein Reiz erneuert sein.*

Der erotische Grundton vieler Novellen schließt derbe Komik nicht aus. So lacht die kleine Gesellschaft herzlich über Alibech, Heldin der zehnten Geschichte des dritten Tages, eine blutjunge Berberin, die Christin werden möchte und Unterweisung bei einem Eremiten sucht. Der junge Einsiedler ist bereit, Alibech zu belehren. Und er erklärt ihr, dass christlicher Gottesdienst darin bestehe, den Teufel in die Hölle zu schicken. Er streift seine Kutte ab und bittet sie, sich gleichfalls zu entkleiden. Sie entdeckt bei ihm die »Auferstehung des Fleisches« und fragt erstaunt, was das denn sei. Er gesteht ihr, dass es sich um niemand anders als den Teufel handle. Da Alibech jedoch zwischen ihren Beinen die Hölle habe, sei es ein Leichtes, den Bösen dahin zu schicken, wohin er gehöre, und so den Gottesdienst ordnungsgemäß zu vollziehen. Bald ist die Berberin eine begeisterte Dienerin Gottes, und nachdem sie wieder heimgewandert ist, erzählt sie jedem, der es hören will, wie wundervoll es um den christlichen Ritus bestellt sei.

Als die jungen Leute aus Florenz in ihre Heimatstadt zurückkehren, haben sie manches gehört, was sie nachdenklich gemacht, und mehr noch, das sie zum Lachen gebracht hat und das sie weiter erzählen werden.

WENDEPUNKT

Boccaccios *Dekameron* markiert den Übergang vom gottesfürchtigen Mittelalter zur weltzugewandten Renaissance. Die Freiheiten, welche die Figuren der hundert Novellen sich nehmen, um zu berühren, zu verführen und fremdzugehen, schildert Boccaccio mit herausforderndem Schwung, wobei der geistliche Stand mit seiner Mahnung zur Keuschheit offen der Lächerlichkeit preisgegeben und der Heuchelei überführt wird.

GIOVANNI BOCCACCIO

 BIOGRAPHIE

Giovanni Boccaccio wird im Jahr 1313 in Florenz, vielleicht auch in Certaldo bei Florenz als unehelicher Sohn eines Kaufmanns geboren. 1327 beginnt er eine kaufmännische Lehre in Neapel, 1332 ein Studium des kanonischen Rechts. Zudem beschäftigt er sich intensiv mit Literatur. Als er um das Jahr 1340 nach Florenz zurückkehrt, werden ihm verschiedene Ämter angetragen, und er ist, als Leiter mehrerer Gesandtschaften, viel auf Reisen. 1350 lädt er Francesco Petrarca nach Florenz ein; zusammen widmen sich die beiden humanistischen Studien. 1373 erhält Boccaccio den ersten öffentlichen Lehrstuhl der Stadt Florenz: Der große Dante-Kenner soll sein Wissen über die *Göttliche Komödie* vermitteln, doch aus gesundheitlichen Gründen muss Boccaccio seine Lehrtätigkeit verfrüht aufgeben. Er stirbt am 21. Dezember 1375 in Certaldo. – Boccaccio hat ein umfangreiches Werk hinterlassen. Anfangs nutzte er überwiegend Motive aus der französischen und italienischen Literatur sowie aus antiken Quellen, etwa in einem Roman über das legendäre Liebespaar Flore und Blancheflur (*Il Filocolo*) oder in dem Versroman *Fiammetta*, beide 1472 erschienen. Sein Hauptwerk beginnt mit dem um 1350 entstandenen *Dekameron*. Danach folgen die beiden Sammelbiographien *Die neun Bücher vom Glück und Unglück berühmter Männer und Frauen* und *Von den berühmten Frauen*, die Boccaccio auf Latein verfasst hat.

 WISSENSWERTES

Bukolik

Mit *Aus dem Ameto*, einer Verserzählung, und *Die Nymphe von Fiesole* schuf Boccaccio die ersten italienischen Werke der Bukolik. Der *boukolos* war im alten Griechenland ein Rinderhirte, und ebendort hatte die bukolische Dichtung ihren Ursprung: Theokrit begründete das neue Genre im 3. Jh. v. Chr. mit seinen *Eidyllia*. Wörtlich bedeutet das »Bildchen«, und so sind diese Gedichte auch zu verstehen: Sie entwerfen eine »Idylle«, zeichnen das Bild einer friedlichen Landschaft – sehr häufig wird Arkadien gewählt –, in der die Hirten mit ihren Herden umherziehen und ein beschauliches, naturverbundenes Leben führen. Es ist das Bild einer Traumwelt, in der Harmonie und Liebe herrschen. Im 1. Jh. v. Chr. übernahm der römische Dichter Vergil mit seinen *Bucolica* diese Form der Lyrik und passte sie dem römischen Zeitgeschmack an. Doch erst anderthalb Jahrtausende später erreichte die bukolische Dichtung ihre Blütezeit, nachdem Francesco Petrarca und Giovanni Boccaccio sie wiederentdeckt und eigene Werke geschaffen hatten. Nun fand die Bukolik in Europa weite Verbreitung, vor allem in Gestalt der sog. Schäferdichtung – die Schafhirten hatten die Rinderhirten abgelöst –, die sich im 16. und 17. Jh. großer Beliebtheit erfreute. Auch William Shakespeare griff in seinen Komödien bukolische Motive auf, etwa in *Wie es euch gefällt* aus dem Jahr 1599, und brachte den Traum von der Flucht in eine idyllische Welt auf die Bühne. Aus der bukolischen Dichtung stammt der Begriff »Schäferstündchen«.

 EMPFEHLUNGEN

Lesenswert:
Giovanni Boccaccio: *Das Dekameron*, nach der Übersetzung von Karl Witte, Frankfurt / M. 2008

Dante: *Die göttliche Komödie. Mit einer kleinen Abhandlung zum Lobe Dantes von Giovanni Boccaccio*, Zürich 1991

Hermann Hesse: *Boccaccio. Der Dichter des Dekameron*, Frankfurt / M. 1995

Volker Klotz: *Erzählen. Von Homer zu Boccaccio, von Cervantes zu Faulkner*, München 2006

Barbro Santillo Frizell: *Arkadien. Mythos und Wirklichkeit*, Köln 2009

Hörenswert:
Franz von Suppé: *Boccaccio*. Komische Oper 1879 (über Giovanni Boccaccio, nach Motiven aus dem *Dekameron*)

Sehenswert:
Decameron. Regie: Pier Paolo Pasolini; mit Franco Citti, Angela Luce. I 1971

 AUF DEN PUNKT GEBRACHT

Ein Geschichtenerzählmarathon, bei dem List, Lust und Frust zwischen Mann und Frau den beliebtesten Stoff abgeben.

Fortsetzung folgt

Tausendundeine Nacht

Anonym

Der Legende nach lebte einst ein König vom Geschlecht der Sassaniden irgendwo »im Inselreich von Indien und China«. Der König trug den Namen Schahriyar. Er war eigentlich ein guter und weiser Herrscher. Doch eines Tages erfuhr er von der Untreue seiner Gemahlin und legte sich heimlich auf die Lauer. Als er mit eigenen Augen sah, wie seine Ehefrau sich mit einem schwarzen Sklaven amüsierte, überkam ihn unbändiger Zorn. Erst verließ er seinen Palast und sein Reich, kehrte dann aber zurück und befahl, seine untreue Gattin hinzurichten. Von nun an, so gelobte Schahriyar sich selbst, werde er »nur noch für eine einzige Nacht heiraten und seine Ehefrau am nächsten Morgen töten, um vor ihrer Bosheit und Arglist in Sicherheit zu sein«. Dieses grausame Vorhaben setzte er Nacht für Nacht in die Tat um, so lange, bis es kaum noch jungfräuliche Mädchen im Lande gab.

Nun hatte der Wesir des Königs, der stets die Mädchen töten musste, selbst zwei Töchter: eine ältere mit Namen Schahrasad (französisch Scheherezade); die jüngere hieß Dinarsad. Schahrasad hatte einen Plan gefasst, wie dem blutigen Treiben des Königs ein Ende zu bereiten sei, und sprach zu ihrem Vater: »Ich möchte, dass du mich mit dem König Schahriyar verheiratest«, und ihre jüngere Schwester wies sie an, nach der Vermählung in das Schlafgemach zu kommen und um eine Geschichte zu bitten.

»Erlaubst du, dass ich erzähle?«, fragt Schahrasad den König in der Hochzeitsnacht, nachdem sie sich ihm hingegeben und Dinarsad wie verabredet ihre Bitte vorgetragen hat. »Einverstanden«, antwortet Schahriyar. Und Schahrasad beginnt in der ersten Nacht die Geschichte *Der Kaufmann und der Dschinni* – Dschinn bedeutet Dämon – zu erzählen. Doch als der

Schahrasad, Dinarsad und der König. Illustration aus dem Buch *Arabian Nights' Entertainments* von Andrew Lang (1844–1912), erschienen 1898

Morgen graut, hört sie mittendrin auf und vernimmt, wie der König zu sich selbst sagt: »Ich werde sie, bei Gott, nicht eher töten, als bis ich die Geschichte zu Ende gehört habe.« Und so geht es Nacht für Nacht weiter; Schahrasad kreiert wahrscheinlich den ersten und längsten Fortsetzungsroman der Menschheitsgeschichte. Am Ende, nach über zweieinhalb Jahren, hat die kluge Tochter des Wesirs den König zur Vernunft gebracht und ihre eigene Hinrichtung für immer verhindert.

Wollen wir Näheres über die Herkunft und den Werdegang von *Tausendundeine Nacht* erfahren, sind wir auf Vermutungen angewiesen. Sicher ist nur: Es handelt sich nicht um das Werk eines Autors, sondern um eine große Sammlung verschachtelter Einzelerzählungen, Legenden, Mythen und Seemannsgarn, angereichert mit moralischen Lebensweisheiten, manchmal als Gleichnisse ausgedrückt, durchsetzt mit Gedichten, Reimprosa und »geflügelten Worten«; die unbekannten Dichter und Herausgeber schrieben in mehreren Sprachen, kamen aus Ost und West und unterschiedlichen Epochen.

In einem Kairoer Notizbuch wurde um 1150 zum ersten Mal ein Buch mit dem arabischen Titel *Tausendundeine Nacht* (im

■ Der König ist kurz davor, Schahrasad zu enthaupten. Doch sie lenkt ihn ab, indem sie ihm eine Geschichte erzählt … und eine weitere … und noch eine … Illustration zu einer Ausgabe von *Tausendundeine Nacht*

DAS VERBOTENE BUCH

Wie war es um den Erfolg von *alf layla wa-layla* in seiner Heimat, dem Orient, bestellt? Nun, der Prophet gilt nichts im eigenen Land, das Buch war verpönt. Noch der ägyptische Schriftsteller Gamal al-Ghitani, Jahrgang 1945, weiß zu berichten: »Als ich ein kleiner Junge war, hörte ich zum ersten Mal von *Tausendundeine Nacht*, und zwar als verbotenes Buch. Erotik käme darin vor. Genau das hat mich dazu gebracht, das Buch zu lesen.« Heute hat das Werk im Land seiner Väter zwar eine Aufwertung erfahren, allerdings nur in der »abendländischen Version«, als Märchensammlung für Kinder!

»Dieses Buch ist also, neben vielem anderen, auch eine Hymne an die Macht des Erzählens, an die Macht der Literatur. Diese Macht durchtränkt das ganze Buch, das von Menschen wimmelt, die lüstern sind, Geschichten zuzuhören – und deswegen alle finsteren Vorsätze zunächst einmal aufschieben –, oder auch von solchen, die leidenschaftlich erzählen, um sich und andere in Sicherheit zu bringen …«

Joachim Sartorius

■ Szene aus *Ali Baba und die vierzig Räuber*; Ali Baba vernimmt, wie der Räuberhauptmann vor einem Fels ausruft: »Sesam, öffne dich!« Farblithographie, um 1900

Original: *alf layla wa-layla*) erwähnt, doch die wohl älteste Urschrift mit der Rahmenerzählung von Schahrasad und Schahriyar stammt sehr wahrscheinlich aus dem Indien des 6. Jahrhunderts und ist nicht erhalten. Die am Anfang des Buches erwähnten Herrscher der Sassaniden lebten im Persien der Spätantike von 224 bis 642, noch vor der islamischen Eroberung, dort, wo heute die Staaten Irak und Iran liegen. So gilt es in Fachkreisen auch als sicher, dass es im 8. Jahrhundert persische Vorlagen gab, die ins Arabische übersetzt wurden. Im weiteren Verlauf des 8. und 9. Jahrhunderts wurden diese Aufzeichnungen durch arabische Erzählungen aus Bagdad ergänzt und in die vorhandene Sammlung mit aufgenommen. Das passt zeitlich zur Regierungszeit von Harun al-Raschid. Der umstrittene Kalif, der in einigen *Tausendundeine-Nacht*-Geschichten eine Rolle spielt, regierte von 786 bis 809 im riesigen islamischen Abbasidenreich mit Bagdad als Zentrum. Aus Ägypten kamen im 11. und 12. Jahrhundert weitere Aufzeichnungen dazu.

Im Jahre 1701 erwarb der französische Orientalist Antoine Galland (1646–1715) die arabische Handschrift eines unbekannten Autors. Dieses Fragment stammt ungefähr aus dem Jahr 1450 und bricht leider in der 282. Nacht ab; es erhielt später den Namen seines Besitzers: Galland-Handschrift. Obwohl unvollständig, ist es die wichtigste und älteste Quelle von *Tausendundeiner Nacht*. Galland, ein belesener Pariser Bibliothekar, Diplomat und Professor für arabische Sprache, überarbeitete die Texte, schmückte sie aus, entschärfte erotische und religiöse Elemente der Vorlage und fügte andere arabische Erzählungen hinzu. Drei davon, die vielen von uns bekannt sein dürften, ließ sich Galland von Hanna Diab, einem maronitischen Christen aus Aleppo, erzählen: *Ali Baba und die vierzig Räuber, Aladin und die Wunderlampe* sowie *Sindbad der Seefahrer*. So wurde durch Gallands Überarbeitung aus einer Sammlung nächtlicher Geschichten für Erwachsene eine Märchensammlung für Kinder. Gleichwohl kommt dem Franzosen das Verdienst zu, die Erzählungen aus dem Morgenland im Abendland bekanntgemacht zu haben, denn die Veröffentlichung seiner zwölfbändigen Reihe *Les mille et une nuits: contes arabes* (1704–1708) war ein Volltreffer. Übersetzungen in verschiedene Sprachen (deutsch von Johann Heinrich Voß, ab 1781) trafen im Europa des 18. Jahrhunderts den Nerv der Zeit. Die Sehnsucht der Menschen nach Exotik machte das Werk zum begehrtesten Schriftgut gleich nach der Bibel.

Inzwischen hat die zeitgenössische Arabistik die Galland-Handschrift wiederentdeckt, von den Hinzufügungen befreit und neu übersetzt und ediert. Im Jahre 1984 machte sich der US-amerikanische Arabist und Islamwissenschaftler irakischer Herkunft Muhsin Mahdi daran, der Galland-Handschrift während einer 25-jährigen Arbeit ihre ursprüngliche Form zurückzugeben. Die gelungene Übersetzung des authentischen Textes in ein zeitgemäßes Deutsch schloss die Orientalistin Claudia Ott nach vierjähriger Arbeit 2004 ab. Der Leser ist eingeladen, ein restauriertes, rund zwölfhundertjähriges Epos zur Hand zu nehmen, das zwar mit 282 Nächten unvollständig ist, aber dafür die wahrscheinlich berühmteste Geschichtensammlung der Welt ohne Zensur im

■ *Aladin und die Wunderlampe.* Filmszene mit Johnny Sands als Aladin (USA 1952). Regie führte Lew Landers.

SCHACHTELGESCHICHTEN

Ab der achten Nacht erzählt Schahrasad dem Sultan Schahriyar und ihrer Schwester Dinarsad die Geschichte von dem *Fischer und dem Dämon*. In dieser Erzählung hören wir, wie der Fischer dann dem Dämon die Geschichte von dem *König Yunan und dem Arzt Duban* berichtet. Der König Yunan wiederum erzählt seinem Wesir die Story von dem *Kaufmann mit dem Papagei* und der Wesir seinem König eine andere Dichtung. Diese Art von mehrfachen Verschachtelungen durchzieht das gesamte Werk und ist auch bei anderen Märchendichtern, wie Wilhelm Hauff, zu finden.

Im Jahr 2010 gab die Orientalistin Claudia Ott bekannt, sie habe in der Tübinger Universitätsbibliothek eine weitere Handschrift entdeckt, die Teil der Geschichten aus *Tausendundeiner Nacht* gewesen sein könnte. Sie reicht von der 283. bis zur 542. Nacht und war möglicherweise Band zwei einer vierbändigen Fassung.

»Die Neuauflage von *Tausendundeine Nacht* ist eine wunderbare und prächtige Ausgabe. Es handelt, ganz anders als in unserer gewohnten Tausendundeine-Nacht-Romantik, von klugen Frauen und herrschsüchtigen Männern. Und wie diese klugen Frauen letztendlich doch immer gewinnen.«
Elke Heidenreich

Interesse des Geschmacks abendländischer Leser bietet. Da gibt es zum Beispiel die Geschichte aus der 28. Nacht vom *Träger und den drei Damen*. Darin enthalten ist eine Passage über ein frivoles Ratespiel. Ein junger Mann, der Obst in Körben ausliefert, also als »Träger« arbeitet, amüsiert sich mit drei reizenden Mädchen. In ausgelassener Weinlaune setzen sich die Schönen eine nach der anderen auf seinen Schoß, deuten auf ihre Scham und fragen nach deren (Phantasie-)Namen. Der Träger rät viele Male vergeblich und bittet schließlich um Auflösung. Die erste nennt ihre Scham »den Kräutergarten des Draufgängers«, die zweite »das geschälte Sesamkörnchen« und die dritte »Abu Masrurs Gasthof«. Dann werden die Rollen getauscht, und der Träger setzt sich auf den Schoß der ersten Dame, zeigt auf sein Geschlecht und fragt: »Wie heißt denn der da?« Nachdem diese Dame und auch die beiden anderen keine richtige Antwort gefunden haben, fragen sie ihn: »Wie heißt er denn nun, Brüderchen, nun sag schon, wie heißt er?« – »Wisst ihr denn wirklich nicht, wie er heißt?«, spöttelt der Träger. »Er heißt: das wildgewordene Maultier!« – »Das wildgewordene Maultier?«, wiederholen sie. »Was soll denn dieser Name bedeuten?« – »Das ist doch klar!«, erwidert er. »Er weidet im Kräutergarten des Draufgängers, frisst das geschälte Sesamkörnchen und galoppiert dann in Abu Masrurs Gasthof auf und ab!« Darüber müssen die Damen so sehr lachen, dass sie ohnmächtig zu Boden fallen.

TAUSENDUNDEINE NACHT
ANONYM

WISSENSWERTES

EMPFEHLUNGEN

Sassaniden und Abbasiden

König Schahriyar, der wahrscheinlich fiktive Herrscher, dem Schahrasad ihre Geschichten erzählt, stammt aus dem Geschlecht der Sassaniden. Diese persische Dynastie leitet ihren Namen von Sassan ab, der als Teilfürst über die Persis (die heutige Provinz Fars im Südiran) herrschte und zugleich dem Heiligtum der Göttin Anahita nahe der Stadt Persepolis als Oberpriester vorstand. Sein Enkel Ardaschir I. (224–241) war es, der die Parther besiegte und das zweite persische Großreich, das Sassanidenreich, begründete. Unter Schapur I. (242–272) kämpften die Perser erfolgreich gegen ihre Erzrivalen, die Römer. Das persische Reich erstreckte sich nun über das Gebiet der heutigen Staaten Iran und Irak; Ktesiphon, etwa 30 Kilometer südöstlich von Bagdad am linken Tigrisufer gelegen, war die prächtige Hauptstadt. Im 6. Jh. befand sich das Sassanidenreich auf dem Höhepunkt seiner Macht. Die Herrscher Chosrau I., Hormisd IV. und Chosrau II. führten erfolgreiche Feldzüge gegen die Byzantiner. Mitte des 7. Jh.s wendete sich jedoch das Schicksal: Im Jahr 642 unterlagen die Sassaniden in der Schlacht bei Nehawend den muslimischen Arabern, die von Omar I. (586–644) geführt wurden. Mit der Ermordung Jesdgerds III. im Jahr 651 ging die Sassanidenherrschaft zu Ende. Der Sieger von Nehawend, Omar I., war der zweite Kalif und der zweite »Nachfolger« – so die wörtliche Übersetzung – des Propheten Mohammed (um 570–632). Er schuf das islamische Großreich, das die gesamte arabische Halbinsel, Syrien, Palästina, Mesopotamien (Irak), Iran, Ägypten und große Teile Nordafrikas umfasste. 100 Jahre später herrschte in Bagdad die Kalifendynastie der Abbasiden, die auf Mohammeds Onkel al-Abbas ibn Abd al-Muttalib zurückging. Der berühmteste Kalif aus diesem Geschlecht war Harun al-Raschid, der von 786 bis 809 regierte und der namentlich in den Geschichten der Schahrasad erwähnt wird, wahrscheinlich, weil sie zur Zeit seiner Herrschaft gesammelt, übersetzt und aufgeschrieben wurden; die ursprünglich persischen Texte wurden dabei um arabische Erzählungen ergänzt. In *Tausendundeiner Nacht* erscheint Harun al-Raschid jedoch weniger als Staatsmann, es wird eher die verschwenderische Ausstattung seines Palastes beschrieben: »Was man im Palast des Befehlshabers der Gläubigen nicht alles aufgehängt hatte an Vorhängen aus Goldbrokat, verziert mit prachtvollen Goldstickereien, die Elefanten, Pferde, Kamele, Löwen und Vögel darstellten, und viele große Wandbehänge, einfarbig oder mit Mustern geschmückt. Und es gab 38 000 bestickte Vorhänge, darunter 12 500 Vorhänge aus Goldbrokat ...«

Lesenswert:
Tausendundeine Nacht, übersetzt von Claudia Ott, München 2004

Helga Volkmann: *Mit goldenen Lettern. Leben und Lieben in »1001 Nacht«*, Göttingen 2004

Robert Irwin: *Die Welt von Tausendundeiner Nacht*, Frankfurt / M. 1997

Katharina Mommsen: *Goethe und 1001 Nacht*, Bonn 2006

Wiebke Walther: *Die kleine Geschichte der arabischen Literatur. Von der vorislamischen Zeit bis zur Gegenwart*, München 2004

Edgar Allan Poe: *Die tausendundzweite Erzählung der Scheherazade*, in ders.: *Erzählungen*, Stuttgart 1989

Hörenswert:
Tausendundeine Nacht, gelesen von Heikko Deutschmann, Eva Mattes, Marlen Diekhoff, Charlotte Schwab, Katja Riemann, Elisabeth Schwarz, Hamburg 2004. 24 CDs (ungekürzte Hörbuchfassung der Übersetzung von Claudia Ott)

Moritz Eggert, Helmut Krausser: *Helle Nächte*. Oper 1997

Sehenswert:
Erotische Geschichten aus 1001 Nacht. Regie: Pier Paolo Pasolini; mit Franco Citti. I 1974

Aladdin. Regie: John Musker und Ron Clements. USA 1992 (Disney-Zeichentrickfilm)

AUF DEN PUNKT GEBRACHT

Eine Frau erzählt in der Hochzeitsnacht um ihr Leben. Sie gewinnt. Und weckt in ihrem Mann nicht nur die Liebe zu ihr, sondern auch zur Literatur.

Berufswunsch: Hure

Kurtisanengespräche

Pietro Aretino

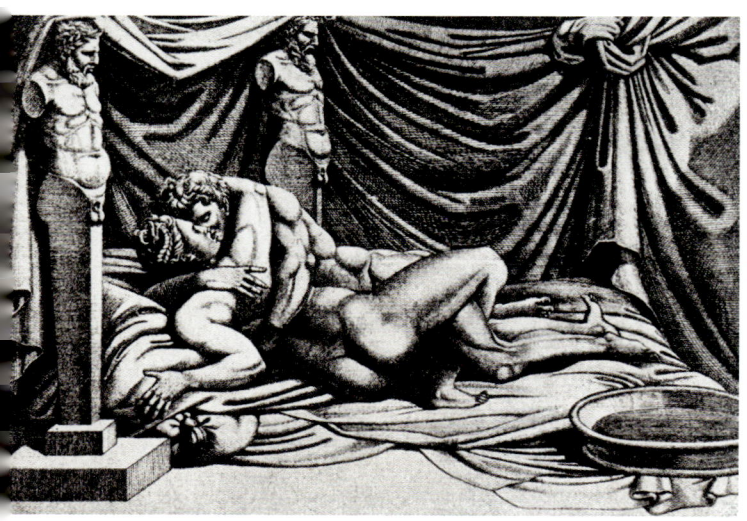

■ Liebesakt. Kupferstich, um 1525, von Marcantonio Raimondi (um 1475–um 1534), nach einem Gemälde von Giulio Romano (1499–1546). Raimondi lieferte die bildlichen Vorlagen für die *Stellungen* von Pietro Aretino.

»Er nahm mich auf seinen Schoß und umschlang mit dem einen Arm meinen Hals, mit der anderen Hand liebkoste er bald die Backen, bald die Brüste, und in diese Liebkosungen mischte er die süßesten Küsse, so dass ich bei mir selbst die Stunde und den Augenblick segnete, da ich Nonne geworden war, denn das Klosterleben schien mir das wahre Paradies zu sein.« Nanna in den *Kurtisanengesprächen*

So hat sich die junge Nanna ihren Eintritt in den heiligen Stand einer Nonne keinesfalls vorgestellt: Kaum hat sie, von den Eltern erzwungen, in einer römischen Klosterkapelle den Schleier angelegt, genießt sie schon unter munter schmausenden Mönchen und Nonnen üppige Tafelfreuden. Köstliche Speisen werden gereicht, der Wein fließt in Strömen. Zum Dessert serviert man besonders auffällige Früchte, die wie Möhren aussehen, aber aus Glas sind! Ihren Zweck begreift die sinnliche Nanna sofort. Eifrig langen die Bräute Gottes zu, auch die Novizin bekommt feierlich ihren ersten Dildo überreicht. Los geht die Orgie, und noch in derselben Nacht verliert Nanna neben ihrer Jungfräulichkeit auch den Glauben an kirchliche Moral und Frömmigkeit. Während eines heimlichen Rundgangs durch die Gewölbe beobachtet sie Brüder wie Schwestern bei jederlei Art von Geschlechtsverkehr. Schwuler und lesbischer Sex gehören dazu, blasphemische Rollenspiele, die Sodomie von Messknaben und raffinierte Sado-Maso-Varianten. Allen voran orgeln Abt und Äbtissin, die sich stets von mehreren Partnern bedienen lassen. Höchst erregt probiert Nanna jenen gläsernen Godemiché aus, um dann ihrem ersten geilen Ordensmann zu erliegen. Ganz so schön ist es dann aber doch nicht im Kloster. Es regieren Korruption und Intrigen, Nannas Schönheit entzündet Eifersucht und Gewalt, krank und blau geschlagen ergreift sie die Flucht.

Diese Erlebnisse erzählt Nanna viele Jahre später als gereifte Frau ihrer Freundin und Kollegin Antonia. Beide sind ehemalige Kurtisanen und treffen sich unter einem Feigenbaum zum gemütlichen Plausch. Auch soll es um die Zukunft von Nannas

Tochter Pippa gehen. An drei aufeinanderfolgenden Tagen diskutiert Nanna die Perspektiven für Pippa, entweder Nonne, Ehefrau oder Hure zu werden, und berichtet aus dem reichen Erfahrungsschatz, den sie in allen drei Sphären gesammelt hat. Nach ihrer Klosterzeit wird Nanna mit einem braven Mann verheiratet, dem sie praktisch schon in der Hochzeitsnacht Hörner aufsetzt. Ihre Umgebung treibt's genauso. Wie die Nonnen entpuppen sich die vermeintlich sittsamen Gattinnen als sexbesessene Triebtäterinnen, die vor keiner Untat zurückschrecken, um ihre Lust zu befriedigen. Ausführlich schildert Nanna zahlreiche obszöne Frivolitäten, am Ende steht die Einsicht, dass ein Ehemann einfach stört. Konsequent meuchelt Nanna den ihren mit einem Dolch; jetzt bleibt nur die Flucht ins Dasein einer Kurtisane. Diese Existenz wiederum gilt es überaus klug zu gestalten, denn allzu rasch schwinden Schönheit und Attraktivität. Die arme Antonia kann ein Lied davon singen. Sie hat sich die »Franzosenkrankheit«, sprich: die Syphilis, eingefangen und war somit raus aus dem Geschäft. Nanna erging es besser. Ihre Erinnerungen an eine prachtvolle Karriere sind gespickt mit dampfenden und drolligen Anekdoten von dummen, reichen Freiern, die sich ausnehmen lassen wie Weihnachtsgänse. Listig muss eine Kurtisane halt sein, geschickt und skrupellos, dann macht das Hurenleben wirklich Spaß. Außerdem hat man Sex, so viel man will, und kriegt auch noch Geld dafür! Nach ihrem dreitägigen Dialog befinden Nanna und Antonia einmütig, dass Töchterchen Pippa unbedingt diesen Weg beschreiten soll.

1534 erschien der erste Teil dieser *Ragionamenti*, der »vernünftigen Erörterungen«, wie Pietro Aretinos Buch im Original heißt. Zwei Jahre später lieferte er die Fortsetzung, in der Nanna ihrer Tochter alle Vor- und Nachteile der Prostitution sowie das grundsätzlich verdorbene Wesen der Männer erläutert. Zwei alte professionelle Kupplerinnen beschließen den Band. Sie entwerfen für Pippa ein beruhigendes Ausstiegsszenario: Taugst du nicht mehr zur Hure, bleibt immer noch das lukrative Gewerbe der Kupplerin!

Obwohl Pietro Aretino mit seinen *Kurtisanengesprächen* keineswegs plante, ein erotisches Werk zu schreiben, wurde es rasch und für lange Zeit zum Inbegriff pornographischer Literatur. Aretino verstand sein Buch als Satire und Aufklärung. Im Vorwort, das er einem Affen widmet, spricht er von der Sittenlosigkeit der

■ *Porträt des Pietro Aretino.* Gemälde, um 1545, von Tizian (um 1488–1576). New York, Frick Collection.
Mit I *Modi (Die Stellungen)* begründete Aretino seinen Ruf als literarischer Schmutzfink. Es ist eine Sammlung extrem obszöner Sonette, die Aretino 1525 nach den Bildern des Kupferstechers Marcantonio Raimondi schrieb. Dieser wanderte dafür ins Gefängnis, Aretino holte ihn mit seinen Beziehungen raus. Wegen der Sonette verlor Aretino die Gunst des Papstes Clemens VII., der ihn bis dahin gefördert hatte. Aretino stand zu seinem Werk: »Was ist Schlimmes dabei, einen Mann zu sehen, wie er eine Frau besteigt?«

»Der von Geist phosphoreszierende Sumpf der Verderbtheit Italiens stellt sich in diesem einen Menschen dar, dem Cesare Borgia der Literatur. Er ist ein Phänomen der Unsittlichkeit, wie es in keinem Volk zu irgendeiner Zeit gesehen war. Man weiß kaum, was man hier mehr bestaunen muss, diese zynische Frechheit oder die Macht dieses Journalisten und die Vergötterung, die er seinem Jahrhundert abzwang.«
Der Historiker Ferdinand Gregorovius in seiner *Geschichte der Stadt Rom im Mittelalter,* 1872

Epoche und seiner Hoffnung, *dass mein Wort jenes grausam barmherzige Messer sein werde, mit dem der tüchtige Arzt das kranke Glied abschneidet, damit die anderen gesund bleiben.* Pietro Aretino war eine der schillerndsten Figuren der Renaissance. Aus ärmlichen Verhältnissen stammend, aber gesegnet mit einem blitzenden Geist, erwarb er sich die Gunst von Päpsten und mächtigen Potentaten. Sie entlohnten ihn für beißende politische Schmäh- und Spottschriften über ihre Gegner. Auf dem Boulevard der Meinungen spielte Aretino ein glänzendes, aber auch gefährliches Spiel. Kokett nannte er sich einen *condottiere della penna,* einen Söldner, der seine Feder jedem zur Verfügung stellte, der ihn gut bezahlte. Bei einem Mordanschlag wurde Aretino schwer verletzt, der Täter war vom Vatikan entsandt und wurde nicht verfolgt! Indes machte Aretinos stetig wachsender Ruhm ihn schon zu Lebzeiten zur Legende. Der große Dichter und Zeitgenosse Ariost bezeichnete ihn bewundernd als »Geißel der Fürsten« und »göttlichen Aretino«.

Die *Kurtisanengespräche* zeigen auch den Humanisten. Gegen Schluss des zweiten Teils preist die eine Kupplerin die menschlichen Geschlechtsorgane. Sie seien die wahren Helden des Körpers: *Weil der Schwa..., die Fo... und der Ar... nicht fluchen, beißen und ins Gesicht spucken, wie's der Mund tut, keine Tritte versetzen, wie's die Füße tun, und nicht falsch schwören, nicht prügeln, nicht stehlen, nicht töten wie die Hände.* Ein solches Glaubensbekenntnis verzieh der Klerus nicht. Kein Wunder, dass Aretinos Gesamtwerk, *Petri Aretini opera omnia,* auf dem 1559 erstmals veröffentlichten Index der katholischen Kirche erscheint.

ANTI-PETRARKISMUS

Die *Kurtisanengespräche* sind auch ein Angriff auf die lyrische Mode der Zeit, die ganz im Zeichen der Poesie des Dichters Francesco Petrarca (1304–1374) stand. Petrarca war der literarische Superstar der Renaissance. In seinen Gedichten feiert er die Liebe als reines, hohes Ideal ohne jeden Gedanken an Sex und Leidenschaft. Fast alle Schriftsteller der Epoche unterwarfen sich dieser Doktrin – Aretino nicht.

PIETRO ARETINO

 BIOGRAPHIE

Pietro Aretino wird am 20. April 1492 in Arezzo wahrscheinlich als Sohn eines Schusters geboren, er selbst gibt an, adliger Herkunft zu sein. 1517 zieht er nach Rom. Dort vermittelt ihm Agostino Chigi (1465–1520), genannt »der Prächtige« und Leiter des Bankhauses der Spanocchi, eine Stelle bei Kardinal Giulio de' Medici (1478–1534), dem späteren Papst Clemens VII. Dass er sich in den höchsten Kreisen Roms bewegt, verhilft Aretino zu Macht und Einfluss, doch gleichzeitig macht er sich mit seinen bissigen Spottversen unbeliebt, die er erstmals 1521 veröffentlicht und in denen er auf satirische Weise die Geistlichkeit attackiert. Als 1522 mit Hadrian VI. ein besonders frommer Mann das Amt des Papstes übernimmt, beschließt Aretino, Rom zu verlassen, doch schon ein Jahr später wird sein Gönner Kardinal Giulio zum Papst gewählt – Aretino kehrt in die Ewige Stadt zurück. Im Jahr 1525 feiert er dort seinen Durchbruch als Schriftsteller: mit I Modi, den »Stellungen« (später auch unter dem Titel Sonetti lussuriosi veröffentlicht), einer Sammlung von Sonetten in derb-erotischer Sprache, die sehr explizite Kupferstiche des Künstlers Marcantonio Raimondi begleiten. Das Skandalwerk ist ein Riesenerfolg, führt aber dazu, dass Aretino die Gunst des Papstes verliert. Nun ist er schutzlos den Racheakten seiner Opfer ausgesetzt, die ihm seine Spott- und Schmähschriften verübeln, und er wird selbst Opfer von Todesdrohungen und Mordanschlägen. Noch im Jahr 1525 verlässt er Rom, geht nach Mantua, gerät auch dort zwischen die politischen Fronten und bezieht schließlich 1526 eine Wohnung am Canal Grande in Venedig. Hier wird er gut aufgenommen, der Doge Andrea Gritti (1455–1538) protegiert ihn, er schließt Freundschaft mit dem Maler Tizian, der ihn 1545 porträtiert. Doch auch in Venedig lässt sich Aretino nicht den Mund verbieten, im Gegenteil, er verkauft skrupellos seine literarischen Dienste an den Meistbietenden und spielt seine Auftraggeber geschickt gegeneinander aus. Nebenbei verfolgt er, allen Schmähschriften zum Trotz, eine klerikale Karriere, wäre gern Kardinal, doch seine Hoffnungen werden enttäuscht. Ebenso wenig erfüllt sich sein Wunsch, Michelangelo, der gerade an dem Altargemälde der Sixtinischen Kapelle arbeitet, als theologischer Berater zur Seite stehen zu dürfen: Der große Künstler weist ihn zurück, er will nicht, dass man ihm in seine Arbeit hineinredet. Finanziell ist Aretino dennoch gut abgesichert; nicht nur seine Spottschriften, Satiren und Briefsammlungen verkaufen sich glänzend, auch seine Heiligenviten finden reißenden Absatz. Pietro Aretino stirbt am 21. Oktober 1556 in Venedig. – Neben den Stellungen, den Kurtisanengesprächen und seinen Briefen, den Lettere, zählt die Tragödie L'Orazia zu seinen bedeutendsten Werken.

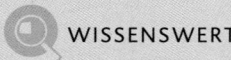
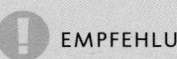
 AUF DEN PUNKT GEBRACHT

Aggressiv obszön, ätzend satirisch und gesellschaftskritisch – die Kurtisanengespräche sind Pornographie und Aufklärung zugleich. Als erster europäischer Boulevard-Journalist wusste Aretino, wie man Stimmung macht.

Müßiggang ist aller Laster Anfang

Das Heptameron
Margarete von Navarra

■ Margarete von Angoulême, Königin von Navarra. Denkmal, 1846/50. Paris, Jardin du Luxembourg.
Joseph Lescorné (1799–1872) zeigt Margarete von Navarra als die hochgebildete, starke, selbstbewusste Frau, die sie war.

Bei ihrem Vorbild Giovanni Boccaccio (s. S. 52) war es Mitte des 14. Jahrhunderts die Pest, vor der zehn adlige Frauen und Männer aufs Land flüchteten; bei Margarete von Navarra sind es gut zweihundert Jahre später eine Überschwemmung und ein Raubüberfall, die eine Reisegesellschaft von zehn Personen nötigen, in einem Kloster Zuflucht zu suchen. In beiden Fällen verkürzen sich die Flüchtlinge die Zeit, indem sie einander Tag für Tag zehn lustige, tragische, drastische oder elegische Geschichten erzählen. Die Autorin Margarete von Navarra (auch: Margarete von Angoulême), eine hochstehende Dame, die als Schwester des französischen Königs das Hofleben entscheidend prägte, wollte es eigentlich Boccaccio gleichtun und ebenfalls hundert Geschichten in ihrem Werk versammeln. Warum sie es bei 72 bewenden ließ, ist nicht bekannt. Was sie indes mit dem berühmten Florentiner gemein hat, ist der breite Raum, den in ihrem *Heptameron* das erotische Motiv einnimmt. Möglicherweise entwickelt eine Gruppe von Müßiggängern, die einer Katastrophe entronnen ist und nun darauf wartet, heimkehren zu können, tatsächlich ein verschärftes Interesse an spannenden Verwicklungen rund um Amor und Psyche.

Anders als Boccaccio gewährt Margarete von Navarra ihren Reisegefährten die Möglichkeit, ausführlich über die Moral ihrer Geschichten zu räsonieren. Die Damen und Herren erleben und bewerten die Ereignisse, die sie dort vernehmen und die meist wahren Begebenheiten nachempfunden sind, sehr unterschiedlich. Männer mögen Abenteuer und neigen dazu, bei der Moral ein Auge zuzudrücken. Frauen, deren Lebensumstände fast immer davon abhängen, wie sie in Fragen von Liebe und Bindung entscheiden, sind strenger und setzen gerne auf die guten Sitten. Manchmal aber auch auf List, Verwegenheit und Geheimhaltung, besonders wenn sie ein Ziel verfolgen, das der offiziellen Moral zuwiderläuft. Da gehen dann in der Debatte die Wogen hoch: Soll man die Königin von Neapel wegen ihres Ehebruchs ehrlos schelten? Oder tut sie nicht ganz recht, wo doch ihr Gemahl sie schändlich betrogen hat?

In der dritten Geschichte des ersten Tages wird eine ausnehmend schöne Edeldame vorgestellt, die am Hof von Neapel lebte und auf die König Alphons höchstselbst ein Auge geworfen hatte. Die Dame war jedoch ihrem Ehemann sehr ergeben, und so musste der König diesen Herrn auf eine schwierige Mission nach Rom schicken, um Zeit zu haben, seine Angebetete nach den Regeln der Kunst zu umwerben. Und er hatte Erfolg! Die Schöne erlag seinen Verführungskünsten und verliebte sich ihrerseits. Als der Gatte aus Rom zurückkam, merkte er bald, dass etwas nicht stimmte; er ahnte die Wahrheit, wagte aber nicht aufzubegehren, denn was sollte er gegen seinen König schon ausrichten!

Glücklicherweise besaß König Alphons eine reizende Gattin. Der betrogene Edelmann fand einen Weg, der Königin nahe zu kommen, und er zögerte auch nicht, sie auf die heikle Situation anzusprechen. »*Ich kann nicht beides, Ehre und Liebeslust, haben*«, antwortete die betrübte, jedoch stolze Königin, »*und ich weiß wohl, dass mir die Ehre zuteil wird, eine andere aber die Lust genießt. Dafür hat die Frau, die sich solcher Lust erfreut, nicht die Ehre, die mir erwiesen wird.*«

■ *Heptameron: Die Jagd. Stich, 1872, von Leopold Flameng (1831–1911)*

Hinfort führte unser Edelmann lange Dispute mit der Königin über die Ehre, wobei er nicht versäumte, einige Worte über die Süße der Rache, die ja der Ehre keineswegs entgegensteht, einzuflechten, und er hob hervor, dass die Rache dann am ehrenvollsten sei, wenn sie nicht etwa dem Feinde den Tod brächte, sondern einem aufrichtigen Freunde das Glück. Während es nun derart disputierte, wandelte das Paar einen Laubengang entlang, *und als der Edelmann sie halbwegs bezwungen sah, bewies er ihr am Ende des Laubenganges, wo niemand sie sehen konnte, durch die Tat jene Liebe, die er ihr so lange hatte verbergen müssen; und da sie beide eines Sinnes waren, vollzogen sie aufs Süßeste die Rache für alle die Leiden, die sie ausgestanden hatten.* Diese Liebesgeschichte im Viereck geht weiter, bis alle Beteiligten altern, und nie wird klar, wie viel ein jeder und eine jede von den anderen weiß.

Die Novellen spielen keineswegs alle im Hochadel. Da ist zum Beispiel am achten Tag und in der 71. Geschichte von einem Sattelmacher die Rede, dessen Frau schwer krank zu Bette liegt. Der Sattler ist arg bestürzt, er holt Ärzte herbei und schließlich, auf Wunsch der Kranken, auch ein Kruzifix. Zur Nacht hält er Wache mit der Magd, »ein hübsches und molliges Ding«. Und da er sich schon als Witwer sieht, rückt er eng an die Magd heran und sagt zu ihr: »*Ach Kind, es geht nicht, ich muss wohl auch sterben. Sieh nur, wie kalt mein Gesicht ist.*

VERLOREN ODER NIE VERFASST?

Die Schriftstellerin Margarete von Navarra, in sieben Sprachen kundig, hat auch religiöse Langgedichte verfasst, darunter die Versmeditation *Dialogue en forme de vision nocturne.* Das *Heptameron* wurde posthum von Margaretes Tochter Johanna 1558/1559 herausgegeben. Es gab vorher schon einen Raubdruck, in dem die Novellen ungeordnet und verstümmelt ohne Rahmen hintereinander standen. Die offene Frage, warum die Verfasserin, die hundert Novellen plante, nach der 72. abbrach, hat Spekulationen ins Kraut schießen lassen, denen zufolge die restlichen 28 wohl verlorengegangen seien.

Leg deine Wange an meine und wärme sie mir.« Und während er das sagte, griff er ihr an die Brüste ... Dies aber beobachtet die Kranke aus den Augenwinkeln, und es versetzt ihr einen heilsamen Schock. *»Hehe, ich bin noch nicht tot«,* schrie sie, und die Hitze der Empörung ließ augenblicks alle üblen Säfte in ihrem Körper verdampfen, so dass sie wieder gesund wurde.

Neben der heilsamen Wirkung von Rache und Eifersucht beschwört das *Heptameron* aber auch die Standhaftigkeit ehrbarer Ehefrauen und keuscher Töchter, die allzu stürmische Bewerber würdig in die Schranken weisen. Allerdings dürften jene Geschichten beliebter gewesen sein, bei denen es anders kommt und sogar eine illegitime Beziehung wie die der Königin von Neapel als nach menschlichem Maßstab gerechtfertigt erscheint. Nebenbei spürt die Autorin, hier genauso eifrig wie der legendäre Boccaccio, den unverschämten Eros mit besonderem Vergnügen gerade da auf, wo er angeblich nichts verloren hat: im Kloster, im Kreuzgang, auf dem Friedhof.

Der 72. Beitrag des *Heptameron* klingt in der kurzen Inhaltsangabe, die jeder Geschichte vorangestellt ist, folgendermaßen: *Während ein Mönch das letzte Werk der Barmherzigkeit vollbringt und einen Toten einsargt, verrichtet er mit einer Nonne das Werk der Fleischeslust und schwängert sie.* Jener Mönch ist als besonders sittenstreng bekannt, und so hängt die junge Nonne, die mit ihm Totenwache hält, arglos an seinen Lippen, als er vom Sterben und vom ewigen Leben predigt. Die glühenden Augen der inspirierten Nonne bringen indessen den Mönch nicht nur rhetorisch in Aufruhr; er zieht die junge Schwester eng an sich heran und verrichtet so mit ihr, predigend und offenbar im Stehen, »das Werk der Fleischeslust«. Die Nonne ist zuerst einfach nur verwirrt, begreift aber dann, dass sie eine Sünde begangen hat, und klagt sich heftig an. Der Mönch, der sich noch weitere lustvolle Begegnungen verspricht, beruhigt sie: Eine heimliche Sünde werde vor Gott nicht angerechnet, und zwei Menschen, die durch nichts gebunden seien, könnten in einem solchen Fall keineswegs sündigen, wenn kein Ärgernis daraus entstünde. Darum müsse

■ Titelblatt der Erstausgabe des *Heptameron* von 1559. Ein Jahr zuvor gab es bereits eine Veröffentlichung unter dem Titel *Histoire des amants fortunés,* »Geschichte der glücklich Liebenden«.

■ *Heptameron: Die Badenden.* Stich, 1872, von Leopold Flameng (1831–1911)

sie sich, um das zu vermeiden, wohlweislich hüten, keinem anderen als ihm selbst zu beichten. Die Nonne folgt seinen Geboten und lässt sich erneut mit ihm ein. Aber die Geschichte geht doch für den Verführer, seiner typisch klerikalen Kasuistik zum Trotz, übel aus. Niemand anders als die Herzogin von Alençon, die spätere Königin von Navarra und mithin unsere Autorin selbst, sorgt dafür, dass der sündige Mönch aus dem Kloster entfernt wird, und nimmt sich der schwangeren Nonne an.

Nach dieser Geschichte philosophiert der kleine Kreis über die Nähe von Hinscheiden und Auferstehen und meint, dass es vielleicht Gottes Wille war, am Rande eines Grabes neues Leben entstehen zu lassen. So erhält die Wollust von Mönch und Nonne – obzwar beide dafür zahlen müssen – durch höhere Weihen eine Art poetisch-religiöser Rechtfertigung. Dies jedenfalls lag der Margarete von Navarra im Sinn, die eine fromme Katholikin, aber auch den Dingen des Lebens zugewandt war – und sogar dem Protestantismus Sympathie entgegenbrachte.

MARGARETE VON NAVARRA

 BIOGRAPHIE

 WISSENSWERTES

Margarete von Navarra (auch: Margarete von Angoulême) wird am 11. April 1492 in Angoulême geboren. Sie ist die Schwester des »Ritterkönigs« Franz I. von Frankreich. 1509 heiratet sie den Herzog von Alençon, Karl IV., der 1525 verstirbt. Zwei Jahre nach seinem Tod heiratet Margarete erneut: Heinrich von Albret, den König von Navarra (in Nordspanien). Mit ihm hat sie eine Tochter. Am königlichen Hof befinden sich zahlreiche Gelehrte, Margarete, die selbst sieben Sprachen lesen kann, fördert die Übersetzung italienischer Literatur, insbesondere die von Giovanni Boccaccios *Dekameron*. Mit ihrem *Heptameron*, das erstmals 1558 unter dem Titel *Histoire des amants fortunés* erscheint, ahmt sie ihr großes literarisches Vorbild in der Form nach, inhaltlich orientiert sie sich aber, anders als Boccaccio, an neuplatonischem und mystischem Gedankengut. Ähnlich beeinflusst sind auch ihre Werke *Le miroir de l'âme pécheresse* (»Der Spiegel der sündigen Seele«) von 1531 und *Les marguerites de la Marguerite des princesses* (»Margeriten von der Margerite der Fürstinnen«) von 1547. Margarete von Navarra stirbt am 21. Dezember 1549 in Odos.

Neuplatonismus

Margarete von Navarra war eine hochgebildete Frau, die sich nicht nur für Literatur, sondern auch für Philosophie interessierte. Besonders nahe war ihr der sog. Neuplatonismus, eine Strömung der griechischen Philosophie, die ihre Blütezeit vom 3. bis zum 6. Jh. hatte. In ihr verschmelzen platonisches, aristotelisches, stoisches und pythagoreisches Gedankengut mit orientalischer und christlicher Mystik. Eine der wichtigsten neuplatonischen Vorstellungen ist die einer Hierarchie vom »Ein und Alles« (Gott) bis hinab zur Materie; daraus folgt, dass sich der »stoffgefesselte Mensch« durch Ekstase oder Askese von der Körperlichkeit befreien und zur reinen Geistigkeit gelangen muss. Die Erkenntnis des Höchsten ist nicht mit dem Verstand zu erfassen, sondern nur intuitiv möglich (hier ist die platonische Vorstellung von der »Ideenschau« noch erkennbar). Einer der wichtigsten Neuplatoniker der Renaissance war der italienische Philosoph Giovanni Pico della Mirandola (1463–1494), dessen philosophischer Ansatz synkretistisch war, d. h., es ging ihm darum, nicht die Gegensätze verschiedener theologischer und philosophischer Lehren zu betonen, sondern ihre Gemeinsamkeiten: Jüdische und christliche Mystik seien, genau wie antike Philosophie und christliche Theologie, als gleichberechtigt anzusehen. Im Mittelpunkt steht bei Pico della Mirandola die Menschenwürde, nach ihr wurde auch sein bedeutendstes, posthum erschienenes Werk *De hominis dignitate* (*Über die Würde des Menschen*) benannt. Damit wurde er zu einem Wegbereiter des modernen Menschenbildes.

 EMPFEHLUNGEN

Lesenswert:
Margarete von Navarra: *Das Heptameron*, München 1999

Lucien Febvre: *Margarete von Navarra. Eine Königin der Renaissance zwischen Macht, Liebe und Religion*, Frankfurt / M. 1998

Axel Schönberger: *Die Darstellung von Lust und Liebe im Heptaméron der Königin Margarete von Navarra*, Frankfurt / M. 1993

Claudia Kraus: *Der religiöse Lyrismus Margaretes von Navarra*, München 1981

Peter Brockmeier: *Lust und Herrschaft. Studien über gesellschaftliche Aspekte der Novellistik: Boccaccio, Sacchetti, Margarete von Navarra, Cervantes*, Stuttgart 1993

Lieselotte von Eltz-Hoffmann: *Kirchenfrauen der frühen Neuzeit*, Stuttgart 1995

Clemens Zintzen (Hg.): *Die Philosophie des Neuplatonismus*, Darmstadt 1977

Giovanni Boccaccio: *Das Dekameron*, nach der Übersetzung von Karl Witte, Frankfurt / M. 2008

 AUF DEN PUNKT GEBRACHT

Noch ein Geschichtenerzählmarathon, nach Boccaccios Vorbild. Und wieder zeigt sich: Wie Männer und Frauen einander begehren, verraten und lieben – davon hören Menschen mit viel Zeit am liebsten.

Im Land der Pflaumenblüten
Jin Ping Mei
Anonym

»Chun Mei, du hilfst von hinten nach, wenn er in seiner Kraft erlahmt«, befahl Jinlian ihrer Zofe. Und zu dritt überließen sie sich den unaussprechlichen Wonnen ihrer brünstigen Vereinigung. Hier sehen wir schon zwei der Damen in Aktion: »Pflaumenblüte« (Mei) unterstützt »Goldlotos« (Jin) wacker beim Liebesspiel. Fehlt noch Li Ping, die »kleine Vase«, die sich ebenfalls bestens darauf versteht, ihre Partner raffiniert zu entzücken.

■ *Jin Ping Mei.* Illustrationen zu einer chinesischen Ausgabe von 1617.
»Mit bebenden Händen glitt er an ihren Hüften entlang, strich über die glatte Wölbung ihres Busens. Er hatte vorsorglich daheim eine von Pater Fans Kraftpillen geschluckt. Nun spürte sie zwischen ihren zarten Fingern mit frohem Entsetzen die gewaltigen Ausmaße seiner Männlichkeit.«

Alle drei Grazien gehören zum Haushalt des Hsi Men, eines wohlhabenden Apothekers und Lebemanns. Er ist ein rechter Wüstling mit gewaltigem sexuellen Appetit. Insgesamt sechs Haupt- und Nebenfrauen bilden seinen offiziellen erotischen Hofstaat, dazu kommen Zofen, Dienstmädchen und Musikantinnen, die ebenfalls wissen, worauf es ihrem Herrn ankommt, und sich willig dessen Wünschen fügen. Denn Hsi Mens Reichtum sichert den heimischen »Pflaumenblüten« wirklich eine »goldene Vase«, mithin Luxus, schöne Kleider und opulente Feste. In der Provinzstadt, wo man residiert, ist Hsi Men ein angesehener, einflussreicher Mann, den man überall respektvoll begrüßt und auch fürchtet. Er sieht gut aus, zudem spricht sich unter der gesammelten

Weiblichkeit noch dieser Pluspunkt herum: Hsi Men verfügt über ein Glied wie das *Ding eines Esels, ein in häufigem Gebrauch bewährtes und erprobtes Ding, ein Ding, lang und stark, fest und hart.* Viele Frauen buhlen also um seine Gunst, die statussüchtige Goldlotos vergiftet sogar kurzerhand ihren ungeliebten Ehemann, als Hsi Mens begehrlicher Blick auf sie fällt. Von Geschäften kaum belastet, kann der chinesische Don Juan ganz seinen Lüsten frönen, »mit den Winden tollen«, »mit dem Mondstrahl spielen« und so manche »Wolke bersten« lassen, wie der Autor den sexuellen Höhepunkt blumig umschreibt.

Überhaupt erklingt Poesie, wenn Hsi Men zur Tat schreitet: *Auf seinen Schultern suchen ihre seidenflorbestrumpften Beine Halt / Dass der Doppelbogen ihrer Neumondsichel sichtbar wird / Von seiner Zärtlichkeit erdrückt, / Stößt sie, dem Schrei der Goldamsel vergleichbar, Wonnelaute aus.* Weniger lyrisch geht es zu, wenn Hsi Men die Beine der Gespielin an die Bettpfosten fesselt und die Ärmste stundenlang kopfüber ausharren muss. Auch sollten seine Pflaumenblüten nicht auf den Gedanken kommen, sich andernorts zu vergnügen. Dann setzt es harte Prügel auf die nackte Schönheit, da kennt der Gebieter keinen Spaß. Desgleichen unversöhnlich reagiert Hsi Men, sieht er seine soziale Stellung in Gefahr. Konkurrenten werden ausgestochen, Beamte geschmiert bis hoch zum Provinzpräfekten, allenthalben nutzt Hsi Men die herrschende Korruption, um schließlich selbst in Rang und Würden eines Mandarins aufzusteigen. Nun ist Hsi Men unangreifbar und treibt es ärger denn je …

Intakte patriarchalische Strukturen, ausschweifender Sex, wilde Partys und intrigante Machtspiele – das sind die Sitten des *Jin Ping Mei,* erschienen im frühen 17. Jahrhundert. Die Geschichte spielt zwar rund vierhundert Jahre vorher. Zeitgenössische Leser verstanden jedoch sehr wohl, dass der Roman nicht nur von einer fernen Epoche erzählte, sondern zugleich das politische Porträt ihrer eigenen war. Jahrzehntelang kursierten nur Handschriften. 1610 erstmals gedruckt und damit allgemein zugänglich, wurde der Roman gegen Ende des Jahrhunderts vom Kaiser Kangxi höchstpersönlich verboten, wobei der Vorwurf der Pornographie für die damalige Moral zwar triftig scheint, die wahre politische Absicht aber vermutlich schwerer wog.

■ *Porträt des Kaisers Kangxi in Hoftracht.* Seidenmalerei. Peking, Palastmuseum

Die große Popularität des *Jin Ping Mei* rief rasch erotische Nachahmer auf den Plan. Mehrere Fortsetzungen erschienen, als beste gilt das Buch von Ding Yaokang (1599–1669), das den ebenfalls schön poetischen Titel *Blumenschatten auf dem Wandschirm* trägt. Darin tauchen Hsi Men und seine Pflaumenblüten als Wiedergeborene auf und führen ihr Lotterleben munter fort.

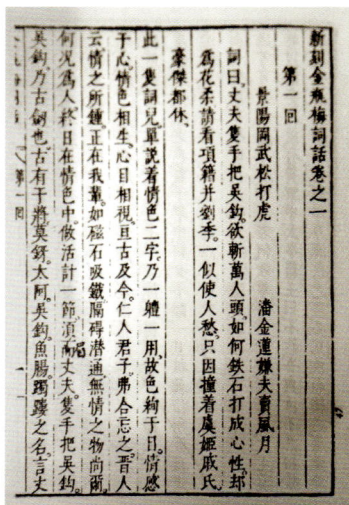

■ Auszug aus einer frühen Fassung des *Jin Ping Mei*

DIE MING-DYNASTIE
(1368–1644)
Im Westen denkt man dabei vor allem an Vasen und Porzellan. Tatsächlich war die Epoche eine der bedeutendsten in der chinesischen Geschichte: Politische und ökonomische Reformen etablierten ein gewaltiges Reich, in dem auch die Künste in voller Blüte standen. Verfasst in der Mitte des 16. Jahrhunderts, zählt das *Jin Ping Mei* heute zu den kulturellen Gipfelleistungen jener Zeit.

Verschiedene Legenden umranken die Autorschaft. Die chinesische Literaturwissenschaft geht davon aus, dass der Dichter Wang Schi Tschong (1526–1593) dahintersteckt. Er war der Thomas Mann jener Zeit, ein berühmter Großschriftsteller, der neben seiner literarischen Arbeit noch das Amt eines Justizministers versah. Wang soll den Roman wegen einer erbitterten Familienfehde, die seinen Vater das Leben kostete, aus Rache geschrieben haben. Demnach ging das erste Manuskript an den Sohn der verfeindeten Familie, der über der Lektüre starb, weil die Seiten mit Gift imprägniert waren! All das ist keineswegs bewiesen, doch mehrere Motive – verklausulierte Namen und politische Machenschaften – sprechen zumindest für einen Schlüsselroman, der auf Tatsachen beruhte. Auch der elegante Stil und die souveräne Komposition der nahezu tausendseitigen Geschichte deuten auf einen versierten Schriftsteller.

Heute gilt das *Jin Ping Mei* als unbestrittenes Meisterwerk der chinesischen Literatur und wertvolles kulturhistorisches Dokument. Sorgfältig hat der Autor die Verhältnisse recherchiert, schildert Lebensgewohnheiten, Brauchtum und Kleiderordnung bis hin zu interessanten erotischen Details. So rüstet sich etwa Hsi Men zur Liebe stets mit einem sogenannten Traghalter, mal aus Seide, mal aus Silber, den er unter seiner »Schildkröte« befestigt. Auch ohne exotische Aphrodisiaka kommt der Unersättliche nicht aus, eine Überdosis bereitet dann jedoch aller Lust ein Ende. Ausgerechnet Goldlotos hat sie ihm eingeflößt, buchstäblich reitet sie den bewusstlosen Hsi Men zu Tode, er wird nur 43 Jahre alt. Nun zerstreuen sich seine Pflaumenblüten traurig in alle Winde, räuberische Diener plündern die Hinterlassenschaft, dem privaten Chaos folgt das öffentliche Desaster, wilde Tatarenhorden überziehen das Land. Und was wird aus Jin, Ping und Mei? Nun, sie alle müssen sterben, zum guten moralischen Schluss, der doppelten Gattenmörderin Jin reißt man sogar das Herz bei lebendigem Leibe heraus! Nur Hsi Mens erste Hauptfrau, die ehrbare »Mondfrau«, überlebt und wird ein hohes Alter erreichen. Klaglos hat sie die Zumutungen des Ehemannes ertragen und immer zu ihm gestanden. Allein ihre Liebe war echt und tief, nie ließ sie die Wolke mit einem anderen bersten …

JIN PING MEI
ANONYM

 WISSENSWERTES

 EMPFEHLUNGEN

Die Zeit des *Jin Ping Mei*

Von 1279 bis 1368 stand China unter mongolischer Herrschaft. Kublai Khan, der Enkel Dschingis Khans, hatte die Yuan-Dynastie begründet, mit Beijing (Peking, mongolisch: Kambaluk) als Hauptstadt. In den 1360er Jahren kam es unter dem Rebellenführer Zhu Yuanzhang zu einer Reihe von Aufständen gegen die Mongolenherrschaft, 1363 errangen die Rebellen in der Flottenschlacht auf dem Poyang-See einen ersten großen Sieg. Fünf Jahre später gelang es Zhu Yuanzhang schließlich, den Mongolenherrscher Toghan Timur aus Beijing zu vertreiben. Mit Zhu Yuanzhang, der sich nun als erster Kaiser der Ming-Dynastie »Hongwu« nannte, begann der wirtschaftliche Wiederaufbau des chinesischen Reiches. Am Anfang standen gigantische Bau- und Bewässerungsprojekte, riesige Flächen wurden erschlossen. Gleichzeitig führte Hongwu eine Verwaltungsreform durch, verschlankte den bürokratischen Apparat und errichtete eine absolute Monarchie: Das kaiserliche Sekretariat wurde abgeschafft, das Amt des Großkanzlers verboten, es blieb nur die Geheimpolizei, um den Kaiser unmittelbar bei seinen Regierungsgeschäften zu unterstützen. So schuf Hongwu zwar einen relativ stabilen Staat, doch dadurch, dass er die Bevölkerung streng in Bauern-, Soldaten- und Handwerkerfamilien eingeteilt hatte, kam es zu Schwierigkeiten: Das System war unflexibel, Berufswechsel waren so gut wie unmöglich, die Menschen waren unzufrieden und damit weniger leistungsbereit. Dennoch gelang es zur Zeit der Ming, Chinas Stellung als wichtigste See- und Handelsmacht Ostasiens zu behaupten. Es gab erste Kontakte mit Europäern (ob Marco Polo, wie er in seinem Bericht behauptet, tatsächlich bereits Ende des 13. Jh.s auch China bereist hat, ist umstritten), es kam zum Austausch wissenschaftlicher Erkenntnisse. Im 15. Jh., unter Kaiser Zhu Zhanji (regiert 1425–1435), entstand ein neues Problem: Die Palasteunuchen und Haremsdamen bekamen so großen Einfluss auf die Geheimpolizei und andere Beamte, dass sie zu einer Bedrohung für das Staatsgefüge wurden; die Kaiser setzten ihre Lieblinge gezielt ein, um Intrigen zu spinnen, was zu Beginn des 17. Jh.s die staatliche Ordnung ins Wanken brachte. Genau in diese Zeit fällt die Veröffentlichung des *Jin Ping Mei*, das auf diese Zustände kritisch Bezug nimmt. Am Ende waren es hohe Kriegskosten und der Unterhalt der Kaiserfamilie, die dazu führten, dass die Ming-Dynastie ihre Truppen nicht mehr bezahlen konnte: Der Staat brach zusammen. Angriffe von außen und Bauernaufstände im Innern bedeuteten 1644 das Ende der Ming. – Neben dem *Jin Ping Mei* zählen vier weitere Bücher zu den Klassikern der chinesischen Literatur: *Die Geschichte der Drei Reiche* (um 1390), *Die Räuber vom Liang Schan Moor* (um 1573), *Die Reise nach Westen* (1590) und *Der Traum der roten Kammer* (um 1750–1792).

Lesenswert:

Kin Ping Meh oder die abenteuerliche Geschichte von Hsi Men und seinen sechs Frauen, übersetzt von Franz Kuhn, Frankfurt / M. 1950

Jörn Brömmelhörster: *Chinesische Romanliteratur im Westen. Eine Übersetzungskritik des mingzeitlichen Romans Jin ping mei*, Bochum 1990

Monique Nagel-Angermann: *Das alte China*, Stuttgart 2007

Gudrun Ziegler, Alexander Hogh (Hg.): *Die Mongolen. Im Reich des Dschingis Khan*, Stuttgart 2005

Der Traum der roten Kammer, übersetzt von Franz Kuhn, Frankfurt / M. 1995 (Roman)

Die drei Reiche, übersetzt von Franz Kuhn, Frankfurt/Main 1981 (Roman)

Die Räuber vom Liang Schan Moor, übersetzt von Fritz Kuhn, Frankfurt / M. 1975 (Roman)

Wu Tschöng-ön: Die Pilgerfahrt nach dem Westen, übersetzt von Johanna Herzfeldt, Rudolstadt 1962 (Roman)

 AUF DEN PUNKT GEBRACHT

Toll trieben es die alten Chinesen – ein gepfeffertes Epos, zugleich Sittenbild einer Epoche mit eindeutiger Moral: Wer reich ist, bekommt alle Frauen, wird aber nicht glücklich.

Liebeskunst als Lebenskunst

So, Octavia, ist die Liebe

Nicolas Chorier

Sie sitzen beieinander, die fünfzehnjährige Octavia, die kurz vor ihrer Verheiratung steht, und ihre Cousine Tullia, die etwa zehn Jahre älter und Ehefrau ist, also schon Erfahrungen mit der Liebe hat. Die Jungfrau bittet um Aufklärung, die Gattin ist dazu gern bereit – aber erst einmal kommt es anders. Octavias Verlobter Caviceus nämlich wollte nicht bis zur Hochzeit warten, und von seiner vorzeitigen sexuellen Attacke berichtet – bis in die Einzelheiten – jetzt erst einmal Octavia: *Bald hatte er den Rock bis über meine Knie hoch gehoben und griff mir an die Schenkel. Oh, wenn du gesehen hättest, wie seine Augen funkelten. Indem nun seine Hand höher glitt, richtete sie ihren Angriff gegen jene Stelle, die uns, wie man sagt, von dem andern Geschlecht unterscheidet und aus welcher mir jetzt seit einem Jahr allmonatlich eine Menge Blut zu rinnen pflegt.* Tullia: *Bravo, Caviceus!*

■ Kupferstich aus einer französischen Ausgabe des Werks aus dem 18. Jh., unter dem Titel *Die Gespräche der Aloisia Sigaea. Sechstes Gespräch: Liebeskünste und Stellungen*

Octavia berichtet weiter, wie Caviceus sich auf die »höchsten Wonnen« freut, die jene »Stelle« für ihn bereithält, doch noch erschreckt er die arme Octavia mit seinen Zudringlichkeiten, und sie ist sich nicht sicher, ob das alles überhaupt passen kann: *Du wirst es kaum glauben – aber ich habe an jener Stelle nur eine ganz, ganz schmale Ritze.* Tullia: *Aber eine heiße, eine feurige!* Octavia: *In diese Ritze steckte er seinen Finger, und da die betreffende Stelle sehr empfindlich ist, verursachte er mir damit einen brennenden Schmerz. Er aber rief: »Ich habe eine Jungfrau!«, und mit diesen Worten bog er mir geschwind die Schenkel auseinander …*

Es gelingt Octavia so gerade eben, ihren Bräutigam daran zu hindern, sie vor der Hochzeitsnacht zu deflorieren, was Tullia zu der Frage veranlasst: *Konntest du wirk-*

lich mit deiner Hand eine so gewaltige Kriegsmaschinerie zur Seite lenken? Octavia: *Ja, es gelang mir. Ich streckte meine Hand aus, packte seine Lanze und schob sie auf die Seite. Sofort fühlte ich mich von einem glühend hei-ßen Regen überströmt, der mich ganz durchnässte.*

In dieser Eingangsszene ist schon alles enthalten, was die »Liebesgespräche« zwischen den beiden Edelda-men auszeichnet: die theatrale Dialogform, die anatomische und physiologische Genauigkeit, die nötig ist, damit der Genießer dieser de-tailfreudigen Pornographie stets weiß, woran er ist, und mitgehen kann; die Kriegsme-taphorik, die seit der Antike gern gewählt wurde, um sexuelle Akte zu schildern; und schließlich die weibliche Perspektive, die es den Leserinnen gestattet, sich zu identifizie-ren, und den Lesern, die Objekte ihrer Begierde in lebensnaher Charakteristik vor sich zu sehen. Bevor Tullia aus-führlich erzählt, wie es ihr in der Hochzeitsnacht erging, verführt sie die junge Cousine erst einmal zu tribadischen (lesbischen) Spielen:

Tullia: *Wenn ich stoße, so musst du gegenstoßen, rüttle, bewege deine Hinterbacken wie ich die meinen bewege, hebe sie so hoch, wie du nur kannst.* Octavia: *Ach, ach, meine liebe Tullia, mei-ne Herrin, meine Königin, wie du dich und mich hin- und her-bewegst! Ich wollte, die Lichter würden ausgelöscht.* Tullia: *Scha-de, dass ich nicht so gut kommandieren kann, wie du exerzierst.* Octavia: *Oh, wollte der Himmel, du wärst mein Gemahl!*

In weiteren Gesprächen tritt das Thema Sadomasochismus ins Zentrum, die Peitsche als Liebesinstrument und schließlich der

■ Johannes Meursius (1579−1639). Lithographie von 1825.
Laut Chorier war Meursius der wahre Autor und Über-setzer der »Liebesgespräche«.

ALOISIA

Der Erstveröffentlichung seiner »Liebesgespräche« hat Chorier ein Geleitwort vorangestellt, in dem er den jungen Meursius einführt, der einst die spanische Urschrift ins Lateinische über-tragen und sie mit allerlei Zusätzen versehen haben soll. Er selbst, Chorier, habe lediglich als Herausgeber fungiert. Das Manuskript sei ihm »durch einen glücklichen Umstand in die Hände gefallen«. Wichtig ist ihm die (höchstwahrscheinlich fiktive) Aloisia Sigaea, um mit einer weiblichen Urheberin jeden Zweifel an der Authenti-zität der sehr intimen Gespräche auszuräumen.

Analverkehr. Lange kreist dieser Dialog um Fragen der möglichen Sündhaftigkeit von Knabenliebe und Lust an geilen Popos. So sind also die Plaudereien von Tullia und Octavia auch sittengeschichtliche Diskurse, sie buchstabieren nicht nur Verführung, Lust und Unlust, sexuelle Praktiken und Abweichungen, sondern auch die Fragen nach Gut und Böse, Natürlichkeit und Perversion, Gott und Teufel. Ein heiterer Grundton, eine elegante höfische Sprache und feine humoristische Schnörkel haben diesem Buch einen Erfolg beschert, der bis heute anhält.

Die Autorschaft des Werks ist nicht zweifelsfrei geklärt. Der wahrscheinlichste Anwärter ist ein gewisser Maître Nicolas Chorier aus Grenoble, der von 1612 bis 1692 lebte und dessen Name bei den meisten Editionen auf dem Buchdeckel steht. Der Jurist bestritt auf Anfragen die Urheberschaft, gab sie in seinen Memoiren jedoch zu. Um 1659 erschien das Buch auf Lateinisch in Frankreich. Der mutmaßliche Autor Chorier benutzte als Pseudonym den Namen des niederländischen Philologen Johannes Meursius, welcher kurz vor der Drucklegung verstorben war und sich nicht mehr zur Wehr setzen konnte.

Meursius, dessen Name sich gleichfalls auf vielen Buchdeckeln findet, sowie Chorier selbst versteckten sich nun noch einmal hinter einer spanischen Hofdame namens Aloisia Sigaea de Velasco, die das Werk angeblich schon hundert Jahre zuvor in ihrer Muttersprache verfasst habe, Chorier alias Meursius hätten die pikante Prosa dann nur ins Lateinische übersetzt. So erscheint das Buch auch unter dem Titel *Die Liebesgespräche der Aloisia Sigaea*. Ein solches Werk von einer spanischen Edeldame wurde indes nie gefunden. Höchstwahrscheinlich sind die »Gespräche« – in Anlehnung übrigens an ein vergleichbares Werk von Pietro Aretino (s. S. 62) – von Chorier gleich auf Lateinisch niedergeschrieben worden. Immerhin müht sich der

■ Octavia: »Dauerte dieser Ringkampf lange?« – Tullia: »Wenn du ihn nach der Uhr messen willst, drei Viertelstunden; nach der Wonne gemessen aber zwei Jahrhunderte.« Kupferstich aus einer französischen Ausgabe aus dem 18. Jh., unter dem Titel *Die Gespräche der Aloisia Sigaea. Viertes Gespräch: Der Zweikampf*

Autor um Zeit- und Lokalkolorit, die in ein ideales Spanien und Italien des 16. Jahrhunderts zurückführen sollen. Die beteiligten Damen und die von ihnen vorgestellten Herren entstammen dem Adel; Müßiggang und Luxus beflügeln die erotische Entdeckerlust sowie die Freude am Austausch über die Geheimnisse des Fleisches.

Und dies berichtet Octavia von den Erfahrungen des Brautbettes: *Caviceus sagte: »Ich war schneller als du, geliebte Seele, bei der höchsten Wonne angelangt.« Und ich, als ob ich ein Verbrechen begangen hätte, verstummte vor Scham. »Und nun«, rief Caviceus, »gehen wir frischen Mutes noch einmal ans Werk. Ich wünsche, dass du in der Befriedigung des Liebesdranges dich nach meinem Geschmack richtest und dass die Art von Wollust, die mir gefällt, auch dir gefalle.« Erneut begann er seine Stöße, und beim zehnten wurde er fertig. Auch mich durchzuckte ein leises Kitzeln, als er die Bäche seines Samens in meinen Teich ergoss. Das war aber auch alles.*

Der weibliche Orgasmus gab also schon zu Beginn der Neuzeit beiden Geschlechtern Rätsel auf – es ist ein Verdienst Choriers, dass er diesen Punkt nicht wegschwindelt, wie es meist in der vorwiegend auf männliche Leser berechneten Pornoliteratur geschieht. Tullia weiß einen Ausweg. Sie lehrt ihre Cousine, zwischen ehelicher Pflicht und der Hingabe an einen

■ Kupferstich aus einer französischen Ausgabe aus dem 18. Jh., unter dem Titel *Die Gespräche der Aloisia Sigaea. Siebtes Gespräch: Fescenninen.*
Mit Fescenninen bezeichnet man eine Form derber Spottgedichte, die oft bei Hochzeiten vorgetragen wurden.

EIN WERK, VIELE TITEL

Auf Deutsch erschienen die »Liebesgespräche« erstmals 1903. Die Titel fielen von Ausgabe zu Ausgabe anders aus. So heißt das Buch auch *Die Akademie der Damen, Die Frauenzimmerschule* oder *Die amourösen Gespräche der Aloisia Sigaea.* In Holland wurden die »Liebesgespräche« im Jahre 1774 auf Lateinisch unter dem Titel *Elegantiae Latini Sermonis seu Aloisia Sigaea Toletana De arcanis Amoris & Veneris Adjunctis Fragmentis quibusdam Eroticis* in der Stadt Leyden gedruckt; der Verlag, die Officina Elzevirorum, war berühmt geworden durch die Herausgabe der Werke von Descartes.

kundigen Liebhaber zu unterscheiden: *Fröhlichen Sinnes gewäh-re ich meinem Mann den Besitz meines Leibes zu beliebigem Gebrauch, aber ich selber finde keine Wonne dabei. Lampridius jedoch genießt meine Schönheit so, wie es mir den höchsten Genuss und die höchste Freude gewährt. Der eine befiehlt mir, dem anderen befehle ich; dem einen bin ich Sklavin, dem anderen Herrin; der eine besitzt meinen Leib, den Leib des anderen besitze ich.* Und sie bringt ihre gesammelte Lebens- und Liebeserfahrung auf den Punkt: *Zwischen der Glückseligkeit einer freien Konkubi-ne und dem Lose einer verheirateten Frau ist ein größerer Abstand als zwischen Himmel und Erde. Erst dann wirst du glücklich und selig, wenn du das eine mit dem anderen zu verschmelzen weißt.*

So ist das galante Buch auch ein Ratgeber in Sachen Lebenskunst, deren Quintessenz lautet: *Die erste Vorbedingung des Glückes ist, dass man es wagt, in den köstlichen Genüssen der Liebe sein Glück zu suchen.* Und als Octavia zaghaft fragt, was denn die Sittenwächter dazu sagen würden, rät Tullia zur Täuschung. *Kleide dich in das Gewand der Ehrbarkeit – aber in ein solches, das du nach Belieben abstreifen kannst.*

■ Tullia: »Bei Jupiters Hodensack! Die wollüstige Venus selbst könnte auf der ganzen Welt keine ausgelassenere Spaßmacherin finden als Aloisia!«
Kupferstich aus einer französischen Ausgabe aus dem 18. Jh., unter dem Titel *Die Gespräche der Aloisia Sigaea. Siebtes Gespräch: Fescenninen*

NICOLAS CHORIER

 BIOGRAPHIE

Nicolas Chorier wird am 1. September 1612 in Vienne geboren. 1640 schließt er sein Jurastudium an der Universität Valence erfolgreich ab und lässt sich 1643 als Anwalt in Vienne nieder. 1659 wird er Stadtadvokat von Grenoble und tritt als Strafverfolger in den Dienst König Ludwigs XIV. Parallel zu seiner juristischen Karriere ist er als Schriftsteller und Historiker tätig. Chorier stirbt am 14. August 1692. – Neben *So, Octavia, ist die Liebe* (auch: *Die Akademie der Damen*, *Die Frauenzimmerschule* oder *Die amourösen Gespräche der Aloisia Sigaea*) hat er diverse geschichtliche Werke veröffentlicht.

 WISSENSWERTES

Der Dialog
Schon Lukian wählte für seine *Hetärengespräche* die Form des Dialogs, genau wie später Pietro Aretino für seine *Kurtisanengespräche* und Nicolas Chorier für *So, Octavia, ist die Liebe*. Dafür mag es mehrere Gründe geben. Zum einen erlaubt der Dialog – vom griechischen *dialogos*, »Unterredung« – eine lebendige, unmittelbare Charakterisierung der Figuren; dass der Leser quasi ihre Unterhaltung »belauscht«, schafft Nähe und gestattet es ihm, sich ein eigenes Bild von den Figuren zu machen, anders, als wenn ein Erzähler seine Eindrücke schildert. Gerade im Fall von erotischer Literatur erhöht das den Reiz. Zudem ermöglicht die Dialogform, die Schilderung einer Szene auf glaubwürdige Weise zu unterbrechen,

was zusätzliche – hier erotische – Spannung erzeugt. Zum anderen bietet es sich an, mit Hilfe der Dialogform andere literarische Gattungen zu parodieren. Das gilt für Lukian, der in den *Hetärengesprächen* den philosophischen Dialog nach dem sokratischen Muster von Frage – Einwurf – Widerlegung »entweiht«, indem er seine Figuren nicht über große philosophische Themen wie »Was ist Erkenntnis« oder »Was ist Gut und Böse« debattieren lässt, sondern über profane Dinge wie »Auf welche Weise komme ich am besten zum sexuellen Höhepunkt«. Diese Diskrepanz zwischen der hohen Form und dem niedrigen Sujet schafft Komik. Die Humanisten der Renaissance (Francesco Petrarca, Erasmus von Rotterdam, Pietro Aretino, Ulrich von Hutten) nehmen unmittelbar auf Lukian Bezug, Aretino ahmt ihn mit seinen *Kurtisanengesprächen* auch inhaltlich nach, nutzt genau wie der antike Schriftsteller die Dialogform, um seinen erotischen Geschichten eine komische Komponente zu verleihen. Im 18. Jh. bildet sich die Sonderform des Dialogromans heraus. Dabei handelt es sich um einen Roman, dessen Handlung aus den Gesprächen der Figuren erschlossen werden muss. In Deutschland war einer der wichtigsten Vertreter dieser Gattung Christoph Martin Wieland (1733–1813), der Lukians *Hetärengespräche* ins Deutsche übertragen hat. Er setzt den Dialog sowohl satirisch als auch ernsthaft zur Auseinandersetzung mit philosophischen, moralischen, literarischen und ästhetischen Fragen ein. Für die Verfasser erotischer

Literatur mag die Wahl der Dialogform noch eine weitere Ursache haben: Hinter den Figuren, die sich miteinander unterhalten, verschwindet der Autor – der Dialog übernimmt fast die Funktion eines Pseudonyms.

 EMPFEHLUNGEN

Lesenswert:
Nicolas Chorier: *So, Octavia, ist die Liebe. Bekenntnisse einer spanischen Hofdame*, hrsg. von Werner Heilmann, mit einem Nachwort von Sjoerd von Soestdijk, München 1980

Uwe Schultz: *Der Herrscher von Versailles. Ludwig XIV. und seine Zeit*, München 2006

Bernd-Rüdiger Schwesig: *Ludwig XIV. Mit Selbstzeugnissen und Bilddokumenten*, Reinbek 2001

Manfred Kossok: *Am Hofe Ludwigs XIV.*, Stuttgart 1990

François Bluche: *Im Schatten des Sonnenkönigs. Alltagsleben im Zeitalter Ludwigs XIV.*, Freiburg / B. 1986

Lukian: *Gespräche der Götter und Meergötter, der Toten und der Hetären*, griech.-dt., hrsg. und übersetzt von Otto Seel, Stuttgart 1998

 AUF DEN PUNKT GEBRACHT

Ein sehr offenherziger Dialog zweier Frauen über Sex, der sich auch zur moralischen Abrüstung eignet.

Schöne, kluge Kurtisanen
Yonosuke, der dreitausendfache Liebhaber
Ihara Saikaku

»Ihara Saikaku hat seinen Pro-
sastil an der Haiku-Dichtung
gebildet, die er selbst vollkommen beherrschte. Die formalen
Eigenarten dieser Lyrik sind
Prägnanz und Kürze des
Ausdrucks – ein Haiku-Gedicht
besteht aus nur 17 Silben.«
Kazuo Kani, Übersetzer
von *Yonosuke, der dreitausendfache Liebhaber*

■ Denkmal Ihara Saikakus
in Osaka, Japan

Einst zeugte ein reicher Kaufmann, der sich oft und gerne in den
Freudenvierteln von Kyoto mit den vornehmsten Kurtisanen
amüsierte, ein Kind mit einer dieser Schönen. Und da der Apfel bekanntlich nicht weit vom Stamm fällt, ist es kaum verwunderlich, dass Söhnchen Yonosuke schon im frühen Knabenalter
versuchte, ein Dienstmädchen zu verführen, und bei der musikalischen Übung ständig eine Stelle wiederholte: *… dass die Liebe
mich quält …*

Als Jüngling dachte Yonosuke wenig an seinen beruflichen Werdegang, vielmehr war er vordringlich mit seinem ausschweifenden
Liebesleben beschäftigt, so dass er den Beinamen »der neue Nari-
hira« erhielt, eine Anspielung auf den bekanntesten Frauenjäger
Japans aus alter Zeit. Schließlich wurde es sogar dem Vater zu
bunt, er verstieß seinen Sohn und enterbte ihn. Bettelarm, gerade
mal neunzehn Jahre alt, zog Yonosuke als Wanderer durch Japan,
verdingte sich als fahrender Sänger, verkaufte Ohrlöffel, die er
selbst aus Walfischknochen geschnitzt hatte, schloss sich einer
Theatertruppe an, unternahm zweimal den vergeblichen Versuch,
ein frommer Schüler Buddhas zu werden, und landete sogar im
Gefängnis. Doch was er auch tat, stets hatte er nur das Eine im
Kopf: Frauen, schöne Kurtisanen, manchmal auch Jünglinge.
Alles drehte sich bei ihm um den Zauber amouröser Abenteuer. Mehr als einmal schwor er einer begehrenswerten Frau die
Treue und konnte den Schwur nicht halten. Und auch wenn ein
weibliches Geschöpf bereits den Bund der Ehe geschlossen hatte,
war das für ihn kein Hindernis, seine Verführungskünste auszuprobieren. In dieser Zeit war sein Spitzname »Yonosuke, der
ewige Schuldner«.

Der japanische Schriftsteller Ihara Saikaku veröffentlichte
1682 seinen Episodenroman, dessen einzelne Geschichten auch für sich stehen könnten, obschon sie durch
einen roten Faden verbunden sind. Neben Yonosukes
Abenteuern erzählt Saikaku viel und durchaus kritisch
vom gesellschaftlichen Leben im Japan des 17. Jahrhunderts. Die öffentliche Moral hatte zuvor tausend Jahre
lang unter dem Einfluss des chinesischen Philosophen

Konfuzius gestanden: »Wahrung von Anstand und Sitte« hieß eine Leitdoktrin. Auch die Schwerter tragenden Samurai, jene einflussreichen Angehörigen der adeligen Oberschicht, idealisierten die konfuzianische feudale Ethik und verkörperten das Gegenteil erotischer Freizügigkeit. So war es kaum verwunderlich, dass nach so viel Genügsamkeit und Prüderie das Pendel irgendwann umschlug.

Zu Saikakus Zeit war es so weit.

Poetisch-sinnlich, mit feinem Humor, schreibt der Autor über das Leben in den »Kuruwa«, jenen Freudenvierteln der Metropolen Japans, wie das legendäre »Shimabara« in Kyoto, das »Yoshiwara« in Edo (heute Tokio) oder das »Shinmachi« in Osaka. Das waren keine profanen Rotlichtbezirke, sondern Areale kultivierter Begegnungsstätten mit gepflegten Teehäusern, in denen die »Tayu«, die schönsten Kurtisanen der obersten Klasse, eine lange, anspruchsvolle Ausbildung durchlaufen mussten, um die reichen Gäste, die in Sänften herangetragen wurden, formvollendet zu empfangen und mit heißem Sake (Reiswein) zu begrüßen.

Nicht nur künstlerische Talente wie Musik, Tanz und Poesie wurden von diesen Freudenmädchen verlangt, sondern auch die Fähigkeit zur gebildeten Konversation. In der Episode »Schönheit und Klugheit« lässt Saikaku die bekanntesten Lebemänner, zu denen natürlich auch Yonosuke gehört, von den Kurtisanen der Tayu-Klasse schwärmen. Besonders eine – Yugiri – hat es ihnen angetan: *In ganz Japan sei keine Tayu vollkommener als Yugiri. Stets sei sie ihrem Gast gegenüber freundlich. Ihre Aussprache sei vollendet, sie habe Charme und singe mit schöner Stimme, sie spiele gut Koto* (ein zitherartiges Musikinstrument) *und sei selbst ein wenig stolz darauf, Shamisen-Meisterin* (ein banjoähnliches Musikinstrument) *zu sein. Yugiri schreibe vornehm, und vor allem sei sie nicht gierig, sie bitte niemanden um eine Gefälligkeit.*

Als Yonosuke während seiner Wanderungen in der Stadt Sakai ein Ehepaar besucht, dessen Sohn früher einmal bei seinen Eltern angestellt war, wird er dort mit der Nachricht empfangen, dass sein Vater verstorben sei und seine Mutter ihn zurückerwarte. Zu Hause angekommen, erhält der inzwischen 33-jährige Sohn die

■ Kurtisanen. Farbholzschnitt von Utagawa Toyokuni (1769–1825), aus einem Buch über die Vergnügungsviertel von Edo, erschienen 1801. London, British Library. Im Westen ist vor allem die »Geisha« bekannt. Ihre Blütezeit war im 18. und 19. Jh. Die Frauen der Tayu, der höchste Rang unter den Kurtisanen, erlebten ihren Aufstieg bereits im 17. Jh. Im Unterschied zur Tayu bot die Geisha (*gei* = Kunst, *sha* = Person) nicht ihren Körper an (oder sollte es zumindest nicht). Beide waren in Japan gesellschaftlich anerkannt und gewährten einen erlesenen kulturellen Escort-Service, der mit der Prostitution unserer Maßstäbe wenig zu tun hat.

Selbst beim Anblick eines harmlosen Leuchtkäfers kann Yonosuke nicht anders, als an die Verse der berühmten Dichterin Izumi Shikibu zu denken: »Dort fliegen die Käfer, selbstbrennend, / Diese Feuerkügelchen, / Die aus meinem liebesglühenden Herzen / Verspritzt sind.«

ALLES FLIESST

Ihara Saikaku war ein umfassend gebildeter Dichter und literarischer Avantgardist. Schon mit seinem Erstling *Kôshoku Ichidai Otoko* (Kôshoku = Liebe; Ichidai = Leben; Otoko = Mann) begründete er eine neue Prosagattung, die sogenannte Ukiyo-zoshi, was so viel heißt wie »Bücher der fließenden Welt«. Hauptmerkmale dieser Richtung sind realistische Schilderungen der flüchtigen, dahintreibenden Szenerie großer Städte wie Kyoto oder Osaka.

gigantische Erbschaft von 25 000 »Goldkan«. Yonosuke wird über Nacht vom Mittellosen zum Millionär! Und was ist sein erster Gedanke? *Ich werde dieses Vermögen an alle Kurtisanen verteilen. Ich werde die schönste Kurtisane, die ich liebe, freikaufen. Einmal werde ich alle bekannten Kurtisanen einladen!*

Einige biographische Parallelen zwischen Ihara Saikaku und seinem Frauenhelden Yonosuke sind deutlich. Beide stammen aus einer wohlhabenden Kaufmannsfamilie, reisen gerne und bewundern schöne Frauen. Doch während Yonosuke nichts anderes im Kopf hatte als Genuss und Liebe, schrieb sein Schöpfer neben Hunderten von Gedichten und einigen weiteren erotischen Erzählungen auch Geschichten über Städter und Krieger – insgesamt zwölf vollständige Prosawerke, die Ihara Saikaku populär machten. Sein Roman über Yonosuke gilt heute als vornehmes Meisterwerk der japanischen Literatur. Die erotischen Schilderungen sind diskret und poetisch. Sexualität wird als sinnliche, humane Kultur entwickelt, in der die Liebe würdevoll regiert. Am Ende des Romans ist Yonosuke sechzig Jahre alt und bleibt seiner Bestimmung treu. Im Schlusskapitel bricht der ewige Liebhaber zu einer letzten Reise auf. Er hat von einer sagenhaften Insel erfahren, auf der nur Frauen leben sollen: *Wenn wir auf dieser Insel von vielen Frauen geliebt werden und vor Erschöpfung sterben, können wir mit diesem männlichen Ende unseres Lebens zufrieden sein!*

■ Originalholzschnitt aus einer japanischen Ausgabe von *Yonosuke, der dreitausendfache Liebhaber*, zu dem Kapitel: *Man kann sein Haar schneiden wie eine Nonne, aber man kann nicht die Welt vergessen.*

IHARA SAIKAKU

BIOGRAPHIE

Hirayama Togo, der sich später Ihara Saikaku nennt, wird 1642 in Osaka als Sohn eines Kaufmanns geboren. Mit 14 oder 15 Jahren beginnt er ein Studium der Dichtkunst, erst bei Matsunaga Teitoku, dann bei Nishiyama Soin. Mit 20 Jahren ist er ein Meister der Haikai-Dichtung. Während er seine Kunst weiterhin verfeinert und einen eigenen Stil entwickelt, betätigt er sich zugleich als Geschäftsmann, betreibt ein Unternehmen in Osaka. 1675, nach dem Tod seiner Ehefrau und einer Tochter, geht Ihara Saikaku zwei Jahre als Laienmönch auf Wanderschaft. Was er auf seinen Reisen quer durch Japan erlebt, findet Eingang in sein literarisches Schaffen, das er nach seiner Rückkehr nach Osaka wieder aufnimmt. 1682 erscheint mit *Yonosuke, der dreitausendfache Liebhaber* sein erstes Prosawerk. Von nun an schreibt er jedes Jahr ein bis zwei Bücher. Da er angeblich an nur einem Tag Tausende von Gedichten verfassen kann, erhält er den Beinamen »Meister der 20 000 Haikus«. Zu seinen bedeutenden Prosawerken zählen neben *Yonosuke* weitere Bücher über die Liebe: *Der große Spiegel der männlichen Liebe* und *Der Liebespfad der Samurai*, das sehr offen von Knabenliebe und anderen homosexuellen Beziehungen unter den japanischen Kriegern erzählt. Ihara Saikaku stirbt am 9. September 1693 in Osaka.

WISSENSWERTES

Wakashudo

Seit dem Mittelalter bildeten die Samurai den Kriegeradel Japans. In der Feudalzeit unterstand jeder Samurai, wie ein europäischer Ritter, einem Lehnsherrn, von dem er zu bewirtschaftendes Land erhielt und dem er im Gegenzug dafür militärische Dienste leisten musste. Oft nahm eine Ausbildung zum Samurai schon im frühen Kindesalter ihren Anfang; Lesen und Schreiben gehörten genauso dazu wie Fechten, Bogenschießen und Schwertkampf. Mit etwa zwölf Jahren wurde der Schüler in die Obhut eines älteren Samurai gegeben, der nun seine Erziehung übernahm. Damit begann der »Weg der Jünglinge«, Wakashudo, ein enges, auch erotisches Verhältnis von Lehrer und Schüler. Der Schüler lebte mit seinem Lehrer unter einem Dach und wurde von ihm nicht nur weiterhin in der Waffenkunst und in Philosophie ausgebildet, sondern auch in die Varianten der körperlichen Liebe eingeweiht. In der Regel nahm der Erzieher nur einen Jungen bei sich auf. War der Knabe mit etwa 19 Jahren erwachsen, endete die Wakashudo-Beziehung, doch blieb der Ausbilder lebenslang ein väterlicher Freund für den jüngeren Samurai. Bis ins 19. Jh. hinein war der »Weg der Jünglinge« in Japan gesellschaftlich voll akzeptiert, weshalb es nicht verwunderlich ist, dass Ihara Saikaku in *Der Liebespfad der Samurai* so unverblümt darüber schreibt.

EMPFEHLUNGEN

Lesenswert:

Ihara Saikaku: *Yonosuke, der dreitausendfache Liebhaber*, übersetzt von Kazuo Kani, Wiesbaden 1965

Ders.: *Der Liebespfad der Samurai*, übersetzt und mit einem Nachwort von Siegfried Schaarschmidt, Göttingen 1998

Ders.: *Fünf Geschichten von liebenden Frauen*, übersetzt von Walter Donat, München 1960

Wolfgang Schwentker: *Die Samurai*, München 2009

Manfred Pohl: *Geschichte Japans*, München 2002

Mineko Iwasaki: *Die wahre Geschichte der Geisha*, München 2002 (autobiographischer Roman)

James Clavell: *Shogun*, München 2002 (Roman über das Japan des frühen 17. Jh.s)

Sehenswert:

Im Reich der Sinne. Regie: Nagisa Oshimo; mit Tatsuya Fuji, Eiko Matsuda. J 1978 (Klassiker des japanischen Erotikfilms, in dem der Besitzer eines Geisha-Hauses einer seiner Damen ganz und gar verfällt)

Samurai. Regie: Hiroshi Inagaki; mit Toshiro Mifune. J 1954

AUF DEN PUNKT GEBRACHT

Ein poetisches Panorama erotischer Kultur im alten Japan. Zugleich ein Gesellschaftsroman, der uns Sitten und Gebräuchen der Epoche nahebringt.

Der Strick des heiligen Franziskus
Die philosophische Therese
Jean-Baptiste de Boyer, Marquis d'Argens

■ In Aix-en-Provence sagte Catherine Cadière vor Gericht aus, sie sei von Pater Girard verhext und verführt worden. Daher sei sie nun vom Teufel besessen.

»Mein Lieblingsbuch.«
Marquis de Sade

Eines der beliebtesten Motive erotischer Literatur ist die Verknüpfung der Wollust mit Religion. Quer durch die Jahrhunderte und in allen christlichen Ländern haben lüsterne Priester, Mönche und Nonnen den pornographischen Geist beflügelt und zu höllisch heißen Szenen in Beichtstühlen, Sakristeien und Klöstern angeregt. Der sinnliche Reiz, klerikal verordnete Keuschheit ins irdisch Profane zu verwandeln, entsprang jedoch nicht nur ordinärer Phantasie, sondern auch lebenspraller Realität, wonach zahlreiche Männer und Frauen Gottes schwach im Fleische wurden und Schande über sich und ihren heiligen Stand brachten. Einen solcherart berühmten Skandal hat der adlige Marquis d'Argens in seinem Roman *Die philosophische Therese* verarbeitet und in die entsprechende Form einer Beichte gekleidet, in der das einst fromme Fräulein Therese allerlei sexuelle Geheimnisse preisgibt und diese mit pfiffigen moralphilosophischen Überlegungen versieht.

Im Zentrum dieser Geständnisse steht zunächst jene spektakuläre Geschichte, die im frühen 18. Jahrhundert europaweit hohe Wellen schlug und den Ruf der betroffenen Geistlichkeit schwer beschädigte. 1731 stand der Jesuitenpater Jean-Baptiste Girard vor Gericht, weil er die 18-jährige Catherine Cadière verführt, geschwängert und die Leibesfrucht mittels eines ekligen Medizingebräus abgetrieben hatte. Besonders perfide war die Vorgehensweise des Lüstlings. Als charismatischer Priester trieb er Catherine und weitere Opfer in mystisch-religiöse Verzückung, redete ihnen ein, sie seien von Gott auserwählt und müssten sich deshalb speziellen Ritualen seelischer »Reinigung« unterwerfen. Dazu verwendete Girard den »Strick des heiligen Franziskus«, eine vermeintliche Reliquie, die nichts anderes als ein Dildo war und im passenden Moment durch des Paters eigenen »Strick« ersetzt wurde.

So zumindest erzählt es Therese, die eine solche Szene heimlich beobachtet hat. Im Roman heißen Büßerin und Verführer anagrammatisch Eradice und Dirrag, die zeitgenössischen Leser verstanden auf Anhieb, wer gemeint war. Und anscheinend verläuft die feierliche Prozedur erfolgreich: *Ach, ehrwürdiger Vater, rief Eradice, welche Wonne stachelt mich! ... Verjagen Sie, Vater, verjagen Sie alles Unreine, das noch in mir ist. Ich ... sehe ... die Engel; stoßen Sie stärker ... Tiefer ... Stoßen Sie doch ... Ach ...! Ach ...! Guter ... heiliger Franz! Verlass mich nicht! Ich fühle den Stri... Stri... Strick ...*

Glückselig vertraut sich Eradice anschließend der Freundin Therese an, die prompt auch mal will. Gütige Menschen verhindern allerdings, dass Pater Dirrag erneut zum Zuge kommt, so etwa die reiche Frau C. mit ihrem privaten Beichtvater Abbé T., die sich fortan um Thereses Erziehung kümmern. Beide huldigen einer fröhlichen Sinnlichkeit und demonstrieren ihrer verblüfften Schülerin, dass sich tiefer Gottesglaube durchaus mit körperlichem Genuss verträgt. In langen Exkursen über Gott, Natur und den Geist des Menschen entwirft der gebildete Abbé eine charmante und für die Epoche revolutionäre Philosophie der Lust: Alles, was der Herr schuf, ist göttlich, also auch die Sexualität! Nur falsche menschliche Moral spricht von Sünde und Unzucht, erzeugt mithin jenen Konflikt, den solche Schweinepriester wie Dirrag dann ausnutzen. Ganz praktisch und frauenfreundlich rät der Abbé zu intensiver Masturbation, um ungewollte Schwangerschaften zu verhindern; Therese hört's mit Entzücken, die Selbstbefriedigung ist sowieso ihr Schönstes.

Weitere spannende Neuigkeiten erfährt Therese dann in Paris, wo sie nach dem Tod der Mutter von der großherzigen Kupplerin Bois-Laurier versorgt wird, die das Mädchen in die Belange mondäner Lasterhaftigkeit einweiht. Die Erzählung der Bois-Laurier bildet den zweiten, dezidiert pornographischen Teil des Romans. Freimütig und in allen Einzelheiten berichtet die Kurtisane von wüs-

■ *Friedrich II. und der Marquis d'Argens vor der Gruft auf der Terrasse von Sanssouci. Gemälde, 1802, von Johann Christoph Frisch (1738–1815). Potsdam, Stiftung Preußische Schlösser und Gärten. Der Marquis lebte 27 Jahre am Hof des Preußenkönigs.*

Vor allem der Marquis de Sade (1740–1814) zählte zu den Bewunderern der *Philosophischen Therese*. In seinem Roman *Justine* ist vom »reizenden Buch des Marquis d'Argens« die Rede, das die »Gottlosigkeit voll Grazie mit dem Laster« verbinde. Ausdrücklich lobte de Sade den Mut des Vorfahren. Die erotischen Szenen der *Therese* hingegen dürften ihm wohl nur ein müdes Lächeln entlockt haben.

ten Ausschweifungen mit Peitschen, Gruppen- und Fetischsex in vornehmen Boudoirs, wobei wiederum perverse Kleriker eine gewichtige Rolle spielen. Therese lauscht mit roten Ohren und der Hand unter den Röcken. Dem drohenden Schicksal einer Prostituierten entgeht Therese mit Hilfe eines Grafen, der sie zur gleichberechtigten Partnerin und Geliebten macht. In seinen Armen findet Therese schließlich rauschhafte Erfüllung und inneren Frieden: *Alles ist Gottes Werk!*

Man weiß bis heute nicht zweifelsfrei, ob der Marquis d'Argens wirklich der Verfasser der *Philosophischen Therese* ist. Das Buch erschien 1748 anonym, doch mit der Zeit mehrten sich die Hinweise auf den Marquis, der sich freilich nicht zur Autorschaft bekennen konnte, ohne Prozess und Gefängnis zu riskieren. Obwohl die Behörden massiv gegen Buchhändler und Drucker vorgingen, wurde das Buch zu einem europäischen Bestseller, der sogar dem aufgeklärten Preußenkönig Friedrich II. Vergnügen bereitet haben soll. Als der Marquis d'Argens zu Besuch nach Potsdam kam, ließ der amüsierte Monarch das Gästezimmer mit Szenen aus dem »scandalösen Buche« tapezieren, sehr zum Verdruss des Franzosen.

Ein eher säuerliches Gesicht zogen auch die Pariser Intellektuellen. Sie lehnten das Buch teils entrüstet ab, weil sie die aufkeimende materialistische Philosophie zu obszönen Zwecken herabgewürdigt sahen. Aus eben diesem Grund und angesichts der radikalen Kirchenkritik wertet man heutzutage die *Philosophische Therese* als bedeutendes literarisches Dokument der Frühaufklärung. So formuliert es Therese gegen Ende ihrer Beichte: *Sollte dieses Manuskript jemals im Druck erscheinen – wie viele Dummköpfe werden gegen die Sinnlichkeit und gegen die metaphysischen Grundsätze zetern, die es enthält. Diesen Dummköpfen werde ich antworten, dass alles, was ich geschrieben habe, nur auf Vernunft und auf eine von allen Vorurteilen freie Erfahrung begründet ist.*

JEAN-BAPTISTE DE BOYER, MARQUIS D'ARGENS

 BIOGRAPHIE

Jean-Baptiste de Boyer wird am 27. Juni 1703 als Sohn eines Justizbeamten in Aixen-Provence geboren, wächst mit sechs jüngeren Geschwistern auf. Nach dem Besuch eines Jesuitenkollegs in Aix tritt er 1718 in das Toulousische Infanterieregiment zu Straßburg ein. Drei Jahre später kehrt er nach Aix zurück und widmet sich dem Müßiggang. Von jetzt an führt er den Titel eines »Marquis d'Argens«. Die Beziehung mit einer Schauspielerin geht seinen Eltern zu weit, er büßt dafür 1722 mit einer zehnmonatigen Haftstrafe in Perpignan. 1723 ist d'Argens Teil einer Gesandtschaft nach Konstantinopel (heute Istanbul). 1724 kehrt er nach Aix zurück, studiert Jura, lässt sich als Anwalt nieder. Damit unzufrieden, geht er 1728 nach Paris. 1730 / 1731 gibt d'Argens an, den Prozess gegen den Jesuitenpater Jean-Baptiste Girard als Augenzeuge mit verfolgt zu haben: Dieses Erlebnis bringt ihn dazu, den Anwaltsberuf endgültig aufzugeben. Er geht wieder zum Militär, nimmt am Polnischen Erbfolgekrieg teil. 1734 stürzt er während der Belagerung der Reichsfestung Philippsburg vom Pferd, was seine Militärkarriere beendet. Er geht in die Niederlande, knüpft in Den Haag Verlagskontakte; zwischen 1735 und 1740 entstehen seine ersten Texte. Seine Veröffentlichungen machen Skandal, d'Argens muss mehrfach den Wohnort wechseln. 1741 / 1742 zieht er nach Potsdam. Hier, als Nachbar des Preußenkönigs Friedrich II., macht er Karriere bei Hof: Der König hat bereits einiges von d'Argens gelesen, er schätzt den Autor als Schriftsteller und Philosophen und macht ihn schließlich zu seinem Kammerherrn. D'Argens wird Vizedirektor der frisch gegründeten Berliner Akademie der Wissenschaften, von 1744 bis 1771 ist er Direktor der Historischphilologischen Klasse, schließt Freundschaft mit Voltaire. Insgesamt 27 Jahre verbringt d'Argens am Hof des Königs, dann zieht er zurück in die Provence. Er stirbt am 12. Januar 1771 nahe Toulon. – Zu dem umfangreichen Werk des Marquis zählen seine Memoiren von 1749 sowie eine Reihe von Briefen, darunter die »jüdischen«, die »kabbalistischen« und die »chinesischen« Briefe.

 WISSENSWERTES

Materialismus
Die materialistische Philosophie hatte im 18. Jh., zur Zeit der französischen Aufklärung, ihre Blüte. Die Anhänger des Materialismus, wie Denis Diderot (1713–1784), vertraten die Auffassung, allein die Materie sei die Substanz aller Wirklichkeit: der stofflichen gleichermaßen wie der geistig-seelischen. Daraus resultiert ein großer Respekt vor Naturwissenschaft und Technik. Eine verwandte Strömung ist der Empirismus, der ausschließlich das mit naturwissenschaftlichen Methoden Beweisbare gelten lässt. Obwohl sich die Therese des Marquis d'Argens ganz im Sinne des Materialismus zur Vernunft bekennt, fühlten sich die Materialisten durch das Buch beleidigt, da es ihrer Meinung nach die Körperlichkeit auf sexuelle Handlungen reduziert.

 EMPFEHLUNGEN

Lesenswert:
Marquis d'Argens: *Thérèse Philosophe. Die philosophische Therese oder Nachrichten zur Geschichte von Pater Dirrag und Fräulein Eradice*, hrsg. von Michael Farin und Hans-Ulrich Seifert, übersetzt von Heinrich Conrad, München 1990

Martin Mulsow: *Die unanständige Gelehrtenrepublik. Wissen, Libertinage und Kommunikation in der frühen Neuzeit*, Stuttgart 2007

Peter Prange: *Das Paradies im Boudoir. Glanz und Elend der erotischen Libertinage im Zeitalter der Aufklärung*, Marburg 1990

Johannes Kunisch: *Friedrich der Große. Der König und seine Zeit*, München 2009

Werner Schneiders: *Das Zeitalter der Aufklärung*, München 2008

Annette Wittkau-Horgby: *Materialismus*, Göttingen 1998

 AUF DEN PUNKT GEBRACHT

Ein beeindruckendes Zeugnis erotischer wie philosophischer Aufklärung. Für Kulturhistoriker ebenso interessant wie für Liebhaber sexueller Phantasien mit Beffchen und Beichtstuhl.

Moral der Menschlichkeit

Tom Jones

Henry Fielding

Findelkinder begleiten uns durch die Geschichte der Mythologie und der Romanliteratur. Es reizt die Phantasie der Leserschaft, nicht zu wissen, von wem ihr Held abstammt. Er könnte von höchster Geburt sein ... Und noch etwas wird gern mit Kindesaussetzung zusammengedacht: heimliche Liebe, eine leidenschaftliche Umarmung ohne ehelichen Segen, und die Frau muss dann die Frucht des Fehltritts irgendwie »entsorgen«. Kurz gesagt: Findlinge sind sexy.

Das gilt uneingeschränkt für Tom Jones, Titelheld eines englischen Romans, verfasst von Henry Fielding und erschienen 1749. Tom ist ausgestattet mit allen Vorzügen, die sich das Publikum für seine

■ Szene aus dem britischen Film *Tom Jones – Zwischen Bett und Galgen* von 1963 mit Albert Finney in der Titelrolle und Diane Cilento als Molly Seagrim, Regie führte Tony Richardson. Das Werk wurde mit dem Oscar für den besten ausländischen Film ausgezeichnet, die beiden ebenfalls nominierten Darsteller gingen leer aus.

Hauptperson wünscht: Er sieht blendend aus, ist intelligent, kühn, witzig und heißblütig, auch rauflustig – die letzteren Eigenschaften sind nicht unbedingt als Tugenden zu werten, versprechen aber eine spannende Lektüre. Wer will schon einen lammfrommen Helden. Und schließlich: Bei all seiner Hitzköpfigkeit und Neigung zur Ausschweifung – Wein, Weib und Glücksspiel – hat Tom doch das Herz auf dem rechten Fleck. Sein Ziehvater, der

VIELSCHICHTIG

Henry Fielding wagt in seinem Roman eine Erzählweise, die den geneigten Leser aus der Illusion herausführt: Er teilt nämlich seinem Publikum zwischendurch mit, was ein Schriftsteller so alles auszustehen hat, wenn die missgünstigen Kritiker über ihn herfallen, und bittet darum, Gerechtigkeit walten zu lassen. Er reflektiert auch die Ziele und die Moral eines Autors: Er solle die Welt schildern, wie sie wirklich sei, und die Tatsachen im Auge behalten, bloß nicht zu viel Soll-Zustand, stattdessen mehr Ist-Zustand. Diese Meta-Ebene stört den Erzählfluss erstaunlicherweise kaum.

ehrenwerte Squire Allworthy, ließ ihm eine ausgezeichnete Erziehung angedeihen, und so kann man sagen, dass Tom sowohl von der Natur als auch von der menschlichen Gesellschaft in jeder Hinsicht begünstigt wurde – wäre da nicht der kleine Makel, dass er ein Bastard ist.

So wagt es denn auch sein schurkischer Cousin, ihn bei Allworthy als Erbschleicher anzuschwärzen, und zwar derart raffiniert, dass der Ziehvater dem Lügenbold glaubt und seinen Adoptivsohn vor die Tür setzt. Jetzt beginnt eine lange Wanderschaft des ganz auf sich selbst gestellten Tom übers Land und in die Städte, durch Anfechtungen und Prüfungen, in immer neue Gasthöfe, wo reizende Mädchen und wunderschöne Damen abgestiegen sind, die sich nur zu gern auf ein Abenteuer einlassen – bis hin zum Happy End: zur Einsicht und zur (beständigen) Liebe.

Im 18. Jahrhundert wurden Romane geschrieben, um die Sittlichkeit zu heben und die Menschen zu bessern. Einen Helden, der vom Weg der Tugend abwich, erwarteten empfindliche Strafen, der Läuterung wegen. Auf den ersten Blick passt auch *Tom Jones* in dieses Muster. Auf den zweiten aber wird spürbar, dass der Autor Fielding seinen Findling *mit* seinen Fehlern liebt und dass er die menschliche Natur, die er nach eigenem Bekunden schildern will, für zu vielschichtig hält, als dass ein simples Schwarz-Weiß-Schema ausreiche. Schon bald ist der Leser ganz verwirrt, er weiß nicht mehr so recht, was gut, was schlecht ist, und ertappt sich dabei, dass er sich von Tom bezaubern lässt, obschon der doch ein Bastard ist. Hier liegt die List des Autors: Er gewöhnt seiner Leserschaft die Heuchelei ab, indem er sie dazu verführt, ein »Kind der Sünde« ins Herz zu schließen, anstatt es zu bemitleiden, einen jungen Mann obendrein, der selbst so manche »fleischliche« Sünde begeht. Eine solche kaum verhohlene Freude an der Unsittlichkeit war damals eigentlich nicht erlaubt. Das focht jedoch Fielding nicht an. Den Erotiker Tom lässt er ohne Wenn und Aber gelten. Gewiss, Tom liebt Sophia, die Tochter von Allworthys Nachbarn, und weiß sich wiedergeliebt. Aber er ist eben nur ein Mann, dazu jung und stark und voller Begierde. Und kann er sich noch Hoffnung auf Sophia machen, wo er vom Squire verstoßen worden ist? So nimmt er, was sich bietet.

■ Dieses Frontispiz zeigt Henry Fielding im Alter von 48 Jahren. Fielding kämpfte nicht nur als Schriftsteller und Journalist gegen soziale Missstände, sondern auch als Friedensrichter.
Kupferstich nach einer Zeichnung von William Hogarth (1697–1764)

■ *Eine Räuberhöhle.* Zeichnung, 1780, von Francis Wheatley (1747–1801). London, Sotheby's Kunsthandel.
Zwei Prostituierte haben eine Taschenuhr gestohlen.

Er streift durch ein Gehölz, *und war noch nicht tief eingedrungen, als sich ihm ein wirklich entsetzlicher Anblick bot. Er sah nämlich eine halbnackte Frau unter den Händen eines Bösewichts, der ihr das Strumpfband um den Hals geschlungen hatte und dabei war, sie zu einem Baum zu schleppen. Jones hielt sich nicht lange mit Fragen auf, sondern fiel augenblicklich über den Wüstling her und bediente sich seines eichenen Spazierstocks so geschickt, dass der Kerl platt auf dem Boden lag, bevor er noch an Gegenwehr denken konnte.* Die bedrängte Frau schließlich ist es, die Tom bittet, den Unhold zu schonen. Nicht aber sie selbst, wie ihr Lächeln und ihre ungeschickten Versuche, die zerrissene Bluse um die Brüste zu drapieren, ihm bedeuten: *Jones bot ihr seinen Überrock an, aber sie weigerte sich ganz entschieden, trotz seiner ernstlichen Bitten, aus welchem Grund auch immer, ihn anzunehmen.* Die beiden schlagen sich zum nächsten Gasthof durch und verbringen dort die Nacht miteinander.

Das hochbusige Weib heißt Jenny Jones – es ist die junge Magd, die einst den Säugling Tom im Bett des Squire abgelegt hatte und dafür … nein, Jenny kam nicht ins Arbeitshaus und nicht ins Gefängnis, denn Squire Allworthy, dem Fielding die Stimme der Vernunft und der Menschlichkeit gegeben hat, sorgt dafür, dass sie an einem anderen Ort ein neues Leben beginnen kann. Fielding selbst war nicht nur Schriftsteller, sondern auch Richter. Und er hat, ganz wie seine literarische Schöpfung Allworthy, viel dafür getan, die sogenannten gefallenen Mädchen vor der sozialen Ächtung zu bewahren.

Er hatte aber auch so manche Eigenschaft von seinem tollen Tom – so konnte er keiner erotischen Verlockung widerstehen. Für Heuchelei war er zu aufrichtig und für doppelte Moral zu klug. So kommt es, dass *Tom Jones* zwar ein Entwicklungsroman ist, an dessen Ende der Held »gereift« dasteht, zugleich aber eine vorurteilsfreie Studie der menschlichen Natur mit ihren animalischen Anteilen – und eine Feier der Sinnenlust. Da gibt es interessante Kombinationen. Zum Beispiel Tom und Jenny in jener

SYMPATHIE FÜR »SÜNDERINNEN«

Allworthys Milde gegen »gefallene« Mädchen war auch Richter Fieldings Programm. Er kannte sich aus. Prostitution im 18. Jahrhundert hieß in der Regel: Zwangsprostitution. Am schlimmsten war die verbreitete Praxis krimineller Banden, die nachts auf den Straßen Londons Frauen überfielen, ins Bordell verschleppten, vergewaltigten und sie dann vor die Wahl stellten, ihre Schande preiszugeben oder sich als Hure zu verdingen. Solche Fälle waren im Gerichtssaal in der Bow Street an der Tagesordnung, Richter Fielding ergriff Partei für die »Sünderinnen«.

Nacht in der Herberge: War das womöglich Inzest? Als Tom – viel später – diese Möglichkeit erwägt, vergeht er vor Scham. Sigmund Freud, der erst gute hundert Jahre danach geboren wurde und der die englische Romanliteratur über alles schätzte, wird an dieser Stelle heftig mit dem Kopf genickt haben.

In jene Schicksalsherberge kehrt auch Sophia ein, die ihrerseits auf der Flucht vor einem unerwünschten Heiratskandidaten ist, vor eben jenem verlogenen Neider, der Jones so folgenreich angeschwärzt hat. Sie erfährt, dass der Mann, den sie liebt, im Hause ist, aber nicht allein, sondern in weiblicher Begleitung,

■ Eine Prostituierte als Zeugin vor dem Bow Street Magistrates' Court, dem Gericht, an dem Henry Fielding als Friedensrichter tätig war, um 1820. Links der Häftling, in der Mitte die Prostituierte und ein Kutscher als weiterer Zeuge.

■ Am Beginn ihrer Hochzeitsreise bittet die junge Braut
ihren frisch angetrauten Ehemann: »Oh, Edwin, Liebling!
Hier ist *Tom Jones*. Papa sagte
mir, ich dürfe es nicht lesen,
bis ich verheiratet sei! Und
nun ist es so weit … endlich!
Kauf es mir, liebster Edwin.«
Cartoon von 1891, aus dem
englischen Satiremagazin
Punch

und reist darauf bald weinend ab. Ach, Tom muss seiner Sophia viel erklären, bevor es zum glücklichen Ende kommt. Doch was soll er machen? Nicht nur, dass er selbst nicht widerstehen kann, wenn ein Mädchen ihn anlacht – die Frauen steigen ihm ja auch entschlossen hinterher, selbst achtbare Damen der Gesellschaft bestellen ihn unter Vorwand auf ihre Privatgemächer und kommen ohne Umschweife zur Sache. Soll er etwa Nein sagen? Und eine vornehme Lady tief beleidigen? Natürlich nicht. Er beleidigt aber so manchen Herrn und landet einmal fast am Galgen.

Es ist die augenzwinkernde Parteinahme für den Erotiker in Tom und für die Sinnlichkeit einer Jenny und all der Frauen von der Straße und aus der Society, die Fieldings »komische epische Dichtung in Prosa« so unwiderstehlich macht. Die hübsche Jenny übrigens hat Tom doch nicht zur Welt gebracht, der Held ist des Inzestes nicht schuldig. So weit geht der milde Autor eben nicht, er schildert Sexualität lieber als eine Quelle des Glücks als der schicksalhaften Verstrickung. Jenny hat der wahren Mutter damals nur beigestanden. Wer die nun aber war, wird hier nicht verraten. Denn das tausend Seiten dicke, heitere, weltweise Buch – einst wie heute äußerst lesenswert – ist nicht nur erotisch anregend, sondern auch spannend, was den Plot betrifft. Und die Antwort auf die Frage: Von wem stammt der Held der Geschichte ab? Ist er womöglich von hoher Geburt?, kommt erst ganz zum Schluss.

HENRY FIELDING

 BIOGRAPHIE

Henry Fielding wird am 22. April 1707 in Sharpham Park nahe Glastonbury, Somerset, geboren. Nach einem Studium der klassischen Literatur am Eton College schließt er auch ein Jurastudium in London und an der Universität Leiden erfolgreich ab. 1729 wird er Theaterdirektor in London und beginnt, Stücke zu schreiben. 1734 heiratet er Charlotte Craddock, mit ihr hat er zwei Kinder. Nach zehn Jahren Ehe stirbt Charlotte. Fielding ist tief getroffen, seine Gesundheit verschlechtert sich. In den folgenden Jahren betätigt er sich nicht nur schriftstellerisch, sondern auch journalistisch, schreibt meist anonym Artikel, die soziale Missstände anprangern. 1747 heiratet er, gegen alle Konventionen, Mary McDaniel, die Zofe seiner verstorbenen Frau. Zu diesem Zeitpunkt ist sie bereits im sechsten Monat schwanger. Vier weitere Kinder folgen. 1748 wird Fielding Friedensrichter in London und setzt sich auch in dieser Funktion für sozial Schwache ein. 1754 verschlechtert sich sein Gesundheitszustand dramatisch. In der Hoffnung, das mildere Klima werde helfen, geht die Familie nach Portugal, doch es stellt sich keine Besserung ein: Zwei Monate später, am 8. Oktober 1754, stirbt Henry Fielding in Lissabon. – Am Beginn seines literarischen Schaffens stehen politische Satiren, die er am Little Theatre (später Haymarket Theatre), das ihm gehört, aufführen lässt. 1742 veröffentlicht er mit *Joseph Andrews* nicht nur sein erstes Prosawerk, sondern auch den ersten realistischen Roman der englischen Literatur. 1743 folgt *Jonathan Wild der Große*, 1749 *Tom Jones* und 1752 das vierbändige Werk *Amelia*.

 WISSENSWERTES

Entwicklungsroman
Henry Fieldings *Tom Jones* ist, neben Charles Dickens' *David Copperfield* von 1850, einer der wenigen englischen Entwicklungsromane. Das Genre gilt als typisch deutsch und hatte seine Blütezeit im 18. und 19. Jh. Die Grenzen zum Bildungs- und Erziehungsroman sind dabei fließend; alle drei Romantypen folgen dem gleichen Muster: Eine meist jugendliche Hauptfigur muss, trotz widriger Umstände und einer nicht immer freundlichen Welt, ihren Weg finden, ihre Talente entfalten und zu einer gefestigten Persönlichkeit reifen. Wenngleich diese Gattung besonders in Deutschland beliebt war, liegen ihre Wurzeln in England: Die Briefromane Samuel Richardsons (1689–1761) lieferten die Vorlage für die realistische, psychologisch stimmige Zeichnung der Figuren, die für einen Entwicklungsroman notwendig ist. Besonders einflussreich war Richardsons *Pamela oder die belohnte Tugend eines Frauenzimmers* von 1740 – diesen Roman parodierte Henry Fielding zwei Jahre später mit seinem *Joseph Andrews* (auch: *Shamela*). Als Prototyp des Bildungs- und Entwicklungsromans wird Goethes *Wilhelm Meisters Lehrjahre* von 1795 angesehen, der konsequent auf das Ideal der »tätigen Integration in die Gesellschaft« hinarbeitet. Weitere Beispiele sind *Franz Sternbald* von Ludwig Tieck (1798) und *Heinrich von Ofterdingen* von Novalis (1799). Im 20. Jh. wird die Grundhaltung pessimistisch, das Ideal wird nicht mehr erfüllt, etwa in Thomas Manns *Zauberberg* (1924).

 EMPFEHLUNGEN

Lesenswert:
Henry Fielding: *Tom Jones*, Frankfurt / M. 2006

Ders.: *Die Geschichte der Abenteuer des Joseph Andrews und seines Freundes Mr Abraham Adams*, München 1994

Ronald Paulson: *The Life of Henry Fielding: A Critical Biography*, Oxford 2000

Hörenswert:
Edward German: *Tom Jones*. Oper 1907

Sehenswert:
Tom Jones – Zwischen Bett und Galgen. Regie: Tony Richardson; mit Albert Finney, Susannah York. GB 1963

City of Vice. Regie: Justin Hardy, Dan Reed; mit Ian McDiarmid, Alice O'Connell. GB 2008 (TV-Serie über die Fieldings)

 AUF DEN PUNKT GEBRACHT

Zu Fieldings Zeiten hätte Draufgänger Tom für seine Eskapaden eigentlich bestraft werden müssen. Stattdessen gewinnt er mit seinem Charme nicht nur die Nachbarstocher, sondern auch sittenstrenge Leser.

Von der Unschuld vom Lande zur gefeierten Hure

Die Memoiren der Fanny Hill
John Cleland

■ Szene aus der Erotik-
komödie *Fanny Hill – Die Memoiren eines Freudenmädchens*
(BRD / GB) aus dem Jahr 1983
mit Lisa Foster (im Abspann
als Lisa Raines) in der Rolle der
Fanny und Shelley Winters als
Bordellbesitzerin Mrs Cole,
Regie führte Gerry O'Hara.

Eines der beliebtesten Motive der Pornographie des 18. und
19. Jahrhunderts ist die verführte Unschuld aus der Unterschicht.
Das hübsche, naive Mädchen vom Lande, missbraucht als Lust-
objekt der reichen Klassen, war ein moralisches Tabu wie gleichermaßen soziale Realität. Es gab sie zuhauf, die kleinen Zofen, Küchenhilfen und Stubenmägde, die nichts besaßen außer
Jugend und Schönheit. So mancher lüsterne Master wollte da
nicht widerstehen, die Folgen hatte in der Regel die junge Frau
zu tragen. Entehrt, geschändet, oftmals schwanger, mussten die
Opfer meist ihr Bündel schnüren, landeten auf der Straße, die
nicht selten direkt in die Prostitution führte. Unter den Tausenden von Londoner Freudenmädchen um 1750 waren nicht wenige
solcher ehemaliger Domestiken, denen ihr Liebreiz zum Verhängnis wurde. Solche Geschichten, die das
Leben schrieb, boten besten Stoff für
die pornographische Phantasie, und
vermutlich musste der gescheiterte
Unternehmer, Soldat, Wissenschaftler
und Lebemann John Cleland nicht lange nachdenken, als ihm ein Verleger
anbot, für das Honorar von 20 Guineas einen saftigen Roman zu verfassen.
Cleland brauchte das Geld dringend, er
saß im Gefängnis wegen hoher Schulden, und so schrieb er im Sommer 1748
in seiner Zelle rasch jenes Buch, das
zum berühmtesten erotischen Werk
in der englischen Literaturgeschichte
aufsteigen sollte: *Die Memoiren der
Fanny Hill.*

Bei Fanny ist es ein kurzer Weg ins
Gewerbe. Sie wächst ärmlich in einem
Nest in Lancashire auf, mit fünfzehn
sieht sie ihre Eltern an den Pocken
sterben. Völlig mittellos macht sie sich
nach London auf, um eine Stellung

als Dienstbotin zu suchen. Doch schon im Vermittlungsbüro gerät sie in die Fänge von Madame Brown, einer Kupplerin, die mit professionellem Blick sofort das Potenzial der bezaubernden Unschuld erkennt. Mit falschen Versprechungen wird Fanny ins Haus der Madame gelockt, wo die heiße Phoebe mit den schweren Brüsten wartet, deren *Aufgabe darin bestand, junge Füllen wie mich abzurichten und ihnen das Traben beizubringen.* Bereits in der ersten Nacht wird die Novizin in lesbische Liebeskunst eingeweiht, Fannys Abwehr erlahmt rasch, da sie feststellt, welch ungeahntes Vergnügen ihr Phoebes flinke Zunge bereitet. Der erste Galan, dem Fannys Jungfernschaft verkauft wird, ist allerdings alt und hässlich, die Schöne sträubt sich und weint bitterlich, das Fohlen ist anscheinend noch nicht so weit. Im Folgenden darf Fanny heimlich zusehen, wenn die Puffmutter selbst zur Tat schreitet,

was die Beobachterin so scharf macht, dass sie prompt Phoebe aufs Lager zieht. Beim schönen, jungen Charles verliert Fanny vollends jede jungfräuliche Scham: *Ich spürte, wie das Starrend-Steife zwischen die nachgebenden Schamlippen drang … fest und warm umschloss die zarte Hülle das köstliche Instrument, das jetzt ganz in mir war und meinen Atem vor Lust stocken ließ.*

■ Illustration zu *Die Memoiren der Fanny Hill* aus dem Jahr 1906 von Franz von Bayros (1866–1924)

Auch Charles ist so begeistert, dass er Fanny kurzerhand entführt und sie zur ständigen Mätresse erhebt. Überglücklich taucht Fanny in Charles' reiche, vornehme Welt, wird eine feine Dame mit Bildung und Anstand, bis das Schicksal leider böse zuschlägt: Charles' missgünstiger Vater setzt den Filius im Ausland fest, und Fanny bleibt keine Wahl, sie muss nun auf ihre sexuellen Fähigkeiten vertrauen. Mit Charles im Herzen, aber unglaublicher erotischer Energie wird die Schöne im Luxusbordell der netten Mrs Cole bald zum Star. Im Kreis der Kolleginnen Louisa und Emily hat sie viel Spaß, betuchte Herren geben sich die Klinke in die Hand, ausladende Orgien mit Gruppensex werden gefeiert, sogar an flagellantischen Spielen findet Fanny Geschmack. Zwischendurch vergnügen

EIN RISKANTES GESCHÄFT
Im 18. Jahrhundert war es für die englische Zensur nicht unüblich, den Verfasser pornographischer Literatur relativ ungeschoren zu lassen. Dafür war der Verleger oder Drucker dran. Denn vor allem war die Verbreitung strafbar. Auch verdienten nur die Hersteller richtig Geld damit. Den Autoren wurde in der Regel einmalig ein karges Honorar gezahlt, Tantiemen kannte man zu jener Zeit noch nicht.

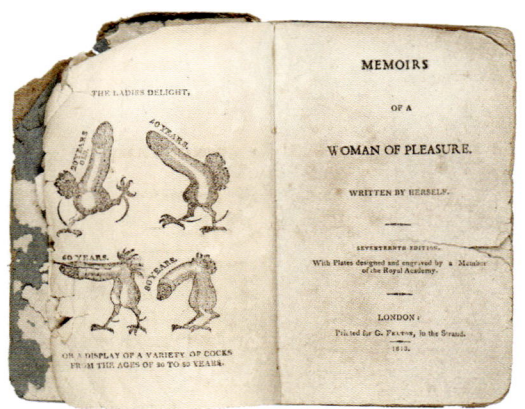

■ Frontispiz einer englischen Ausgabe von *Fanny Hill* aus dem Jahr 1813. Die Bildlegenden lauten: »Das Glück der Damen, oder eine Auswahl von Schwänzen im Alter zwischen 20 und 80 Jahren.« New Haven, Universität Yale

FRÖHLICHE PROSTITUTION?
Die Memoiren der Fanny Hill sind ein unbeschwertes Buch. Die weiblichen Protagonisten sind allesamt flotte Feger, die einfach nur Spaß am Sex haben. Die düsteren Seiten ihres Gewerbes werden völlig ausgeblendet, von Zwang, Gewalt und Krankheit ist keine Rede. In der Realität starben viele Prostituierte an der Syphilis oder endeten im Alter als Bettlerinnen in der Gosse.

sich die Freudenmädchen auch ohne Honorar, etwa mit einem schwachsinnigen, aber extrem gut bestückten Laufburschen.

Als Mrs Cole ihr Etablissement aus Altersgründen schließt, hat Fanny genug verdient, um sich eine ehrbare Existenz aufzubauen. Und auch dieses Happy End darf nicht fehlen: Charles trifft wieder ein, überglücklich sinkt man einander in die Arme, zelebriert ein rauschendes, sexy Liebesfest und lebt fortan als trautes Ehepaar mit Kindersegen.

Die Memoiren der Fanny Hill sind ein Briefroman auf beträchtlichem literarischen Niveau. In der Rückschau der sittlich gereiften Frau schreibt Fanny elegant an eine unbekannte Dame. John Cleland hat sich diese Erzählweise wohl von dem populärsten Roman jener Zeit abgeschaut. Mit *Pamela oder die belohnte Tugend*, ebenfalls einer Geschichte in Briefen, hatte der Schriftsteller Samuel Richardson 1740 einen der ersten europaweiten Bestseller gelandet: Eine von ihrem Herrn sexuell bedrängte Magd wandelt durch ihre beharrliche Keuschheit den geilen Bock zum tugendhaften, christlichen Manne, der sie schließlich heiratet! Auch *Fanny Hill* steckt voller moralischer Betrachtungen, was die Schärfe der expliziten Sexszenen nur umso deutlicher konturiert. Der clevere, auch belesene John Cleland brachte so das erotische Unterfutter der *Pamela*-Story ans Licht, mit Erfolg, der Ruf der *Fanny Hill* verbreitete sich wie ein Lauffeuer.

Ein erster Teil des Romans erschien am 21. November 1748, der zweite im nächsten Frühjahr. Der inzwischen aus dem Schuldgefängnis entlassene Autor musste prompt wieder vor Gericht. Das Urteil half ihm unerwartet aus aller finanziellen Not. John Cleland wurde nur verwarnt, erhielt zudem aufgrund seiner früheren Verdienste um das britische Empire eine Pension von hundert Pfund pro Jahr. Damit er in Zukunft keine Pornographie mehr zu schreiben brauchte, lautete die Begründung. Brav ließ John Cleland die Finger von jeglicher literarischer Unzucht und schrieb etliche »anständige« Bücher, an die sich heute kein Mensch mehr erinnert.

JOHN CLELAND

BIOGRAPHIE

John Cleland wird am 24. September 1709 getauft; sein genaues Geburtsdatum ist nicht bekannt. Sein Geburtsort ist Kingston-upon-Thames, doch er wächst in London auf, wo sein Vater als Offizier in der Armee dient. Die Familie genießt einen beträchtlichen Wohlstand und verkehrt in den höheren Kreisen. Nach dem Besuch der Westminster School geht John Cleland 1728 im Dienst der Ostindien-Kompanie nach Bombay (heute Mumbai), arbeitet sich vom Soldaten zum Verwaltungsangestellten hoch. 1740 oder 1741 wird er ans Sterbebett seines Vaters gerufen und kehrt nach London zurück. Nach dem Tod des Vaters geht es für John Cleland bergab: Seine Mutter, die das Erbe verwaltet, verweigert ihm jede finanzielle Unterstützung. 1748 muss Cleland gar wegen seiner Schulden eine Gefängnisstrafe abbüßen. Daher nimmt er das Angebot eines Verlegers, ihn für einen erotischen Roman mit 20 Guineas zu entlohnen, ohne zu zögern an. So entstehen, im Gefängnis, *Die Memoiren der Fanny Hill*. Mit der Veröffentlichung des zweiten Teils im Februar 1749 ist Cleland seine Schulden los, im März wird er aus der Haft entlassen. Kurz darauf muss er sich erneut vor Gericht verantworten, diesmal wegen des Skandalromans, doch er erhält nur eine Verwarnung, und damit er nicht wieder genötigt ist, auf unlautere Weise seine Finanzen aufzubessern, sichert ihm Lord Granville eine jährliche Pension von 100 Pfund zu. Damit ist er seine finanziellen Sorgen los, doch kann er literarisch an den Erfolg der *Fanny Hill* nicht mehr anknüpfen. Auch seine philologischen Arbeiten – er versucht zu beweisen, dass alle Sprachen keltische Wurzeln haben – finden keine Beachtung. 1789 stirbt Cleland in London.

WISSENSWERTES

Prostitution und Politik

Mit der Industrialisierung nahm auch die Prostitution in den Städten des 18. und 19. Jh.s zu. Immer mehr Menschen zogen in die Städte, um Arbeit zu finden, doch wenn sie keine bekamen, rutschten sie in bittere Armut ab. Vor allem Frauen, die in der Regel keine gute Ausbildung hatten, gerieten leicht in Not und mussten sich mit schlecht bezahlten Tätigkeiten über Wasser halten, als Dienstmädchen, Küchenhilfe, Blumenmädchen oder Wäscherin arbeiten. Wenn der knappe Lohn nicht reichte, blieb ihnen oft nichts anderes übrig, als sich nebenbei zu prostituieren. Die Staaten sahen das Problem – und suchten Schuld und Verantwortung allein bei den Frauen. Das führte zu Gesetzen, die den Prostituierten noch zusätzlich das Leben schwermachten, wie die Contagious Diseases Acts (»Gesetze über ansteckende Krankheiten«), die im 19. Jh. in England verabschiedet wurden: Aufgrund dieser Gesetze durften Polizisten Frauen bei Verdacht auf Prostitution aufgreifen und zu gynäkologischen Untersuchungen zwingen. Dagegen regte sich Widerstand: Unter der Führung von Josephine Butler unterzeichneten 140 Frauen eine Petition zur Abschaffung der Gesetze, die Huren kriminalisierten und die Rolle der Freier unberücksichtigt ließen. Auf diesen Druck hin wurden die Gesetze 1885 vollständig aufgehoben. Der Protest ging trotzdem weiter: Die Bewegung gegen die Contagious Diseases Acts mündete in den Kampf für das Frauenwahlrecht und hat ihren Anteil an der Entstehung des modernen Feminismus.

EMPFEHLUNGEN

Lesenswert:
John Cleland: *Die Abenteuer der Fanny Hill*, Flensburg 2009

Nils Johan Ringdal: *Die neue Weltgeschichte der Prostitution*, München 2007

Hörenswert:
John Cleland: *Die Memoiren der Fanny Hill*, gelesen von Christine Neubauer, München 2006. 2 CDs

Sehenswert:
Fanny Hill. Regie: Gerry O'Hara; mit Lisa Foster, Oliver Reed. BRD / GB 1983

AUF DEN PUNKT GEBRACHT

Fanny Hill ist die edle, englische Mutter und unbestrittene Klassikerin der modernen erotischen Literatur. Unter der Tarnkappe moralischer Läuterung spielen sich unglaubliche Szenen ab, die mit Verve und Witz geschrieben sind.

Strategien der Leidenschaft
Gefährliche Liebschaften
Pierre Ambroise François Choderlos de Laclos

»Aus meinen Händen wird ihr Gatte eine perfekt instruierte Ehefrau bekommen, die auf natürlichste Weise sogar Dienste verrichtet, bei denen man zögern würde, sie einer Kurtisane abzuverlangen.«
Valmont über Cécile in dem Film *Gefährliche Liebschaften*

■ Michelle Pfeiffer als Madame de Tourvel und John Malkovich als Valmont in der britisch-amerikanischen Verfilmung der *Gefährlichen Liebschaften* aus dem Jahr 1988 von Stephen Frears

Ich denke, wir beginnen mit einigen lateinischen Fachbegriffen …, schnurrt Valmont alias John Malkovich, während er am Bauch der kleinen Cécile alias Uma Thurman hinabgleitet, um eine erotische Erziehung einzuläuten, die das unerfahrene Mädchen binnen kurzem in eine kenntnisreiche Geliebte verwandelt. Im Hintergrund lächelt Glenn Close maliziös, sie spielt die Marquise de Merteuil und hat jene Verführung inszeniert, während Keanu Reeves als jugendlicher Chevalier Danceny wiederum ihrem erfahrenen Charme erliegt, obwohl er doch eigentlich Cécile liebt und gar nicht recht begreift, wie ihm geschieht. Das größte Unglück aber widerfährt Michelle Pfeiffer. In der Rolle der sittenstrengen Präsidentin de Tourvel muss sie erleben, was es heißt, wenn man die Tugend für einen Mann wie Valmont über Bord wirft – dann drohen Schande, Wahnsinn und Tod. Eine ganze Riege internationaler Stars versammelte der britische Regisseur Stephen Frears in seiner Adaption von *Gefährliche Liebschaften*, drei Oscars waren 1989 der Lohn für einen hinreißenden Film, der weltweit Millionen von Zuschauern einen alten, reichlich vergessenen Roman neu erzählte.

Im Zentrum der Handlung stehen die reiche, angesehene Witwe, die Marquise de Merteuil, und ihr früherer Liebhaber, der Vicomte de Valmont. Beide sind ausgekochte Intriganten, geschult in jeder Form des erotischen Verrats. Werden sie allerdings selbst zum Opfer, kennt ihre Rachsucht keine Grenzen. Gerade hat die Marquise erfahren, dass der Graf de Gercourt die fünfzehnjährige Cécile de Volanges zu ehelichen beabsichtigt. Der Graf ließ die Marquise einst sitzen, nun schmiedet sie diesen Plan: Valmont soll Cécile verführen, am besten noch schwängern, um dem Grafen in der Hochzeitsnacht eine böse Überraschung zu bereiten und ihn zum Gespött der Gesellschaft zu machen.

Zunächst winkt Valmont gelangweilt ab. »Warum?«, fragt erbost die Marquise. »Zu leicht!«, antwortet der Vicomte nonchalant. Einem unschuldigen Mädchen den Kopf verdrehen? Das kostet keine Mühe und bringt wenig Ruhm. Valmont hat sich eine weit anspruchsvollere

Aufgabe gesetzt. Er will die schöne, aber fromme Präsidentin de Tourvel erobern, die derzeit im Haus seiner Erbtante logiert, viel betet, die Armen besucht und wie eine keusche Nonne lebt. Einer solch hochgeschlossenen Dame das Mieder aufzuknöpfen – dieser Triumph würde Valmont in der Rangliste der großen Verführer einen Spitzenplatz sichern. So denkt, so handelt der Vicomte. Aber als er erfährt, dass Céciles Mutter die Präsidentin warnt, reagiert er prompt. Jetzt muss Mama Volanges samt Töchterlein büßen, gewissermaßen nebenbei werden sie entehrt. Die beabsichtigte Schwangerschaft indes geht schief, Cécile erleidet eine Fehlgeburt. Ihre *éducation érotique* schlägt jedoch bestens an, der Vicomte ist sehr zufrieden. Zuvor hat die Marquise de Merteuil ihren Kumpan noch mit einer weiteren Verheißung geködert. Wenn Valmont seine Präsidentin verführt und sie sofort wieder verlässt, wird die Marquise ihn zu einer rauschenden Liebesnacht empfangen. Diese exquisite Pointe befeuert Valmont ungemein, energisch schreitet er zur Tat, und schließlich sinkt ihm die Präsidentin in die Arme …

Gefährliche Liebschaften ist ein Briefroman. In 175 Briefen entwickelt Choderlos de Laclos jene raffinierten Intrigen, die sogleich ihr Publikum fanden. Die zweitausend Exemplare der Erstausgabe waren im Nu vergriffen, im selben Jahr 1782 folgten acht weitere Auflagen, sogar die Königin besorgte sich das Buch und las es – ohne Einband, um den royalen Ruf nicht zu gefährden. Denn diese galanten Briefe ließen die französischen Salons erbeben, überall glaubte man, die geschilderten Personen wiederzuerkennen, Verleumdungen machten die Runde, empörte Aristokraten versuchten, das Werk zu unterdrücken und den Autor zu diskreditieren. Ersteres gelang nicht, das andere schon.

Choderlos de Laclos hatte den Roman im Groll geschrieben. Er entstammte dem niederen Adel, der Aufstieg in höhere Kreise blieb ihm verwehrt, seine Karriere als Offizier kam nicht voran. Mit scharfem Blick durchschaute er das soziale Gespinst aus Neid und Missgunst, Maskerade und arroganter Tücke, wie es das Ancien Ré-

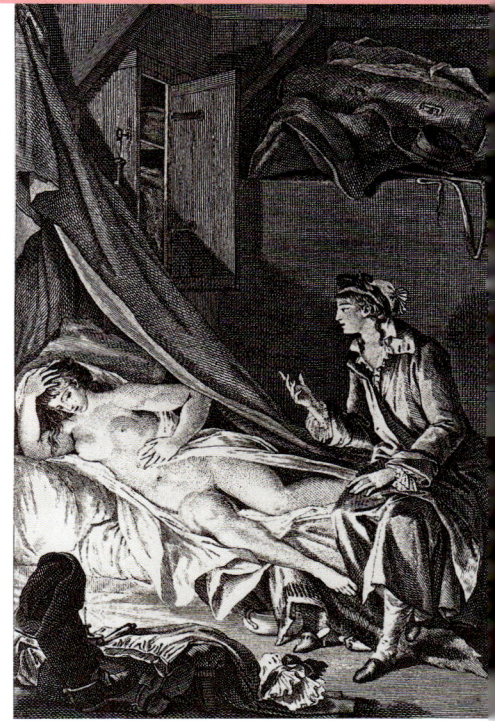

■ Kupferstich von Charles Monnet (1732– nach 1808) zur Londoner Ausgabe der *Gefährlichen Liebschaften* aus dem Jahr 1796

DAS LEBEN IMITIERT DIE KUNST

»Niemals wird Monsieur de Laclos in unserem Salon zugelassen werden«, äußerte 1783 das Fräulein Marie-Solange Duperré aus La Rochelle, als man tuschelte, dass der verrufene Autor in der Stadt weilte. De Laclos reagierte im Stile seines Valmont. Er werde diese Dame für sich gewinnen, nahm er sich vor. Drei Jahre später war Hochzeit. Die Ehe soll äußerst glücklich gewesen.

■ *Les liaisons dangereuses.*
Szene aus der freizügigen
französischen Verfilmung des
Buches von 1959 mit Gérard
Philipe als Valmont und
Annette Vadim als Madame
de Tourvel. Regie führte Roger
Vadim.

»Das Buch eines Moralisten,
so hoch wie die erhabensten,
so tief wie die tiefsten.«
Charles Baudelaire

gime beherrschte. Demgemäß geht es in den *Gefährlichen Liebschaften* im Grunde weniger um Liebe und Sinnenlust als um Macht und ihren rücksichtslosen Gebrauch. Valmont und die Marquise sind abgefeimte Strategen der Gefühle, die nur ihr Renommee interessiert; die sexuelle Libertinage dient als Waffe und schafft erst Vergnügen, wenn sie tödlich trifft. Doch dieses Mal entgleitet beiden die Kontrolle, läuft ihr Ränkespiel schließlich völlig aus dem Ruder. Die Marquise verdächtigt den Vicomte wahrer Empfindungen für die Präsidentin, verweigert das versprochene Rendezvous, erklärt vielmehr den Krieg und schickt Danceny in die Schlacht. Valmont fällt im Duell, sorgt aber dafür, dass seine Briefe in Umlauf gebracht werden, die zum gesellschaftlichen Sturz der Marquise führen. Fluchtartig muss sie Paris verlassen, die Präsidentin stirbt im Delirium, auch die kleine Cécile kann ihre frisch erworbenen Liebeskünste nicht länger erproben und verschwindet hinter Klostermauern …

Am Erfolg und Ruhm seines Romans hatte Choderlos de Laclos zunächst nicht viel Freude, das System schlug zurück, stempelte den Autor zum Lustmolch und Pornographen, obwohl das Buch keine einzige indiskrete Stelle aufweist. Mit der Revolution von 1789 besserten sich jedoch die persönlichen Verhältnisse des Autors. Als Mitarbeiter von Robespierre sah er jene vornehmen Damen und Herren, die ihn einst demütigten, reihenweise zum Schafott schreiten. Und später, unter Napoleon, wurde Choderlos de Laclos sogar zum General ernannt.

DIE MARQUISE ALS FEMINISTIN
Man kann die *Gefährlichen Liebschaften* als Roman weiblicher Emanzipation lesen: In einer Männergesellschaft darf sich die Marquise keine Sentimentalitäten leisten, will sie ein selbstbestimmtes Leben führen. Im 81. Brief erläutert sie, wie gut sich Lügen und Intrigen als politische Instrumente gegen männliche Herrschsucht eignen. Die Kunst der Verstellung ist die schärfste Waffe einer Frau.

PIERRE AMBROISE FRANÇOIS CHODERLOS DE LACLOS

BIOGRAPHIE

Laclos wird am 18. Oktober 1741 in Amiens als Sohn einer erst kürzlich geadelten Familie geboren. 1759 beginnt er eine Offiziersausbildung, doch bietet sich zunächst keine Gelegenheit für einen Fronteinsatz – der Siebenjährige Krieg gegen Preußen endet 1763 mit einer Niederlage, bevor Laclos' Ausbildung abgeschlossen ist – und so geht die Karriere nicht recht voran, bis er endlich im Jahr 1777 in Valence eine Artillerieschule einrichten darf. Zwei Jahre später erhält er den Auftrag, die Sanierungsarbeiten an den Befestigungsanlagen auf der Insel Aix vor dem Marinehafen Rochefort zu überwachen – er fühlt sich abgeschoben, ist unzufrieden und hadert mit der Tatsache, dass nur Adlige in mindestens vierter Generation in die oberen Ränge befördert werden. Wohl als Antwort auf seine Versetzung, die er als Demütigung empfindet, beginnt er hier auf Aix mit der Arbeit an seinen *Gefährlichen Liebschaften*, in denen er die arrogante Haltung und die menschenverachtenden Machenschaften des alten Adels attackiert. Nach dem Erscheinen des Romans 1782 wird der erfolgreiche Skandalautor nach La Rochelle versetzt. 1784 hat er eine Affäre mit der Tochter eines höheren Beamten; als sie ein Kind erwartet, heiratet er sie. 1788 wird er Sekretär des Herzogs von Orléans. Während der Revolution ist er Jakobiner, verfasst politische Schriften, er dient dem Revolutionsregime, wird zum General befördert. 1793 wird er inhaftiert und entgeht nur knapp der Guillotine. 1799 dient er Napoleon I. als Artillerieoffizier, hat bei der Rheinarmee seinen ersten Fronteinsatz, wird erneut General. Laclos stirbt am 5. September 1803 in Tarent. Die *Gefährlichen Liebschaften* sind sein einziges abgeschlossenes literarisches Werk.

WISSENSWERTES

Ancien Régime und Revolution

Mit Ancien Régime (wörtlich: »alte Regierungsform«) bezeichnet man das bourbonische, absolutistisch regierte Frankreich vor der Revolution von 1789. Ludwig XIV. (1638–1715), der »Sonnenkönig«, hatte den Absolutismus zur Vollendung gebracht, und Frankreich genoss eine Vormachtstellung innerhalb Europas. Die jedoch nicht unangefochten blieb: Unter Ludwig XV. kämpften die Franzosen im Österreichischen Erbfolgekrieg und im Siebenjährigen Krieg, in beiden erlitten sie eine Niederlage. 1763 musste Frankreich seine Besitzungen in Kanada an Großbritannien abtreten. Als Ludwig XV. 1774 starb, hinterließ er Staatsschulden in exorbitanter Höhe. Seinem Nachfolger, Ludwig XVI., gelang es nicht, entscheidende Reformen durchzusetzen: Der Hochadel verweigerte sich, wollte dem Bürgertum weder finanzielle Hilfen gewähren noch ihm mehr soziale und politische Rechte zugestehen. Damit hatten sich die Fronten zwischen dem absolutistisch-feudalistischen Staat und dem Bürgertum so verhärtet, dass der blutige Konflikt unvermeidlich war: In den Jahren der Revolution, von 1789 bis 1799, wurde das Ancien Régime gewaltsam gestürzt, 1793 wurde Ludwig XVI. unter dem Namen »Bürger Capet« hingerichtet.

EMPFEHLUNGEN

Lesenswert:
Pierre Ambroise François Choderlos de Laclos: *Gefährliche Liebschaften*, übersetzt von Franz Blei, Zürich 1985

Elisabeth Fehrenbach: *Vom Ancien Régime zum Wiener Kongress*, München 2008

Ernst Schulin: *Die Französische Revolution*, München 2004

Axel Kuhn: *Die Französische Revolution*, Stuttgart 1999

Sehenswert:
Gefährliche Liebschaften. Regie: Stephen Frears; mit John Malkovich, Glenn Close, Michelle Pfeiffer, Uma Thurman, Keanu Reeves. USA 1988

Eiskalte Engel. Regie: Roger Kumble; mit Sarah Michelle Gellar, Ryan Philippe, Reese Witherspoon. USA 1999

AUF DEN PUNKT GEBRACHT

Liebe und Erotik als intrigantes Machtspiel einer moralisch korrupten Gesellschaft. Der Roman ist ein stilistisches Meisterwerk der Weltliteratur und zeichnet zugleich ein elegantes Sittenbild des 18. Jahrhunderts.

Grausamkeit als Naturgesetz
Justine oder die Nachteile der Tugend
Donatien Alphonse François de Sade

■ Der Marquis de Sade im Gewölbe seines Schlosses. Kolorierter Kupferstich, 18. Jh.

»Sieh«, sagte Juliette, indem sie sich vor den Augen ihrer Schwester auf ein Bett warf und die Röcke bis über den Nabel emporhob, »so mache ich es, wenn ich Kummer habe. Ich kitzle mich, ich entlade, und das tröstet mich.« Der anständigen und tugendhaften Justine war diese Handlung ein Greuel. Sie wandte die Augen ab, und Juliette fuhr fort, indem sie ihr hübsches kleines Löchelchen weiter rieb: *»Justine, du bist dumm. Du bist schöner als ich, trotzdem werde ich immer die glücklichere sein.«*

So führt der Marquis de Sade das berühmteste Schwesternpaar der pornographischen Literatur ein, und was die Ältere voraussagt, wird eintreten. Die lasterhafte Juliette wird ein Leben im Luxus führen und gestehen, »dass nur das Verbrechen allein meine Sinne erregt«. Die tugendhafte Justine hingegen wird einer Kette von Qualen und Erniedrigungen ausgesetzt und am Ende vom Blitz erschlagen werden. In dieser Konstellation steckt schon die Philosophie des Mannes, welcher der Quälsucht den modernen Namen gab: »Sadismus«. Von Natur aus sind die Menschen böse, sagt de Sade in Anspielung auf Rousseau, weil sie als geborene Egoisten nur ihren Lüsten frönen. Versucht man, sie durch einen *contrat social* oder durch die christliche Nächstenliebe zu zähmen, so rächt sich die Natur an ihnen und durch sie, indem sie ihr Prinzip: zerstören, um Neues zu schaffen, umso nachdrücklicher zur Geltung bringt. Philanthropie ist sinnlos, die Religion ein fauler Zauber. *Nur durch Missetaten erhält sich die Natur und erobert sich die Rechte zurück, die die Tugend ihr genommen hat.*

Der Ort, an dem sich die Natur im Menschen nackt zeigt, ist die Sexualität. An ihr demonstriert de Sade, wie wenig unsere Spezies zur Rücksicht auf den Nächsten neigt, wie grausam und wie einsam sie ist. Er trennt den Sexus von allen Gefühlen der Zuneigung oder gar Liebe, mischt ihn mit Hass und Herrschsucht und kommt so zu Schilderungen von Vollzügen, bei denen der Sadismus das

DER MENSCH
Es wäre ein Fehler, Donatien de Sade eine ähnliche psycho-sexuelle Konstitution zuzuschreiben, wie seine literarischen Fiktionen sie besitzen und preisen. Jähzornig, misstrauisch, egomanisch war der wirkliche de Sade gleichwohl zum Sex mit Liebe durchaus imstande. Dafür sprechen seine Ehe, seine leidenschaftliche Jugendliebe und mehrere langandauernde Liaisons. An der Schwelle des Alters, nach seiner Scheidung, eroberte er die junge Schauspielerin Marie-Constance Renelle, die bis zu seinem Tode 1814 bei ihm blieb.

Normale ist. Da vergewaltigt ein Wüstling eine junge Frau neben der Leiche ihres Geliebten, den er selbst gerade getötet hat. *Götter! Was für Hinterbacken! Welche Rundung! Welche Weiße! Ich überhäufe sie mit Tausenden von Küssen, ich glaube, dieses schöne Gesäß fressen zu müssen, bevor ich es bearbeite. Endlich dringt mein Glied hinein, aber mit solcher Geschwindigkeit, dass das Blut über die Schenkel herabfließt. Tausend wüste Gedanken wirbeln durch mein Hirn. Ich rufe mir alles ins Gedächtnis, was man mir über die entzückenden Genüsse an einem frisch getöteten Leichnam gesagt hat. Nun ziehe ich die Hose des toten Jünglings herunter. Er war noch warm. Ich bemerke prächtige Hinterbacken und bahne mir mit der Zunge den Weg …*

In de Sades Konzept von der menschlichen Natur gibt es einen harten Bruch. Denn das Personal seiner Romane zerfällt in zwei Gruppen: in eine kleinere der Peitschen schwingenden Teufelsdiener, die ihre Leidenschaften ausleben und dabei auch den Lustmord nicht scheuen, und eine größere der Sexsklaven, die ihren Peinigern zu Willen sein müssen und die grässlichsten Qualen erdulden, sofern sie sie überleben. Was aus dem Egoismus und der Lustsuche dieser Unterworfenen wird, die ja ebenfalls Naturwesen sind – eine Erklärung dafür bleibt der Marquis schuldig.

Er entstammte einem provenzalischen Adelsgeschlecht, das seinen Stammbaum bis zur Laura, der Angebeteten des Petrarca, zurückverfolgen konnte. Die Überzeugung der Aristokraten im Ancien Régime, dass die

■ Porträt des Marquis Donatien Alphonse François de Sade

Menschenwelt in Herren und Knechte zerfalle, saß zu tief, als dass sie hätte hinterfragt werden können. In de Sades düsterem Kosmos der besessenen Sextäter, zu denen auch Juliette gehören wird, und ihrer leidenden Opfer, deren Prototyp Justine darstellt, sind im Grunde genommen nur die Herren wahre Menschen. Der Rest ist Material für ihre Ausschweifungen. *Der Egoismus, das oberste Naturgesetz, hat auch in den Freuden der Wollust das erste Wort.*

Genremäßig darf dieses Werk als die Perversion des im 18. Jahrhundert beliebten »empfindsamen« Romans gelten, in dem eine verfolgte Unschuld am Ende gerettet wird. Ein Happy End bleibt der beklagenswerten Justine mithin vorenthalten; gnadenlos lässt de Sade sie von einer sexuellen Gewaltorgie in die nächste stolpern, wobei sie sich stets bemüht, ihre Tugend und ihren Glauben zu bewahren – all der grauenvollen Erfahrungen und blasphemischen Einlassungen ihrer Gebieter zum Trotz. Eigentlich sucht die wohlerzogene Tochter, die nach dem plötzlichen Tod ihrer einst begüterten, dann aber verarmten Eltern für sich selbst aufkom-

■ Federzeichnung als Illustration zu *La nouvelle Justine ou les malheurs de la vertu,* einer Ausgabe von 1797. Privatsammlung

men muss, nur eine Anstellung. Doch alle Herrschaften, bei denen sie als Hausdame oder Lehrerin in Dienste tritt, entpuppen sich flugs als wahre Sexmonster, ihre Villen sind getarnte Bordelle, die Fassaden ihrer Schlösser bergen geheime Verliese, in denen Lustknaben und verschleppte Mädchen zu Dutzenden gefangen sitzen und täglich den raffiniertesten, oft tödlichen Martern ihrer Bedrücker ausgeliefert sind. Justine wird ihrer Schönheit wegen bevorzugt eingesetzt, muss sich ficken, beißen, mit Kot beschmieren, mit Urin bespritzen und auspeitschen lassen, muss ihre Unterdrücker durch alle nur denkbaren Praktiken befriedigen und auch schon mal mit ansehen, wie einer Schwangeren, um dem Schänder einen Orgasmus zu verschaffen, die Frucht aus dem lebendigen Leib geschnitten wird. Bis ihr irgendwann die Flucht gelingt, weil der Autor sie in einer neuen Umgebung mit neuen Unholden zusammenführen will. *Frauen sind nur geschaffen zu unserer Lust, widersetzen sie sich, so muss man sie wie wilde Tiere*

töten, was liegt an einer Hure, wenn Leute wie wir zu einem Ständer kommen wollen.

Stets gehören auch Mätressen zur herrschenden Klasse der Wüstlinge – als Äbtissinnen oder Gouvernanten getarnt, obliegen ihnen die Aufgaben einer Puffmutter und sie sind bei den Orgien in erster Reihe aktiv. Justine behält übrigens über ein großes Stück ihres Passionsweges hinweg ihre Jungfernschaft, denn bei de Sade wird in den Arsch gefickt. Nichts finden seine Antihelden so berückend wie ein Paar schöner Hinterbacken. Dass diese Sexvariante zu jener Zeit als schwere Sünde galt, steigerte noch die Lust.

■ Chateau La Coste, der imposante Stammsitz des alten provenzalischen Adelsgeschlechts der de Sades

DIE REVOLUTION
De Sade war nicht mehr in der Bastille, als die Zwingburg 1789 erstürmt wurde. Man hatte ihn zuvor in die Irrenanstalt von Charenton eingewiesen. Gleichwohl verdankte er der Revolution seine schließliche Befreiung. Doch obschon der Atheist die Entmachtung des Klerus begeistert begrüßte, wurde er kein Parteigänger der Revolutionäre. Die Kategorie der Gleichheit existierte weder in seinem Denken noch in seinem Handeln. Eine Weile versuchte sich de Sade als »Bürger« durchzumogeln, dann wurde er wegen »revolutionsfeindlichen Verhaltens« erneut inhaftiert.

■ *Marquis de Sade: Justine.* Szene aus der deutschitalienischen Verfilmung von 1968, Regie Jess Franco. Romina Power spielte die Titelrolle, Horst Frank den Chevalier de Bressac. Auch der skandalerprobte Klaus Kinski wirkte mit.

Donatien de Sade, selbst ein Sexmaniac und Regisseur so mancher Orgie hinter den Mauern seines Stammschlosses La Coste, wurde wegen Unzucht ins Gefängnis geworfen – ohne regulären Prozess. Seine einflussreiche Schwiegermutter sorgte dafür, dass der Marquis, nachdem man ihm seine Verfehlungen mehrfach nachgesehen hatte und ein Besserungsversuch gescheitert war, aus dem Verkehr gezogen wurde. Insgesamt 27 Jahre schmachtete de Sade im Kerker. Hier schrieb er sein pornographisches Werk – allein in der Phantasie konnte er es noch treiben. Und da griff er zu den schwärzesten Farben, malte den Triebmenschen als Folterknecht, Lustmörder und Gottesleugner, wobei die groteske Übertreibung mehr als ein Stilmittel ist. Sie verdeutlicht eine Tendenz, die der Sexualität innewohnt: die blinde Aggression, und sie tut dies auf empörende und abstoßende Weise. De Sades Werk ist eine blutige Farce, keine Lektüre zum Mitgehen.

Der Marquis hat sich nie zur Autorschaft der *Justine* bekannt. Der erste Entwurf, eine Novelle von 1787, sowie die zweite Fassung von 1791, schon ein Roman, wurden gekauft und gelesen, aber nicht indiziert. Die Revolution hatte die Sitten gelockert und dem Volk andere Sorgen beschert. Erst die erweiterte *Neue Justine* von 1797, auf Wunsch des Verlegers mit noch mehr Obszönitäten »gepfeffert«, wurde ein Jahr nach Erscheinen der Zensur unterworfen. Damit begann das Schicksal der *Justine* als »verbotenes Buch«, das sich fast durch das ganze 19. Jahrhundert hindurchzog. Erst das 20. Jahrhundert rezipierte de Sade, angeregt von Guillaume Apollinaire (s. S. 170) und den Surrealisten, als Wahrheitssucher der Moderne.

DONATIEN ALPHONSE FRANÇOIS MARQUIS DE SADE

BIOGRAPHIE

Donatien Marquis de Sade wird am 2. Juni 1740 in Paris geboren. Er entstammt altem provenzalischen Adel, seine Mutter ist mit einer Seitenlinie des bourbonischen Königshauses verwandt. Nach dem Besuch einer Offiziersschule nimmt er am Siebenjährigen Krieg (1756–1763) teil. Wieder in Paris, muss er die ältere Tochter der Familie Montreuil heiraten, obwohl er deren jüngere Schwester liebt: Die Montreuils wollen Prestige, die Sades brauchen Geld. Immerhin kann de Sade 1764 nach dem Tod seines Vaters mit dem Vermögen tun, was er will, und er beginnt ein ausschweifendes Leben; mehrfach soll er Hausangestellte sexuell missbraucht haben. Die Klage einer Frau, er habe sie ausgepeitscht, kann er durch die Zahlung einer Entschädigung abwenden. Als ihn 1772 zwei Prostituierte aus Marseille anzeigen, er habe sie unter Drogen gesetzt und zu Gruppensex gezwungen, ist das nicht mehr mit Geld zu regeln: De Sade wird zum Tode verurteilt. In Abwesenheit, denn er ist bereits vor Verhandlungsbeginn nach Italien geflohen. Unterwegs hat er seine junge Schwägerin entführt, weshalb er nun auch bei seiner Familie in Ungnade fällt. Als er 1777 nach Paris zurückkehrt, erwartet ihn ein königlicher Haftbefehl, den seine Schwiegermutter beantragt hat; de Sade wird in der Festung Vincennes inhaftiert, das Todesurteil aber aufgehoben. 1784 wird er in die Bastille verlegt. Im Gefängnis beginnt er zu schreiben. 1789, kurz vor dem Sturm auf die Bastille,

wird er in die Irrenanstalt von Charenton (heute Saint-Maurice) eingewiesen. Ein Jahr später, mitten in den Revolutionswirren, wird er entlassen. Er schließt sich den Jakobinern an, wird Richter und bewahrt seine Schwiegereltern vor der Hinrichtung. 1793 wird er beschuldigt, sich für den Dienst in der königlichen Garde beworben zu haben – obwohl das lange zurückliegt, wird de Sade erneut inhaftiert und zum Tode verurteilt. Der Sturz Robespierres 1794 rettet ihn vor der Guillotine, er wird freigelassen. Doch unter Napoleon wird er ein weiteres Mal gefangen gesetzt. Diesmal, im Jahr 1801, sind es seine Bücher, die ihm eine Haftstrafe einbringen. 1803 kommt er wieder nach Charenton, man hat ihn für geisteskrank erklärt. Nach einigen Jahren erteilt man ihm Schreibverbot und nimmt ihn in Einzelhaft. Er stirbt am 2. Dezember 1814 in Saint-Maurice. – Neben zahlreichen Theaterstücken zählen die Romane *Die hundertzwanzig Tage von Sodom* (1785) und *Aline und Valcour* sowie die Dialoge *Die Philosophie im Boudoir …* (beide 1795) und die Novelle *Verbrechen der Liebe* zu de Sades Werken.

WISSENSWERTES

Rousseau
Mit seiner *Justine* bezieht sich de Sade auch auf die Philosophie Jean-Jacques Rousseaus (1712–1778). Der vertrat die

These, alles, was aus den Händen des Schöpfers komme, sei gut, es degeneriere erst durch den Einfluss des Menschen. Daher forderte er: »Zurück zur Natur!« Die Aufgabe der Erziehung sei es, den Menschen in seiner naturgemäßen Entfaltung möglichst wenig durch die »Zivilisation« zu behindern. De Sade widerspricht: Der Mensch ist von Natur aus böse, all sein Handeln ist destruktiv (so lassen sich auch die in seinem Werk geschilderten Geschlechtsakte deuten, die nie auf Fortpflanzung ausgerichtet sind). Diese äußerst pessimistische Weltsicht illustriert er u. a. in der *Justine*.

EMPFEHLUNGEN

Lesenswert:
Marquis de Sade: *Justine*, Vastorf 2006 (ungekürzte Studienausgabe)

Walter Lehning: *Marquis de Sade*, Reinbek 2002

Jean-Jacques Rousseau: *Gesellschaftsvertrag*, Stuttgart 1986

Ernst Cassirer: *Die Philosophie der Aufklärung*, Hamburg 2007

Sehenswert:
Die 120 Tage von Sodom.
Regie: Pier Paolo Pasolini;
mit Paolo Bonacelli. I / F 1975

AUF DEN PUNKT GEBRACHT

Mit seinem Horrorkabinett sexueller Grausamkeit wollte der Marquis zeigen, dass wir Menschen Tiere geblieben sind, für die Religion sich in der Gelegenheit zur Blasphemie erschöpft. Für ihn gab es kaum etwas Geileres als Lästerung plus Sex.

Reisen bildet
Römische Elegien
Johann Wolfgang Goethe

»Ich zähle einen zweiten Geburtstag, eine wahre Wiedergeburt, von dem Tage, da ich Rom betrat.«
Goethe, *Italienische Reise*

Er nannte sie Faustina, den wahren Namen kennen wir nicht. Er selbst gab sich als Maler aus, unter dem Pseudonym Filippo Miller, ihr wird es egal gewesen sein. Denn die einfache junge Römerin, Tochter armer Eltern, früh verwitwet und alleinerziehende Mutter – sie wollte nur genießen, die Zärtlichkeit, die Bewunderung, auch die netten Geschenke, mit denen dieser stattliche *tedesco* nicht geizte.

Von der Kunst verstand Faustina wenig, und so hat sie vermutlich kaum interessiert, dass ihr Liebhaber mit dem eindrucksvollen Gesicht in Wahrheit der berühmteste deutsche Dichter war. Auch blieb ihr wohl verborgen, was und wie er über diese Wochen gemeinsamer Leidenschaft schrieb. Ob die Schöne je davon erfuhr, weiß niemand zu sagen …

Johann Wolfgang von Goethe fand die Form und edle Worte für sein Erlebnis, verewigte die Geliebte im hohen Ton der antiken Elegie: *Einst erschien sie auch mir, ein bräunliches Mädchen, die Haare / Fielen ihr dunkel und reich über die Stirne herab, / Kurze Locken ringelten sich ums zierliche Hälschen / Ungeflochtenes Haar krauste vom Scheitel sich auf / Und ich verkannte sie nicht, ergriff die Eilende: lieblich / Gab sie Umarmung und Kuss bald mir gelehrig zurück. / O wie war ich beglückt …*

■ *Goethe in der Campagna.* Gemälde, 1787, von Johann Heinrich Wilhelm Tischbein (1751–1829). Frankfurt / M., Städelsches Kunstinstitut

Ein bisschen schummelt er hier allerdings, der Dichterfürst, denn von einer »gelehrigen« Schülerin konnte keine Rede sein; es war genau umgekehrt: Faustina brachte ihrem Galan die Freuden der körperlichen Liebe bei, und sie dürfte innerlich gelächelt haben, als ihr klar wurde, dass dieser Deutsche von immerhin 37 Jahren bis dato eine Jungfrau war. Eine verschämte Nachwelt mochte von solch intimen Details lange nichts wissen, moderne Biographen haben die Tatsache beim Namen genannt:

Trotz zahlreicher früherer Liebschaften wurde der Dichter erst in Italien sexuell erweckt und richtig zum Manne, mehrere weitere erotische Dichtungen, die im Umkreis der *Römischen Elegien* entstanden, sprechen eine ebenso deutliche Sprache wie Goethes lebenslang zärtlich gehegte Erinnerungen an diese seine einzige mehrjährige Reise ins Ausland.

   Wie kam sie zustande? Es war eine Flucht, buchstäblich: Am 3. September 1786, nachts um drei, stahl sich Goethe aus Weimar fort, unbemerkt in der Postkutsche, mit leichtem Gepäck, niemand wusste, wohin er ging. Über zehn Jahre hatte Goethe in Weimar gelebt, unter dem Patronat des Herzogs und Freundes

■ Verfallenes Rom im späten 18. Jh. Vedute des Saturntempels und des Triumphbogens des Septimius Severus auf dem Forum Romanum. Radierung aus dem Jahr 1774 von Giovanni Battista Piranesi (1720–1778). Paris, Nationalbibliothek

EROTICA ROMANA

Ursprünglich wollte Goethe seine Elegien »Erotica Romana« nennen, wie es die Handschrift verzeichnet, mit deutlichem Hinweis auf ihren Gehalt. Für die Veröffentlichung änderte er, wohl auf Betreiben Schillers, diese Überschrift. In den *Horen* erschien die Dichtung nur unter dem neutralen Titel *Elegien*. Zuvor hatte Goethe auch einige Stellen »entschärft«. Vier weitere Elegien gab Goethe erst gar nicht zum Druck, weil sie ihm viel zu kühn erschienen.

»Ich kann sagen, dass ich nur in Rom empfunden habe, was eigentlich ein Mensch sei. Zu dieser Höhe, zu diesem Glück der Empfindung bin ich später nie wieder gekommen. Ich bin, mit meinem Zustand in Rom verglichen, eigentlich nachher nie wieder froh geworden.«
Goethe zu Johann Peter Eckermann am 9. Oktober 1828

Karl August, der ihn zum Minister ernannte und fürstlich bezahlte. Zuletzt war der Geheime Rat Goethe noch geadelt worden, per kaiserlichem Dekret aus Wien.

Und doch ging ihm Weimar inzwischen nur noch auf die Nerven, er wollte fort, raus aus der Enge der Kleinstadt und dem miefigen, ärmlichen Adel mit seinem blöden Klatsch und Tratsch, weg von den Bedrückungen des Amtes, das den Dichter in ihm lähmte. Auch floh er, nicht zum ersten Mal, vor einer Frau: Mit der verheirateten Charlotte von Stein verband ihn eine quälende, weil unerfüllte Liebe. Der Umgang mit der vornehmen, gebildeten Dame verwandelte zwar den jungen Dichterflegel in einen Herrn, seine erotischen Wünsche indes wies Frau von Stein entschieden ab. Ihre Liebesbeteuerungen blieben platonischer Natur, nach Goethes Rückkehr aus Italien und der Lektüre der *Elegien* hat sie diese Strenge womöglich doch bereut.

In Rom nun atmet der Flüchtling auf: »Nun bin ich endlich hier und ruhig und, wie es scheint, auf mein ganzes Leben beruhigt.« Gemessen an heutigen Verhältnissen, ist die Ewige Stadt im späten 18. Jahrhundert ziemlich heruntergekommen und arm, kein Vergleich zu den Prachten von Florenz oder Venedig. Die 160 000 Einwohner verteilen sich über einem Ruinenfeld mit halbverfallenen Villen und verwilderten Gärten, auf den antiken Stätten grasen die Ziegen. Der Stadtkern jenseits des Vatikans besteht aus maroden Häusern, man haust in winzigen Wohnungen,

■ *Italienische Landschaft.* Genf, Bibliotheca Bodmeriana. Dieses Aquarell malte Goethe auf seiner ersten Italienreise (1786–1788).

zwischen den Palazzi der Mächtigen drängen sich die Elendsquartiere. Goethe, der sonst die Armut scheut wie die Pest, findet das alles großartig! Die Luft, die Farben, den Duft, das quirlige Leben auf den Straßen, bei Tag und Nacht. Er kostet zum ersten Mal Oliven und Auberginen, labt sich an Pasta, tunkt Brot in köstliches Öl. Und dann diese Römerinnen! Sie sind lustig, sexy und Flirten heißt bei ihnen nicht nur Händchenhalten und ein bisschen Knutschen. Fast jeder der zahlreichen deutschen Künstler-Touristen, zu denen sich Goethe flugs gesellt, hat eine Geliebte, und so dauert es kaum eine Woche, bis Faustina an seiner Seite ist.

Jetzt beginnt der römische Urlaub, schon die erste der insgesamt zwanzig veröffentlichten *Elegien* beschreibt das Programm: *Noch betracht' ich Kirch' und Palast, Ruinen und Säulen, / Wie ein bedächtiger Mann schicklich die Reise benutzt. / Doch bald ist es vorbei: dann wird ein einziger Tempel, / Amors Tempel nur sein, der den Geweihten empfängt. / Eine Welt zwar bist du, o Rom; doch ohne die Liebe / Wäre die Welt nicht die Welt, wäre denn Rom auch nicht Rom.* Die Literaturwissenschaft hat, beeinflusst auch durch Goethes eigene Rückschau in seinem Werk *Italienische Reise*, die Lesart der *Römischen Elegien* fast ausschließlich auf das kulturelle Erlebnis beschränkt. So wird Faustina zur fiktiven, entrückten Figur erklärt, die lediglich als Symbol für die Verflechtung von Leben und Kunst dient. In der Tat mischen die *Elegien* höchst ästhetisch Goethes Begeisterung für das antike Rom und die Welt der Götter in die bunte Gegenwart der Stadt. Man muss sich jedoch schon reichlich blind stellen, um nicht zu erkennen, wie stark Erotik und Sinnenfreude

■ *Goethe am Fenster der römischen Wohnung am Corso.* Zeichnung, 1887, von Johann Heinrich Wilhelm Tischbein (1751–1829). Frankfurt / M., Goethe-Museum

UNTER MALERN
Die deutsche Künstlerkolonie bereitete dem berühmten Neuankömmling einen warmen Empfang. Man half mit Rat und Tat, zeigte ihm Rom und schmauste allabendlich zusammen. Wiewohl sich Goethe für die zeitgenössische Kunst kaum und nur für das antike Rom interessierte, entdeckte er sein Talent zum Maler. An die tausend Blätter mit eigenen Zeichnungen brachte Goethe von seiner Reise zurück.

■ *Das verfluchte zweite Kissen.* Zeichnung, 1786 / 1787, von Johann Heinrich Wilhelm Tischbein (1751–1829). Weimar, Stiftung Weimarer Klassik.
Die Worte »Das verfluchte zweite Kissen« hat Tischbein seinem Freund Goethe in den Mund gelegt. Die Zeichnung dokumentiert einen Besuch Tischbeins in Goethes römischem Quartier, bei dem der Dichter das verräterische Indiz eines Damenbesuchs verschwinden lassen wollte.

»In Goethes Elegien herrscht römischer Geist. Man glaubt, italienische Luft zu atmen, wenn man sie liest.«
        August Wilhelm Schlegel

jeden künstlerischen Eindruck prägen und sogar ironisch kommentieren: *Hier befolg' ich den Rat, durchblättre die Werke der Alten / Mit geschäftiger Hand, täglich mit neuem Genuß. / Aber die Nächte hindurch hält Amor mich anders beschäftigt; / Werd' ich auch halb nur gelehrt, bin ich doch doppelt beglückt. / Und belehr' ich mich nicht, indem ich des lieblichen Busens / Formen spähe, die Hand leite die Hüften hinab? / Dann versteh' ich den Marmor erst recht: ich denk' und vergleiche, / Sehe mit fühlendem Aug', fühle mit sehender Hand.*

EIN MINISTER IN ROM

Lange hielt Goethes Pseudonym nicht vor. Bald wussten nicht nur die deutschen Künstler in Rom, wer sich hinter »Filippo Miller« verbarg. Auch habsburgische Spione hefteten sich an Goethes Fersen, weil man in Wien vermutete, der Minister betreibe Geheim-Diplomatie. Nichts lag Goethe ferner. Strikt hielt er sich aus aller Politik heraus. Gern empfing er allerdings sein (enormes) Gehalt von jährlichen 1800 Talern, das ihm der großzügige Herzog Karl August weiterhin zahlte und den Flüchtling von jeder finanziellen Sorge entband.

Noch bezeichnender für die Tiefe des Gefühls sind die Passagen, in denen Goethe den Alltag seiner Liebe beschreibt. So kommt etwa ein misslauniger Onkel ins Spiel, der Faustina in Beschlag nimmt und das anstehende Rendezvous in einer Osteria stört. Dann klagt Faustina ganz realistisch über ihre prekäre soziale Situation als Witwe und Mutter, die sie zum Spielball der Männer macht, betroffen hört ihr deutscher Geliebter zu. Er sei ja auch nicht besser, raunzt Faustina ihn an: *Geh! Ihr seid der Frauen nicht wert! Wir tragen die Kinder / Unter dem Herzen, und so tragen die Treue wir auch; / Aber ihr Männer, ihr schüttet mit eurer Kraft und Begierde / Auch die Liebe zugleich in den Umarmungen aus!* Hoppla! Da spricht italienische Leidenschaft, die glücklicherweise rasch umschlägt, prompt geht es ab ins Bett. Solcherlei »Bildung« hat Goethe nirgends anders genossen und in dieser Intensität kaum wieder erlebt. Sie macht aus ihm einen neuen Menschen, und eine verblüffte Weimarer Gesellschaft kann bald ein Lied von diesem verwandelten Goethe singen, der im Juni 1788, fast zwei Jahre nach der wilden Abreise, wieder frohgemut im Herzogtum eintrifft. Einen Monat später begegnet er seiner nächsten Faustina, und er fackelt nicht lange: *Oftmals hab' ich auch schon in ihren Armen gedichtet / Und des Hexameters Maß leise mit fingernder Hand / Ihr auf den Rücken gezählt. Sie atmet in lieblichem Schlummer, / Und es durchglühet ihr Hauch mir bis ins Tiefste die Brust.*

Goethe beginnt die *Römischen Elegien* im Herbst 1788 und schreibt die Verse tatsächlich, wie er später launig zugibt, in schönen Stunden zu zweit. Christiane Vulpius heißt der Lockenkopf, ein schlichtes Mädchen, aber von ebensolchem Liebreiz, den der Geheime Rat nunmehr als seine wahre Passion anerkennt und braucht. Christiane wird die Geliebte, zum »Bettschatz«, später die Ehefrau, und es schert Goethe wenig, dass sich die Weimarer darüber die Mäuler zerreißen. Ähnlichen Skandal macht das dichterische Resultat von Goethes römischer Erfahrung. Die *Elegien* erscheinen 1795 in Friedrich Schillers Zeitschrift *Die Horen*.

■ Goethe auf seiner ersten Italienreise (1786–1788) in einer römischen Osteria. Zeichnung aus dem 19. Jh. von Woldemar Friedrich (1846–1910)

Die Horen.

Erster Jahrgang. Sechstes Stück.

I

Elegien.

Nos venerem tutam concessaque furta canemus,
Inque meo nullum carmine crimen erit.

Erste Elegie.

Saget Steine mir an, o! sprecht, ihr hohen
Palläste.
Straßen redet ein Wort! Genius regst du
dich nicht?
Ja es ist alles beseelt in deinen heiligen
Mauern
Ewige Roma, nur mir schweiget noch alles
so still.
O! wer flüstert mir zu, an welchem Fenster
erblick ich
Einst das holde Geschöpf, das mich versengt
und erquickt?
Ahnd' ich die Wege noch nicht, durch die ich
immer und immer,
Zu ihr und von ihr zu gehn, opfre die
köstliche Zeit.

Die Horen. 1795. 6tes St.

■ Goethes *Römische Elegien* in der Zeitschrift *Die Horen*. Erster Jahrgang, sechstes Stück, 1795, herausgegeben von Friedrich Schiller (1759–1805).
Charlotte von Stein zeigte sich wenig begeistert über diese Veröffentlichung. »Ich habe für diese Art Gedichte keinen Sinn«, schrieb sie am 27. Juli 1795 in einem Brief an Charlotte Schiller.

Eigentlich will Goethe die Verse gar nicht veröffentlichen, selbst der kernige Herzog rät davon ab; das sei doch eher etwas fürs private Album. Doch Freund Schiller drängelt, er verspürt »hohe poetische Schönheit« – und muss sich dann böse Worte anhören: *Die Horen* wären in Zukunft wohl mit »u« zu schreiben, tönt es höhnisch aus den Reihen erboster Kritiker. Charlotte von Stein wütet bei Hofe, das lesende Weimar ist außer sich. Alle haben natürlich das lebende Beispiel vor Augen, mit einer fröhlich-derben Christiane als des Ministers Mätresse, die *Elegien* liefern dazu den Text.

Auf Anhieb verstehen die Zeitgenossen also richtig, was man in folgenden Epochen ignoriert, weil sich ein so sinnlicher Goethe schlecht mit dem Bild des »Olympiers« verträgt. Und doch ist der Literaturgott ohne Rom und das dort empfundene Lebens- und Liebesglück nicht zu denken. Es wird zum Quell neuer dichterischer Inspiration, Goethe schreibt schon in Rom mit frischer Kraft, vollendet das Drama *Egmont,* entwirft die erste Fassung der *Iphigenie.* Er malt, zeichnet, entwickelt den »Plastiker« in sich, der dann im Bund mit Schiller die Weimarer Klassik begründet.

Auch die antikisierende Form der *Elegien* deutet diese Periode bereits an, wenngleich Goethe nie wieder derart blutvoll, zart und persönlich dichten sollte. Heute berühren die Verse umso mehr, als wir wissen, dass ein glücklicher Mensch sie schrieb. Und ein Mann, der allem Geschwätz zum Trotz nun seiner Sexualität vertraute. Einer lieblichen Römerin ist es zu danken. Der Nachfolgerin Christiane hielt Goethe die Treue bis zu ihrem Tod.

JOHANN WOLFGANG GOETHE
GEADELT 1782

 BIOGRAPHIE

 EMPFEHLUNGEN

Johann Wolfgang Goethe wird am 28. August 1749 in Frankfurt/M. geboren. Seine Eltern, Johann Kaspar und Katharina Elisabeth Goethe, haben noch eine Tochter, Cornelia. Von 1765 bis 1768 studiert Goethe Rechtswissenschaften an der Universität Leipzig. Nebenbei beschäftigt er sich bereits mit Literatur, verfasst erste eigene Texte, darunter das Schäferspiel *Die Laune des Verliebten*. Aufgrund einer schweren Krankheit muss er das Studium unterbrechen und nach Frankfurt zurückkehren; die Genesung nach einem Blutsturz und einer lebensbedrohlichen Krise dauert lange. Erst 1770/1771 kann er sein Studium in Straßburg abschließen. In dieser Zeit liest er Rousseau, Homer, Pindar, Shakespeare und die Bibel und legt damit das Fundament für seine literarische Bildung. 1772 ist Goethe am Reichskammergericht in Wetzlar tätig. Dort begegnet er Charlotte Buff, der Braut eines Freundes – und verliebt sich in sie. Dieses Dreiecksverhältnis und die unglückliche Liebe finden sich in Goethes erstem Roman *Die Leiden des jungen Werthers*, der 1774 erscheint. In den 1770ern schreibt er fleißig, außerdem verlobt er sich mit der Bankierstochter Lili Schönemann, doch die Verbindung wird wieder gelöst. Im selben Jahr 1775 geht Goethe an den Weimarer Hof, der Herzog Karl August hat ihn eingeladen. Ein Jahr später wird er Geheimer Legationsrat, dann Geheimer Rat, 1782 Leiter der Finanzkammer. Zunächst ist er zufrieden, stellt neben seinen vielen Verpflichtungen naturwis-senschaftliche Forschungen an, schreibt und zeichnet. Doch im September 1786 wird ihm das alles zu viel: Über Nacht verlässt er Weimar und reist nach Italien. In dieser Zeit entstehen die *Römischen Elegien*. Zwei Jahre später kehrt er zurück und lebt in »wilder Ehe« mit Christiane Vulpius, erst 1806 folgt die Hochzeit. Das Paar hat fünf Kinder, doch nur Sohn August erreicht das Erwachsenenalter. 1794 schließt Goethe Freundschaft mit Friedrich Schiller (1759–1805). Zwischen den beiden herrscht eine kreative Spannung, die ihre literarische Produktivität beflügelt, sogar stilprägend wird: Die Weimarer Klassik entsteht. 1795 stellt Goethe, beeinflusst von Schiller, *Wilhelm Meisters Lehrjahre* fertig, ein Werk, das zum Prototyp des Bildungsromans wird. Als Schiller 1805 stirbt und Goethe noch andere Weggefährten verliert, muss er neue Kontakte schließen: Wilhelm von Humboldt, Achim von Arnim und Clemens Brentano gehören jetzt zu seinem Kreis, ebenso wie August Wilhelm und Friedrich Schlegel. 1808 veröffentlicht Goethe den ersten Teil des *Faust*, der den Höhepunkt seines literarischen Schaffens bildet, doch es folgen noch weitere Werke von Weltrang. 1816 verliert Goethe seine Frau, 1830 stirbt sein Sohn, erst 40-jährig, in Rom. Zwei Jahre später, am 22. März 1832, stirbt Goethe in Weimar.

Lesenswert:
Johann Wolfgang Goethe: *Römische Elegien und Venezianische Epigramme. Erotica Romana und Priapea*, Frankfurt/M. 2007

Ders.: *Italienische Reise*, Frankfurt/M. 2009

Ders., Friedrich Schiller: *Der Briefwechsel*, 2 Bde., hrsg. und kommentiert von Norbert Oellers, Stuttgart 2009

Hans Gerhard Gräf (Hg.): *Goethes Ehe in Briefen*, Frankfurt/M. 1998

Roberto Zapperi: *Das Inkognito. Goethes ganz andere Existenz in Rom*, München 1999

Dieter Borchmeyer: *Goethe*, Köln 2005

Sigrid Damm: *Christiane und Goethe. Eine Recherche*, Frankfurt/M. 2000

Richard Friedenthal: *Goethe. Sein Leben und seine Zeit*, München 2008

Hörenswert:
Johann Wolfgang Goethe: *Römische Elegien*, gelesen von Hans-Jürgen Schatz, Hamburg 2007. Audio-CD

Sehenswert:
Glück ohne Ruh'. Goethe und die Liebe. Regie: Felix Spieß. D 2008 (TV-Film des MDR)

 AUF DEN PUNKT GEBRACHT

Ein ergreifendes poetisches Zeugnis sexueller Erweckung. Goethe feiert die Liebe und die Geliebte im antiken Gewand. Man gönnt ihm das Glück und möchte sofort auch nach Rom.

Wunderbar umklammert
Anti-Justine
Restif de la Bretonne

■ *Nicolas Edmonde Restif de la Bretonne. Kupferstich aus dem Jahr 1785 von L. Berthet, nach einer Zeichnung von Louis Binet (1744–1800). Paris, Nationalbibliothek*

Sie ergriff mein Glied und steckte es in das Loch hinein. »Stoße zu«, sagte sie zu mir, »stoße zu, göttliches Glied, väterliches Glied, spritze hinein in das Loch Deiner Tochter!« Indem sie so sprach, bewegte sie ihren Popo derart, dass ich mich bald ganz in ihrer Scheide befand. Es lebe der normale Beischlaf, er ist die beste von allen vierzig Arten!

Der eifrige Liebhaber namens Cupidonet besitzt noch mehr Töchter, die ihm gefallen und denen er zu Willen ist. Schon früh hat er mit der Liebe begonnen. Gesegnet wie er war mit acht Schwestern, musste er nicht lange suchen, um geeignete Gespielinnen zu finden. Und da er gern und häufig ein Kind zeugte, sind dem knapp dreißigjährigen Cupidonet schon wieder mannbare Töchter erwachsen, die die Arme nach ihm ausstrecken. *Nun besaß ich endlich den Mund, die Zunge, die weißen Brüste meiner Tochter, ihre Liebkosungen, den Anblick ihres reizenden Gesichts, das sich bei einer Frau, die liebt, doppelt verschönt, aber auch ihre süßen Zurufe konnte ich hören: »Teurer Pfeil, göttliches Glied, wie er mich da drin kitzelt! Stoß zu, Schelm, ich entleere. Ah, Teufel! Deine Zunge, teurer Geliebter – wunderbarer Reiter! Oh, mir kommt es noch einmal.«*

Die Geschichte des Cupidonet, aufgezeichnet in Restif de la Bretonnes Werk *Anti-Justine*, besteht aus einer langen Kette erotischer Begegnungen, die stets auf einem Liebeslager enden und

RESTIFISMUS

Es gibt den Sadismus und es gibt den Restifismus (auch: Retifismus). Letzterer ist allerdings als Begriff in unseren Breiten nicht wirklich heimisch geworden. Er ist ein anderes Wort für Schuhfetischismus. Restif de la Bretonne war hin und her gerissen von hübschen Frauenfüßen in reizenden modischen Schuhen, sein Roman zum Thema heißt *Le pied de Fanchette*, »Der Fuß der Fanchette«. In der *Anti-Justine* kommen schön beschuhte Mädchen häufig vor; einmal beschreibt Bretonne, wie ein »Restifist« in einen Seidenschuh hinein masturbiert.

an denen keineswegs immer nur zwei, sondern oft drei, vier und mehr Personen beteiligt sind. *Timori und ich, wir bearbeiten sie, der eine von vorne, der andere von hinten … und ihr enges Löchelchen entlud mit uns wie das einer vom Garde-du-corps geliebten Prinzessin!* Bei all diesen Abenteuern spielt der Inzest – ob nun unter Geschwistern oder zwischen Vater und Tochter, Onkel und Nichte – die Rolle eines Erregungsverstärkers. Man darf davon ausgehen, dass der Autor diese Liebeswahl nicht direkt empfehlen will; wir befinden uns in einem erotischen Phantasieland. Und dort hat der Vater lange schon das Töchterchen mit Blicken verschlungen, die Berührung aber nicht gewagt, bis die kleine Hexe selbst aktiv wird und den Liebhaber / Vater in ihr Bett zieht.

Ich entlud, als es meiner Tochter zum zweiten Mal kam. Ich fühlte mich wunderbar umklammert von dem, was man gewöhnlich innere Scheide nennt und die Leute der Wissenschaft Muttermund heißen. Dieses Organ der Wollust, das nur von einem langen Glied erreicht werden kann, saugte förmlich an der Spitze meines Schwanzes.

■ *Anti-Justine oder die Köstlichkeiten der Liebe.* Zeitgenössischer Kupferstich. In Restif de la Bretonnes erotischem Phantasieland vergnügt man sich nur selten allein zu zweit: Meistens sind mehrere Personen beteiligt.

Wer war Restif de la Bretonne? Er wurde 1734 unter dem Namen Nicolas Edmonde (auch: Edme) Restif (auch: Rétif) als Sohn eines vermögenden Bauern bei Auxerre geboren; unter seinen dreizehn Geschwistern sind sicherlich reizende Mädchen gewesen. Restif legte sich den Beinamen de la Bretonne zu und heiratete eine gewisse Agnès Lebègue. Seinem Tagebuch darf man entnehmen, dass mindestens eine seiner Töchter auch seine Geliebte war. Man sieht: Cupidonet hat ziemlich viel Ähnlichkeit mit Restif. Während aber die literarische Gestalt einzig von der Liebe lebt, wurde aus dem realen Restif ein gelernter Drucker und rühriger Schriftsteller, der mehr als zweihundert Werke zum Teil sozialutopischen Inhalts hinterließ. Die Französische Revolution begrüßte er zunächst mit Begeisterung, die Phase des »Terreur« aber brachte ihn auf Distanz. Immerhin veröffentlichte er 1793 seine *Anti-Justine,* die außer der damals beliebten »gepfefferten« Pornographie eine implizite Attacke des Bauernsohns gegen die Aristokratie enthält.

Wie der Buchtitel *Anti-Justine* schon verrät, schießt Restif de la Bretonne mit Cupidonet direkt gegen seinen moralischen und politischen Widersacher Donatien Marquis de Sade (s. S. 104), dessen

■ Diese Seite und gegenüber: *Anti-Justine oder die Köstlichkeiten der Liebe.* Zeitgenössischer Kupferstich

Justine nur einige Jahre zuvor in einer ersten Fassung erschienen war. De Sade hat sich zu diesem Werk nie bekannt, aber offenbar wusste die lesende Welt Bescheid. In einem Extrakapitel, genannt »Wichtige Hinweise für den Leser und den Autor«, erläutert de la Bretonne Sinn und Zweck seiner *Anti-Justine*. Man solle nicht glauben, dass die Geschlechtslust sich, wie bei de Sade, immer mit dem Schrecken paaren müsse, um höchste Höhen zu erreichen. *Die* Anti-Justine *ist nicht weniger herrlich und feurig als die* Justine. *Sie kommt jedoch ohne Grausamkeit aus und wird von nun an und für immer die Männer davon abhalten, sich zur* Justine *zu flüchten. Und weiter: Meine Absicht ist es, jenen, die nicht feurig sind, ein kräftiges Erotikon zu geben, das es ihnen ermöglicht, auch eine Ehefrau, die nicht mehr die Allerschönste ist, richtig zu bedienen.*

Der politische Hintersinn des gesamten Buches, den der Autor nicht explizit macht, ist die Bloßstellung der Aristokratie, deren unaufhaltsame Dekadenz Phänomene wie den Marquis de Sade mit seiner schauerlichen Verknüpfung von Lust und Tod hervorgebracht hat, während das Liebesleben der kleinen Leute, das de la Bretonne mit unverhohlener Zuneigung und farbenfrohen Details ausmalt, stets von Heiterkeit und Lebensfreude durchzogen bleibt.

Auch in den Einzelheiten wollen die Abenteuer Cupidonets und seines Freundeskreises den düsteren Marquis widerlegen. So verweilt de la Bretonne gern bei der Beschreibung des weiblichen Genitales, er gibt ihm poetische Namen wie »Löchelchen« und

 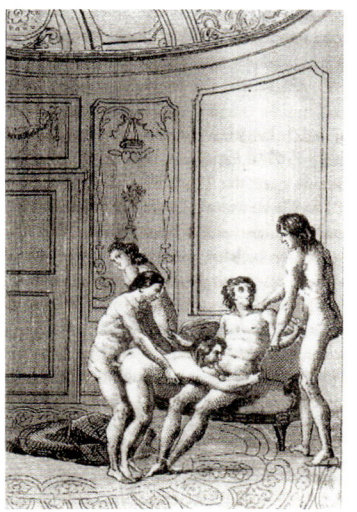 

»Muschel« und preist seinen Hügel, seinen Haarbusch und die innere seidige Beschaffenheit. Bei de Sade wird die »vordere Öffnung« nur selten und dann abwertend erwähnt; bei ihm zählt vor allem der Anus. Dagegen setzt Bretonne das schlichte Lob des »normalen Beischlafs« ohne Schmerzen, Blut und Verrenkungen. Und während der Marquis Frauen nur dann als Regisseurinnen seiner Orgien gelten lässt, wenn sie ihre Partner / Opfer brutal zu züchtigen vermögen, sind Restifs sinnliche Mädchen ohne Ausnahme lustfähig und zugleich zärtlich.

Zuweilen greift Bretonne Motive der *Justine* in quasi-parodistischer Absicht auf. Eine besonders grauenhafte Episode bei de Sade führt einen Kindsmörder ein, der sich einen Harem von gefangenen Frauen hält. Eine nach der anderen – hier lässt de Sade ausnahmsweise die »vordere Öffnung« gelten – wird vom Übeltäter so lange vergewaltigt, bis dieser sicher sein kann, sie geschwängert zu haben. Die Kinder lässt er zur Welt kommen, raubt sie jedoch nach circa anderthalb Jahren den Müttern, um sie im nahen See zu ertränken. An diesem Mehrfachverbrechen findet er seine Befriedigung. De la Bretonne nimmt die Grundidee auf und erfindet ein behaartes männliches Ungetüm mit einem gewaltigen Penis, das jede Nacht vielfache »Entladungen« braucht, um zur Ruhe zu kommen, also dafür sorgen muss, stets einen ganzen Harem zur Verfügung zu haben. Anders als bei de Sade aber machen die Frauen

LUSTVOLLE REINLICHKEIT
Eine große Rolle spielt – natürlich mal wieder ganz anders als beim Marquis de Sade – in der *Anti-Justine* die Hygiene. Nach all den Entladungen fühlen sich die liebestollen Frauen eines Bades bedürftig und werden dann auch stets von ihren Liebhabern ausführlich gewaschen und abgetrocknet. Diese Waschungen – auch die Männer reinigen sich ebenso pflichtbewusst wie genüsslich – werden als Teil des Liebesaktes und als Eröffnung des nächsten erzählerisch ausführlich mitinszeniert.

■ *Anti-Justine oder die Köstlichkeiten der Liebe.* Zeitgenössischer Kupferstich. In einigen Szenen greift Restif de la Bretonne Motive aus der *Justine* von de Sade in quasi-parodistischer Absicht auf.

hier fröhlich mit, auch und gerade weil sie wissen: Das Monstrum lässt von einer Geliebten nicht eher ab, als bis es sicher ist, dass sie ein Kind empfangen hat. Jedoch will der schwerreiche Kraftkerl seinen Sprösslingen ausgesprochen wohl. Er besitzt eine Insel in der Südsee. Mit seinen Nachkommen und deren Müttern plant er dort die Gründung einer Kolonie glücklicher Menschen.

So verdichtet sich in der *Anti-Justine* Episode für Episode die selbstbewusste Kritik des Bürgertums an dem abgewirtschafteten, überheblichen und – bei de Sade – verderbten Adel, wobei Restif de la Bretonne ganz ohne die Bigotterie und Prüderie auskommt, welche die Bourgeoisie später für die Legitimation ihres Herrschaftsanspruchs brauchen wird. Die Freiheit zur Lust hat er aus dem Ancien Régime herübergerettet und sie mit Vergnügen und Glückserleben gepaart. Ängste existieren in seinem erotischen Kosmos kaum, abgesehen von den allerältesten, die jeder Mensch während und nach der Pubertät durchmacht. *Die süße Kleine arbeitete gut, ich stieß recht zart, liebkoste sie, küsste sie und durchbohrte sie vollständig. Sie rief: »Ich bin entjungfert, ich entlade – was wird Mama sagen?«*

NICOLAS RESTIF DE LA BRETONNE

 BIOGRAPHIE

Nicolas Edmonde (auch: Edme oder Edmé) Restif (auch: Rétif), der sich später Restif de la Bretonne nennt, wird am 23. Oktober 1734 in Sacy, Département Yonne in Burgund, geboren. Er ist das achte von vierzehn Kindern eines wohlhabenden Bauern. Die Jansenisten-Schule in Bicêtre muss er vorzeitig verlassen und wird von einem seiner Brüder, einem Pfarrer, weiter unterrichtet. Nach einer Lehre in Auxerre ist er ab 1755 in Paris als Buchdrucker tätig. 1760 heiratet er Agnès Lebègue, eine Verwandte seines Meisters in Auxerre. Ungefähr fünf Jahre später tritt Bretonne erstmals als Autor in Erscheinung; von nun an verfasst er zahlreiche Werke zu den unterschiedlichsten Themen. Viele setzt und druckt er selbst. Viel Geld kann er damit nicht verdienen, immer wieder muss er Phasen bitterster Armut überstehen. 1794 wird seine Ehe geschieden. Nach der Inflation Mitte der 1790er Jahre muss er in den Wirren der Revolution seinen Lebensunterhalt allein mit dem Schreiben verdienen. Obwohl er sich zu der Revolution bekennt, fällt er wegen seiner Verbindungen zum Adel in Ungnade. Erst spät wendet sich sein Schicksal, Napoleon bietet ihm eine Stelle bei der Polizeidirektion an; doch bevor er sie antreten kann, stirbt Bretonne, am 3. Februar 1806 in Paris. – Bretonnes Gesamtwerk umfasst rund 200 Bände. Nennenswert sind, neben der Anti-Justine, der Briefroman Der verführte Landmann von 1775, in dem sich Bretonne an Samuel Richardson anlehnt, die Autobiographie Monsieur Nicolas'

Abenteuer im Lande der Liebe von 1797, die Romane Das Leben meines Vaters (1779) und Die Zeitgenossinnen (1785), die man als frühe Formen des naturalistischen Romans ansehen kann, sowie die schon beinahe surrealistischen Pariser Nächte von 1794.

 WISSENSWERTES

Fetischismus
Das Wort Fetischismus stammt wahrscheinlich aus dem Portugiesischen: Mit feitico, »nachgemacht, künstlich«, bezeichneten portugiesische Seefahrer Götterbilder, die sie in Westafrika gesehen hatten. Diesen Bildnissen sollten nach dem Glauben der Einheimischen Macht und Kraft der jeweiligen Gottheit innewohnen, weshalb sie mit Gebeten und Opfern verehrt wurden. Die frühe Psychologie sah den religiösen Fetischismus analog zum sexuellen: Statt einer Gottheit werde hier die Anziehungskraft einer begehrten Person auf einen Gegenstand übertragen, den sie am Körper trägt, sei es ein Schuh – wie bei dem nach Bretonne benannten Restifismus – oder Unterwäsche. Während diese Form des Fetischismus weit verbreitet sei, gelte das Verhalten als pathologisch, wenn ein Gegenstand unabhängig von einer Person zum alleinigen Auslöser sexueller Erregung werde.

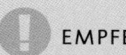 EMPFEHLUNGEN

Lesenswert:
Nicolas Edmé Rétif de la Bretonne: Anti-Justine, Berlin 2009

Ders.: Die Abenteuer hübscher Frauen, Stuttgart 1969

Eugen Dühren: Rétif de la Bretonne; der Mensch, der Schriftsteller, der Reformator, Charleston 2010

Martina Bender: Die literarische Reflexion der Französischen Revolution im Schaffen des Literaten Nicolas-Edme Rétif de la Bretonne (1734–1806), Bonn 1995

Walter Koneffke: Fiktion und Moral. Die Vermittlung moralischer Normen im Romanwerk des Rétif de la Bretonne am Beispiel des Paysan perverti, Stuttgart 1992

Marquis de Sade: Justine, Vastorf 2006

Walter Lehning: Marquis de Sade, Reinbek 2002

Hartmut Böhme: Fetischismus und Kultur. Eine andere Theorie der Moderne, Reinbek 2006

Sehenswert:
Flucht nach Varennes. Regie: Ettore Scala; mit Jean-Louis Barrault, Marcello Mastroianni, Hanna Schygulla, Harvey Keitel. F/I 1982 (fiktive Geschichte nach einer historischen Begebenheit: Restif de la Bretonne beobachtet gemeinsam mit Casanova die Flucht König Ludwigs XVI.)

 AUF DEN PUNKT GEBRACHT

Die Antwort des Schuhfetischisten de la Bretonne auf de Sade ist so einfach wie das Gemüt seiner lüsternen Romanfiguren: Ohne Grausamkeit ist Sex noch schöner.

Die Lust der Frau ist das Glück des Mannes

Mein Leben
Giacomo Casanova

Unsere Zeit hat ihn längst wiederentdeckt, den großen Abenteurer und Erotiker des 18. Jahrhunderts. Seine eigene Zeit hat ihn bewundert oder verflucht, wobei die Frauen meist gut von ihm dachten. Die Epoche jedoch, in die der Erstdruck seiner Memoiren fiel – in Deutschland war es das Biedermeier –, ging entsetzt auf Distanz zu dem Schriftsteller und Weltmann und zieh ihn der Phantasterei und Blasphemie. Erst die ab 1960 entstehende originalgetreue Ausgabe rückte die Dinge gerade und gab dem venezianischen Projekteschmied seine Würde zurück. Man erkannte in Giacomo Casanova einen Zeitzeugen, der über sich selbst und sein Jahrhundert die Wahrheit gesagt hatte.

Die Casanova-Schelte des frühen 19. Jahrhunderts bezog sich insbesondere auf den nimmermüden Liebhaber, der seine unzähligen Amouren freimütig geschildert hatte. Das von der Revolution ebenso verlockte wie geschockte Bürgertum wollte auch seine immateriellen Werte in Sicherheit wissen, und zu denen gehörten Familienfreundlichkeit, Treu und Glauben und weibliche Bescheidenheit. Casanova mit seiner Promiskuität passte da nicht hinein.

■ Sienna Miller als Francesca Bruni und Heath Ledger als Titelheld in dem amerikanischen Film *Casanova* von Lasse Hallström aus dem Jahr 2005

Außerdem zog er gern Vorteil aus der Dummheit seiner Zeitgenossen, will sagen, er nahm es mit Treu und Glauben nicht genau, spielte öfter falsch, und seine enorme Reiselust: Venedig–Rom–Neapel–Barcelona–Paris–Venedig–Korfu–Amsterdam–Warschau–Berlin–St. Petersburg … folgte nicht nur einem Drang zur Ferne, sondern auch einer nur zu berechtigten Furcht vor erzürnten Gläubigern, verprellten Gönnern, wild entschlossenen Polizeischergen und betrogenen Ehemännern. Casanovas legendärer Gefängnisaufenthalt unter den Bleidächern des Palazzo Ducale von Venedig – er schrieb über seine Flucht ein eigenes Buch – ging nicht etwa auf eine Gesetzesübertretung des Häftlings zurück, sondern auf die Eifersucht eines Rivalen; die offizielle Anschuldigung, Gotteslästerung, war wohlfeiler Vorwand. Wer immer den Spieler, Schwindler und Möchtegern-Magier zur Flucht aus Verliesen und über die verschiedenen Landesgrenzen trieb – Frauen gehörten selten dazu. Ihnen blieb er nichts schuldig. Mit ihnen spielte er (meistens) nicht falsch.

■ Giacomo Casanova. Zeichnung, um 1750–1755, von seinem Bruder, Francesco Casanova (1727–1802)

   Giacomo, 1725 geboren als Kind einer Komödiantenfamilie, die immerhin die Mittel aufbrachte, ihre Söhne studieren zu lassen, begann sein Liebesleben mit sechzehn. Die erste Liebe zu einem Schwesternpaar ging gleich sehr tief, aber er konnte sich für keine entscheiden. Also entschied er sich für die Liebe. Er fand seine Gespielinnen in allen Ständen, er umwarb Mägde und Patriziertöchter, Nonnen und Lebedamen, Klosterschülerinnen und Tänzerinnen, fast immer mit Erfolg. Er machte keiner etwas vor. Und

VIELSEITIGER SCHÖNGEIST

Casanova war gebildet und sprach mehrere Sprachen. Er hat ein Studium der Rechte abgeschlossen und sich zeit seines Lebens der Lektüre schöngeistiger, historischer, theologischer und wissenschaftlicher Werke gewidmet. Magie, Alchemie, Kabbala, Kontakt mit Elementargeistern – derlei war im Schwange zu Casanovas Lebenszeit; er beschäftigte sich auch damit, vorzugsweise um, ausgerüstet mit Halbwissen, magiegläubige Zeitgenossen zu beeindrucken und auszunutzen. Zugleich aber hielt sich der Freimaurer für einen guten Katholiken. Mit Voltaire (der ihn nicht ernst nahm) legte er sich wegen dessen Kirchenkritik an.

■ *Hélène et la nièce.* Lithographie, 1850, von Julius Nisle (1812–1850), aus der Folge *Galerie zu den Memoiren*

er hielt stets, was er versprach. Sein Glück im Bett war die Lust der Frau. Das erklärt er etwas umständlich als typisch männliches Verhalten. Jedenfalls war es seine Art und sein Vorzug. Dass seine Geliebten ihm in großer Zahl ein freundliches Andenken bewahrten, viele noch lange nach der Liaison mit ihm korrespondierten, spricht dafür, dass Casanova, wenn er von seiner fallweise fast selbstlosen Liebe zu den Frauen spricht, nicht oder nur wenig übertrieben hat.

Ob das auch für einige der Szenen gilt, die er schildert, mag dahingestellt bleiben. So verhilft er in Paris, wo er gute Kontakte bis in die höchsten Kreise pflegt, seinem Landsmann Graf Tiretta zum Anschluss an die Hautevolee. Gleich die erste Dame, mit der

EIN LANGER WEG

Seine Memoiren schrieb Casanova als alter Herr im Rückblick, während der Jahre 1790–1792 auf Schloss Dux, im Norden Tschechiens gelegen, wo er eine Stellung als Bibliothekar beim Grafen Waldstein angenommen hatte. Inzwischen war die Französische Revolution ausgebrochen, immer wieder streute der Autobiograph grimmige Bemerkungen über den Pariser Pöbel ein. Seine Aufzeichnungen enden im Jahre 1774. Casanova war sich während der Niederschrift nicht darüber klar, ob er sie überhaupt veröffentlichen wollte. Es dauerte dann auch bis ins Jahr 1960, als endlich eine vollständige Werkausgabe erschien. Im 19. Jahrhundert kursierten nur bearbeitete Auszüge. Heute ist *Mein Leben* in mehr als zwanzig Sprachen übersetzt.

er den Grafen bekanntmacht, verfällt Tiretta und stellt ihn überall als »Graf Sechsmal« vor, damit auf die Zahl der Akte anspielend, mit denen der schöne junge Mann sie in der ersten Nacht beglückt hat. Als Casanova die Dame auch noch von den Ausmaßen des Gliedes schwärmen hört, mit dem Tiretta bestückt sei, wird er skeptisch, woraufhin sein Landsmann sich an Ort und Stelle auf die entzückte Geliebte stürzt und Casanova selbst sehen kann, dass alles seine Richtigkeit hat.

Wenig später speist er mit Tiretta, dessen Freundin und einigen weiteren Gästen, unter ihnen eine reiche dicke Tante mit ihrer lieblichen Nichte, die eben aus der Klosterschule entlassen wurde. Nach dem Mahl setzt sich Casanova mit der Nichte an den Kamin, während der Rest der Gesellschaft dem Kartenspiel frönt. Casanova testet die Kleine und erzählt ihr schlüpfrige Geschichten. Er möchte herausfinden, wie viel sie von der Liebe weiß, und bietet ihr an, sie einiges zu lehren. Am Ende masturbiert er vor ihren Augen in sein Taschentuch. Sie fragt: »Was ist das?« Er: »Es ist Stoff, der, in den entsprechenden Ofen gebracht, nach neun Monaten zu einem Männlein oder Weiblein wird.« Sie: »Ihr Unterricht ist ausgezeichnet.« Als sie aufsteht, um das Feuer zu schüren, tritt er hinter sie und überzeugt sich durch einen sensiblen Griff unter ihre Röcke, dass sie noch Jungfrau ist. Und dies alles, während nur wenige Schritte entfernt eine fröhliche Runde am Tische sitzt und zecht. Das Paar am Kamin verliebt sich heftig, und die Klosterschülerin und Erbin eines beträchtlichen Vermögens, deren Namen Casanova taktvoll verschweigt, ist eine der wenigen Frauen in seinem Leben, mit der er sich eine Ehe vorstellen kann. Aber er kriegt gerade noch die Kurve. *Ich habe die Frauen bis zum Wahnsinn geliebt, aber stets zog ich ihnen meine Freiheit vor.*

Die süße Nichte wird jedoch von ihrem ersten Liebhaber nicht einfach fallengelassen. Casanova muss erst sichergehen, dass der Bräutigam, den die Tante ausgesucht hat, auch wirklich der Richtige ist, bevor er Abschied nimmt. So hält er es stets. Als er die Tochter seiner Pariser Zimmerwirtin – unwillentlich, versteht sich – geschwängert hat, harrt er aus bis zur Entbindung, trägt das Neugebore-

■ Casanovas Flucht aus den Bleikammern. Kupferstich von 1788 aus der Erstausgabe der *Geschichte meiner Flucht*. Ein eifersüchtiger Rivale hatte Casanova der Gotteslästerung beschuldigt und ins Gefängnis gebracht.

■ Helena wird gemalt. Illustration aus dem 18. Jh. zur 5. Auflage von *Mein Leben*. Casanova ließ seine Geliebte, die er Helena nannte, von einem großen Künstler malen. Als König Ludwig XV. dieses Bild sah, machte er »Helena« zu seiner Mätresse.

ne persönlich ins Findelhaus und sucht dem Mädchen einen neuen Beschützer. Die kleine Schwester einer Freundin, einen noch kindlichen »Dreckspatz«, entdeckt Casanova zufällig in den Niederungen von Küche und Hof. Ihm fällt das Ebenmaß ihrer Gestalt auf, er behält sie im Auge und wartet, bis sie mannbar ist. Dann wäscht er sie gründlich und teilt mit der Begabten das Glück der körperlichen Liebe. Er nennt sie Helena, weil sie umwerfend schön ist. Dann, als er fühlt, er muss weiterziehen, lässt er sie von einem berühmten Künstler malen und sorgt dafür, dass der König das Bild zu Gesicht bekommt. Und tatsächlich, seine »Helena« wird die Mätresse Ludwigs XV. Oft auch fand Casanova Gatten für die Ex-Geliebten. Als Ehestifter jedenfalls war er, der niemals heiratete, sehr erfolgreich.

Die Leichtigkeit, mit der im Rokoko Liebe und Erotik verhandelt wurden, sind nicht mehr Teil unserer Zeitstimmung. So kommt wohl auch Skepsis auf: Waren die Frauen immer einverstanden, wenn er sie einfach so weiterreichte – und sei es an den König? Das lässt sich heute schwer sagen. Eines aber ist sicher: Casanova identifizierte sich so bruchlos mit den erotischen Anteilen seiner Persönlichkeit, dass es ihm unmöglich war, die schönen Objekte seiner Begierde in irgendeiner Weise abzuwerten. Damit hätte er seine Selbstachtung beschädigt. So, vermittelt über seine Eigenliebe, war Casanova ein wahrer Liebhaber der Liebe und Anbeter der Frauen.

Er besaß übrigens eine gute Portion Humor, wie seine Memoiren zeigen. Einmal saß er mit Kardinal Richelieu in der Pariser Oper und wurde gefragt, welche Tänzerin er am schönsten fände. Er wählte eine aus, und der Kardinal sagte: »Sie hat hässliche Beine.« Casanova darauf, denn die Tänzerinnen trugen lange Gewänder: »Man sieht es doch nicht.« Und er fügte hinzu: »Die Beine einer Frau sind das erste, was ich beiseiteschiebe, wenn ich ihre Schönheit begutachten will.« Großes Gelächter in der Loge. Der Teufelsbraten hatte den Kardinal ausgestochen.

GIACOMO GIROLAMO CASANOVA

 BIOGRAPHIE

 EMPFEHLUNGEN

Giacomo Girolamo Casanova, der sich später selbst zum Chevalier de Seingalt adelt, wird am 2. April 1725 als Sohn der Schauspielerin »Zanetta« in Venedig geboren; als sein Vater gilt ihr Schauspielkollege Gaetano Casanova. Es folgen noch vier Geschwister. Casanova, der bei seiner Großmutter aufwächst, da seine Eltern viel auf Reisen sind, studiert Jura und Theologie in Padua und schließt mit dem Doktortitel ab, doch eine Karriere als Priester scheitert. 1755 wird er gar in Venedig eingekerkert; die Anklage lautet auf Atheismus und »freimaurerische Umtriebe«. Ein gutes Jahr später kann er aus den Bleikammern fliehen. Er beginnt ein Wanderleben, übt die verschiedensten Tätigkeiten aus, bereist ganz Europa. Dabei lernt er eine Reihe von bedeutenden Persönlichkeiten seiner Zeit kennen: Voltaire, Jean-Jacques Rousseau, Friedrich der Große, Zarin Katharina sind darunter. Für ihn, der aus kleinen Verhältnissen kommt, sind diese Kontakte von großer Bedeutung. Aber er legt sich nie fest, scheut es, in »Dienste« zu treten; er will frei sein, örtlich, beruflich und erotisch. Er schlägt sich weiterhin irgendwie durch, verdingt sich u. a. als Orchestergeiger, lebt von halbseidenen Projekten, wird etwa Direktor der frisch gegründeten französischen Staatslotterie, und von den Zuwendungen reicher Gönner. Zu ihnen gehört der venezianische Patrizier Signor Bragadino, dem Casanova das Leben gerettet hat. 1760 wird Casanova wegen seiner Verdienste für die Kirche von Papst Clemens XIII. zum »Ritter vom goldenen Sporn« ernannt.

1765 ist der Abenteurer so weit, dass er nun doch sesshaft werden möchte, aber die gewünschte Anstellung am Zarenhof in Sankt Petersburg erhält er nicht. Auch am polnischen Königshof bemüht er sich vergeblich. In Polen kommt es zu einem Pistolenduell mit dem Grafen Branicki, bei dem beide Kontrahenten schwer verletzt werden; Casanova muss Polen verlassen, er reist nach Paris. Erst 1785 kommt er nach weiteren Wanderjahren endlich zur Ruhe: Er wird Bibliothekar des Grafen Joseph Karl von Waldstein auf Schloss Dux in Nordböhmen (heute in Tschechien). Hier beginnt er 1790 mit der Niederschrift seiner Memoiren, die bis ins Jahr 1774 reichen. Casanova stirbt am 4. Juni 1798 auf Schloss Dux. – Casanovas Lebensgeschichte ist nicht nur ein Klassiker der erotischen Literatur, sie ist auch eine der wichtigsten Quellen zur Kulturgeschichte des 18. Jh.s. Ebenfalls von Bedeutung ist der utopische Roman *Eduard und Elisabeth oder Die Reise in das Innere des Erdballs*, der Casanova zu einem Vorläufer Jules Vernes macht. Ferner schrieb er einige Libretti sowie historische, literarische und mathematische Abhandlungen. Seine schillernde Persönlichkeit inspirierte immer wieder auch andere Schriftsteller: Hugo von Hofmannsthal (*Der Abenteurer und die Sängerin*, Drama von 1899), Carl Sternheim (*Der Abenteurer*, Roman von 1924), Arthur Schnitzler u. a. machten den Autor Casanova selbst zur literarischen Figur.

Lesenswert:
Casanova: *Aus meinem Leben*, übersetzt von Heinz von Sauter, Stuttgart 2010

Ders.: *Meine Flucht aus den Bleikammern von Venedig*, München 2010

Ingo Hermann: *Casanova. Der Mann hinter der Maske*, Berlin 2010 (Biographie)

Hartmut Scheible: *Mythos Casanova*, Leipzig 2003

Lothar Müller: *Casanovas Venedig. Ein Reisetagebuch*, Berlin 1998

Arthur Schnitzler: *Casanovas Heimfahrt*, Stuttgart 2003 (Erzählung von 1918)

Hörenswert:
Albert Lortzing: *Casanova*. Oper 1841

Sehenswert:
Casanova. Regie: Lasse Hallström; mit Heath Ledger, Sienna Miller, Jeremy Irons. USA 2005

Casanovas Rückkehr. Regie: Edouard Niermans; mit Alain Delon. F 1992 (nach der Erzählung von Arthur Schnitzler)

Fellinis Casanova. Regie: Federico Fellini; mit Donald Sutherland. I 1976

 AUF DEN PUNKT GEBRACHT

Der promiske Abenteurer aus Venedig liebte an den Frauen vor allem die Lust, die er ihnen schenken konnte.

Auf Augenhöhe
Lucinde
Friedrich Schlegel

»Wenn ich seine Geliebte wäre«, befand Caroline Schlegel nach der Lektüre, »hätte das Buch nicht gedruckt werden dürfen.« Sie war aber nur seine Schwägerin. Doch kommt auch sie – ohne Namensnennung – in Friedrich Schlegels Roman *Lucinde* vor, »als Frau, die einzig war und meinen Geist zum ersten Mal ganz und in der Mitte traf«. Die Geliebte gab es natürlich gleichfalls. Sie hieß Dorothea und ertrug den Druck des Buches wie auch den Druck durch das Buch recht tapfer. »Oft wird es mir heiß und wieder kalt ums Herz, dass das Innerste so herausgeredet werden soll.«

Was war es, das an dem Romanfragment *Lucinde* – der erste Teil erschien 1799, die geplanten drei Folgebände nie mehr – zum Skandal taugte? Wer es heute liest, wird gar nichts finden. Seinerzeit jedoch, als sich die später so genannten Frühromantiker erstmals in Jena und Berlin zusammenfanden, konnten die Selbstreflexionen eines jungen Mannes, seine Lebensbeichte, seine Lebensziele, eigentlich nur dies zum Inhalt haben: dem Vaterlande dienen und etwas für die Unsterblichkeit tun. Ein Bekenntnisbuch, wie Friedrich Schlegel es geschrieben hatte, durfte nicht vor allem von der Liebe handeln, vom Eros und der wahren Ehe. Schlegel hatte seine Ortsbestimmung als Jüngling in der Welt mit der Sinnlichkeit und mit *einer* Frau verbunden. Und in dem, was er mit dieser Frau erlebte, in dem Kosmos, den beide füreinander erschufen, war die Frau vollkommen gleichberechtigt, gleichverpflichtet, gleichbefähigt. Das war neu und unerhört. Schließlich war es das Los der Frau, für und durch ihren Mann zu leben. Umgekehrt galt das nicht. Bis Friedrich Schlegel kam und sagte: Doch. Wenn ein liebender Mann es erreicht, mit seiner Frau auf Augenhöhe zu verkehren, so wird er dadurch nicht weibisch, sondern glücklich. Die Liebe selbst erheischt Egalität.

■ Illustration zu Schlegels *Lucinde* aus dem Jahr 1918 von Ludwig Enders, zu dem Kapitel *Lehrjahre der Männlichkeit*

Der realgeschichtliche Hintergrund der *Lucinde*
ist die Begegnung Friedrich Schlegels mit Dorothea,
Tochter des Moses Mendelssohn, die in eine Vernunft-
ehe mit dem Berliner Bankier Simon Veit gedrängt
worden war. Die leidenschaftliche Frau verkümmerte
in diesem Eheleben, auch zwei Söhne änderten nichts
daran. Dann kam Friedrich Schlegel. Der stürmische,
ehrgeizige, geistreiche junge Dichter eroberte Frau
Veit; sie gab Mann, Heim und bürgerliche Wohlan-
ständigkeit auf und ging mit dem Geliebten nach Jena.
Dort lebte Friedrichs Bruder August Wilhelm Schlegel
mit seiner Frau Caroline, die in ihrem Haus einen Salon führte. Es verkehrten bei den Schlegels Friedrich
von Hardenberg, genannt Novalis, Clemens Brentano,
Ludwig Tieck, Sophie Mereau und Friedrich Schelling.
Schiller überwarf sich mit den Jenaer Avantgardisten,
aber Goethe (s. S. 110) interessierte sich für sie. Man
diskutierte heiß im Haus am Löbdergraben über Freiheit, Gleichheit und Brüderlichkeit. Und man gab der Gleichheit
einen ganz neuen Index – den der Geschlechter. Sowohl Caroline
als auch Dorothea – die ihren Friedrich später heiraten wird –
sind keine Hausmütterchen, wie Schiller sie in seiner *Glocke*
pries, sondern kühne, selbst denkende Persönlichkeiten, die sich
auch in der Liebe nicht unterordnen. Von ihnen hat Friedrich
gelernt, sie haben ihn zu seiner *Lucinde* inspiriert.

■ Porträt Friedrich Schlegels
aus dem Jahr 1790 von Caroline
Rehberg

Für die konservativen Kräfte in den deutschen Ländern ist die
Emanzipation der Frauen so etwas wie ein Symbol der verhass-
ten Revolution; auch die Jenaer Frühromantiker stehen nicht
geschlossen hinter dieser Idee. Und die Emanzipation der Sexualität von einer verschwiegenen Angelegenheit im dunklen
Elternschlafzimmer oder von einer erst recht zu verschweigen-

FREIE FORM
Friedrich Schlegels *Lucinde* erfüllt weder die klassischen noch die
modernen Erwartungen, die an einen Roman gerichtet werden,
eher schon die postmodernen. Das Werk besteht aus einem
Konglomerat verschiedener Textsorten, darunter Brief, Dialog
und Tagebuch, wobei der Ich-Erzähler Julius mal mit sich selbst,
mal mit Lucinde oder einem Freund spricht. Diese freie Form stieß
auf Unverständnis und trug mit dazu bei, dass die *Lucinde* bei der
Kritik durchfiel.

■ Porträt von Dorothea Schlegel aus dem Jahr 1798

Zu den Kritikern Friedrich Schlegels gehörte der Stückeschreiber August von Kotzebue, dessen satirische Abrechnung mit der *Lucinde* unter dem Titel *Der hyperboreische Esel* in Leipzig und anderswo auf der Bühne Erfolge feierte. Schlegel wird darin als »moralischer Vagabund« dargestellt und am Schluss ins Irrenhaus eingeliefert. Im Alter hat der Verfasser selbst dafür gesorgt, dass die *Lucinde* von seinen Publikationslisten verschwand.

den Angelegenheit im schummrigen Boudoir zu einer offen verhandelten Glücksquelle – das erscheint der deutschen Restauration, ihren intellektuellen Eliten, wie eine Aufforderung zum Umsturz. *Die Liebe ist nicht bloß das stille Verlangen nach dem Unendlichen; sie ist auch der heilige Genuss einer schönen Gegenwart,* heißt es im Roman. Schon das Wort »Genuss« war verdächtig. Ergab sich hier nicht jemand der ungezügelten Sinnlichkeit? Ja, unbedingt, hätte der junge Friedrich auf eine solche Frage geantwortet. Und meine wundervolle Dorothea tut es mir gleich. Ich werde sie heiraten. Und ich sage euch, dass eine Ehe ohne sinnliches Begehren nichts wert ist. Als sittlich galt damals das Gegenteil.

Es gibt eine Stelle in der *Lucinde,* die es nahelegt, dass Friedrich und Dorothea, die beiden Erotomanen, beim Sex gern spielerisch das Geschlecht wechselten: ... *wenn wir die Rollen vertauschen und mit kindischer Lust wetteifern, ob dir die schonende Heftigkeit des Mannes besser gelingt oder mir die anziehende Hingebung des Weibes.* Dieser Satz ist der provokanteste, der sich im gesamten Werk finden lässt. Doch für das Lesepublikum und die Kritik waren es nicht nur die Verweise auf Spaß im Bett, die das Buch so anstößig machten. Es waren der Ernst und die Inbrunst, mit denen Friedrich darüber schrieb. Er fragt in der *Lucinde* nach dem Sinn seines Lebens und findet ihn in der Liebe. Und den Sinn der Liebe findet er in der Sexualität. Und all das ist nicht als Abkehr von frommer Sitte und vom Einklang mit der Natur gemeint, sondern im Gegenteil als deren höchste Vollendung. *Wenn man sich so liebt wie wir, kehrt auch die Natur im Menschen zu ihrer ursprünglichen Göttlichkeit zurück.*

Schlegel glaubte fest an seine Botschaft: dass die körperliche Liebe, wenn sie denn eine war, die Menschen vom Gefühl der Sinnlosigkeit ihres Lebens und der Rastlosigkeit ihres Strebens erlösen könne. Man spürt bei der Lektüre, dass dieser Mann durch ein außergewöhnliches Liebeserlebnis neu geboren wurde und es der Welt erzählen möchte. Die Welt aber wollte nichts davon hören. Noch fast zwei Jahrzehnte nach Erscheinen der *Lucinde* wurde der Verfasser als »anrüchiger Skribler« geschmäht, seinem Buch »Verworfenheit« attestiert.

FRIEDRICH SCHLEGEL
GEADELT 1815

 BIOGRAPHIE

Friedrich Schlegel wird am 10. März 1772 in Hannover geboren. Nach einem Studium der Philosophie, Altphilologie und Kunstgeschichte in Leipzig zieht er zunächst nach Berlin, dann nach Jena. Dort lernt er die Philosophen Johann Gottlieb Fichte und Friedrich Wilhelm Joseph Schelling sowie die Schriftsteller Novalis (eigentlich Georg Philipp Friedrich Freiherr von Hardenberg) und Ludwig Tieck kennen. Dieser Kreis hat großen Einfluss auf seine Entwicklung, lässt ihn zu einem der Mitbegründer der Frühromantik werden, der die ganze Bewegung entscheidend prägt. Zusammen mit seinem Bruder August Wilhelm Schlegel (1767–1845) gibt er von 1798 bis 1800 die Zeitschrift Athenäum heraus, die das romantische Kunstverständnis zu definieren sucht. 1801 wird Schlegel in Jena habilitiert. Kurz darauf verliebt er sich in Dorothea Veit, die Tochter Moses Mendelssohns. 1804 findet in Paris die Hochzeit statt. Hier studiert Schlegel Sanskrit und orientalische Sprachen, und er hält Vorlesungen über deutsche Literatur und Philosophie. 1809 tritt er in den diplomatischen Dienst der österreichischen Regierung. Als er von 1820 bis 1823 die konservative Zeitschrift Concordia herausgibt, überwirft er sich mit seinem Bruder, es kommt zum Bruch. Ab 1828 lebt und lehrt Friedrich Schlegel in Dresden. Dort stirbt er am 12. Januar 1829. – Neben der Lucinde von 1799 zählt das Trauerspiel Alarcos von 1802 zu Schlegels bedeutenden literarischen Werken. Zu nennen sind ferner die Abhandlungen Charakteristik des Wilhelm Meister (1798), in der Goethes Roman als epochale Leistung klassifiziert wird, und das Gespräch über die Poesie (1800), das heute als repräsentative Schrift der Frühromantik gewertet wird.

 WISSENSWERTES

Romantik
August Wilhelm und Friedrich Schlegel gelten als die wichtigsten Vertreter der Frühromantik, die in Deutschland am Ende des 18. Jh.s ihre Blütezeit hatte. Diese Bewegung feierte das Wunderbare und Phantastische, das Gefühl und die Phantasie und strebte danach, die Grenzen zwischen den literarischen Genres und den einzelnen Wissensbereichen aufzuheben. Friedrich Schlegel selbst definierte die romantische Dichtung als »progressive Universalpoesie«: »Ihre Bestimmung ist nicht bloß, alle getrennten Gattungen der Poesie wieder zu vereinigen und die Poesie mit der Philosophie und Rhetorik in Berührung zu setzen. Sie will, und soll auch Poesie und Prosa, Genialität und Kritik, Kunstpoesie und Naturpoesie bald mischen, bald verschmelzen …« Ab 1808 beginnt die Hochromantik, die ihren Mittelpunkt in Heidelberg und Berlin hatte. Zu ihren Vertretern zählen Clemens Brentano, Achim von Arnim und die Brüder Grimm. Der Schwerpunkt verlagert sich jetzt auf volkstümliche Dichtung, das Ideal ist die Verbindung von Schlichtheit mit moderner Erzählkunst; die »Universalpoesie« ist nicht mehr oberstes Gebot. Die Spätromantik, die ihren Mittelpunkt in den Berliner Salons von Henriette Herz und Rahel Varnhagen hatte, wurde durch das Spannungsverhältnis zwischen romantisch-poetischem Ideal und nüchterner Realität bestimmt. Herausragendster Vertreter dieser späten Phase ist E. T. A. Hoffmann (1776–1822).

 EMPFEHLUNGEN

Lesenswert:
Friedrich Schlegel: Lucinde, hrsg. von Karl Konrad Polheim, Stuttgart 1999

Ders.: »Athenäums«-Fragmente und andere Schriften, Stuttgart 1998

Harro Zimmermann: Friedrich Schlegel oder die Sehnsucht nach Deutschland, Paderborn 2009

Ernst Behler: Friedrich Schlegel. Mit Selbstzeugnissen und Bilddokumenten, Reinbek 2004

Lothar Pikulik: Frühromantik. Epoche, Werke, Wirkung, München 2000

Rüdiger Safranski: Romantik. Eine deutsche Affäre, Frankfurt / M. 2009

Hörenswert:
Lucinde, Hörstück nach Friedrich Schlegel, gelesen von Nina Hoss, Berlin 2005. Audio-CD

 AUF DEN PUNKT GEBRACHT

Ehe ohne Liebe und Liebe ohne erfüllten Sex seien wertlos, schrieb Schlegel und löste damit einhellige Empörung aus. Sein größter Fauxpas: Auch die Frau habe ein Recht auf Lust.

Der süße Fuß
Tolldreiste Geschichten
Honoré de Balzac

■ Balzac, etwa 22 Jahre alt. Sepiazeichnung, 1820er Jahre, von Achille Devéria (1800–1857)

»Dieser mächtige und unermüdliche Arbeiter, dieser Philosoph, dieser Denker, dieses Genie: All seine Bücher bilden nur ein Buch, ein lebendiges Buch, lichtvoll und tief, wo man unsere ganze zeitgenössische Zivilisation kommen und gehen und sich bewegen sieht.«
Victor Hugo

Als der Romancier Balzac seine *Tolldreisten Geschichten* schrieb, ahnte er womöglich seinen Erfolg voraus, denn in dem Brief an eine Freundin schrieb er: »... wenn es etwas gibt, das mich überleben wird, dann sind es diese Geschichten«. Das ist umso erstaunlicher, als der 1799 in der französischen Stadt Tours geborene Schriftsteller seine Geschichten »nur« schrieb, um sich von seinen großen Romanen zu erholen; es klingt fast so, als habe er sie aus dem Ärmel geschüttelt und sie gerade deshalb für wertvoll gehalten.

In drei Etappen entstanden je zehn Erzählungen, genannt das *Erste Zehnt* (1832), das *Zweite Zehnt* (1833) und das *Dritte Zehnt* (1837), in denen der Autor mit viel Humor und Sinn fürs Frivole das Leben der französischen Gesellschaft um die Mitte des vergangenen Jahrtausends aufs Korn nimmt. Es ist die »dunkle«, unruhige Zeit des Spätmittelalters und des folgenden »Goldenen Zeitalters« der Renaissance, jene kulturgeschichtliche Epoche, die im 14. Jahrhundert beginnt und bis ins 16. Jahrhundert hineinreicht. Zu den bekanntesten seiner dreißig in bewusst altertümlich-derber Sprache verfassten Geschichten zählen *Des Königs Liebste, Die wunderlichen Reden der Nonnen von Poissy, Der Sukkubus (Eine Hexengeschichte)* und *Die schöne Imperia;* Letztere wurde 1927 sogar von Franco Alfano als Stoff und Text für eine Oper (*Madonna Imperia*) benutzt. Darüber hinaus wurden Teile des Stoffes auch verfilmt: 1968 von Joseph Zacher in Deutschland und 1972 von dem Italiener Claudio Racca.

Als kritischer Realist besticht Balzac durch eine brillante, noch das kleinste Detail ausmalende Erzählkunst, die der amerikanische Schriftsteller Henry James mit den Worten gerühmt hat: »Wo ein anderer Schriftsteller eine Anspielung macht, liefert Balzac ein holländisches Gemälde.« Nachzulesen beispielsweise in der Geschichte *Die lässliche Sünde.* Hier hält sich der Dichter auf einer halben Buchseite einzig bei dem Fuß einer Dame auf. Blanche heißt die junge Schöne, die sich sehnlichst ein Kind wünscht. Da ihr Ehemann, ein alter vergnatzter Haudegen, sich jedoch über Monate weigert, sie zu schwängern, wird aus der naivtreuen Gemahlin allmählich eine listige Circe, die versucht, einen Pagen zu verführen:

Unterdessen betrachtete der Page den Fuß seiner Dame, der in einem gar zierlichen Pantöffelchen von hellblauer Seide stak und recht auffällig auf einem Schemel ruhte, da der Sessel des Seneschalls, worin die Dame die Schlafende spielte, ungewöhnlich hoch war. Und ach, was war das für ein Fuß! Schmal war er und war reizvoll geschwungen, nicht länger als ein Hänfling, den Schwanz mit eingerechnet, kurz, ein Fuß zum Entzücken, ein jungfräulicher Fuß; er verdiente geküsst zu werden, wie ein Dieb verdient gehängt zu werden. Und weiter wird der Fuß gepriesen: als feenhaft, als wollüstig, gar als vom Teufel besessen. Es war *ein Fuß, der dazu aufforderte, zwei neue, ganz gleiche zu machen, um ein so schönes und vollkommenes Werk Gottes nicht aussterben zu lassen. Der Page konnte sich nicht entscheiden, was süßer zu küssen wäre, die frischen, feuchtroten Lippen der Seneschallin oder dieser vermaledeite, vielmehr gebenedeite Fuß. Er entschied sich dennoch endlich, und aus ehrfürchtiger Angst, vielleicht auch aus übergroßer Liebe wählte er den Fuß und küsste ihn, küsste ihn hastig wie ein Jüngferlein, das gern möchte und noch nicht wagt.*

Honoré de Balzac, als Schriftsteller eine französische Ikone, steht im Ruf eines rastlosen Workaholics, der Unmengen von Kaffee in sich hineinschüttete und an manchen Tagen bis zu siebzehn Stunden schrieb. Die meiste Zeit seines Lebens hatte er mit Schulden zu kämpfen, die ihn jedoch nicht daran hinderten, auf großem Fuße zu leben, als reisefreudiger Lebemann in

INSPIRATIONEN

Von wem oder welchen Werken ließ sich Balzac zu seinen *Tolldreisten Geschichten* inspirieren? Sehr wahrscheinlich von François Rabelais (um 1494–1553), der sowieso sein Vorbild war. Die Novellensammlung *Das Dekameron* von Giovanni Boccaccio (1313–1375) dürfte eine Rolle gespielt haben, ebenso wie das *Heptameron* der Margarete von Navarra (1492–1549). Der Balzac-Forscher J. Wayne Conner verweist in diesem Zusammenhang auch auf die Werke von Étienne Tabourot des Accords (1547–1590).

■ *Die jungfräuliche Magd von Thilhouze: Die Ehre in Gefahr.* Holzstich zu einer der *Tolldreisten Geschichten* aus dem Jahr 1855 von Gustave Doré (1832–1883)

■ Umschlag zu den *Contes Drolatiques*, den *Tolldreisten Geschichten*, aus dem Jahr 1832 von Gustave Doré (1832–1883)

gehobenen Kreisen zu verkehren und zahlreiche Verhältnisse mit verheirateten Damen einzugehen. Die einst überbordende Vitalität des Schriftstellers ließ Ende der 1840er Jahre aufgrund seiner exzessiven Arbeitsweise immer mehr nach. Sein bewegtes Leben nahm 1850 in Paris ein frühes Ende. Erst wenige Monate zuvor hatte er die Gräfin Evelina Hanska geheiratet. Kein Geringerer als der große Victor Hugo hielt die Grabrede. Obwohl im Zeitalter der Romantik aufgewachsen, gilt Balzac heute als Vater des realistischen Romans.

Seine Figuren überlebten den Autor, ganz wie dieser es ahnte. So etwa die verführerische Blanche aus *Die lässliche Sünde:* Blanche gelangt schließlich ans Ziel ihrer Wünsche und vereinigt sich mit dem Pagen, auch wenn sie dabei so tut, als schlafe sie, um nicht in quälende religiös-moralische Konflikte zu geraten. Als sich ihre Schwangerschaft nicht mehr verheimlichen lässt, schnaubt der gehörnte Ehemann vor Wut, sucht seine Gattin auf und ruft: »*Holla, schöne Dame, bei der dreizackigen Gabel des Teufels: bin ich ein Hanswurst, bin ich ein neugeborenes Kind, um zu glauben, die Einfahrt sei bei Euch so groß und weit, dass ein Page einreiten kann, ohne Euch zu wecken? Donner noch mal, Tod und Teufel!*« – »*Oh*«, antwortete sie, die merkte, dass der Teufel wirklich los war, »*ich habe es, zu meinem größten Vergnügen, wohl gefühlt, aber Ihr hattet mich so in Unwissenheit gelassen über die Sache, dass ich sie für einen Traum hielt.*«

Und die Moral von der Geschicht'? In *Die Jungfrau von Thilhouze* beantwortet der Autor diese Frage und trägt damit auch seine Lebensphilosophie vor: *Und wenn ihr mich nun fragt, wo etwa in dieser Geschichte eine Moral zum Vorschein kommen möchte, und worin sie besteht, so könnt ich allenfalls den Damen antworten, dass dieses mein Buch den Zweck hat zu lehren, wie man gut daran tut, im Vergnügen eine Moral, aber nicht im Moralisieren ein Vergnügen zu finden.*

ÜBERSETZUNGEN
Die *Tolldreisten Geschichten* wurden mehrfach von verschiedenen Autoren ins Deutsche übersetzt, unter anderem von Walter Mehring, dem bedeutenden Satiriker der Weimarer Republik, der sie *Trollatische Geschichten* nannte. In einer der ersten Übersetzungen von 1914 lautet der Titel noch *Die drolligen Geschichten des Herrn von Balzac*. In den 1920er Jahren finden sich Überschriften wie *Ergötzliche Geschichten*, *Die dreißig dreistdollen Erzählungen* oder *Derbdrollige Geschichten*. Erst Anfang der 1960er Jahre setzte sich der heute geläufige Titel durch.

HONORÉ DE BALZAC

 BIOGRAPHIE

Honoré de Balzac wird am 20. Mai 1799 in Tours geboren. 1814 geht er nach Paris, studiert dort von 1816 bis 1819 Jura. Seine schriftstellerische Karriere beginnt er mit Kolportageromanen, die er unter Pseudonymen veröffentlicht. Er verspekuliert sich an der Börse, scheitert als Verleger und Druckereibesitzer, was neben seinem verschwenderischen Lebensstil dazu führt, dass er hohe Schulden anhäuft. Um sie zu begleichen, schreibt er wie ein Besessener. 1829 schafft er den literarischen Durchbruch: Mit dem philosophischen Essay *Physiologie der Ehe* und mit dem historischen Roman *Die Chouans*. Ein Jahr später ist er Mitbegründer einer politischen Zeitschrift, in den folgenden Jahren ist er journalistisch tätig, wobei er sich trotz seiner bürgerlichen Herkunft stets dem Adel verbunden fühlt. Sein Erfolg hat ihm mittlerweile die adligen Kreise erschlossen, er wird in die Sommerresidenzen der besseren Gesellschaft eingeladen. Von den Schulden kommt er trotzdem nicht los, weshalb er sich immer wieder von reichen Damen unterstützen lässt. 1832 lernt er die polnische Gräfin Evelina Hanska kennen, die er, nachdem sie verwitwet ist, 1850 heiratet. Lange währt das Eheglück nicht: Balzac ist infolge seines selbstzerstörerischen Lebens und Arbeitens gesundheitlich schwer angeschlagen. Er stirbt am 18. August 1850 in Paris. – Balzac hat ein sehr umfangreiches Gesamtwerk hinterlassen. Sein Hauptwerk, *Die menschliche Komödie*, besteht aus rund 90 vollendeten Romanen und Erzählun-

gen (geplant waren 137). Die *Tolldreisten Geschichten* von 1837 gehören nicht zu diesem Zyklus.

 WISSENSWERTES

Realismus
Balzac zählt neben Gustave Flaubert, Stendhal und den Brüdern Goncourt zu den wichtigsten Vertretern des französischen Realismus und somit zu den Wegbereitern der gesamten Strömung. Die Epoche des Realismus löst um 1830 die Spätromantik ab und geht um 1880 in den Naturalismus über. Während im romantischen Idealismus, der in Deutschland von den Brüdern August Wilhelm und Friedrich Schlegel geprägt wurde, das Streben nach ethischen und ästhetischen Idealen im Mittelpunkt steht, orientiert sich der Realismus konsequent an der sinnlich erfahrbaren Wirklichkeit. Die Kunst soll, basierend auf genauer Beobachtung, ein wahrhaftiges Bild menschlichen Lebens zeigen. Dazu gehören exakte Schilderungen des gewählten Milieus und psychologisch stimmige, präzise gezeichnete Charaktere. Die Darstellung soll, ganz im Gegensatz zum schwärmerischen Subjektivismus der Romantik, so objektiv wie irgend möglich sein, nicht durch Gefühle und Meinungen oder gar Wertungen des Erzählers gefärbt. In Deutschland können die Dramatiker Georg Büchner und Christian Dietrich Grabbe als Vorläufer

des Realismus angesehen werden, zur Blüte gelangte er aber erst nach der Revolution von 1848 mit Adalbert Stifter, Theodor Storm und Gottfried Keller.

 EMPFEHLUNGEN

Lesenswert:
Honoré de Balzac: *Tolldreiste Geschichten*, St. Gallen 2006

Ders.: *Glanz und Elend der Kurtisanen*, Frankfurt / M. 2003

Ders.: *Vater Goriot*, Frankfurt / M. 2008

Claudia Schmölders (Hg.): *Balzac. Leben und Werk*, Zürich 2007

Stefan Zweig: *Balzac. Eine Biographie*, Frankfurt / M. 1979

Léon Gozlan: *Balzac in Pantoffeln*, München 1969

Hörenswert:
Franco Alfano: *Madonna Imperia*. Oper 1927 (nach einer Erzählung aus den *Tolldreisten Geschichten*)

Sehenswert:
Dein Vergnügen ist auch mein Vergnügen. Regie: Claudio Racca; mit Pupo De Luca. I 1972 (nach Episoden aus den *Tolldreisten Geschichten*)

Balzac – Ein Leben voller Leidenschaft. Regie: Josée Dayan; mit Gérard Depardieu, Jeanne Moreau. F / I / D 1999 (TV-Biographie)

✳ AUF DEN PUNKT GEBRACHT

Mit seiner Geschichtensammlung, auf die er besonders stolz war, führt Balzac den Leser in längst vergangene Zeiten zurück und gibt ihm dort ausgesuchte Frivolitäten zu kosten.

Glut und Eis
Lelia
George Sand

■ *Porträt von George Sand. Photographie, um 1864, von Nadar (1820–1910). New Haven, Kunstgalerie der Universität Yale.
Sand, die eigentlich Aurore Dupin hieß, hatte Beziehungen mit mehreren großen Künstlern. Frédéric Chopin war fast neun Jahre ihr Lebensgefährte.*

Die Hauptfigur ist eine Sphinx. Fasziniert steht die Mitwelt vor diesem rätselhaften Weib mit Namen Lelia, und auch Lelia begreift sich nicht. Sie sucht Liebe und Erkenntnis, sie will eine wissende Liebe und eine leidenschaftliche Erkenntnis. Was ihr das Leben bietet, ist ödes Mittelmaß. Man traut der Frau keinen Geist zu, und man fürchtet das weibliche Begehren. Die französische Gesellschaft wird von Männern beherrscht, und die sichern ihre Macht nicht zuletzt durch die Unterwerfung der Frauen. Es sind die Dummheit, die Brutalität und die Machtbesessenheit der Männer, die es so weit haben kommen lassen. Zu schweigen von der Dummheit, der Fügsamkeit und der Schwäche der Frauen. *O Elend und Knechtschaft der Frau! Ihr seid so sehr in ihrer Natur, dass die Gesellschaft sich zumindest hätte bemühen müssen, euch zu mildern.*

Lelia und die anderen Figuren des Romans sind keine realen oder realistischen Personen, sondern Allegorien, an denen die Schriftstellerin George Sand zeigen will, wie verrottet die gesellschaftlichen Konventionen in ihrer Gesamtheit sind – wobei sie vor allem das Verhältnis der Geschlechter im Auge hat. Lelia revoltiert. Sie dringt in die Sphäre des Geistes ein und wird so zur Intellektuellen, zur Zweiflerin, zur Wissenden. Der Preis für diese Eroberung aber ist hoch: Sie beschädigt die Spontaneität der Frau und damit ihre Sinnlichkeit und ihre Fähigkeit zu lieben. *Ich habe mir gewünscht, die verfeinerten Genüsse des Geistes mit den fiebrigen Genüssen des Körpers zu mischen; aber wie kommt es, dass sie sich gegenseitig auszuschließen und zu ersticken scheinen?*

Ihre Erfahrungen mit Liebhabern waren ferner so tief enttäuschend, dass Lelia auf die Avancen eines Mannes – und sie erhält, ihrer Reize wegen, viele Anträge – mit offenem Sarkasmus reagiert. Dennoch kann sie, Geistesmensch und Femme fatale zugleich, nicht davon ablassen, die Männer anzuziehen und sich an deren ins Leere laufendem Verlangen zu weiden. Es soll ihnen gehen wie ihr, der ewig Unbefriedigten, die vor lauter Zweifel und ungestillter Erregung kalt wie Marmor geworden ist (und genauso schön). *Das Begehren war bei mir eine Seelenglut, die die Kraft der Sinne lähmte, bevor sie sie noch erregt hatte; es war eine wilde Raserei, die sich meines Gehirns bemächtigte ... Mein Blut wurde eisig, ohnmächtig und dünn während der ungeheuren Anspannung meines Willens.*

Lelias Romanpartner sind der geläuterte Verbrecher Trenmor, der schwärmerische Jungdichter Stenio und der labile Priester Magnus. Den alternden Trenmor hat sich die Heldin zum Gefährten erwählt, denn er erwartet, ganz wie sie, nichts mehr vom Leben. Stenio liebt die ältere Lelia leidenschaftlich und würde alles tun, sie zu besitzen. Sie liebt ihn gleichfalls, kann sich ihm aber nicht hingeben, da sie fürchtet, durch den sexuellen Akt die Liebe zu zerstören. Und noch eine zweite Frauengestalt geistert durch das Werk: Pulcheria, Lelias Schwester, eine berühmte Kurtisane. Sie ist das Alter Ego der Heldin, die Frau, zu der Lelia geworden wäre, wenn ihre Sinnlichkeit sich hätte entfalten dürfen. Als Stenio einen letzten verzweifelten Versuch macht, die Angebetete in sein Bett zu ziehen, sorgt Lelia dafür, dass im entscheidenden Moment Pulcheria an ihre Stelle tritt, Stenio aber im Dunkel des Schlafgemachs glauben muss, die so lange schon Begehrte zu umarmen. *»O welch köstliche Stunde«*, rief Stenio. *»Ach, meine Lelia! Ich will dir auf Knien danken, denn fast wäre ich gestorben, du wolltest mich retten und hast mir himmlische Wonnen gezeigt.«* Als herauskommt, dass er mit der Lebedame Pulcheria geschlafen hat, vergeht der junge Dichter vor Scham und Zorn. *»Fliehen Sie«*, schrie Stenio und zog sein Stilett, *»denn ich weiß nicht, wozu ich fähig bin.«* Jetzt kann Lelia erst recht triumphieren, denn was bedeuten Liebe und Begehren, wenn Stenio im Liebesakt mit der »falschen Frau« höchstes Glück erfährt? Ist eine solche Liebe nicht wertlos, ein solches Begehren nicht blind? Stenio bricht mit Lelia, im Tode wird man sich wiedersehen.

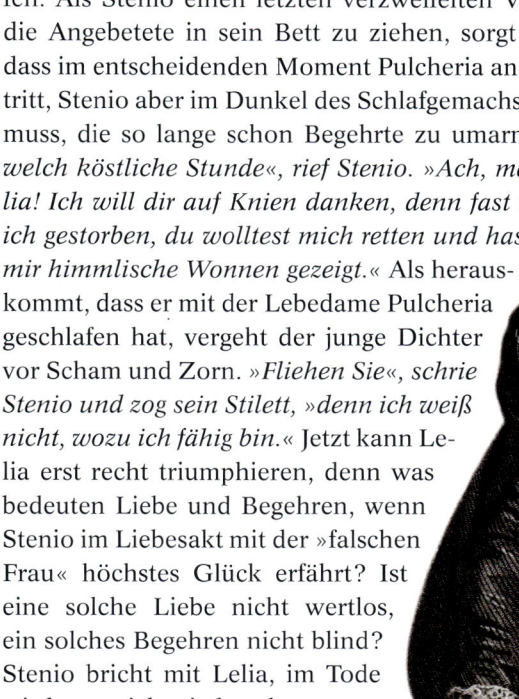

DAS PSEUDONYM
Die 26-jährige Aurore Dupin, verheiratete Dudevant, geht 1830 nach Paris. Dort trifft sie den Literaten Jules Sandeau, mit dem sie zusammen einen Roman schreibt: *Rose et Blanche*. Das Buch erscheint unter dem Pseudonym J. Sand. Die junge Schriftstellerin trennt sich von Sandeau, behält aber den Nachnamen des Pseudonyms »Sand« bei und stellt das maskulinisierende »George« voran.

■ Illustration zu *Lelia*. Lithographie von John Henry Robinson (1796–1871), nach François Gabriel Guillaume (1804–1886). Privatsammlung

Das Buch, George Sands dritter Roman, erzählt keine Geschichte, sondern erörtert menschliche Verhältnisse, er handelt von der *Frustration,* von unerfüllbarer Liebessehnsucht und von unbefriedigter Sexualität. Auch die Männer kommen schließlich zu kurz, weil ihnen – in Herzensdingen und im Bett – die ebenbürtigen Partnerinnen fehlen. So berichtet *Lelia* vom Fluch der Vergeblichkeit, denn auch die geistigen Anspannungen, denen sich die Heldin unterzieht, stiften keinen vollen Ersatz. Die Kommentatorin Gisela Schlientz schreibt über das Buch und über George Sand: »Ihr romantischer Nihilismus richtet sich gegen eine Männergesellschaft, die dem Weib keine Transzendenz erlaubt, die Frau zum Schweigen verurteilt, ihren Körper mundtot macht, ihr Begehren erstickt .. Doch dass eine Frau, wenn auch nur in Umschreibungen, von ihrem Begehren, von ihrem ungestillten sexuellen Verlangen sprach, wurde zu ihrer Zeit als unerhörte Provokation empfunden.«

Die Gestalt des Gottesmannes Magnus gibt Sand Gelegenheit, über Religion und Glauben zu philosophieren. Wie soll der Glaube überleben, wenn den Menschen die Freude an der Schöpfung durch Abtötung der Sinnlichkeit so schwer gemacht wird? Unterdrückte Erotik lässt sich trefflich an einem Priester demonstrieren, der nicht mit einer Frau schlafen darf und doch die eine, die Unerreichbare, bis zum Wahnsinn begehrt. *O mein Gott, wie habe ich gelitten. O Weib, O Traum, O Sehnsucht! Wie hast du mir wehgetan. Was für Fallen hast Du mir gestellt.* Magnus wird wirklich verrückt, und in einem Anfall von Irrsinn und Hass erwürgt er Lelia. Stenio findet die schöne Leiche und folgt ihr in den Tod.

■ Lelia in der Höhle. Illustration, um 1852, von Eugène Delacroix (1798–1863). Paris, Musée Carnavalet

GEORGE SAND

 BIOGRAPHIE

Amandine-Aurore-Lucile Dupin de Francueil, die sich später George Sand nennt, wird am 1. Juli 1804 in Paris geboren. Sie wächst bei ihrer Großmutter auf, der ein Landgut in Nohant-Vic gehört. Als sie im Januar 1822, nach dem Tod der Großmutter, nach Paris zieht, fällt sie durch ihre Gewohnheit, Männerkleidung zu tragen, auf. Im selben Jahr geht sie jedoch, aller Unangepasstheit zum Trotz, eine Konventionsehe ein, heiratet den Baron Casimir Dudevant. Das Paar hat zwei Kinder, Maurice und Solange. 1830 verlässt sie Mann und Kinder und zieht zu ihrem Geliebten, Jules Sandeau. Mit ihm schreibt sie ihren ersten Roman: Rose et Blanche, der 1831 erscheint. Den großen Durchbruch schafft sie zwei Jahre später mit Lelia. Der Erfolg macht sie finanziell unabhängig und erlaubt ihr ein Leben nach ihren eigenen Vorstellungen, endlich muss sie sich nicht mehr dem Diktat der Gesellschaft unterwerfen. Sie umgibt sich mit interessanten Männern, Alexandre Dumas und der Maler Eugène Delacroix gehören zu ihrem Freundeskreis, sie hat Beziehungen mit den Schriftstellern Alfred de Musset (1810–1857) und Honoré de Balzac, dem Bildhauer Alexandre Manceau und den Komponisten Franz Liszt, Hector Berlioz und Frédéric Chopin (1810–1849); mit ihm lebt sie fast neun Jahre zusammen, davon einige Monate auf Mallorca: Sand hat ihre Kinder inzwischen zu sich geholt, und der kränkliche Maurice soll sich in dem milden Klima erholen. Doch die Unterkunft ist kalt und feucht, Chopin bekommt eine Lungenentzündung,

und so bricht die Familie den Inselaufenthalt ab. 1847 endet die Beziehung. George Sand betätigt sich nun politisch, tritt nicht nur in ihren Romanen für die Gleichstellung von Mann und Frau ein, sondern engagiert sich auch in der Februarrevolution 1848 für den Sozialismus. 1850 zieht sie sich auf ihr Landgut in Nohant zurück. Dort stirbt sie am 8. Juni 1876. – Zu ihren Werken zählen Der französische Handwerksbursche (1840), Consuelo (1843), Die Gräfin von Rudolstadt (1844), Der Teufelsteich (1846) und Nanon (1872), außerdem der Reisebericht Ein Winter auf Mallorca (1842) und ihre Autobiographie, Geschichte meines Lebens (1876).

 WISSENSWERTES

Gustave Flaubert
Mit Gustave Flaubert (1821–1880) verband George Sand eine langjährige Brieffreundschaft. Beide suchten nach neuen Darstellungsformen in der Literatur, beide waren fasziniert von der Diskrepanz zwischen Illusion und Realität. Flaubert gelang mit Madame Bovary, erschienen 1857, der große Wurf: In einem ganz neuen, objektiv-realistischen Stil erzählt er die Geschichte einer jungen Frau, die nach einem Ehebruch an ihren eigenen Illusionen scheitert und Selbstmord begeht. Madame Bovary gilt als eines der ersten Werke des Realismus.

 EMPFEHLUNGEN

Lesenswert:
George Sand: Lelia, übersetzt von Heidrun Hemje-Oltmanns, München 2008

Dies.: Ein Winter auf Mallorca. Tage mit Frédéric Chopin, Frankfurt / M. 2006

Renate Wiggershaus: George Sand, Reinbek 1999

André Maurois: Das Leben der George Sand, München 1992

Heinrich Mann: »Gustave Flaubert und George Sand«, in: Geist und Tat. Franzosen 1780–1930, Frankfurt / M. 1981

Iris Schürmann-Mock: Mein Herz tanzte mit ihr durch das Land. Berühmte Paare auf Reisen, Hildesheim 2008

Hörenswert:
Nachhall einer Liebe: George Sand & Frédéric Chopin, mit Texten von George Sand, Frédéric Chopin, Franz Liszt u. a., begleitet von Chopins Klaviermusik, gelesen von Brigitta G. Mazanec, Göttingen 2006

Sehenswert:
Das Liebesdrama von Venedig – George Sand und Alfred de Musset. Regie: Diane Kurys; mit Juliette Binoche, Benoît Magimel. F 1999

Verliebt in Chopin. Regie: James Lapine; mit Judy Davis, Hugh Grant. USA 1991

Tabulos genießen, mit geistiger Reife

Aus den Memoiren einer Sängerin

Anonym

■ Zwei Frauen im späten Biedermeier, der Zeit der »Sängerin«: So könnte man sich die junge Pauline und die Gouvernante Marguerite vorstellen.

»Wird nur an wissenschaftlich interessierte Herren zu Studienzwecken abgegeben.« So lautet der Vermerk einer Ausgabe von 1909, die in 600 Exemplaren als Privatdruck in Budapest erschien.

»Ach, wie schön! Mehr oben! Wie liebenswürdig du heute bist! Ah, ah! Jetzt saugen! ... Himmlisch! Etwas tiefer mit der Zunge! Nun rascher! ... Es kommt gleich! Ah, ah ...« Ein junges Mädchen beobachtet die Eltern beim Sex. Pauline ist vierzehn und wohlerzogen. Sie wächst in begüterten Verhältnissen auf und verehrt Vater wie Mutter, weil beide vornehm, gebildet und gesittet sind. Als Paar zärtlich und taktvoll, vermitteln sie der Tochter das Glück einer vorbildlichen Ehe. Doch nun, im Schlafzimmer, hinter einem Vorhang verborgen, erlebt Pauline pure, wüste Sinnlichkeit. Hemmungslos treiben es ihre sonst so anständigen Alten von vorn und von hinten, genießen lautstark Cunnilingus und Fellatio, erschöpfen sich in mehrfachen Orgasmen. Pauline ist kurz schockiert, dann äußerst erregt: *Hätte ich nicht das Rauschen und Knittern meiner Kleider gefürchtet, so würde ich mit meiner Hand dahin gefasst haben, wo meine Mutter eine so überwältigende Wollust zu empfinden schien, dass sie alles um sich vergaß und aus einer stillen, höchst ruhigen Frau eine glühend Genießende wurde.* Mit hochrotem Kopf und wackligen Knien schleicht sich die Lauscherin fort, doch noch selbigen Tags empfängt sie ihre nächste Lektion. Heute ist nämlich Mamas Geburtstag, und zur anreisenden Verwandtschaft gehört die Gouvernante Marguerite, eine fesche, pralle Schönheit, die sich nächtens in ihrer Kammer mit einem Dildo amüsiert. Auch davon wird Pauline Zeugin; prompt beschließt sie, Marguerite zu ihrer erotischen Lehrerin zu machen. Und unter Anleitung der Gouvernante entwickelt sich ein enormer sexueller Appetit, der Paulines Wesen und Leben fortan bestimmt und sie zu einer Meisterin der Lust heranreifen lässt.

Als erwachsene Frau und erfolgreiche Opernsängerin schreibt Pauline ihre Memoiren in Form mehrerer langer Briefe an einen befreundeten Arzt. Dieser spielt im Text zwar keine Rolle, ermöglicht aber der Autorin, ohne Umschweife zur Sache zu kommen, weil der Adressat die äußeren Verhältnisse schon kennt. So erfährt der Leser wenig über Paulines Lebensumstände, ihre Karriere und den Aufstieg zur berühmten Diva, umso ausführlicher dagegen von den vielen saftigen Abenteuern, die sie in ganz Europa besteht. Zuvor schildert sie detailliert ihr erotisches Praktikum mit Marguerite, das auch den Auftakt zu einer konsequenten Bisexualität bildet. Stets stehen lesbische Spiele auf Paulines späterem Programm, alle ihre Zofen dienen munter als Geliebte. Die männliche Anatomie erforscht sie an einem tumben Cousin, ihre Defloration allerdings nimmt sie lieber in die eigene Hand, mit Marguerites Godemiché, der auch weiterhin ständig in Betrieb bleibt. Richtig ran lässt Pauline erst einen russischen Grafen, den sie zusammen mit der lüsternen Bankiersgattin Rudolphine vernascht. Das geschieht in Wien während Paulines erstem Opern-Engagement. Ab jetzt verkehrt die Künstlerin nur noch in oberen Gesellschaftskreisen, und überall, ob in Budapest, Rom, Paris oder London, buhlen betuchte, adlige Galane und reiche Lebedamen um ihre Gunst. Immer raffinierter werden die Genüsse: Man feiert rauschende Sexpartys in Boudoirs und Luxusbordellen, bisweilen knallen Peitschen, fließt Natursekt, Pauline kennt keine Tabus. Eine nekrophile Orgie mit Mönchen findet sie ebenso erregend wie ungezähmtes Rudelbumsen tief im ungarischen Wald, wo die elegante Schönheit aus der Stadt eine neunköpfige Räuberbande nebst deren Begleiterinnen zu Höchstleistungen animiert.

Ein erster Teil der *Memoiren einer Sängerin* erschien 1861 anonym in einem Hamburger Verlag. Schnell setzte sich die Meinung fest, dass es sich bei dem Buch um die Hinterlassenschaft der prominenten Sängerin Wilhelmine Schröder-Devrient handelte. Diese

DIE ECHTE SÄNGERIN?
Wilhelmine Schröder-Devrient wurde 1804 in Hamburg geboren und war in ihrer Glanzzeit eine europaweit umjubelte Künstlerin. Als Hofopernsängerin in Dresden befreundete sie sich mit Richard Wagner, der ihre Stimme zwar schwach, ihre erotische Ausstrahlung dagegen umso stärker fand. Die Scheidung von ihrem ersten Ehemann machte Skandal. Der nächste Gatte entpuppte sich als Betrüger, der die Diva um ihr Vermögen brachte. Sie starb 1860 im Alter von nur 56 Jahren.

■ *Bildnis der Hofopernsängerin Wilhelmine Schröder-Devrient.* Gemälde, 1848, von Carl Joseph Begas (1794–1854). Dresden, Gemäldegalerie Neue Meister

■ Möpse. Illustration aus dem Jahr 1927 von Gustav Mützel zu *Brehms Tierleben*

DR. CONDOM
Von Marguerite wird Pauline auch in die Kunst der Empfängnisverhütung eingeweiht. Dabei fällt der Name des Franzosen Dr. Condom, der im 17. Jahrhundert dem englischen König Charles II. als Hofarzt diente und ihm aus der Darmhaut von Hammeln Präservative angefertigt haben soll; damit wurde bereits seit dem Mittelalter verhütet. Marguerite und Pauline hantieren mit Schweinsblasen – die ab 1870 erhältlichen Gummikondome kamen für die Verfasser der *Memoiren* zu spät.

war ein Jahr zuvor verstorben und aufgrund ihres unsteten Liebeslebens eine skandalumwitterte Person, der man ein Buch solchen Schlages wohl zutraute. Das Gerücht hielt sich merkwürdigerweise selbst angesichts des zweiten Teils der *Memoiren*, der in mehreren Folgen zwischen 1869 und 1884 publiziert wurde. Denn dort kommen politische und gesellschaftliche Dinge zur Sprache, die sich erst lange nach dem Tod der Devrient ereigneten! Auch sonst weist der Text keinerlei Übereinstimmungen mit dem Leben der realen Sängerin auf, und man geht heute sogar davon aus, dass diese *Memoiren* von zwei verschiedenen Verfassern stammen. Im Gegensatz zum zweiten Teil, in dem allein die Obszönität regiert und sich maskuline Masturbationsphantasien voll austoben, enthüllt der erste Teil nämlich ein ausgesprochen feinsinniges psychologisches Porträt weiblicher Sexualität. Klug und stilistisch delikat reflektiert die erwachsene Pauline ihre Entwicklung zur Erotomanin auch als geistigen Prozess. Sie erörtert das Wesen der geschlechtlichen Anziehung, diskutiert moralische Fragen und tritt präfeministisch für sexuelle Gleichberechtigung ein.

Obwohl das Bild elterlichen Glücks ihr lebenslang vor Augen steht, entscheidet sich Pauline bewusst früh gegen die Ehe, weil sie erotisch frei sein will und muss. Vor allem dieser anspruchsvollen Passagen wegen wertet man heute die *Memoiren einer Sängerin* als eines der wenigen deutschen erotischen Werke von Rang. Dabei stehen Paulines Überlegungen in reizendem Kontrast zur vergnügten Schamlosigkeit, die schon der Jugendlichen so natürlich scheint wie einer jungen Ente das Schwimmen. Pauline ist wirklich rein gar nichts fremd: Als sie eine alte Tante dabei ertappt, wie sich diese von ihrem Mops oral verwöhnen lässt, klaut Pauline kurzerhand das Tierchen, um das auch mal auszuprobieren. Der Mops macht seine Sache prima und kommt selbst in Fahrt. Dankbar verschafft ihm die Herrin mit der Hand Entspannung. Interessiert sieht Pauline zu, wie sich große Hundeaugen lustvoll verdrehen …

AUS DEN MEMOIREN EINER SÄNGERIN
ANONYM

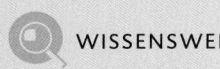
WISSENSWERTES

Wilhelmine Schröder-Devrient
Ob die Hofopernsängerin Wilhelmine Schröder-Devrient die Autorin der *Memoiren* war, ist bis heute nicht geklärt. Möglicherweise stammt der erste Teil tatsächlich von ihr, wahrscheinlicher ist aber, dass ein anderer, vermutlich männlicher Autor dahintersteckt. Den zweiten Teil hat sie mit einiger Sicherheit nicht verfasst. Dennoch scheint sie das Werk zumindest inspiriert zu haben, selbst wenn die Geschichte nicht mit ihrer Lebensgeschichte gleichzusetzen ist. – Wilhelmine Schröder wird am 6. Dezember 1804 in Hamburg geboren. Ihre Eltern sind der Sänger und Schauspieler Friedrich Schröder und die Schauspielerin Sophie Schröder. Wilhelmine bekommt Ballettunterricht, wird Mitglied des Kinderballetts von Friedrich Horschelt in Wien. Bald wechselt sie zum Schauspiel. Mit 15 Jahren hat sie ihre erste Rolle, es folgen Auftritte am renommierten Wiener Burgtheater. Dennoch kehrt sie der Schauspielerei den Rücken und studiert Gesang. 1821 singt sie die Pamina in Mozarts *Zauberflöte*. 1823 geht sie mit ihrer Mutter nach Dresden, wo sie die Schülerin von Johann Aloys Miksch, dem Chordirektor der Hofoper, wird. Sie bekommt zahlreiche Rollen, schließlich ein Engagement an der Hofoper. Noch im selben Jahr heiratet sie den Schauspieler Karl August Devrient (1797–1872), das Paar hat vier Kinder. Zu Schröder-Devrients Freundeskreis zählen Carl Maria von Weber, in dessen Oper *Euryanthe* sie die Titelrolle singt, und Richard Wagner.

Ihn beeindruckt sie mit Auftritten in den Uraufführungen seiner Opern *Rienzi, Der Fliegende Holländer* und *Tannhäuser*. 1847 endet ihr Engagement als Hofopernsängerin, weil sie in zweiter Ehe mit einem Offizier verheiratet ist und daher nicht mehr öffentlich auftreten darf. Das führt zum finanziellen Ruin. Ihre Beteiligung am Dresdner Maiaufstand 1849 endet mit ihrer Verhaftung. 1850 geht sie ihre dritte Ehe ein, diesmal mit dem Gutsbesitzer Heinrich von Bock, dem sie ins baltische Livland folgt. Zwei Jahre später kehrt sie nach Deutschland zurück, lebt mal in Dresden, mal in Berlin. 1856 steht sie wieder auf der Bühne, als Konzertsängerin tritt sie mit Liedern von Schubert, Beethoven und Felix Mendelssohn Bartholdy auf. Sie stirbt am 26. Januar 1860 in Coburg.

WISSENSWERTES

Pornographie
Das Wort Pornographie leitet sich vom griechischen *pornos*, »Hurer«, und *graphein*, »schreiben«, ab, es bedeutet also in etwa »Beschreibung von Hurerei«. Die Literaturwissenschaft definiert Pornographie als »unzüchtige Steigerung der erotischen Literatur« und grenzt sie von Letzterer dadurch ab, dass die expliziten Darstellungen sexueller Handlungen ästhetisch, kompositorisch, stilistisch und literarisch wertlos seien und dem alleinigen Zweck dienten, den

Leser sexuell zu stimulieren. Diese Zweckorientiertheit ist es, die ein pornographisches Werk auf künstlerischer Ebene abwertet, denn sie führt oft zu Monotonie, die Darstellungen sind wenig originell. Obszön hingegen darf Literatur sein: Damit ist alles gemeint, was das Schamgefühl eines Menschen verletzen kann, und da sind in der Kunst Tabubrüche gelegentlich unumgänglich. Oft mit »schmutzig« übersetzt, bedeutet obszön wörtlich »abseits der Bühne«, es geht also um Handlungen, die nicht szenisch dargestellt werden sollten, weil sie den vorherrschenden Moralvorstellungen widersprechen.

EMPFEHLUNGEN

Lesenswert:
Anonym: *Aus den Memoiren einer Sängerin*, Leipzig 1990

Carl Hagemann: *Wilhelmine Schröder-Devrient*, Wiesbaden 1947

Werner Faulstich: *Die Kultur der Pornographie. Kleine Einführung in Geschichte, Medien, Ästhetik, Markt und Bedeutung*, Bardowick 1994

AUF DEN PUNKT GEBRACHT

Eine verblüffende Mischung aus psychologischer Einfühlung und Hardcore-Pornographie. Die Szenen haben es in sich und bedienen so ziemlich jeden Geschmack.

Die Lust am Leiden
Venus im Pelz
Leopold von Sacher-Masoch

■ Leopold von Sacher-Masoch. Undatierte Aufnahme

■ Gegenüber: *Mädchen im Pelz*. Gemälde, um 1535, von Tizian (um 1488 / 90–1576). Wien, Kunsthistorisches Museum

Vergeblich hat er dagegen gekämpft: dass sein Name zum Begriff wurde, zur klinisch-pathologischen Bezeichnung für eine sexuelle »Perversion«. Doch aller Protest half nichts, auch sah sich der einst europaweit bekannte und vielerorts gefeierte Schriftsteller Leopold von Sacher-Masoch allein auf weiter Flur, allzu offen hatte er Flagge gezeigt. Neben dem Sadismus war nun auch der Masochismus in die Welt getreten, um für immer zu bleiben. 1886 definierte der österreichische Psychiater Richard von Krafft-Ebing in seinem Lehrbuch *Psychopathia sexualis* den Masochismus als jene spezielle Lust, die ihre Erfüllung nur in der Erniedrigung, durch seelischen wie körperlichen Schmerz finden kann und will. Wie bei der Beschreibung des Sadismus anhand der in den Werken des Marquis de Sade (s. S. 104) geschilderten Grausamkeiten lieferte die Literatur eine anschauliche Grundlage. In Sacher-Masochs Novelle *Venus im Pelz* waren alle einschlägigen Motive versammelt, Krafft-Ebing las begeistert, zitierte ausführlich und beschrieb erstmals das Phänomen – als Krankheit! Somit war der Masochist ein armer, verirrter Psychopath und Sacher-Masochs Ruf endgültig ruiniert.

Die Hiebe fielen rasch und kräftig auf meinen Rücken, meine Arme, ein jeder schnitt in mein Fleisch und brannte hier fort, aber die Schmerzen entzückten mich, denn sie kamen ja von ihr, die ich anbetete, für die ich jede Stunde bereit war, mein Leben zu lassen. Hier sind wir schon mittendrin in der Passion des jungen Adligen Severin von Kusiemski, der seine Geschichte einem befreundeten Schriftsteller erzählt. In einem Kurort in den Karpaten hat Severin die Bekanntschaft der reichen Witwe Wanda von Dunajew gemacht. Sie ist Mitte zwanzig, eine betörende, aber kühle Schönheit, nach der sich die Männer umdrehen. Auch Severin entflammt sofort, macht Wanda den Hof und sogar einen Heiratsantrag, was sie kaltlächelnd ablehnt. Nach Wandas bisherigen Erfahrungen bedeutet Liebe nur Unterwerfung, Herrschen oder Beherrschtwerden, ein Machtspiel der Geschlechter, das in der traditionellen Ehe stets der Mann gewinnt. Dazu verspürt Wanda keine Lust, sie will lieben, wie es ihr passt, und launisch ist sie obendrein. Severin spitzt die Ohren! Diese Vorstellung entspricht ganz seinem Geschmack. Seit langem hegt er den Traum, einer solchen Frau zu Füßen zu liegen. Vor einer Venusstatue aus Marmor hat er als Kind gekniet, später erregt ihn ein Gemälde von Tizian, das eine distinguierte, nur mit einem Pelz bekleidete junge Dame zeigt. Daraus formt sich Severins erotische Phantasie einer »Venus im Pelz«, mit Wanda soll das Bild Wirklichkeit werden. Ein volles Jahr, schlägt Severin vor, will er Wandas Sklave sein, ihr bedingungslos dienen, ein schriftlicher Vertrag regelt die Einzelheiten: *Frau von Dunajew darf ihren Sklaven nicht allein bei dem geringsten Versehen oder Vergehen nach Gutdünken strafen, sondern sie hat auch das Recht, ihn nach Laune oder nur zu ihrem Zeitvertreib zu misshandeln, wie es ihr eben gefällt, ja sogar zu töten, wenn es ihr beliebt, kurz, er ist ihr unbeschränktes Eigentum.*

Gesagt, getan. Wanda willigt ein, sogleich wird ein Sortiment an Pelzen und Peitschen angeschafft, und das Experiment beginnt. Im Folgenden entwickelt sich Wanda zur perfekten Gebieterin. Sie reist mit Severin nach Italien, richtet in Florenz ein opulentes Domina-Studio ein, mit »Negerinnen«, die ihr assistieren, zum Beispiel Severin vor einen Pflug spannen, nachdem sie ihm ordentlich das Fell gegerbt haben. Unter dem Sklavennamen Gregor muss Severin täglich allerlei Demütigungen hinnehmen, zu jeder Tages- und Nachtzeit zur Verfügung stehen, im Garten schuften und im ungeheizten Zimmer schlafen. Ist er dabei glücklich? Ja und nein. Er vergeht vor Entzücken, wenn Wanda den nackten Fuß auf ihn stellt, die Negerinnen allerdings mag er gar nicht, und sein flehentlicher Protest wird höhnisch und schmerzhaft abgewiesen. Als Wanda mit einem ominösen schönen Griechen zudem einen anderen Liebhaber präsentiert, der nun ebenfalls fröhlich die Peitsche schwingt, wird es dem Sklaven doch zu viel. Nach einer letzten flagellantischen Orgie zerrinnt der Traum, Severin verflucht sein Wagnis und flieht in die Heimat, Wanda entschwindet mit ihrem Griechen auf Nimmerwieder-

»Unter Masochismus verstehe ich eine eigenthümliche Perversion der psychischen Vita sexualis, welche darin besteht, dass das von derselben ergriffene Individuum in seinem geschlechtlichen Fühlen und Denken von der Vorstellung beherrscht wird, dem Willen einer Person des anderen Geschlechts vollkommen und unbedingt unterworfen zu sein, von dieser Person herrisch behandelt, gedemüthigt und selbst misshandelt zu werden. Diese Vorstellung wird mit Wollust betont.«

Richard von Krafft-Ebing,
Psychopathia sexualis

■ *Seine Muse.* Kreidelithographie aus dem Jahr 1890 von Carl von Stur (1840–1905). Zeitgenössische Karikatur auf den Masochismus, mit Sacher-Masoch und seiner Wanda

sehen. Das Erlebnis verwandelt Severin, hinfort spielt er selbst den Despoten und unterjocht die Frauen, seine weiblichen Dienstboten haben nichts zu lachen …

Leopold von Sacher-Masoch veröffentlichte diese Geschichte im Rahmen eines (unvollendeten) Zyklus von Novellen, die um Liebe, Tod, Krieg, Eigentum, Geld und Staat kreisten. In *Venus im Pelz* inszenierte Sacher-Masoch unbekümmert die eigene Obsession. Er war wirklich ein Masochist von Graden, wie es die Schilderungen seiner Ehefrau posthum verrieten. Sie änderte für ihn ihren Namen, nannte sich Wanda und schloss ebenfalls einen Vertrag, der ihr schrankenlose Gewalt über den Gatten einräumte. Und natürlich sollte auch sie immer Sacher-Masochs besonderem Fetisch huldigen und einen Pelz auf nackter Haut anlegen.

Inzwischen weiß die Sexualforschung und Psychoanalyse längst um den zentralen Stellenwert, den Rituale und Rollenspiele in der masochistischen Phantasie einnehmen, und auch, dass es dabei so gut wie nie zum Sex kommt! Den Akt der Erfüllung blendet die Novelle völlig aus. Ab und zu darf Wandas Busen unter dem Pelz aufblitzen, ein einziger Zungenkuss bildet den Höhepunkt erotischer Darstellung. Den Zeitgenossen reichten jedoch die eindeutigen Tableaus der Peitschenlust völlig, die Kritiker reagierten entsetzt. Mit der Novelle begann der Abstieg des Schriftstellers Sacher-Masoch, heute ist sein Werk gänzlich vergessen, nur *Venus im Pelz* hat überlebt. Und der Name, der so gut zum Begriff taugte. Was wäre wohl gewesen, hätte der Autor einfach »Schmidt« geheißen?

SADOMASOCHISMUS

Was sich heute unter dem Kürzel SM verbirgt, geht ebenfalls auf die Analysen von Richard von Krafft-Ebing zurück. Das überraschende Ende von *Venus im Pelz,* wenn Severin zum Dominus mutiert, legte ein komplementäres Verhältnis von Masochismus und Sadismus nahe. Die heutige Forschung betont eher die Unterschiede: Der Masochist benötigt den »Vertrag«, während der Sadist auf völliger Willkür besteht.

LEOPOLD VON SACHER-MASOCH

 BIOGRAPHIE

Leopold Ritter von Sacher-Masoch wird am 27. Januar 1836 im österreichischen Lemberg (heute in der Ukraine) geboren. Sein Vater, Leopold Johann Nepomuk Ritter von Sacher, ist Polizeidirektor von Galizien. Sacher-Masoch studiert Jura, Mathematik und Geschichte in Graz, wird 1857 habilitiert. Er übernimmt eine Professur für Geschichte an der Universität Lemberg, lebt aber schon bald darauf als freier Schriftsteller. 1866 wird seine Novelle *Don Juan von Kolomea* in *Westermanns Monatsheften* abgedruckt – ein großer Erfolg. Bei seinen Zeitgenossen sind seine Novellen und Romane beliebt, auch große Kollegen erkennen ihn an: Victor Hugo, Émile Zola und Henrik Ibsen äußern sich lobend. 1873 heiratet der nun berühmte Autor Sacher-Masoch Aurora von Römelin. Auch sie schreibt, veröffentlicht unter dem Pseudonym Wanda von Dunajew Erzählungen und als Wanda von Sacher-Masoch autobiographische Texte. Seinen Lebensabend verbringt Sacher-Masoch im hessischen Lindheim. Dort stirbt er am 9. März 1895. – Heute kennt man Leopold von Sacher-Masoch nur noch als Verfasser von Erotika. Doch außer der *Venus im Pelz* und dem Roman *Die geschiedene Frau* (beide von 1870) schrieb er auch Novellen, die sehr eindrucksvoll das Leben der ostjüdischen Chassidim schildern (Sacher-Masoch kämpfte stets engagiert gegen den Antisemitismus), etwa *Eine galizische Geschichte* von 1858 oder *Judengeschichten* von 1878, und Dramen wie *Der Mann ohne Vorurtheil* (1866).

Sacher-Masoch hat gelegentlich unter Pseudonymen veröffentlicht, nannte sich u. a. Zoë von Rodenbach.

 WISSENSWERTES

Sexualpathologie
Richard von Krafft-Ebing (1840–1902) war ein namhafter Psychiater, Rechtsmediziner und Nervenarzt. Nach mehrjähriger Tätigkeit in der Irrenanstalt Illenau eröffnete er eine eigene neurologische Praxis, 1873 wurde er Direktor der Landesirrenanstalt Feldhof bei Graz. Sein Forschungsschwerpunkt war die Sexualwissenschaft. Die Zusammenfassung seiner Ergebnisse, die *Psychopathia sexualis* von 1886, wurde zum Standardwerk. Darin prägte er die Begriffe des Sadismus (nach dem Marquis de Sade) und des Masochismus und versuchte, das »Krankheitsbild« zu erklären. Auch Homosexualität deutete Krafft-Ebing als Krankheit. Diese »Perversion«, also die »Umkehrung des normalen Sexualtriebs«, sei angeboren und müsse durch Nervenärzte behandelt, aber nicht durch ein Gericht bestraft werden. Heute hat sich die Psychoanalyse von dieser Sichtweise distanziert. Schwierig bleibt die Einordnung von sexuellen Vorlieben wie Fetischismus, Sadismus oder Masochismus. Diese Phänomene werden nicht mehr als Perversionen bezeichnet, sondern als Paraphilien (griechisch *para* = »abseits«, *philia* = »Liebe«). Damit

sind über ausgefallene Vorlieben hinausgehende, ausgeprägte Abweichungen von der Norm gemeint, psychische Störungen, die Handlungen an nicht einverständnisfähigen Personen beinhalten oder massives Leiden und körperliche Beeinträchtigung der Opfer hervorrufen. Eine wirklich zufriedenstellende Definition steht noch aus.

 EMPFEHLUNGEN

Lesenswert:
Leopold von Sacher-Masoch: *Venus im Pelz*, Berlin 2008

Wanda von Sacher-Masoch: *Damen mit Pelz und Peitsche*, Frankfurt / M. 1995

Richard von Krafft-Ebing: *Psychopathia sexualis*, Berlin 1997 (Nachdruck von 1912)

Andreas Hill, Peer Briken, Wolfgang Berner (Hg.): *Lust-voller Schmerz. Sadomasochistische Perspektiven*, Gießen 2008

Volkmar Sigusch: *Neosexualitäten. Über den Wandel von Liebe und Perversion*, Frankfurt / M. 2005

Niklaus Largier: *Lob der Peitsche. Eine Kulturgeschichte der Erregung*, München 2001

Hörenswert:
Leopold von Sacher-Masoch: *Venus im Pelz*, gelesen von Bela B. Felsenheimer und Catherine Flemming, Butjadingen-Stollhamm 2005. 2 CDs

 AUF DEN PUNKT GEBRACHT

Philosophie und Wesen des Masochismus in hochkonzentrierter Form – *Venus im Pelz* ist ein Schlüsseltext zum Verständnis der schmerzvollen Leidenschaft.

Der Sexappeal der Dekadenz
Nana
Émile Zola

Von dem Champagner, den sie getrunken hatte, war sie rosig im ganzen Gesicht, ihr Mund schimmerte feucht, und ihre Augen strahlten. Und bei jeder Bewegung ihrer Schultern, bei jedem wollüstigen Neigen ihres Halses, wenn sie den Kopf drehte, erhöhte der Bankier sein Angebot ... Mehrere tausend Francs pro Monat nebst Schmuck und teuren Roben sowie ein Landgut wird es Bankier Steiner schließlich kosten, die junge Schauspielerin Nana zu seiner Mätresse zu machen. Gerade mal achtzehn Jahre alt, hat das einfache Mädchen aus der Provinz bereits geschafft, wovon jede Pariser Kokotte träumt: Die reichsten Männer stehen Schlange, verschwenden ihr Vermögen, alle Vernunft bleibt auf der Strecke. Ob Aristokraten, Unternehmer, wohlhabende Lebemänner – ausnahmslos sitzen sie alle im Theater, wo Nana in einer Revue auftritt. Vom Straßenstrich hat sie der Besitzer des Tingeltangels aufgelesen, mit sicherem Instinkt für den erotischen Taumel, den die kleine Hure auszulösen versteht. Auf der Bühne kann Nana zwar rein gar nichts, weder singen noch spielen, aber das stört keinen, wenn die Hüllen fallen: *Ein Schauer durchwogte den Zuschauerraum. Nana war nackt. Sie war völlig nackt und trug ihre Blöße mit ruhiger Kühnheit zur Schau, im sicheren Selbstgefühl der Allmacht ihrer Fleischesprache* ... *Niemand lachte mehr, die Männer starrten mit ernsten, vor innerer Spannung verkrampften Gesichtern auf die Bühne, ihre Nasen waren schmal zusammengekniffen, ihr Mund verzerrt und ausgetrocknet.*

Nicht allein der volle Busen, die üppigen Hüften, eine seidenglatte Haut und die blonde Mähne

■ *Nana*. Gemälde, 1877, von Edouard Manet (1832–1883). Hamburg, Kunsthalle. Die Schauspielerin Henriette Hauser stand Manet Modell für seine Nana.

bringen die versammelten Herren um den Verstand. Aus jeder Pore Nanas strömt pure Sinnlichkeit, ihr ganzes Wesen verheißt Leidenschaft und Hingabe. Nana ist sexy durch und durch, liebt ihren Körper und zeigt ihn gern. Nur mit einem Höschen bekleidet, empfängt sie fröhlich zwitschernd die Verehrer gleich während der Vorstellung in ihrer Garderobe. Dem englischen Kronprinzen gehen die Augen über, und sogar der alte, fromme Graf Muffat gerät ins Stottern. Auf diesen Adligen, der bei Hofe ein hohes Amt bekleidet, hat es Nana besonders abgesehen, denn da ist richtig Geld dahinter. Zunächst rauscht Nana aber mit dem entzückten Prinzen in dessen Hotelsuite, was die Pariser Gazetten tagelang beschäftigt. Rasant steigt sie nun auf zum Star einer Gesellschaft von reichen Müßiggängern, die stets nach neuen frivolen Sensationen giert und jeden Skandal beklatscht. Nana passt perfekt zu dieser Stimmung: *Sie hatte die nervöse und doch wieder unnachahmlich lässige Vornehmheit einer edlen Rassekatze, etwas Aristokratisches bei aller Lasterhaftigkeit, etwas Überhebliches, prachtvoll Unbotmäßiges; sie setzte Paris den Fuß auf den Nacken wie eine allmächtige Herrscherin.*

Bankier Steiner ist bald abgemeldet, und die Liaison mit Graf Muffat zahlt sich für Nana fürstlich aus: Eine Apanage von 12 000 Francs finanziert eine Wohnung am feinen Boulevard Haussmann sowie reichlich Personal inklusive eigenem Friseur

■ Émile Zola. Photographie, 1880, von Nadar (1820–1910). »Mein Roman soll auch diese Seite aus der ewig menschlichen Geschichte der Dirne, das Geschlecht des Weibes wie in einer lichtüberfluteten Kapelle zeigen, in einem Tabernakel, und ringsherum ein Volk von Männern, auf den Boden geworfen, ruiniert, ausgeleert oder verblödet.«
Émile Zola über *Nana*

NATURALISMUS

Diese literarische Richtung des späten 19. Jahrhunderts hat Zola wesentlich mitgeprägt. Die Naturalisten wollten die Welt so objektiv und sachlich schildern, wie ein Wissenschaftler die Natur beobachtet. In seinem Aufsatz *Der Experimentalroman* von 1880 schrieb Zola das Programm: Ein Kunstwerk definierte er darin als eine »Ecke der Schöpfung, durch ein Temperament hindurch gesehen«.

und Kutscher. Unbekümmert wirft Nana das Geld zum Fenster raus, regelmäßig muss der Graf nachschießen. Dass er gerupft wird wie eine Weihnachtsgans, nimmt Muffat hin wie ein Schicksal, dem man nicht entrinnt. Sexuell macht Nana den alten Herrn wieder flott, doch seine leise Hoffnung, sie wenigstens allein zu besitzen, lässt ihn rasch zum öffentlichen Gespött werden. Achselzuckend hält sich Nana etliche weitere Liebhaber, sogar eine Geliebte, mit der sie früher gemeinsam auf den Strich ging. Und wenn es sie danach gelüstet, vergnügt sie sich auch mal mit einem hübschen Botenjungen. Für Eifersüchteleien fehlt Nana jeglicher Sinn: *Merk dir ein für allemal: Ich will frei sein! Wenn mir ein Mann gefällt, schlafe ich mit ihm, jawohl! So halte ich's nun einmal, da ist nicht dran zu rütteln. Wenn es dir so nicht passt, dann tu mir bitte den Gefallen und verschwinde!*

Das ist Nanas eigentliche Stärke, die nicht nur der arme Graf zu spüren bekommt. Sie lebt und liebt ganz nach ihrer launischen, sprunghaften Natur. Als sie sich in einen schmierigen Komödianten verknallt, pfeift sie auf allen Luxus, zieht mit dem versoffenen Subjekt in die nächste Absteige und sinkt erneut auf das Niveau einer Bordsteinschwalbe herab. Das findet Nana dann romantisch, und ähnlich flüchtig pflegt sie eine exaltierte Mutterliebe zu ihrem kleinen Sohn, der irgendwo auf dem Lande lebt und an den sie sich zwischendurch erinnert. Solche Anfälle dauern nicht lange, flugs werden Kerl und Kind vergessen, auf geht's zurück in die besseren Kreise, Graf Muffat und all die andern zücken begierig wieder ihre Börse …

■ Der Neue Tanzsaal des Ballhauses Moulin de la Galette im Jahre 1898. Hier feierte die Pariser Oberschicht.

»Es geht mir darum, alles gehörig beim Namen zu nennen, und es gibt Vorfälle in diesem Roman, die ein Affront für jede Prüderie sind«, schrieb Zola während der Arbeit in einem Brief. Zu jener Zeit war der Autor schon berühmt und umstritten zugleich. Jedes seiner Bücher provozierte – durch scharfe Gesellschaftskritik in harten Geschichten über Leid, Elend und Gewalt.

Wie Menschen denken und handeln, band Zola stets an ihr soziales Milieu. In *Thérèse Raquin*, Zolas zweitem Roman von 1867, begeht ein Unterschichten-Pärchen einen Mord aus reiner Triebhaftigkeit. Zola schildert schmutzige Gassen, verkommene Wohnungen als Nährboden niederster Instinkte. Schon dieses Buch entfachte einen Sturm der Entrüstung, ebenso wie *Der Totschläger*, der in drastischen Bildern die Alkoholsucht und ihre Folgen zeigt. In diesem Roman bringt die Wäscherin Gervaise eine Tochter zur Welt, sie heißt Nana und wird alles daransetzen, ihrem ärmlichen Leben zu entfliehen.

Der Totschläger und *Nana* gehören zu Zolas literarischem Großprojekt *Die Rougon-Macquart*. In diesem Zyklus von zwanzig Romanen versuchte Zola die gesamte Epoche des Zweiten Kaiserreichs unter Napoleon III. zu erfassen. Quer durch alle

■ *Homme au balcon, Boulevard Haussmann.* Gemälde, 1880, Gustave Caillebotte (1848–1894). Schweiz, Privatsammlung.
So könnte man sich Graf Muffat vorstellen, wie er sich auf dem Balkon von Nanas Wohnung am Boulevard Haussmann eine Pause gönnt.

J'ACCUSE

Wie bedeutend und einflussreich Émile Zola in seiner Zeit war, zeigt die »Affäre Dreyfus«. Man bezichtigte den Offizier Alfred Dreyfus der Spionage und verbannte ihn auf eine einsame Insel. Zola deckte die zahlreichen Widersprüche des Verfahrens auf, schrieb einen offenen Brief an den Präsidenten mit der Überschrift »J'accuse – ich klage an!«. Das Schreiben löste eine jahrelange Kontroverse aus, die ganz Frankreich spaltete, am Ende wurde Dreyfus rehabilitiert.

Klassen und Schichten reichen die einzelnen Bände, sie erzählen von den großen Umbrüchen und Spannungen der Zeit des späten 19. Jahrhunderts, vom Beginn einer Moderne, die mit ihrem Tempo und zahllosen Neuerungen in Technik und Wissenschaft die überlieferten Werte sämtlich infrage stellt. Mit *Nana* wollte Zola keinesfalls einen erotischen Roman schreiben, sondern den Sittenverfall der oberen Zehntausend anprangern. Wie ein investigativer Journalist recherchierte er in der eleganten Pariser Halbwelt, um grell glänzende Szenen zu entwerfen: Champagner-Soupers mit Nutten bis morgens um fünf, schummrige Bars, wo feine Damen lesbische Gelüste ausleben, Finanzspekulationen, Intrigen und Zockerei auf der Rennbahn. Die Gestalt Nanas sollte das Klima allgemeiner Käuflichkeit verdeutlichen und zugleich zu »einem Gärungsstoff der Zerstörung« werden. Nana ruiniert

■ Gervaise Macquart verprügelt Virgine. Illustration zu Zolas Roman *Der Totschläger.* Holzstich aus dem Jahr 1880 von André Gill (1840–1885)

alle Männer, treibt sie gar in den Selbstmord, muss aber am Ende selbst dran glauben. Sie stirbt an den Pocken, elend entstellt, ihr Kapital der Schönheit ist wortwörtlich aufgezehrt.

Als das Buch am 15. Februar 1880 erschien, war die erste Auflage von 55 000 Exemplaren allein durch die Vorbestellungen ausverkauft. Zuvor hatte eine Zeitung den Roman in Fortsetzungen gedruckt und riesig dafür Werbung gemacht: »Lesen Sie *Nana*!« stand überall auf Plakaten, Reklametafeln, sogar auf Streichholzschachteln. Und tatsächlich las ganz Paris den Roman, *Nana* wurde zum Schlager der Saison. Die öffentliche Reaktion war einhellig negativ, man zerriss das Buch in der Luft, schimpfte Zola einen Pornographen und zettelte eine regelrechte Kampagne gegen den Autor an. Wie ihre Galane überforderte Nana wohl auch die Kritiker, das »Poem der Triebe des Mannes«, wie Zola sein Werk auch bezeichnete, hatte gewirkt. Nanas eigener Kommentar wäre wohl derber ausgefallen. Ihre Zofe Zoe mahnt sie einmal, die vielen Verehrer nicht immer so schlecht zu behandeln: »*Ach, Quatsch!*«, gab Nana unmissverständlich zu bedenken, »*die Männer sind samt und sonders Saukerle! Das haben sie gern.*«

ÉMILE ZOLA

 BIOGRAPHIE

Émile Zola wird am 2. April 1840 in Paris geboren. Sein Vater, der Eisenbahningenieur Francesco Zola, ist italienisch-österreichischer Herkunft, seine Mutter Émilie Aurelie Aubert ist Französin. Émile Zola wächst in Aix-en-Provence auf. Dort schließt er Freundschaft mit Paul Cézanne (1839–1906), der später als Maler berühmt wird. Nach dem frühen Tod des Vaters 1847 kehrt Émile nach Paris zurück. Da er den Schulabschluss nicht schafft, muss er ab 1859 mit verschiedenen Tätigkeiten seinen Lebensunterhalt finanzieren, u. a. ist er Werbeleiter bei dem Verlagshaus Hachette. 1866 beginnt er, als freier Journalist und Schriftsteller zu arbeiten. Schon ein Jahr später feiert er mit dem Roman *Thérèse Raquin* seinen ersten großen Erfolg. Im Vorwort zur zweiten Auflage rechtfertigt er sich gegen Vorwürfe, das Buch sei geschmacklos: Er wolle eben die »Bestie im Menschen« zeigen, und das ungeschönt. Dieses Vorwort von 1868 wird zur Grundlage des literarischen Naturalismus. 1870 heiratet Zola Gabrielle Meley. Im selben Jahr beginnt er mit der Arbeit an seinem Hauptwerk, dem 20-bändigen Romanzyklus *Die Rougon-Macquart*. Mit wissenschaftlicher Akribie schildert er die »Natur- und Sozialgeschichte einer Familie unter dem Zweiten Kaiserreich« (so der deutsche Untertitel). Mit dem 1877 erschienenen Band *Der Totschläger* landet Zola seinen ersten richtigen Bestseller. Der finanzielle Erfolg ermöglicht ihm den Erwerb

eines Landhauses in Médan, in dem sich nun ein illustrer Kreis versammelt; zu den Gästen gehören die Schriftstellerkollegen Joris-Karl Huysmans (1848–1907) und Guy de Maupassant (1850–1893). 1880 sorgt *Nana* erneut für einen Skandal, Zola sieht es gelassen und freut sich über die Werbung. In dem Essayband *Der Experimentalroman* legt er noch einmal seine Sicht der Dinge dar: Nur wenn die Literatur nach Art der Wissenschaft die Krankheitssymptome erkenne, könne der Mensch gesunden. 1888 beginnt Zola eine Beziehung mit einer jungen Wäscherin, die beiden haben zwei Kinder. 1898 muss Zola nach England fliehen, weil er in Frankreich wegen »Beleidigung der Armee« zu einer Haftstrafe verurteilt worden ist: Er hat für den jüdischen Offizier Alfred Dreyfus, der zu Unrecht der Spionage beschuldigt wird, Partei ergriffen. 1899 kehrt Zola nach Paris zurück. 1906 wird Dreyfus, auch aufgrund von Zolas Engagement, rehabilitiert. Zola erlebt das nicht mehr: Er stirbt am 29. September 1902 in Paris an einer Kohlenmonoxidvergiftung – ein Rauchabzug in seiner Wohnung war verstopft. Erst später kommt die Frage auf, ob es sich um Mord handeln könnte. – Die Bände *Das Glück der Familie Rougon* (1870), *Der Totschläger* (1877), *Nana* (1880), *Germinal* (1885) und *Der Zusammenbruch* (1892) sind die erfolgreichsten aus dem *Rougon-Macquart*-Zyklus. Ebenfalls bedeutend ist die nicht zu dem Zyklus gehörige Trilogie *Die drei Städte*

mit den Bänden *Lourdes* (1894), *Rom* (1896) und *Paris* (1898). Zum Teil im englischen Exil entstand das vierbändige Spätwerk *Die vier Evangelien*.

 EMPFEHLUNGEN

Lesenswert:
Émile Zola: *Nana*, übersetzt von Walter Widmer, München 1988

Ders.: *Thérèse Raquin*, hrsg. und übersetzt von Wolfgang Tschöke, München 2002

Veronika Beci: *Émile Zola*, Düsseldorf 2002

Wolfgang Bunzel: *Einführung in die Literatur des Naturalismus*, Darmstadt 2007

Hörenswert:
Manfred Gurlitt: *Nana*. Oper 1932 (uraufgeführt 1958)

Sehenswert:
Nana. Regie: Jean Renoir; mit Catherine Hessling. F 1926

Bestie Mensch. Regie: Jean Renoir; mit Jean Gabin, Simone Simon. F 1938 (nach Zolas Roman *Das Tier im Menschen*)

Das Leben des Émile Zola. Regie: William Dieterle; mit Paul Muni, Joseph Schildkraut. USA 1937

 AUF DEN PUNKT GEBRACHT

Ein literarisches Meisterwerk voller Glanz und dekadenter Pracht. Und noch immer wirkt Nanas Aura. Als herrliche Femme fatale bildet sie mit Manon Lescaut und Carmen die große erotische Trias umwerfender Frauenfiguren des 18. und 19. Jahrhunderts.

Size doesn't matter
Mein geheimes Leben
»Walter«

Sie gilt als die längste erotische Autobiographie der Welt: Mit insgesamt elf Bänden und mehreren tausend Seiten hat ein Engländer diesen einsamen Rekord aufgestellt, in zäher Arbeit über mehrere Jahrzehnte und anscheinend ganz für sich allein. Denn lediglich sechs Exemplare ließ der anonyme Verfasser ab 1888 auf eigene Kosten drucken, zudem in Amsterdam, um die Gefahr einer größeren Verbreitung zu mindern. »Not for publication – nicht zur Veröffentlichung« stand ausdrücklich auf dem Frontispiz. Zwar glauben Literarhistoriker, dass die holländischen Drucker ein paar zusätzliche Kopien der heißen Ware anfertigten und abzweigten, aber auch diese Raritäten verschwanden rasch in privaten Sammlungen.

Wenngleich die Geheimhaltung in Zeiten der Zensur kaum verwundert, so verblüffen doch der enorme Umfang wie vor allem die äußerste Konzentration, die der Autor auf sein Sujet verwendet und so *Mein geheimes Leben* zum besonderen Fund der erotischen Literatur macht. Denn es geht um Sex, Sex und noch mal Sex, keine einzige Seite kommt ohne aus, nichts anderes interessiert den Verfasser als das nächste Abenteuer, und nur davon will er erzählen. Walter nennt er sich, einen Nachnamen erfahren wir nicht, und auch sonst kargt er mit Angaben über Herkunft und soziale Verhältnisse. Anhand weniger Passagen und einzelner Zeilen hat man zumindest ein grobes Profil erschlossen: Vermutlich zwischen 1825 und 1830 geboren, wächst Walter in einer begüterten Londoner Familie auf. Sein Vater geht nebulösen Geschäften in den Kolonien nach, kehrt ruiniert zurück und stirbt früh. Ein reicher Onkel sichert Walters Erziehung, segnet ebenfalls bald das Zeitliche und vererbt dem Jüngling ein ansehnliches Vermögen, das ihn jeder Brotarbeit enthebt. So kann Walter das Leben eines wohlhabenden Gentleman und Müßiggängers führen und seiner einzigen Leidenschaft nachgehen, der er von Kindesbeinen an frönt.

Schon der Knirps ist – im Wortsinn – aufs weibliche Geschlecht manisch fixiert, lugt seinen Schwestern und Gouvernanten unter die Röcke, beobachtet sie beim Urinieren, um einen Blick zwischen die Beine zu erhaschen. Kaum geschlechtsreif, entwickelt Walter eine geradezu strotzende Potenz, und es dauert nicht lange, bis die

ersten Dienstmädchen dem jungen Master zu Willen sein müssen. Er selbst ist stets bereit: *Wie oft in meiner Jugend stand mir mein Schwanz, bevor ich mit dem Essen fertig war, und dutzende Male erhob ich mich zwischendurch, um es schnell zu treiben und anschließend mein Mahl zu beenden.*

■ *Rolla.* Gemälde, 1878, von Henri Gervex (1852–1929). Brüssel, Königliche Museen der Schönen Künste

Dabei steht von Beginn dieser sexuellen Karriere die Natur seiner Eroberungen fest: Walter bezahlt! Endlos ist die Parade der professionellen Huren oder der Gelegenheits-Prostituierten, die sich ihm aus Armut hingeben. Auch die meist genötigten Bediensteten werden mit blinkenden Münzen getröstet. Keine Sekunde denkt der Lüstling an Schande und Not, in die er die blutjungen Mädchen oftmals stürzt, vielmehr ist er davon überzeugt, Gutes zu tun: *Ist es nicht besser, wenn ein Gentleman sie für Geld vögelt, als dass es ein Fleischergeselle macht, ohne dafür zu blechen. Es ist das Schicksal dieser Mädchen, dass sie gefickt werden, solange sie noch jung sind. Weder Gesetz noch die Gesellschaft können das verhindern.*

Walters triebgesteuerte Rücksichtslosigkeit verrät ihn als typischen Vertreter einer arroganten Herrenklasse, die auch die sexuelle Ausbeutung der unteren Schichten als selbstverständlich empfindet. Man mag diesem im Grunde widerlichen Helden zugutehalten, dass er den zahlreichen Geliebten zumindest mit einigem Respekt begegnet, sie gut behandelt und immer großzügig entlohnt. Mit den Jahren verfeinern sich zudem seine Instinkte. Anfangs noch ein ziemlich einfallsloser Rammler, wird Walter unter Anleitung etlicher Edelnutten zum Genießer. Er lernt Cun-

Bis heute weiß man nicht, wer sich hinter dem Namen »Walter« verbirgt. Experten haben den Sammler und Erotika-Bibliographen Henry Spencer Ashbee (1834–1900) als möglichen Verfasser identifiziert. Mit Walter teilte Spencer neben den äußeren Lebensdaten die Leidenschaft für Sex und Reisen sowie ein beträchtliches Vermögen, das ihm den kostspieligen Druck von *Mein geheimes Leben* erlaubt hätte.

Seit Walters Autobiographie
in öffentlichen Ausgaben
zugänglich ist, streiten die
Gelehrten über den Wert des
Werkes. Mentalitätsforscher
sprechen von einem bedeu-
tenden Sittenbild der Epoche,
Historiker sind enttäuscht, weil
das Buch fast nichts über die
Welt von Walters Lebenszeit
verrät. Ereignisse aus Politik,
Gesellschaft und Kultur werden mit keinem Wort erwähnt,
der Held bleibt konzentriert
bei seiner Sache.

nilingus, übt gewagte Stellungen zu dritt oder
gar zu viert, findet Geschmack an Dessous und
entwirft ausschweifende Orgien mit Strapsen
und reichlich Likör. Zwischendurch masturbiert Walter auch mal den einen oder anderen
Mann, mehr als Fellatio lässt er allerdings nicht
zu. Letztlich bleibt er ein Verehrer schöner Wa-
den und ausgemachter *cunt freak*, verharrt in
fortwährender vaginaler Verzückung, die alle
seine Eskapaden grundiert.

Auf über 1200 Frauen will es der englische
Don Juan am Ende gebracht haben, aus ganz
Europa. Wissenschaftler haben diese Selbstaus-
kunft bezweifelt wie überhaupt Walters drastische Schilderungen zu weiten Teilen ins Reich
der Phantasie verwiesen. Dagegen sprechen
zwei Argumente: Walters mangelndes Talent
als Schriftsteller und seine erstaunliche Ehr-
lichkeit gegenüber der eigenen Sexualität. Bisweilen versagt sie nämlich ihren Dienst, welkt
der Schwengel mitten im Verkehr, und Walter wundert sich und
fragt mit der Neugier eines Kindes, warum das denn nun passiert.
Manchmal schickt er ein Mädchen, das schon die Schenkel für
ihn spreizt, sogar wieder fort, weil ihn urplötzlich eine seltsame
Melancholie ergreift. Solche Episoden beschreibt Walter genauso sachlich wie seine sonstige Besessenheit, die nach modernen
Maßstäben wohl einen eklatanten Fall von pathologischer Sex-
sucht darstellt. Ebenfalls authentisch wirkt Walters ungelenker
Stil. Monoton reiht sich Szene an Szene, in der immergleichen
rüde-obszönen Sprache, voller Klischees und alberner Manieris-
men. Vom ästhetischen Raffinement der Memoiren eines Casanova (s. S. 124) hat der Verfasser von *Mein geheimes Leben* keine
Ahnung, als Schriftsteller ist der tolle Sex-Hecht eine Null. Abrupt bricht denn auch die Suade ab. Lapidar nimmt ein gealterter
Walter Abschied von aller Obsession, die finalen Worte lauten:
Eros adieu.

MEIN GEHEIMES LEBEN
»WALTER«

 WISSENSWERTES

Henry Spencer Ashbee

Henry Spencer Ashbee, der mutmaßliche Verfasser von *Mein geheimes Leben*, wird am 21. April 1834 in Southwark, einem Stadtteil von London, geboren. Von Beruf ist er Textilienhändler. Geschäftsreisen führen ihn durch ganz Europa, nach Japan und nach San Francisco. Über seine Reisen in Tunesien veröffentlicht er 1887 ein Buch. Als eifriger Büchersammler besitzt er zahlreiche Bände von Erotika, gibt unter dem Pseudonym Pisanus Fraxi eine umfängliche, dreibändige Bibliographie erotischer Literatur heraus. Ashbee gehört zudem einer Art Bruderschaft von englischen Gentlemen an, die sich gelegentlich trifft, um sexuelle Themen zu erörtern. Damit stellen sich die Herren gegen die Prüderie des Viktorianischen Zeitalters. Zu dieser Bruderschaft gehören auch Richard Francis Burton, Richard Monckton Milnes und Algernon Charles Swinburne (1837–1909). Letzterer sorgt für einen Skandal, als er literarische Werke veröffentlicht, die sich mit Sadomasochismus, vor allem Flagellation, und lesbischen Phantasien beschäftigen. 1862 heiratet Ashbee Elisabeth Lavy. Das Paar hat einen Sohn und drei Töchter. Im Alter wird der einst so liberale Ashbee konservativ: Ihm missfällt, dass seine Frau sich für das Frauenwahlrecht einsetzt, und er ist entsetzt über die Homosexualität seines Sohnes. 1893 wird die Ehe geschieden. Ashbee stirbt am 29. Juli 1900 in Hawkhurst, Kent.

Das Viktorianische Zeitalter

Als Viktorianisches Zeitalter bezeichnet man in Großbritannien die Regierungszeit von Königin Victoria, also die Jahre 1837 bis 1901. Zum einen war diese Epoche durch die Folgen der industriellen Revolution geprägt, die zu einem nie dagewesenen Wohlstand geführt hatte. Es war die Glanzzeit des Britischen Empire, das unter Victorias Regentschaft seine größte Ausdehnung erreichte. Zum anderen war es eine Zeit extremer Prüderie und Engstirnigkeit. Diese prüde Grundhaltung hatte ihre Wurzeln in der Religion, dem Puritanismus und Evangelikalismus, denen jedes Vergnügen, insbesondere das sexueller Art, als Sünde galt. Da wirtschaftlicher Erfolg im Puritanismus ein Zeichen für ein gottgefälliges Leben ist, hieß es, die Karriere voranzutreiben, und da betrachtete man sexuelle Ausschweifungen als hinderlich. Der strenge Moralkodex prägte auch die großen viktorianischen Romane von Charles Dickens, George Eliot, William Makepeace Thackeray oder den Brontë-Schwestern. Entsprechend konservativ war das Frauenbild jener Zeit. Politische Rechte mussten mühsam erkämpft werden; die Königin selbst hielt das Frauenwahlrecht für überflüssig und »unsittlich«. Sarah Stickney Ellis, die eine Reihe von Frauenratgebern verfasste, sah, dem Zeitgeist entsprechend, die ideale Ehefrau als hochmoralisch und züchtig im Verborgenen wirkend, bestrebt, den Mann in allen Belangen zu unterstützen. Das Lebensziel der Frau war die Ehe und die Erziehung der Kinder. Die Arbeit hatte sich auf den Haushalt zu beschränken. Verheiratete Frauen hatten kein Recht auf Eigentum. Diese totale Verfügbarkeit und Unterwürfigkeit der viktorianischen Epoche spiegelt sich in »Walters« *Mein geheimes Leben*. Erst gegen Ende des 19. Jh.s gelang den militanten Frauenrechtsbewegung unter der Führung von Emmeline Pankhurst der Schritt in die Emanzipation.

 EMPFEHLUNGEN

Lesenswert:
»Walter«: *Mein geheimes Leben. Ein erotisches Tagebuch aus dem viktorianischen England,* 3 Bde., Zürich 1997

Edgar Feuchtwanger: *Königin Viktoria und ihre Zeit,* Northeim 2004

Jürgen Lotz: *Victoria,* Reinbek 2000

Sehenswert:
Ihre Majestät Mrs. Brown. Regie: John Madden; mit Judi Dench, Antony Sher, Gerard Butler. GB / IR / USA 1997 (Filmbiographie über Königin Victoria)

 AUF DEN PUNKT GEBRACHT

Die viktorianische Epoche aus der Horizontalen betrachtet – wohl dem, der damals reich war. Arme Dienstmädchen hatten nichts zu lachen.

Kann Liebe ein Verbrechen sein?
Teleny
Oscar Wilde

Dieses erregende Verlangen, das ich gefühlt, wurde immer drängender, so unersättlich das Begehren, dass es sich in Schmerz verwandelte ... Plötzlich schien eine schwere Hand sich auf meinen Schoß zu legen, etwas wurde umfasst und gepackt, und das brachte mich beinahe von Sinnen vor Lust. Die Hand wurde auf und ab bewegt, langsam zuerst, dann schnell und immer schneller im Rhythmus der Musik.

■ Oscar Wilde (rechts) und Lord Alfred Douglas, genannt Bosie. Wilde hatte sich in den 20-Jährigen verliebt, die beiden waren mehrere Jahre ein Paar. Undatierte Aufnahme

So ergeht es Camille Des Grieux, als er René Teleny zum ersten Mal sieht – und hört, denn der junge Ungar ist Musiker und sitzt am Flügel, während dieser eine Zuhörer im Parkett auf ganz besondere Weise entzückt ist. *Und so erschienen die Töne, die der Pianist spielte, mir etwas von erregenden Küssen, vom Keuchen geiler Lust ins Ohr zu murmeln.* Die schwere Hand, die sich auf Camilles Schoß legt, ist seine eigene, und lange noch muss sich Telenys treuester Bewunderer mit Träumen, Tränen und Masturbation begnügen, denn beide jungen Männer sind zu stolz und zu vorsichtig, um sich einander bald zu entdecken. Die gleichgeschlechtliche Liebe galt als Sünde zu jener Zeit – Ende des 19. Jahrhunderts – und ihr körperlicher Vollzug als Verbrechen.

Dafür ist die Erfüllung – nach Monaten des Versteckspiels – für beide ein Wunder an Leidenschaft und Wollust. *Wieder verloren sich unsere Köpfe zwischen den Schenkeln des anderen. Noch einmal verschmolzen unsere Leiber bei unseren Kunststücken, denn unablässig nach neuen Liebkosungen suchend, neuen Reizen ... wollten wir nicht nur selber empfinden, sondern auch den anderen fühlen lassen. Sehr bald waren wir daher Opfer einer gipfelstürmerischen Geilheit, und nur ein paar unartikulierte Laute drückten die Akme un-*

*serer Orgiastik aus, bis wir, mehr tot als lebendig,
einer auf den anderen fielen.*

Das höchste Glück aber bringt beiden »Sodom«,
heute schlicht Analverkehr genannt. *Darauf dehnte ich mit den Fingerspitzen den Mund meiner kleinen unerforschten Höhle bis zum Äußersten. Sie
klaffte, um das riesige Instrument zu empfangen,
das sich an der Öffnung präsentierte. Er stieß sanft,
aber fest; der starke Sphinkter des Anus entspannte
sich; die Eichel war grad und schön eingepflanzt;
die Haut dehnte sich dermaßen, dass winzige ru-
binrote Blutperlen rund um die platzende Kranz-
öffnung herausgekitzelt wurden; dennoch, trotz der
Art, in der ich aufgerissen wurde, war die Lust, die
ich empfand, viel größer als der Schmerz.*

Der vermögende Camille und der berühmte René
werden ein Paar. Bald sind sie unzertrennlich; keiner von beiden nähme eine Einladung an, die nicht
auch dem anderen gälte. Sie sind sich sehr ähnlich, beide sind nahezu gleich alt und auffallend
schön, sogar ihre Traumbilder und Visionen stim-
men überein. Eines Tages erhält Camille ein Billett mit einer Dro-
hung – man wisse Bescheid über ihn und René. Aber die Sache
klärt sich auf. Ein Freund, auch er homosexuell, hat sich einen
Scherz erlaubt.

Teleny ist poetisch verklärte, doch knallharte Pornographie.
Die Liebesgeschichte ist in eine Rahmenhandlung eingebaut:
Müßiggänger Camille sitzt mit einem Freund zusammen und er-
zählt – aber nicht nur, wie es mit ihm und René weiterging, auch

■ Helmut Berger als Titelheld
in der deutsch-italienischen
Wilde-Verfilmung *Das Bildnis
des Dorian Gray* von Massimo
Dallamano aus dem Jahr 1969

DAS VORBILD
Der Name Des Grieux ist eine Anspielung auf den Roman *Manon
Lescaut* von Abbé Prevost, der 1731 erschien und ganz wie *Teleny*
von einer fatalen Liebe handelt: Held des Grieux erliegt der bezaubernden Manon, die nicht treu sein kann, und opfert ihr sein
Vermögen, seine Aussichten, seinen Ruf und – nein, nicht sein
Leben, aber seinen klaren Kopf. »Liebe, Liebe«, ruft der Polizeidirektor, der des Grieux festnimmt, »wirst du es nie lernen, mit
der Vernunft zusammenzugehen?« Als Anwälte der Leidenschaft
schleudern Prevost und Wilde der Moral ihrer Zeit ein arrogantes
Nein! entgegen.

■ Helmut Berger als Dorian Gray in der Verfilmung von Dallamano. Während Dorian selbst jung und schön bleibt, altert sein Porträt.

viele andere Begegnungen erscheinen ihm wert, berichtet zu werden. Nicht immer ist Camille beteiligt, zuweilen trägt er weiter, was andere ihm anvertraut haben, und so entsteht ein bunter Strauß von Paarvarianten, auch heterosexuellen, und ihrer aller Geschlechtsakte werden so detailreich geschildert, dass das Buch seinem erklärten Zweck, als Vorlage für die Selbstbefriedigung zu dienen, zweifelsfrei genügt.

Für Zartbesaitete ist der Reigen allerdings nicht geeignet. So endet etwa die Geschichte einer Defloration mit dem Selbstmord des Mädchens. Die seitenlange Darstellung einer Orgie unter Prostituierten wird als Inszenierung morbider Widerwärtigkeit geschildert, eine Orgie unter jungen Männern als Feier der Schönheit und des Luxus. Beide Ausschweifungen enden mit einem Todesfall. Eine schwindsüchtige Hure erliegt einem Blutsturz, ein Mann, dem – auf seine Bitte – eine Flasche in den Anus gerammt worden war, muss erleben, dass diese Flasche in seinem Enddarm platzt, und aus Angst vor einem elenden Tod gibt er sich die Kugel. Dem Autor von *Teleny* war daran gelegen, die Nähe von Lust, Verbrechen, Gewalt und Tod in der Mehrzahl der Episoden zu thematisieren.

Wer war er? Das Werk wird Oscar Wilde zugeschrieben – er selbst hat sich nicht zu ihm bekannt. Dem Hinweis des Buchhändlers Charles Hirsch, der das Manuskript in Händen gehalten

DIE STADT DER LIEBE
Aller Wahrscheinlichkeit nach entstand und spielt *Teleny* in London. Das Buch spiegelt die Stimmung unter den Homosexuellen der britischen Oberschicht. Warum der Roman seinem angestammten Schauplatz entrückt und nach Paris versetzt wurde, ist nicht klar. Möglicherweise waren Zensurrücksichten der Grund. Die Stadt, in der Camille und René sich suchen, verfehlen und finden, bleibt schemenhaft unbestimmt. Erwähnt wird nur der Fluss, der sie teilt und in dem sich Des Grieux zweimal zu ertränken versucht – ob Themse oder Seine bleibt offen.

hatte, entnahm die Nachwelt, dass unterschiedliche Handschriften darin vorkamen, das Buch also wohl als Gemeinschaftsarbeit mehrerer Autoren anzusehen ist. Allerdings war auch Wildes Handschrift dabei, demnach war er zumindest beteiligt. Manche stilistischen Eigenheiten, auch Motive, die sein Lesepublikum aus dem Roman *Das Bildnis des Dorian Gray* kennt, macht die Autor- oder Mitautorschaft Oscar Wildes sehr wahrscheinlich.

Teleny erschien 1893 in London, anonym. Wilde war damals seit zwei Jahren mit seinem jungen Geliebten Lord Alfred Douglas verbunden, er befand sich auf dem Höhepunkt seines Ruhms. Die Bloßstellung als »Sodomit«, die übrigens auch mit der Überreichung eines Billetts begann, der Prozess, die Verurteilung, der Niedergang – all das lag noch vor ihm. So ist denn auch die gängige Kurzfassung des Inhalts von *Teleny,* den man gern auf Wildes Leben projiziert, als die Geschichte einer Liebe zwischen Männern, die an den viktorianischen Konventionen zerbreche, nicht ganz zutreffend. *Teleny* endet tragisch – aber es ist nicht der Viktorianismus, der die Liebenden entzweit. Das besorgt vielmehr die versteckte Bisexualität des Pianisten, der ausgerechnet mit Madame Des Grieux, Camilles verführerischer Mutter, eine Beziehung beginnt. Camille belauscht das Paar durchs Schlüsselloch, gibt im Einzelnen zu Protokoll, was die beiden miteinander tun, und platzt dann mit einem gequälten Aufschrei in die Szene. Er will Selbstmord begehen, wird jedoch gerettet. René, der sich ein Messer in die Brust stößt, weil er fürchten muss, Camille verloren zu haben, stirbt in den Armen seines Geliebten.

Oscar Wildes romantisches Grundmotiv – das Drama des Begehrens endet nicht in der Befriedigung, sondern im Tod – durchzieht *Teleny* ebenso wie der sozusagen handwerkliche Ehrgeiz, ohne den Pornographie nicht funktioniert; die körperlichen Vorgänge, die objektive Anatomie der Akte, sie müssen genauso exakt geschildert werden wie die subjektiven Empfindungen von Verlangen, Lust und Schmerz. Beide Aufgaben meistert Wilde mit seinen Co-Autoren – falls er welche hatte – bravourös.

■ Der Prozess gegen Oscar Wilde am 4. Mai 1895. Urteilsverkündung am Old Bailey, dem Zentralen Strafgerichtshof. Aus den *Police News*

OSCAR

■ Oscar Wilde in seiner Gefängniszelle. Nach seiner Entlassung lebte der ehemalige Dandy in bitterer Armut.

Dann, seine Umarmung lösend, hob er den Unterleib, zog sich ein Kissen unter die Hinterbacken, die auf diese Weise gut geöffnet wurden, und seine Beine blieben dabei weit gespreizt. Jetzt griff er sich meine Rute und drückte sie gegen seinen klaffenden After. Bald fand der springlebendige Phallus den Eingang in das gastliche Loch … Ich stieß langsam hinein, um die unsägliche Sensation, die durch alle Glieder lief, so lange wie möglich auszukosten …

Teleny hat auch einen moralischen Auftrag: Das Buch wirbt um die Anerkennung der Homosexualität. »Sodom« werde als unnatürlich verteufelt, klagt Des Grieux, dabei verlange doch seine, Telenys und vieler anderer Männer *Natur* nach Lust in der Umarmung eines muskulösen Körpers. Indirekt rächt sich Des Grieux / Wilde an den Frauen, die straflos in das Bett ihrer Männer steigen dürfen, indem er die weibliche Sexualität als tendenziell schmutzig oder verderblich schildert. Aber diese Misogynie hindert den Autor (oder die Autoren) nicht an einer im Wortsinn eindringlichen Darstellung männlich / weiblicher Akte: *Die Gräfin begann sich im Takt zu wiegen und vor Wonne ihren Hintern zu schwenken; sie begann zu stöhnen, hysterisch zu schluchzen; und als er sich in köstliche Tränen gebadet fühlte, stieß er sein Instrument tief in ihren Leib hinein …*

OSCAR WILDE

 BIOGRAPHIE

 EMPFEHLUNGEN

Oscar Fingal O'Flahertie Wills Wilde wird am 16. Oktober 1854 als Sohn eines Arztes und einer Dichterin und Journalistin in Dublin geboren. 1871 beginnt er ein Studium der klassischen Philologie in Dublin, das er von 1874 bis 1878 in Oxford fortsetzt. 1879 zieht er nach London. Sein extravaganter Dandy-Lifestyle macht ihn für die High Society interessant, bald bewegt er sich in den gehobenen Kreisen. Er wird Kunstkritiker, hält Vorträge in Nordamerika, Frankreich und England. 1884 heiratet er Constance Lloyd, mit ihr hat er zwei Kinder. Nach kleineren Erfolgen mit Erzählungen feiert er 1890/1891 mit dem Roman *Das Bildnis des Dorian Gray* seinen Durchbruch als Schriftsteller. Gleichzeitig begegnet er seiner großen Liebe: dem 20-jährigen Lord Alfred Douglas, genannt Bosie. Gemeinsam bereisen die beiden Europa, Wilde schreibt die Tragödie *Salome* auf Französisch, »Bosie« übersetzt sie ins Englische, doch wird in England ein Aufführungsverbot erlassen. Überhaupt passt die homosexuelle Liebe nicht in die viktorianische Zeit. »Bosies« Vater, der Marquis Queensberry, bezichtigt Wilde öffentlich der Homosexualität – damals ein strafbares Delikt. Wilde verklagt den Marquis, verliert den Prozess und wird 1895 zu zwei Jahren Zuchthaus verurteilt. Nach seiner Entlassung ist er gesellschaftlich und finanziell ruiniert. Seine Frau hat ihren Namen geändert und ist mit den Kindern ins Ausland übergesiedelt. Unter dem Namen Sebastian Melmoth geht Wilde nach Paris, lebt in bitterer Armut. Er stirbt drei Jahre später, am 30. November 1900. – Wildes bekanntestes Werk ist *Das Bildnis des Dorian Gray*. Darin scheitert der Versuch des Protagonisten, sein Leben als Kunstwerk zu gestalten. Er selbst bleibt ewig jung und schön, während sein Porträt altert. Doch der äußeren Schönheit entspricht ein innerer Verfall, Dorian Gray verliert jegliche Moral und seine Identität. Damit ist der Roman typisch für das Fin de Siècle. Ebenfalls wichtige Werke von Wilde sind *Der Geist von Canterville* (1887), *Der glückliche Prinz und andere Erzählungen* (1888) sowie seine Gesellschaftskomödien *Ernst sein!* (1893) und *Ein idealer Gatte* (1899). Zudem verfasste Wilde politische Schriften, in denen er sich für die Abschaffung von Privateigentum aussprach und eine sozialistische Utopie entwarf, so etwa in *Der Sozialismus und die Seele des Menschen* (1891).

 WISSENSWERTES

Ästhetizismus
Das Bildnis des Dorian Gray nimmt Bezug auf den Ästhetizismus, eine Lebensanschauung, die ganz auf ein ästhetisches Erleben und Genießen ausgerichtet ist. Dabei spielen politische, religiöse, ethische und soziale Fragen keine Rolle, es geht nur um die Selbstgenügsamkeit der Kunst, in ihr findet der Künstler die alleinige Erfüllung. Die Gefahr der Isolation und der seelischen Verarmung, die in dieser Lebensweise liegt, zeigt Wilde an seiner Hauptfigur Dorian.

Lesenswert:
Oscar Wilde: *Teleny und Der Priester und der Messnerknabe*, Reinbek 1996

Ders.: *Das Bildnis des Dorian Gray*, Frankfurt / M. 2000

Barbara Belford: *Oscar Wilde*, Zürich 2000

Philippe Julian: *Das Bildnis des Oscar Wilde*, Hamburg 1972

Merlin Holland: *Oscar Wilde im Kreuzverhör. Die erste vollständige Niederschrift des Queensberry-Prozesses*, München 2003

Peter Ackroyd: *Das Tagebuch des Oscar Wilde*, München 2001 (Roman)

Hörenswert:
Richard Strauss: *Salome*. Oper 1905 (nach der Tragödie von Wilde)

Giacomo Puccini: *Manon Lescaut*. Oper 1893

Sehenswert:
Das Bildnis des Dorian Gray. Regie: Albert Lewin; mit George Sanders, Angela Lansbury. USA 1945

Oscar Wilde. Regie: Brian Gilbert; mit Stephen Fry, Jude Law, Vanessa Redgrave. GB 1997

 AUF DEN PUNKT GEBRACHT

Drastische Pornographie, zugleich ein Plädoyer für jegliche Spielart von (damals in England streng verbotener) männlicher Homosexualität.

Pädophile Träume

Josefine Mutzenbacher

Anonym

Ich war erst sieben Jahre alt, aber meine Geschlechtigkeit kam voll zum Ausbruch. Sie muss in meinen Augen zu lesen gewesen sein, mein ganzes Gesicht, mein Mund, mein Gang muss eine einzige Aufforderung gewesen sein, mich anzupacken und hinzuschmeißen.

So räsoniert die reife Josefine Mutzenbacher über den Beginn einer erotischen Laufbahn, die sie zur bekanntesten Hure

■ Ansichtskarte von Wien aus der Zeit der Mutzenbacherin. Zu sehen sind: ein österreichischer Soldat, das Parlament, der Praterstern, Schönbrunn und die Hofoper.

Wiens machen wird. Ihre Memoiren will sie außer Dienst, als respektable und wohlhabende Frau geschrieben haben. Kurz darauf soll sie gestorben sein, aber niemand hat sie je persönlich gesehen oder gesprochen, keinerlei Zeugnisse sind überliefert. Und deshalb muss man davon ausgehen, dass diese Josefine Mutzenbacher lediglich in der Phantasie eines ausgemachten Pornographen und Pädophilen existierte. Ihm gefiel es offenbar, ein kleines Mädchen in ein naturgeiles Luder zu verwandeln, das den lieben langen Tag nur Sex im Sinn hat und nie genug davon bekommt.

Egal, ob mit dem Bruder, seinen Freunden oder den Nachbarn, mit dem Pfarrer, dem Lehrer und schließlich mit dem Vater, der das Kind dann auf den Strich schickt – die »Pepi« lässt jeden ran, treibt es zu zweit, zu dritt, zu viert, in allen Varianten und Stellungen, keine Körperöffnung bleibt ungenutzt. Hingebungsvoll verwöhnt Josefine die »Klöppel, Zapfen, Nudeln, Stöpsel, Kolben, Mörser und Flaggenstangen« der Männer und ebenso engagiert die »Feigen, Muscheln und Freudenkelche« ihrer weiblichen Gespielinnen. Sind diese erwachsen, verfügen sie meist über Rubensformen mit gewaltigen »Dutteln«, die Josefine begeistert durchknetet. So werden auch Verehrer üppiger Weiblichkeit und Busenfetischisten vom Autor

DER UNBEKANNTE AUTOR
Bis heute hält sich das Gerücht, dass der österreichisch-ungarische Schriftsteller Felix Salten (1869–1945) das Buch verfasste. Etliche Ausgaben führen ihn als Autor an. Der Journalist Karl Kraus soll die These in die Welt gesetzt haben, allerdings aus Häme. Salten selbst hat auf diesen Anwurf nie reagiert. Weltberühmt wurde er durch seinen Roman *Bambi* (1923), der von Walt Disney verfilmt wurde.

ausreichend bedacht, wie er überhaupt sein gesamtes Werk konsequent als einzigen, nie endenden Pornotraum anlegt.

Wenige Striche genügen, um die soziale Situation anzudeuten: Josefine wächst in einem proletarischen Milieu heran, wo rohe Sinnlichkeit dominiert und man immer prompt zur Sache kommt. Früh stirbt die Mutter, ungebremst übernehmen nun Männer die Erziehung. Ort und Zeit spielen dabei keine Rolle. Außer den vielen mundartlichen Obszönitäten weist nichts auf das Wien jener Epoche um 1870, in der die Mutzenbacher gelebt haben soll; von Stadt, Land oder gar Politik ist nirgends die Rede. Auf jeder Buchseite dampft explizit der Sex, jauchzend erlebt Josefine beim »Pudern«, »Petschieren« und »Remmeln« multiple Orgasmen, die sich selbst beim widerlichsten Galan zuverlässig einstellen. Nur an einer einzigen Stelle wird die sexuelle Obsession von einer äußeren Handlung unterbrochen: Als der Religionslehrer, der die Kinder während des Unterrichts missbraucht, auffliegt und ins Gefängnis wandert, sorgt sich Josefines Vater, dass ihm das gleiche Schicksal blüht. Doch das Töchterchen hält dicht, fröhlich geht der Inzest weiter, und bald deucht dem versoffenen Subjekt, dass mit Josefines erotischem Talent gutes Geld zu verdienen ist. So flaniert schließlich eine abgebrühte, dreizehnjährige Nutte durch die Straßen Wiens, stolz auf ihr Gewerbe und sich ihres Wertes wohl bewusst. Über dreißig Jahre soll die Karriere dann gedauert haben. Am Ende ihrer Erinnerungen rechnet die vermeintliche Verfasserin zusammen. Drei Männer pro Tag macht elfhundert im Jahr, insgesamt 33 000: *Es ist eine Armee…*

Heute lässt sich schwer einschätzen, worauf sich Erfolg und Weltruhm dieser Memoiren und ihrer Hauptperson gründen. Fest steht, dass sich der Text nach der anonymen Publikation 1906 in Windeseile verbreitete. Rasch kursierten Nachdrucke, Bearbeitungen sowie zwei Fortsetzungen, die das Original in puncto Pornographie noch zu übertreffen suchten. In der ersten Fortschreibung erzählt Josefine aus ihrem Erwachsenenleben. Zunächst als Bordsteinschwalbe, dann Edel-Prostituierte in einem luxuriösen Puff und endlich honorige Betreiberin eines Kaffeehauses schafft sie den Aufstieg in bessere Kreise, wo es aber nur umso versauter zugeht: Der Besuch in einem ländlichen Heurigen-Lokal entwickelt sich zu einer Sexorgie, die wohl selbst dem modernen Porno-Freak im-

■ Kai Fischer als Lady J. in dem österreichisch-deutschen Erotikfilm *Josefine Mutzenbacher* aus dem Jahr 1970. Regie führte Kurt Nachmann, die Titelrolle spielte Christine Schuberth.

»Die Männer tun alle dasselbe. Sie liegen oben, wir liegen unten. Sie stoßen, und wir werden gestoßen. Das ist der ganze Unterschied.«
Der letzte Satz aus *Josefine Mutzenbacher*

»Der wohl einzige deutsche pornographische Roman von Weltrang.«
Der österreichische Schriftsteller Oswald Wiener

■ *Grabennymphe*. Photographie, um 1865.
Eine Wiener Prostituierte in Pose

poniert. Zudem sind diese Szenen glänzend geschrieben, bieten jenes Lokalkolorit, das die derbe Stammelsprache des ersten Teils nicht zulässt. Josefine jedenfalls hat sich auszudrücken gelernt, schreibt oft mit Humor, so etwa, als sie mit einer Freundin den Besitzer jenes Cafés charmiert, das sie später führen wird: *Zwei fesche Frauenzimmer waren wir schon, eine Blonde, eine Schwarze, hatten leichte, zarte Sommerkleider an, durch die alles so hübsch durchschimmerte, nach Parfüm rochen wir wie die Herzoginnen und pressten den kleinen Kaffeesieder zwischen unsere üppigen, weichen Brüste.*

Feucht endet die Begegnung, rasant mindert sich die Miete. Das Buch schließt recht romantisch mit der Geburt einer Tochter, was allerdings einen wiederum unheilvollen Geist wachrief. Denn in der nächsten Fortsetzung tummeln sich erneut Kinderschänder sonder Zahl. Jetzt ist, nach dem Tod der Mama, die kleine Peperl Mutzenbacher dran, die auf Geheiß ihres Verfassers entschlossen in die Fußstapfen der berühmten Mutter tritt. Noch keine zehn Jahre und schon sexuell voll erwacht, erfüllt sie alle pädophilen Wünsche und hat natürlich Riesenspaß daran. Höhepunkt der Perfidie ist eine »Pädo-Party« vornehmer, reicher Sexverbrecher, die ein Kind rituell anal vergewaltigen. Ungeachtet solcher Scheußlichkeiten sind Person und Buch der Josefine Mutzenbacher zum Symbol für fröhlich unbeschwerte Prostitution geworden. Längst zählt die »Mutzenbacherin« zur kulturellen Folklore Österreichs, in Wien bietet man historische Spaziergänge auf ihren Spuren an. Neuere Ausgaben präsentieren die Geschichte inzwischen meist als Trilogie; nach österreichischem Recht fallen reine Schriftausgaben nicht unter die Gesetze gegen Kinderpornographie.

JOSEFINE MUTZENBACHER
ANONYM

 WISSENSWERTES

 EMPFEHLUNGEN

Felix Salten

Siegmund Salzmann, der sich später Felix Salten nennt, wird am 6. September 1869 in Budapest geboren. Sein Vater ist ein jüdischer Ingenieur. Schon bald nach Felix' Geburt zieht die Familie nach Wien. Als er 16 ist, verlässt Felix das Gymnasium ohne Abschluss und beginnt, bei einer Versicherung zu arbeiten – offenbar ist die Familie in finanzielle Not geraten. 1890 freundet er sich mit Arthur Schnitzler, Hugo von Hofmannsthal, Richard Beer-Hofmann und Karl Kraus an, allesamt Mitglieder der Literaturbewegung Jung-Wien, die den Naturalismus hinter sich lässt und zum Ästhetizismus strebt. 1894 wird Salten Redakteur der *Wiener Allgemeinen Zeitung*. Als Theaterreferent kann er seine Freunde fördern, vor allem Schnitzler profitiert davon. Im selben Jahr lernt Salten über Karl Kraus Lotte Glas kennen; wenige Monate später zerbricht die Freundschaft von Salten und Kraus. 1896 macht Kraus bekannt, dass Salten eine Beziehung mit der Burgschauspielerin Ottilie Metzel hat: Salten ohrfeigt Kraus in aller Öffentlichkeit. 1901 scheitert er mit der Gründung eines Theaters, hat von nun an hohe Schulden. 1902 wechselt er zur *Zeit*, dem wöchentlich erscheinenden Organ von Jung-Wien, und berichtet über die Affären am kaiserlichen Hof. Seine Artikel machen ihn zu einem renommierten Journalisten. Im selben Jahr heiratet er Ottilie Metzel, die beiden haben einen Sohn und eine Tochter. 1906 geht Salten nach Berlin, ist dort als Chefredakteur

der *Berliner Morgenpost* tätig, doch da er sich in Berlin nicht wohl fühlt, kehrt er bald nach Wien und zur *Zeit* zurück. Nebenbei schreibt er zwei Opernlibretti, aber Erfolg und Geld bleiben aus. Auch mit Filmdrehbüchern ist Salten zunächst nur mäßig erfolgreich. Den Ausbruch des Ersten Weltkriegs bejubelt er euphorisch in Artikeln für diverse Zeitungen, erst 1917 erkennt er den Krieg als Katastrophe. Nach dem Krieg legt er sich nicht auf eine politische Meinung fest, schwankt zwischen Sympathie für die Sozialdemokraten und die konservative, katholische Mitte. In den 1920er Jahren gelingt ihm endlich der Durchbruch als Schriftsteller: 1923 erscheint *Bambi. Eine Lebensgeschichte aus dem Walde*, später von Walt Disney verfilmt. 1927 wird Salten Präsident des österreichischen P.E.N-Clubs, tritt aber schon 1933 zurück, weil er für seinen ungeschickten Umgang mit NS-Deutschland kritisiert wird. Als seine Bücher 1935 in Deutschland verboten werden, gerät er wieder in finanzielle Nöte. Zurückgezogen und verarmt lebt er von nun an in der Schweiz. Die Filmrechte für *Bambi* hat er für 1000 Dollar verkauft. Er stirbt am 8. Oktober 1945 in Zürich. – Ob Salten wirklich der Autor der *Josefine Mutzenbacher* ist, lässt sich nicht mit Sicherheit sagen. Anders als Arthur Schnitzler, der ebenfalls als möglicher Autor genannt wurde, hat Salten die Autorschaft nie dementiert, allerdings auch nie bestätigt. Die heutige Forschung geht davon aus, dass er tatsächlich der Verfasser ist.

 AUF DEN PUNKT GEBRACHT

Eines der berühmtesten Werke der erotischen Literatur. Dass es sich dabei zu weiten Teilen um schändlichste Kinderpornographie handelt, wird oft verschwiegen.

Heitere Pornographie
Die Großtaten eines jungen Don Juan
Guillaume Apollinaire

»Apollinaire besitzt eine groß-
artige Frische des Schauens,
eine überraschende optische
Kraft, die Dinge in ihrer Eigen-
existenz wahrzunehmen. Man
könnte geradezu behaupten,
daß es die dichterische Absicht
Apollinaires ist, immer näher
an den menschlich erfahrbaren
und erfahrenen Weltzustand
heranzukommen.«

Fritz Usinger

■ Guillaume Apollinaire
im März 1916. Im Ersten
Weltkrieg wurde er durch
einen Granatsplitter schwer
verwundet.

Den Ruhm hat er nicht mehr erlebt, wenig Erfolg war dem Dichter
Guillaume Apollinaire beschieden. Heute zählt ihn seine Heimat
Frankreich zu den Meistern der Avantgarde, unbestritten ist sein
Rang als bedeutender Wegbereiter moderner Literatur und Kunst.
Er schrieb Gedichte, die aussahen wie Gemälde, verfasste ein-
flussreiche kunstkritische Essays, war befreundet mit dem jungen
Pablo Picasso und Georges Braque, die sich von den künstlerisch
verwegenen Gedanken Apollinaires inspirieren ließen. Mit dem
Theaterstück *Die Brüste des Tiresias – surrealistisches Drama* gab
er dem Surrealismus den Namen, mehrere Gedichtbände gehören
inzwischen zum klassischen Kanon der lyrischen Moderne.

Von seiner Dichtung konnte Apollinaire nicht leben. Tagsüber
saß er als kleiner Angestellter am Schalter einer Bank, nur abends
spannte sich sein Geist inmitten der vielen, später weltberühmten
Künstler, die sich damals, um 1900 in Paris, kaum einen Kaffee
im Restaurant leisten konnten. Apollinaire war ebenfalls meist
klamm. Um ein wenig Geld ins Portemonnaie zu bekommen, verfasste er im Auftrag eines Verlegers zwei erotische Romane, die beide 1907 erschienen. Das erste Buch,
Die elftausend Ruten, ist heute ein Fall für den Staatsan-
walt, das zweite eine fröhliche Phantasie pubertierender
Männlichkeit, die schon im Titel klar annonciert, was der
Leser zu erwarten hat. Denn in diesen *Großtaten eines
jungen Don Juan* läuft ein jugendlicher Held tatsächlich
zu brillanter Form auf und macht dem historischen Vorbild und Namen alle Ehre.

Roger heißt der Jüngling, den es bereits im Knabenal-
ter magisch zu den Frauen zieht. Schon für den kleinen
Buben ist das Schönste, wenn Mutter und Schwester ihn
baden, weil es dann »unten rum« so aufregend kribbelt.
Früh tut sich dort einiges, was die freche Zofe Kate mit
»O la la« quittiert. Sie darf fortan Roger nicht mehr wa-
schen, später allerdings wird Kate die Künste des kleinen
Don Juan umso mehr schätzen. Zunächst interessiert
sich Roger allein für die weibliche Verwandtschaft, die
Schwestern Berthe und Elise, vornehmlich aber für eine

überaus sittsame, dabei hinreißende Tante, die bei der wohlhabenden Familie lebt. Auf dem Landgut, das man sommers bezieht, stiftet Roger die jüngere Berthe zu allerlei Doktorspielen an. Der inzwischen Sechzehnjährige kennt schon die Richtung, denn ausgiebig belauscht und beobachtet er die Knechte und Dienstmägde, die es wüst in der Scheune miteinander treiben.

Die Wonnen der Masturbation hat Roger zuvor exzessiv genossen, jetzt will er es wissen. Der Zufall hilft. Als eines Tages die Familie geschlossen zur Beichte trabt und Roger noch müßig im Bett herumlümmelt, tritt die schwangere Zugehfrau, Gattin des Gutsverwalters, ins Zimmer; als ihre Bluse aufspringt, eilt er zu Hilfe: »*Madame, Sie werden sich erkälten!*« Mit dem Charme eines ausgekochten Verführers bringt Roger die reife Frau in Glut, woran seine prachtvoll entwickelte Männlichkeit wesentlichen Anteil trägt. Dass Madame schwanger ist, erregt Roger über die Maßen, wie er sich überhaupt für alle Belange weiblicher Anatomie höchst aufgeschlossen zeigt. Belehrt durch entsprechende Lektüre, wird Roger der verwirrten Berthe schließlich das Geheimnis der Menstruation erklären, um sie dann sogleich zu entjungfern; das bisschen Blut stört ihn keineswegs.

Roger ist nichts Menschliches peinlich, zumal ihn ein geheimes Verlies in der Kapelle zum Zeugen unerhörter Geständnisse macht. Im Beichtstuhl nehmen die Damen des Hauses sämtlich kein Blatt vor den Mund. Die Mama schildert explizite S/M-

■ Umschlag einer französischen Ausgabe der *Brüste des Tiresias* aus dem Jahr 1917, gestaltet von Serge Ferat (1881–1958). Paris, Centre Pompidou, Musée National d'Art Moderne.
Mit diesem Drama begründete Apollinaire den Surrealismus.

DON JUAN
Einer spanischen Sage zufolge lebte im 14. Jahrhundert ein adliger Wüstling namens Don Juan. Sein Treiben wurde zum mythischen, vielfach bearbeiteten Stoff der europäischen Geistesgeschichte. Als Inbegriff des Frauenhelden genießt Don Juan keinen guten Ruf. Ihm geht es nur um den eigenen sexuellen Triumph. Apollinaires netter Held ist eigentlich kein Don Juan, eher ein Casanova, weil er wie dieser die Frauen liebt und sich auch um ihre Lust kümmert!

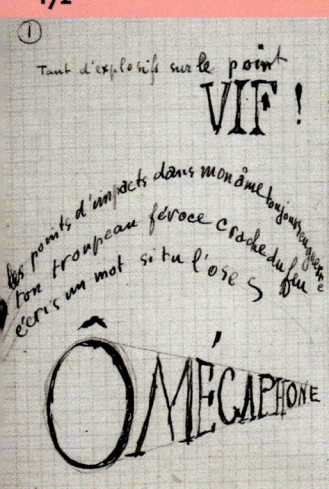

■ Manuskriptseite aus *Watte in den Ohren*. Kalligramm von Guillaume Apollinaire

Szenen mit ihrem Gatten, die Stallmägde berichten von Sodomie mit Hunden und Gänsen. Alles lässt sich der gestrenge Abbé ausführlich erläutern, unter der Kutte ist die Hand aktiv. Vor allem entzückt Roger jedoch die Beichte seiner tugendhaften Tante, die errötend zugibt, sich mit einer Kerze Erleichterung zu verschaffen. Also doch – Roger fasst sofort einen Plan.

Bevor Tantchen fällig ist, entspinnt sich noch ein flotter Reigen saftiger Begegnungen. Die lüsterne Kate zeigt Roger und Berthe die Kunst der *ménage à trois,* die Dienstbotinnen Ursule und Hélène teilen sich schwesterlich die Fertigkeiten des jungen Herrn, schließlich testet auch Rogers ältere Schwester, Elise, kurz vor ihrer Verlobung, was der Bruder sexuell zu bieten hat. Und dann, zu guter Letzt, beschert die Tante mit ihrer aufgestauten Sinnlichkeit dem Neffen die vollkommene Wollust. Am Ende sind alle Gespielinnen schwanger, doch Roger entfaltet auch soziales Talent. Flugs werden Ehegatten organisiert, Kinder ehrenvoll geboren; Roger kümmert sich fortan zärtlich um den Nachwuchs sowie die Mütter, die gerne seinen Besuch empfangen …

Guillaume Apollinaire hat es sichtlich Spaß gemacht, diesen reizenden, kleinen erotischen Roman zu schreiben. Völlig anders als in den düster-grausamen *Elftausend Ruten* entfaltet sich eine heitere Pornographie nicht nur männlichen Wunschdenkens, sondern auch weiblicher Lust, die der junge Don Juan von ihren Bedrückungen durch gesellschaftliche Moral und Sitte zu befreien versteht. Aus zahlreichen Briefen und Gedichten Apollinaires weiß man, dass er zwar ein veritabler Erotiker, aber ein stets verzweifelt Liebender war. Vielleicht drückt also die unbeschwerte Sexualität seines Helden jene Sehnsucht nach Glück und Erfüllung aus, die Apollinaire zeitlebens versagt schienen. Die Resonanz auf seinen Roman blieb gering. Erschienen unter den wenig verklausulierenden Initialen G. A., wusste die Öffentlichkeit zwar bald, wer sich dahinter verbarg. Aber Guillaume Apollinaire war wohl zu unbekannt, als dass sich jemand darüber aufgeregt hätte. Und die avantgardistische Kollegenschaft fand das Ganze vermutlich viel zu harmlos …

DIE ELFTAUSEND RUTEN

Apollinaires zweiter erotischer Roman, der ebenfalls 1907 erschien, ist ein echter Schock. Ein sexbesessenes Männerduo zieht schändend und mordend durch die Welt. Keine Perversion wird ausgelassen: Nekro-, Kopro-, Pädophilie sind die Regel. Pablo Picasso nannte das Buch ein »Meisterwerk«, wohl aus Freundschaft zum Autor. Eine deutsche Ausgabe wurde 1987 unter dem Vorwurf der Gewaltpornographie von der Staatsanwaltschaft beschlagnahmt – zu Recht!

GUILLAUME APOLLINAIRE

BIOGRAPHIE

Guillaume Apollinaire, eigentlich Wilhelm Apollinaris de Kostrowitsky, wird am 26. August 1880 in Rom geboren. Er ist italienisch-polnischer Abstammung. Kindheit und Jugend verbringt er in Rom, Monaco, Cannes und Nizza, 1899 zieht er mit seiner Mutter und seinem Bruder nach Paris. Dort arbeitet er u. a. als Ghostwriter. 1901 geht er für ein Jahr als Privatlehrer nach Bad Honnef. Jetzt entsteht der Gedichtband *Alkohol*, der aber erst 1913 erscheint. 1902 wird seine erste Erzählung gedruckt, aber davon kann er nicht leben; sein Geld verdient er als Bankangestellter in Paris. Nebenher schreibt er weiterhin Gedichte und Erzählungen, außerdem Literaturkritiken. 1905 lernt er Pablo Picasso und Max Jacob kennen. Nun erschließen sich ihm neue Kreise, er trifft die Maler der Pariser Avantgarde und macht sich einen Namen als Kunstkritiker. 1907 veröffentlicht er die pornographischen Werke *Die Großtaten eines jungen Don Juan* und *Die elftausend Ruten*. Außerdem betreut er eine Buchreihe mit Texten von de Sade und Pietro Aretino. 1911 gerät er völlig unberechtigt in den Verdacht, Kunsthehlerei zu betreiben, und muss für eine knappe Woche ins Gefängnis. Danach ist er verbittert, fühlt sich als Ausländer diskriminiert und ist tief enttäuscht, dass Picasso bei der Festnahme behauptet hat, ihn nur flüchtig zu kennen. Als 1914 der Erste Weltkrieg ausbricht, meldet sich Apollinaire sofort als Freiwilliger. Da er Ausländer ist, wird er zunächst abgelehnt, erst 1915 darf er an die Front. Ein Jahr darauf trifft ihn ein Granatsplitter an der Schläfe und verletzt ihn schwer. Den einjährigen Genesungsurlaub nutzt er, um angefangene Werke zu vollenden. 1918 erkrankt er an einer Lungenentzündung. Während seiner Rekonvaleszenz lernt er Jaqueline Kolb kennen und heiratet sie kurz darauf. Wenige Monate später erkrankt er erneut, diesmal an der Spanischen Grippe. Er stirbt am 9. November 1918 in Paris. – Neben seinen erotischen Werken sind seine Erzählungen, etwa *Der gemordete Dichter* (1916), und seine Gedichtsammlungen, u. a. die *Kalligramme* (1918), von literarischer Bedeutung, ebenso die kunsttheoretische Schrift *Die Maler des Kubismus* von 1913.

WISSENSWERTES

Surrealismus
1924 verfasste der Schriftsteller André Breton (1896–1966) das erste »Manifest des Surrealismus«, wobei er den Begriff von Guillaume Apollinaire übernahm. Er definierte ihn folgendermaßen: »Der Surrealismus beruht auf dem Glauben an die höhere Wirklichkeit gewisser, bis dahin vernachlässigter Assoziationsformen, an die Allmacht des Traumes, an das zweckfreie Spiel des Denkens. Er zielt auf die endgültige Zerstörung aller anderen psychischen Mechanismen und will sich zur Lösung der hauptsächlichen Lebensprobleme an ihre Stelle setzen.« Der Surrealismus (von französisch *sur* = »über« und *realisme* = »Wirklichkeit«) wurde zu einer künstlerisch-literarischen Avantgardebewegung, die nach dem Ersten Weltkrieg die »Ganzheit des Menschen« durch die Befreiung des Geistes von inneren und äußeren Zwängen wiederherzustellen suchte.

EMPFEHLUNGEN

Lesenswert:
Guillaume Apollinaire: *Die Großtaten eines jungen Don Juan*, Leipzig 1989

Ders.: *Das Bestiarium oder Gefolge des Orpheus*, Leipzig 2006

Jürgen Grimm: *Guillaume Apollinaire*, München 2002

Uwe M. Schneede: *Die Kunst des Surrealismus. Malerei, Skulptur, Dichtung, Fotografie, Film*, München 2006

André Breton: *Die Manifeste des Surrealismus*, Reinbek 1986

Hörenswert:
Francis Poulenc: *Die Brüste des Tiresias*. Oper 1947 (nach einem Drama von Apollinaire)

Sehenswert:
Mein Mann Picasso. Regie: James Ivory; mit Anthony Hopkins, Natascha McElhone. USA 1996

AUF DEN PUNKT GEBRACHT

Charmante französische Pornographie im Stil des 19. Jahrhunderts, ganz auf den Anlass hin geschrieben, den Leser zu erregen. Der Auftraggeber dürfte zufrieden gewesen sein!

Du darfst so nicht lächeln!

Der Tod in Venedig

Thomas Mann

■ Thomas Mann in seinem Arbeitszimmer in Pacific Palisades, Kalifornien 1947

■ Gegenüber: Venedig. Photochrom um 1900

Mit Erstaunen bemerkte Aschenbach, dass der Knabe vollkommen schön war. Sein Antlitz, bleich und anmutig verschlossen, von honigfarbenem Haar umringelt, mit der gerade abfallenden Nase, dem lieblichen Munde, dem Ausdruck von holdem und göttlichem Ernst, erinnerte an griechische Bildwerke aus edelster Zeit, und bei reinster Vollendung der Form war es von so einmalig persönlichem Reiz, dass der Schauende weder in Natur noch bildender Kunst etwas ähnlich Geglücktes angetroffen zu haben glaubte.

Das ist Tadzio – ein polnischer Jüngling von etwa vierzehn Jahren, Spross einer vornehmen Familie, die es sich leisten kann, im Luxushotel Des Bains am Lido in Venedig einen mehrwöchigen Sommerurlaub zu verbringen. Dorthin hat es auch den deutschen Schriftsteller Gustav von Aschenbach verschlagen. Eigentlich war er schon woanders einquartiert, auf einer schönen Adria-Insel, doch schlechte Witterung und missmutige Einheimische ließen ihn nach wenigen Tagen ein neues, bereits vertrautes Reiseziel anstreben. Jetzt also Venedig, die prächtige, unvergleichliche Stadt mit ihrer Geschichte, Kultur und einzigartigen Atmosphäre. Hier sollen sich die angespannten Nerven des Künstlers beruhigen, will er Sonne, Strand und Meer genießen, um frische Inspiration und Kraft zu gewinnen. Denn müde fühlt sich Aschenbach, ausgelaugt und lustlos; seine Reise, spontan gebucht, ist eine Flucht.

Die Öffentlichkeit bekommt davon nichts mit. Als Schriftsteller steht Aschenbach im Zenit des Ruhms. Mit großen, geistvollen Werken hat er literarische Maßstäbe gesetzt, die intellektuelle Welt ebenso wie ein breites Publikum gewonnen. Allseits hoch geehrt, eine Autorität von europäischem Rang und für seine Verdienste schließlich in den Adelsstand erhoben, verkörpert Aschenbach die Werte von Zucht, Disziplin und Leistung, die sich in der strengen, klassischen Form seiner Prosa niederschlagen. Mittlerweile jenseits der fünfzig, lebt der Frühverwitwete allein, asketisch und einzig der Arbeit hingegeben. Niemand weiß, wie zunehmend schwer ihm diese fällt, dass immer häufiger Skepsis und Zweifel seine Gedanken bestimmen. Ist nicht die ganze Kunst nur Gaukelspiel, der Künstler ein fragwürdiger Geselle? »Durchhalten« ist Aschenbachs Parole, aber wozu eigentlich? In solch düsterer Krisenstimmung reist Staatsschriftsteller Aschenbach nach Venedig, wo ein Abenteuer auf ihn wartet, das er sich niemals hätte träumen lassen.

Die erste Begegnung mit Tadzio, abends im Foyer des Hotels, löst bei Aschenbach zunächst nur allgemeine Überlegungen zur Ästhetik aus. Flugs hat der Humanist die alten Griechen parat, zitiert aus dem *Phaidros,* Platons berühmtem Dialog über die Schönheit. Später beobachtet Aschenbach den Hübschen am Strand, vernimmt Tadzios exotischen Namen und zieht allerlei amüsierte Schlüsse über Herkunft, Zartheit und privilegierte Stellung des Jünglings inmitten dessen Sippe von Mutter, Gouvernanten und übrigens völlig reizlosen Schwestern, die ihn beständig umhegen und kosen. Außer diesem voyeuristischen Vergnügen hat Aschenbach keinen Spaß. Das Wetter bereitet erneut Verdruss, die Luft ist schwül, fauliger Geruch weht von der Lagune her. Ein Spaziergang durch die Altstadt, in der sich die Massen drängen, verursacht ihm Übelkeit, und resigniert beschließt der Urlauber, die Zelte endgültig abzubrechen.

Anderntags, im Bahnhof, passiert ein Malheur. Aschenbachs stattliches Gepäck geht in die falsche Richtung, er muss ins Hotel zurück. Ein neues Zimmer wird bezogen, Aschenbach steht sinnend am

Nicht nur eine Vielzahl hübscher Jünglinge tummelt sich in Thomas Manns großem Werk. Es kommt auch oft zum Äußersten: In der frühen Erzählung *Wälsungenblut* begeht ein Geschwisterpaar den Inzest. Desgleichen ereignet sich im Roman *Der Erwählte.* Eine ältere Frau erwacht in der Novelle *Die Betrogene* zu später, wenngleich trügerischer Sexualität. Überaus erotisch sind *Die Bekenntnisse des Hochstaplers Felix Krull,* Thomas Manns letzter Roman, den er mit knapp achtzig Jahren schrieb. Reihenweise vernascht sexy Felix die Damen, zum Schluss sogar die Mutter einer Verehrerin.

■ Die erste Begegnung des alternden Schriftstellers mit dem schönen Knaben: Szene aus *Tod in Venedig,* der italienischen Verfilmung von Luchino Visconti aus dem Jahr 1971 mit Dirk Bogarde als Gustav Aschenbach und Björn Andresen als Tadzio

»Poesie, verbotene Lust, die ›kranke Liebe‹ und ihre Vermählung mit dem Tod: Sie machen das Geheimnis dieser Novelle und ihre bis heute unverwelkte Magie aus.«
Klaus Harpprecht,
Thomas- Mann-Biograph

Fenster, sieht Tadzio draußen herumtollen – aller Ärger ist mit einem Mal verflogen! Jubel durchzuckt ihn, jetzt will er bleiben. Mit der Begeisterung eines Schulkindes, das sich auf die großen Ferien freut, wartet der bedeutende Mann auf seine Koffer. Und plötzlich scheint auch die Sonne … Täglich genießt Aschenbach nun das fröhliche Strandleben und hat doch nur Augen für den Einen. Das Entzücken will kein Ende nehmen, aus der Andacht wird bald mehr, ein Flirt der Blicke, die Tadzio huldvoll-zögerlich erwidert und eine quälende Sehnsucht in Aschenbach auslösen. Was geschieht mit mir? Bin ich noch bei Trost?, fragt er sich zwischendurch.

Eines Abends läuft Tadzio ihm im Garten des Hotels unverhofft über den Weg, ganz nah kommen sie sich, und der Junge lächelt den älteren Herrn erstmals an und öffnet dabei die Lippen! Aschenbach ist wie vom Blitz getroffen, flieht in den dunklen Park: *Sonderbar entrüstete und zärtliche Vermahnungen entrangen sich ihm: »Du darfst so nicht lächeln! Höre, man darf so niemandem lächeln!« Er warf sich auf eine Bank, er atmete außer sich den nächtlichen Duft der Pflanzen. Und zurückgelehnt, mit hängenden Armen, überwältigt und mehrfach von Schauern überlaufen, flüsterte er die stehende Formel der Sehnsucht, – unmöglich hier, absurd, verworfen, lächerlich und heilig doch, ehrwürdig auch hier noch: »Ich liebe dich!«*

Jetzt nimmt das Drama seinen Lauf, geht alle innere Contenance dahin, und auch nach außen bewahrt Aschenbach kaum noch Haltung. Unverhohlen folgt er Tadzio auf Schritt und Tritt, sucht begierig dessen Aufmerksamkeit, und es schert den Verliebten nicht, dass man bereits über ihn tuschelt. Vom Friseur lässt er sich die Haare färben, die Wangen pudern, die Lippen schminken. Als parfümierte Tunte läuft der einst so vornehme Aschenbach dem schönen Tadzio hinterher, voller verrückter *Hoffnungen, unfassbar die Vernunft überschreitend und von ungeheuerlicher Süßigkeit.* Das Ende ist bitter. Aschenbach infiziert sich mit der Cholera, die derweil Venedig heimsucht. Auch die polnische Familie reist ab. Am Strand sieht der Fiebernde seinen Liebling ein letztes Mal und bricht zusammen: *Minuten vergingen, bis man dem seitlich im Stuhle Hinabgesunkenen zu Hilfe eilte. Man brachte ihn auf sein Zimmer. Und noch desselben Tages empfing eine respektvoll erschütterte Welt die Nachricht von seinem Tode.*

Thomas Mann schrieb die Novelle unter dem Eindruck eigener Erfahrung. Bei einem Venedigurlaub war er wirklich einem Tadzio begegnet, und auch die weiteren Umstände der Reise flossen detailgetreu in den literarischen Text: »Nichts ist erfunden«, versicherte der Autor später in einem Brief. Inzwischen, seit der Veröffentlichung seiner Tagebücher, weiß man, wie tief ein sol-

DER ECHTE TADZIO
Wladyslaw Baron Moes soll Tadzios Vorbild gewesen sein, »ein sehr reizender, bildhübscher, etwa dreizehnjähriger Knabe«, wie sich Thomas Manns Ehefrau Katia an ihn erinnerte. 1965 gab sich der Baron zu erkennen. Allerdings war er in jenem Urlaubssommer erst elf Jahre alt. Inzwischen hat eine andere polnische Familie mit ebenfalls schönen, blonden Söhnen Anspruch auf das Vorbild angemeldet. Eindeutige Beweise gibt es bis heute nicht.

■ Katia Mann (1883–1980) mit den Kindern Klaus und Erika

»Alles stimmte auf eine besondere Weise, und wie im jugendlichen *Tonio Kröger* ist auch im *Tod in Venedig* kein Zug erfunden: der verdächtige Gondoliere, der Knabe Tadzio und die Seinen, die durch Gepäckverwechslung missglückte Abreise, die Cholera, der ehrliche Clerk im Reisebüro, der bösartige Bänkelsänger – alles war durch die Wirklichkeit gegeben, war nur einzusetzen. Streckenweise hatte ich während dieser Arbeit das Gefühl einer souveränen Getragenheit, wie ich sie sonst nicht gekannt.«   Thomas Mann, *Über mich selbst*, 1940

ches Erlebnis tatsächlich ging. Thomas Mann war definitiv bisexuell. Seiner Ehefrau Katia, mit der er sechs Kinder hatte, versprach er »ein strenges Glück«, bald nach der Hochzeit wusste sie, was das bedeutete. Oft heiß verliebt in attraktive junge Männer, versagte sich Thomas Mann jedoch die erotische Erfüllung, sie passte schlecht zum Lebensziel vom repräsentativen Dichter, das er zeitlebens anstrebte und auch erreichte.

Insofern entsprechen Aschenbachs Vorstellungen von der Literatur als sittlich-ordnendem Element sowie seine Einstellung zum Künstlerdasein durchaus Thomas Manns eigenen Ansichten und persönlichem Wesen. Das *Verheißungsvoll-Ungeheure,* das Aschenbach beim letzten Anblick Tadzios empfindet, kam für Thomas Mann jedoch nicht infrage. Nur in der Literatur gestattete er sich jene »Sympathie mit dem Abgrund«, der Aschenbach erliegt. Das sexuelle Begehren wird dabei zum Symbol für die Gefährdung und den Verfall sämtlicher Regeln und Anstandsformen. Auf dem Höhepunkt seiner Leidenschaft hat Aschenbach einen obszönen, phallischen Traum, den er verabscheut und zugleich erschrocken genießt.

Nach heutiger Erkenntnis ist *Der Tod in Venedig* ein kühnes Werk der Selbsterkundung. »Rein und ernst im Ton«, wie Thomas Mann den Stil umriss, steckt es voller autobiographischer Bezüge und Hinweise auf eine prekäre Dichterexistenz. Den eindeutig erotischen Kontext haben die meisten zeitgenössischen Kritiker schamhaft übergangen. Allzu vornehm und klassisch gemeißelt wirkt die Novelle. Thomas Mann wusste, was sich für ihn gehört.

THOMAS MANN

 BIOGRAPHIE

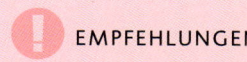 EMPFEHLUNGEN

Thomas Mann wird am 6. Juni 1875 in Lübeck geboren. Sein Vater, der Senator, Konsul und Getreidegroßhändler Thomas Johann Heinrich Mann, stirbt 1891, woraufhin die Familie nach München zieht. 1894 beginnt Thomas Mann dort ein Volontariat bei einer Versicherung. Als er volljährig wird, ist er auf Erwerbsarbeit nicht mehr angewiesen und kann vom Erbe seines Vaters leben. 1898 wird er, nach einem zweijährigen Italienaufenthalt mit seinem Bruder Heinrich, Redakteur der Satirezeitschrift *Simplicissimus*. 1903 feiert er mit der zweiten Ausgabe der *Buddenbrooks* seinen ersten großen literarischen Erfolg. Sie sind der Auftakt zu insgesamt acht Romanen, einem Theaterstück, über 40 Novellen und Erzählungen, Tagebüchern und einer Fülle von Essays. 1905 heiratet Thomas Mann Katia Pringsheim (1883–1980); aus der Ehe gehen sechs Kinder hervor. 1914 kommt es für einige Jahre zum Bruch mit seinem Bruder Heinrich: Thomas befürwortet den Ersten Weltkrieg, Heinrich ist entschieden dagegen. Erst 1922 distanziert sich Thomas Mann von seiner Kriegsbegeisterung. 1933 kehrt er von einer Vortragsreise nicht nach Deutschland, in dem nun Hitler an der Macht ist, zurück, lebt erst in Südfrankreich, dann in der Nähe von Zürich. 1936 wird er offiziell ausgebürgert, und die Ehrendoktorwürde der Universität Bonn wird ihm aberkannt. Einige Jahre ist er nun tschechischer Staatsbürger, behält aber seinen Wohnsitz in der Schweiz. 1939 erhält Thomas Mann eine Gastprofessur an der Universität Princeton in den USA. 1942 zieht er nach Pacific Palisades in Kalifornien, wo er andere berühmte Exilanten als Nachbarn hat, darunter Bertolt Brecht. 1944 wird er amerikanischer Staatsbürger. 1949 kehrt Thomas Mann nach Deutschland zurück, um den Goethe-Preis der Stadt Frankfurt entgegenzunehmen, aber dauerhaft dort leben will er nicht mehr. Bis 1952 bleibt er in Pacific Palisades, dann zieht er wieder in die Schweiz. Er stirbt am 12. August 1955 in Kilchberg bei Zürich. – *Der Tod in Venedig* von 1912 ist wahrscheinlich die bekannteste Erzählung Thomas Manns. Zu seinem umfangreichen Werk gehören außerdem die Erzählungen *Tonio Kröger* (1903), *Wälsungenblut* (1921), *Mario und der Zauberer* (1930) und *Die Betrogene* (1953), die Romane *Der Zauberberg* (1924), *Lotte in Weimar* (1939), *Joseph und seine Brüder* (Tetralogie, Gesamtausgabe 1948) und *Doktor Faustus* (1947) sowie das Drama *Fiorenza* (1906) und zahlreiche Essays, Reden und Aufsätze. Der Schelmenroman *Bekenntnisse des Hochstaplers Felix Krull*, als endgültige Ausgabe 1954 erschienen, ist leider nicht ganz vollendet. Das große Thema Thomas Manns ist der Verfall, insbesondere der Niedergang des Großbürgertums.

 AUF DEN PUNKT GEBRACHT

Nicht nur die inneren Nöte eines Künstlers hat Thomas Mann gestaltet, sondern auch die Schmerzen unerfüllter Sexualität. Das Ambiente nobler Fünf-Sterne-Hotellerie sowie die morbiden Gassen Venedigs geben der Novelle die besondere Note von Eros und Tod.

Erotomane und Querdenker
Mein Leben und Lieben
Frank Harris

»Klein, kampfeslustig, gescheit, ehrgeizig, taktlos, priapisch und in sich selbst verliebt, so zog Harris durch die Wohnungen und Salons des viktorianischen Europas und Amerikas wie der Elefant durch einen Porzellanladen.«
Newsweek

■ Frank Harris, um 1915. Der Ire verfügte über ein gesundes Selbstbewusstsein. Über Casanova sagte er: »Du lieber Gott – Casanova ist es nicht wert, mir die Schnürsenkel zu binden!«

»Mr Harris' Buch ist zweifellos und unübersehbar obszön, unzüchtig, lüstern und überaus abstoßend Ich nenne den Titel absichtlich nicht, weil ich mit der Bekanntgabe nicht den Absatz steigern möchte.« Da bemühte sich Levy Chapman vergeblich, der ehrenwerte Richter am Obersten Gerichtshof in New York City. Ebenso wenig wie Juristen in Berlin, London und Paris konnte er verhindern, dass Frank Harris' voluminöse Autobiographie zum Dauerbrenner wurde. Bevor die Behörden einschritten, war die jeweilige Auflage von *Mein Leben und Lieben* meist schon ausverkauft; das Spiel wiederholte sich bei allen weiteren der insgesamt vier Bände, die Harris in rascher Folge veröffentlichte.

Als pfiffiger Journalist und Herausgeber mehrerer Zeitungen wusste er, wie man sein Publikum bei Laune hält. Jede Saison ein neuer Harris – neben *Lady Chatterleys Liebhaber* von D.H. Lawrence (s. S. 188) gehörte *Mein Leben und Lieben* am Ende der 1920er Jahre zu den meistdiskutierten »skandalösen« Werken; die entrüsteten Reaktionen vor allem in England und Amerika wollten kein Ende nehmen. Eine bekannte Persönlichkeit, ein gesetzter Herr von bald siebzig Jahren, der offen und dazu stolz wie ein Kind über die eigenen sexuellen Erlebnisse spricht? Schockierend!

Ich begann, ihre rote Klitoris mit meinem heißen, festen Penis zu liebkosen. Lorna seufzte ein paar Mal tief, und ihre Augen wanderten zur Zimmerdecke hinauf. Langsam ließ ich mich hineingleiten. »Es ist himmlisch!«, seufzte sie. Hier beglückt der siebzehnjährige Frank die verheiratete Lorna aus Kansas. Seine außerordentliche Potenz bringt die vernachlässigte Ehefrau völlig aus der Fassung. Sechs Mal ist für den virilen Jungen aus Irland kein Problem, und mit Lorna beginnt eine stattliche Reihe hingerissener Damen aus allen Ländern und Kontinenten, die der Globetrotter Harris im Laufe einer langen erotischen Karriere besucht. Schon der Knabe geht seinen

Schwestern an die Wäsche, und zeitlebens werden ihn blutjunge Mädchen besonders reizen. So etwa Jessie, Lily oder die kleine Grace, die Harris als reifer Herr in Paris in die Liebe einführt. Grace steht unter der Obhut einer strengen, dabei sehr attraktiven Tante. Und so kommt es zu einer denkwürdigen Nacht, in der Harris zunächst Grace, dann die Tante und schließlich wieder Grace vernascht. Solch außerordentliche Manneskraft reizt auch männliche Konkurrenten zum Vergleich, zum Beispiel Guy de Maupassant, der Harris bei einem gemeinsamen Spaziergang buchstäblich zeigt, wo der Hammer hängt. Er könne bis zu zwanzig Mal am Tag, behauptet der französische Schriftsteller, sein »Instrument« gehorche stets, noch auf der Straße wird der Beweis geführt …

■ Die Oberschicht versammelt sich für das alljährliche Cricket Match »Eton gegen Harrow« auf dem Lord's Cricket Ground. Um 1914

Es sind diese Anekdoten, die *Mein Leben und Lieben* noch heute zu einer vergnüglichen Lektüre machen. Denn Harris kannte durch seine publizistische Tätigkeit Gott und die Welt, war mit Oscar Wilde (s. S. 160) und George Bernard Shaw befreundet, traf Émile Zola (s. S. 150), Henry James, sogar politische Größen wie Otto von Bismarck; eine Begegnung mit Richard Wagner allerdings sei glatt erfunden, wollen Harris-Gegner herausbekommen haben. Feinde hatte er zur Genüge. Harris war ein Großmaul, laut, aggressiv und völlig von sich eingenommen. Man habe ihn, schrieb Oscar Wilde, in alle vornehmen Häuser Londons eingeladen – »genau ein einziges Mal«!

Andererseits lässt sich sagen, dass Harris ein mutiger Nonkonformist war. Dem wegen seiner Homosexualität verfemten Oscar Wilde stand er treu und auch öffentlich zur Seite. Trotzig saß Harris mehrere Monate im Gefängnis, weil er sich bei einem englischen Lord, den er beleidigt hatte, nicht entschuldigen mochte. Überhaupt ließ

FRANK UND OSCAR
Nach seinem Prozess, der ihm zwei Jahre Zuchthaus eintrug, war Oscar Wilde gesellschaftlich erledigt und finanziell ruiniert. Harris stand fest zu seinem Freund. Ende der 1890er Jahre bot man Harris an, Chefredakteur der *Times* zu werden. Höher konnte man journalistisch nicht steigen. Bedingung war jedoch, Oscar Wilde fallenzulassen. Harris lehnte ab, ein anderer bekam den Posten.

■ Frank Harris (links) wird von einem Gerichtsdiener zum Brixton-Gefängnis geführt. Undatierte Aufnahme

EIN UMSICHTIGER LIEBHABER

Frank Harris bemühte sich um Empfängnisverhütung. Vom Coitus interruptus wollte er zwar nichts wissen, forderte aber seine jungen Gespielinnen stets zur Spülung und Waschung auf. Seine Überlegungen zum Eisprung spiegeln den Kenntnisstand seiner Epoche und bringen jede moderne Frau zum Lachen. Anscheinend waren die Maßnahmen aber erfolgreich, von unehelichen Kindern ist nichts bekannt.

er keine Gelegenheit aus, die steife britische Society für ihren Snobismus und ihre Prüderie zu kritisieren. Selbst Absolvent einer *private school,* sah Harris im englischen Erziehungssystem den Kern aller gesellschaftlicher Übel. So verstand er seine erotischen Bekenntnisse auch als Kampf gegen die verdruckste Sexualmoral der Zeit. Harris ging es nicht darum, ein pikantes Buch zu schreiben, er wollte ein Zeichen setzen! In vielen Passagen von *Mein Leben und Lieben* beschwört Harris förmlich Zauber und Kraft der Sexualität, die er wie D. H. Lawrence zum Inbegriff der Menschlichkeit stilisiert: *Der sexuelle Instinkt ist nicht nur die inspirierende Macht für alle Kunst und Literatur, er lehrt uns auch wie nichts anderes Güte und Sanftmut, er erhebt die Liebeszärtlichkeit zu einem Ideal und bekämpft somit Grausamkeit und Härte.*

Dieser humane Impuls verträgt sich allerdings schlecht mit den orgasmischen Superlativen, mit denen der Macho Harris beständig protzt. Was man heute mit eher amüsiertem Lächeln oder genervt liest, löste damals eine internationale Welle der Empörung aus. Die Reaktionen auf die »widerliche Sammlung von schmutzigen Storys«, wie die New Yorker *Evening World* schrieb, waren vernichtend. Niemand wollte fortan mit Harris zu tun haben, es schien, als ob die Journalisten freudig Rache an einem ungeliebten Kollegen nahmen. Er floh nach Frankreich, woraufhin die britische Justiz die französische Regierung offiziell dazu aufforderte, Harris in Haft zu nehmen. Die Franzosen lehnten dieses Ansinnen zwar ab, setzten das Buch aber ebenfalls auf den Index. Die allseitige Ablehnung und der Hass, der ihm überall entgegenschlug, verdüsterten Harris' letzte Jahre, er starb 1931 in finanziell kläglichen Verhältnissen an einem Herzinfarkt. Das juristische Verbot von *Mein Leben und Lieben* wurde Mitte 1960 aufgehoben; erste Ausgaben erschienen in England und Amerika und verkauften sich sensationell: Innerhalb kurzer Zeit überschritt die Auflage allein in den USA die Grenze von einer Million Exemplaren. In Deutschland war das Interesse mäßig. Heute sind Werk und Autor so gut wie vergessen.

FRANK HARRIS

 BIOGRAPHIE

James Thomas Harris, der sich später Frank Harris nennt, wird am 14. Februar 1856 im irischen Galway geboren. Seine Eltern stammen aus Wales. Als er zwölf Jahre alt ist, schicken sie ihn dort in ein Erziehungsheim. Er soll in Cambridge studieren, erhält sogar ein entsprechendes Stipendium, doch setzt er sich 1869 mit dem Geld in die USA ab. Er schlägt sich mit Gelegenheitsjobs durch, lebt in Texas, New York und Chicago. Schließlich nimmt er an der Universität von Kansas ein Jurastudium auf. Danach geht er nach England. 1878 heiratet er die wohlhabende Florence Ruth Adams. Sie stirbt ein Jahr später. Harris macht in London Karriere als Redakteur, bald gehören ihm mehrere Zeitungsverlage. 1907 bis 1909 ist er der Herausgeber von *Vanity Fair*, ab 1912 von *Modern Society*. Darin veröffentlicht er mehrere Artikel, in denen er Lord William Wentworth-FitzWilliam als »einen Unberührbaren der Oberschicht« bezeichnet. Da er sich weigert, sich zu entschuldigen, landet er im Februar 1914 wegen Verleumdung im Gefängnis. Nach seiner Freilassung geht er nach Paris, erlebt dort den Beginn des Ersten Weltkriegs. Er kehrt nach New York zurück, arbeitet wieder als Redakteur, gründet die Frank Harris Publishing Company, um seine Texte dort herauszubringen. Am 27. August 1931 stirbt er in Nizza an einem Herzinfarkt. – Frank Harris veröffentlichte einige Kurzgeschichten und Romane, darunter *Die Bombe* von 1909. Zudem schrieb er Biographien über Oscar Wilde und George Bernard Shaw, mit denen er befreundet war. Das einzige Drama von Harris, das je aufgeführt wurde, war *Mr and Mrs Daventry* von 1900.

 WISSENSWERTES

George Bernard Shaw

Zu Harris' besten Freunden gehörte der irische Schriftsteller George Bernard Shaw (1856–1950), der sich ebenfalls durch Unbeugsamkeit und Kampfgeist auszeichnete. Ab 1876 lebte Shaw in London und versuchte, sich als Romanautor zu etablieren, was ihm jedoch nicht gelang. Nach der intensiven Beschäftigung mit den Schriften von Karl Marx schloss er sich der Fabian Society an, einer links-intellektuellen Bewegung, die einen Sozialismus ohne Klassenkampf vertrat. Im Rahmen dieser Bewegung setzte sich Shaw für Frauenrechte, eine Reform des Wahlrechts und die Abschaffung von Privateigentum ein. Sein politisches Engagement machte ihn schließlich auch zum gesellschaftskritischen Dramatiker. Er schrieb provokante Stücke voller Ironie, mit denen er endlich erfolgreich war. Zu diesen Werken gehören *Die Häuser des Herrn Sartorius* von 1893, das Mietwucher und Spekulation anprangert, und *Frau Warrens Gewerbe*, das sich mit Prostitution beschäftigt und deswegen verboten wurde. Nach wie vor bissig, aber mehr auf Unterhaltung angelegt waren *Helden* und *Candida* (beide 1898).

In seinem berühmtesten Drama, *Pygmalion* von 1912, illustriert Shaw seine durch Friedrich Nietzsche beeinflusste These von der »kreativen Evolution«, einer Urkraft in der Natur, die bewirke, dass sich der Mensch stets zum Besseren hin entwickle. 1925 wurde Shaw für sein umfangreiches, innovatives Gesamtwerk mit dem Literaturnobelpreis geehrt.

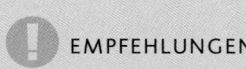 EMPFEHLUNGEN

Lesenswert:
Frank Harris: *Mein Leben und Lieben*, 3 Bde., Flensburg 1965

Ders.: *Oscar Wilde. Eine Lebensbeichte*, Berlin 1923

Ders.: *Die Bombe*, Berlin 1927

George Bernard Shaw: *Frau Warrens Gewerbe*, Stuttgart 1966 (Drama)

Narr oder Weiser. Anekdoten um Bernard Shaw, Frankfurt / M. 2000

Sehenswert:
Cowboy. Regie: Delmer Daves; mit Jack Lemmon, Glenn Ford. USA 1958 (Western nach Motiven aus *Mein Leben und Lieben*)

Tom Stoppard: *Die Erfindung der Liebe*. Drama 1996 (über den homosexuellen Dichter A. E. Housman; auch Oscar Wilde kommt darin vor)

 AUF DEN PUNKT GEBRACHT

Erotisch nur noch von bedingtem Reiz, in Deutschland völlig vergessen, aber ein interessantes zeitgeschichtliches Dokument: Aus heutiger Sicht erscheint das Leben von Harris weitaus spannender als sein Lieben.

Hinter die Maske schauen
Traumnovelle
Arthur Schnitzler

»Was sollen wir tun, Albertine?« Sie lächelte, und nach kurzem Zögern erwiderte sie: *»Dem Schicksal dankbar sein, glaube ich, dass wir aus allen Abenteuern heil davongekommen sind – aus den wirklichen und aus den geträumten.«* *»Weißt du das auch ganz gewiss?«*, fragte Fridolin. *»So gewiss, als ich ahne, dass die Wirklichkeit einer Nacht, ja dass nicht einmal die eines ganzen Menschenlebens zugleich auch seine innerste Wahrheit bedeutet.«* *»Und kein Traum«*, seufzte er leise, *»ist völlig Traum.«*

Mit diesem Dialog des Ehepaares Albertine, Hausfrau und Mutter, und Fridolin, praktischer Arzt, endet die *Traumnovelle* von Arthur Schnitzler, begonnen 1921, als Buch erschienen 1926. Der versöhnliche Schluss ist nicht zeittypisch und in Schnitzlers Werk die Ausnahme, denn wir befinden uns im Zeitalter der Psychoanalyse, und die »innerste Wahrheit« des Trieblebens koexistiert, wie sich gerade herausstellt, nur mühsam und unter großen Opfern mit der »Wirklichkeit« des Alltags und seiner Moral. Schnitzler, Sohn eines jüdischen Arztes und selbst ein Doktor der Medizin, war als Autor ein Vertreter dieser eher pessimistischen Sicht auf seine vom Triebleben umgetriebenen Zeitgenossen, die ja aber zugleich eine honette Existenz in der zerfallenden k.u.k.-Monarchie zu führen versuchten. Er war mit Sigmund Freud bekannt, lehnte dessen Theorie vom Es, Ich und Über-Ich als zu mechanisch ab, ließ sich aber sonst von manchen Erkenntnissen des Meisters inspirieren.

Seine literarischen Figuren Fridolin und Albertine entlässt er in einen ehelichen Frieden – obschon beide die Erfahrung gemacht haben, dass ihre tiefsten erotischen Wünsche sich in den Grenzen einer bürgerlichen Ehe kaum erfüllen lassen. Sie werden erlöst, weil sie das tun,

■ Auf einem Maskenball. »Eine Mutter: Gut, dass ich dich endlich hier treffe, mein lieber Mann. Schon vierzehn Tage will ich danach fragen, wie's unseren Kindern zu Hause geht.« Farbdruck, 1908, von Ferdinand von Reznicek (1869–1909). Aus dem Album *Unter vier Augen*.

was Freud seinen einsichtigen Patienten ab-
verlangte: »erinnern, wiederholen, durchar-
beiten«, weil sie nicht mit Betrug und Lüge
durchzukommen versuchen, sondern sich
ihren inneren Konflikten stellen. Der Traum
steht dabei für das Unbewusste, für das, was
man sich wünscht, ohne es zu dürfen, für
das, was man über sich selbst erfährt, ohne es
zu wollen. Sexualität ist zur Zeit Schnitzlers
weniger eine Freudenquelle als ein Drang,
mit dem man kämpfen muss, weil er allzu oft
in den Abgrund führt. Auf der Bühne des Fin
de Siècle erscheint der Trieb als Hauptdar-
steller in einem fatalen, düsteren Drama. Die
Katharsis besteht nun nicht mehr in Verzicht
oder religiöser Sublimierung, sondern in der
Selbsterkenntnis.

Entsprechend ernst und spannungsgeladen
ist der Ton der *Traumnovelle.* Es beginnt damit, dass Albertine ihrem Gatten schonungslos offen von einer Art Wachtraum erzählt:
Sie begegnete einst im Urlaub einem jungen

■ Arthur Schnitzler, um 1912

Mann, dessen bloßer Anblick sie vollkommen verzauberte. Hätte
er sie gebeten, mit ihm fortzugehen, sie wäre ihm wie willenlos
gefolgt, obwohl sie damals schon mit Fridolin verlobt war. *»Es
lag nicht an mir, dass ich noch jungfräulich deine Gattin wurde.«* Später berichtet sie ihm von einem Traum, in dem sie ihren
Mann eiskalt foltert. Fridolin bewahrt die Fassung, ist jedoch tief
getroffen und sieht gar seine Ehe zerbrechen. Nach einem späten
Patientenbesuch kehrt er nicht nach Hause
zurück, sondern überlässt sich der Wiener
Nacht. Er folgt einer jungen Prostituierten,
geht aber nicht mit ihr ins Bett. Er trifft einen
alten Bekannten, einen Pianisten, der von
einem ungewöhnlichen Auftrag spricht: Mit
verbundenen Augen soll er vor Menschen
spielen, die Masken tragen und geheimnisvolle Dinge tun. Der Kreis ist vollkommen
exklusiv, man braucht ein Kennwort, um
zum Schauplatz, einer herrschaftlichen Vil-
la, vorgelassen zu werden. Fridolin ist wie
elektrisiert, er lässt sich das Losungswort

BEDROHLICHE EROTIK
In Arthur Schnitzlers gesamtem Werk schwe-
len libidinöse Energien, wissen die Menschen
nicht, wohin mit ihrer unterdrückten Sexualität. Schnitzler wusste es selbst nicht. Er war
ein ausgemachter Erotomane, hastete von
einem Bett zum nächsten und litt mitunter arg
unter seiner »impertinenten Sinnlichkeit«, weil
er über jedem Beischlaf das gesellschaftliche
Fallbeil sah, das auf die jeweils verführte Frau
herabzusausen drohte.

■ Tom Cruise in Stanley Kubricks *Eyes Wide Shut*

sagen und dringt maskiert an jenen Ort vermuteter Lasterhaftigkeit vor. In der Tat – die weiblichen Gäste dieser Versammlung sind bis auf die Larven über ihren Gesichtern vollkommen nackt. Eines der Mädchen warnt Fridolin. Er gehöre nicht hierher, er müsse sofort verschwinden, es gehe um Leben und Tod. Nur mit ihrer Hilfe gelingt ihm die Flucht.

Sämtliche Episoden dieser ereignisreichen Nacht besitzen eine verstörende Traumqualität; man weiß als Leser nicht recht, ob Fridolin wacht oder träumt, man versteht allerdings, dass er mit seinen wirklichen oder imaginierten Erlebnissen auf die Zumutungen in Albertines Berichten antwortet.

Schnitzler lässt sein Alter Ego Fridolin, ein von den Umständen getriebener passiver Typus und gewissenhafter Arzt, tags darauf den Ereignissen der Nacht weiter nachspüren. Eine Selbstmörderin wird in die Totenkammer gefahren – ist sie nicht seine Retterin? Er weiß es nicht genau, er hat ihr Gesicht nicht gesehen, aber eine innere Stimme sagt ihm: Sie ist es, sie hat sich für ihn geopfert. Er will die junge Prostituierte noch einmal aufsuchen, kauft Obst und Leckereien für sie, um ihr eine Freude zu machen – aber er trifft sie nicht an. Sie kam in die Klinik, mit einer fatalen Diagnose. Bedrückt ob all des Leides, in dem er eine für ihn selbst nicht erklärliche Rolle spielt, erschöpft und unglücklich fährt der Doktor heim. Albertine schläft. Neben ihr, auf seinem Kopfkissen, entdeckt Fridolin die Maske, mit der er sich in der vorvergangenen Nacht Zutritt zu einem Ort der Ausschweifung verschafft hat. Jetzt ist es klar: Es war kein Traum. Und Albertine weiß Bescheid oder denkt sich ihr Teil.

Als sie erwacht, sagt er: »*Ich will dir alles erzählen.*« Das ist die Losung der Psychoanalyse. Durch rückhaltlose Aufrichtigkeit gelingt die Heilung der zerrissenen Seele und – in diesem fiktiven Fall – die Rettung der Ehe. Aber der nächste Traum, die nächste Versuchung, sie werden nicht lange auf sich warten lassen. »*Niemals in die Zukunft fragen*«, flüstert Albertine.

ARTHUR SCHNITZLER

 BIOGRAPHIE

Arthur Schnitzler wird am 15. Mai 1862 in Wien geboren. Er ist das älteste von vier Geschwistern. Sein Vater Johann ist Facharzt für Erkrankungen des Rachenraums. Auch der Sohn studiert Medizin, schließt das Studium im Mai 1885 mit der Promotion ab. Er leistet am Garnisonsspital seinen Militärdienst, arbeitet bis 1888 als Assistenzarzt am Allgemeinen Krankenhaus der Stadt Wien und wird danach Assistent seines Vaters in der Wiener Poliklinik. Doch schon während seiner Zeit als Arzt schreibt Schnitzler Gedichte und Erzählungen, von denen einige in verschiedenen Zeitungen und Zeitschriften veröffentlicht werden. Neben diesen literarischen Texten publiziert er eine Fülle von medizinischen Artikeln, beschäftigt sich, fasziniert von der gerade aufkommenden Psychoanalyse, mit der Traumdeutung und den Möglichkeiten der Hypnose. 1893, nach dem Tod seines Vaters, eröffnet er eine eigene Praxis. Zu dieser Zeit trifft er sich schon regelmäßig mit seinen Freunden Hugo von Hofmannsthal, Richard Beer-Hofmann und Felix Salten im Café Griensteidl, dem Dreh- und Angelpunkt der Jung-Wien-Bewegung, die nicht nur die Literatur, sondern auch das menschliche Denken erneuern und den Geist befreien will. Im selben Jahr feiert Schnitzler seinen ersten Bühnenerfolg mit dem Einakter *Anatol*. 1899 folgen *Der grüne Kakadu* und *Paracelsus*. Doch das Publikum tut sich schwer mit Schnitzlers Erzählweise, die durch die Psychologie beeinflusst ist. Und das Militär will

sich schon gar nicht analysieren lassen: Nach dem Erscheinen des Romans *Lieutenant Gustl* 1901 wird Schnitzler der Offiziersrang als Oberarzt der Reserve aberkannt. Im August 1903 heiratet er die Schauspielerin Olga Gussmann, zu diesem Zeitpunkt haben die beiden bereits einen einjährigen Sohn. 1920 gibt es nach der Uraufführung seiner Komödie *Reigen*, in der sich zehn Paare nacheinander zum Liebesakt treffen und in jedem Bild ein Partner ausgetauscht wird, einen Riesenskandal, die Zensur greift ein, es kommt zum Prozess wegen Erregung öffentlichen Ärgernisses. Schließlich verbietet Schnitzler selbst weitere Aufführungen – das Verbot bleibt bis 1982 gültig. 1921 lässt sich das Ehepaar Schnitzler scheiden. Sohn Heinrich und Tochter Lili bleiben beim Vater. Sieben Jahre später nimmt sich Lili das Leben. Schnitzler kommt nie darüber hinweg. Er stirbt am 21. Oktober 1931 in Wien an einer Hirnblutung. – Zu den wichtigsten Werken Schnitzlers zählen die Dramen *Der einsame Weg* (1904) und *Komödie der Verführung* (1924), die Novellen *Sterben* (1895) und *Casanovas Heimfahrt* (1918), die Erzählung *Fräulein Else* (1924) und die Romane *Der Weg ins Freie* (1908) und *Therese* (1928).

 WISSENSWERTES

Innerer Monolog
Arthur Schnitzler gehörte zu den ersten Schriftstellern, die eine neue Erzähltechnik einsetzten: den inneren Monolog. Dabei wird der Bewusstseinszustand einer Romanfigur in Form eines gedanklichen Selbstgesprächs wiedergegeben, wodurch der Leser die Illusion hat, unmittelbar in die Gefühlswelt der Figur einzutauchen. So kann auch Unbewusstes und Tabuisiertes zum Ausdruck gebracht werden, ganz im Sinne der Psychoanalyse. Der innere Monolog ist die vielleicht wichtigste Neuerung im Roman des 20. Jh.s.

 EMPFEHLUNGEN

Lesenswert:
Arthur Schnitzler: *Traumnovelle und andere Erzählungen*, Frankfurt / M. 2008

Ders.: *Jugend in Wien. Autobiographie*, Frankfurt / M. 2006

Ders.: *Reigen*, Stuttgart 2001

Peter Gay: *Das Zeitalter des Dr. Schnitzler*, Frankfurt / M. 2002

Mirko Gemmel: *Die Kritische Wiener Moderne. Ethik und Ästhetik. Karl Kraus, Adolf Loos, Ludwig Wittgenstein*, Berlin 2005

Sehenswert:
Eyes Wide Shut. Regie: Stanley Kubrick; mit Tom Cruise, Nicole Kidman. GB / USA 1999 (nach der *Traumnovelle*)

 AUF DEN PUNKT GEBRACHT

Unsere tiefsten erotischen Wünsche sind sündhaft, lautet die Botschaft dieser Novelle. Doch wenn wir uns das eingestehen, können wir erlöst werden.

Love is just a four-letter word
Lady Chatterleys Liebhaber
D. H. Lawrence

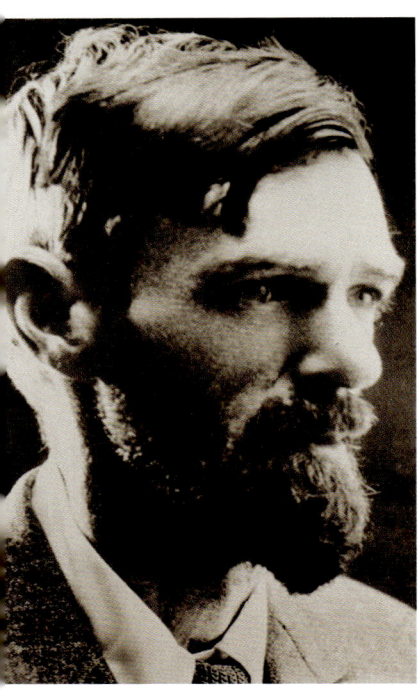

■ David Herbert Lawrence. Photographie, um 1925. Seinen Roman *Lady Chatterleys Liebhaber* bezeichnete Anaïs Nin als »unsere einzige vollkommene moderne Liebesgeschichte«.

David Herbert Lawrence starb am 2. März 1930 im Alter von nur 44 Jahren. Tuberkulose hatte ihn verzehrt, doch auch Kummer und Verbitterung spielten ihre Rolle, dass die Krankheit ins finale Stadium treten konnte. Zwei Jahre zuvor hatte der Autor seinen letzten Roman veröffentlicht, als Privatdruck, auf eigene Kosten, weil kein Verleger riskierte, ein Werk zu publizieren, das voraussehbar alle Sittenwächter auf den Plan rufen würde. Und so kam es auch: *Lady Chatterley's Lover* – so der Originaltitel – löste unter englischen Rezensenten eine Welle größter Empörung aus, der Kritiker des *Sunday Chronicle* sprach von einem der »schmutzigsten und verabscheuungswürdigsten Bücher, die je geschrieben wurden«. Denn diese »Schandtat wider den Anstand« enthielt alles, was ein braver Engländer *shocking* finden musste: Ehebruch und Sex in unerhört offener Darstellung, jedes absolut verpönte *four-letter word* wie »fuck« und »cunt« und »cock«; der weibliche Orgasmus kommt ebenso unverblümt zur Sprache wie vorzeitiger Samenerguss beim Mann. Und gekrönt wurde der Tabubruch noch durch die Tatsache, dass die Romanheldin sich nicht etwa einem Standesgenossen der Oberschicht hingibt, sondern es mit einem einfachen Förster treibt. Dieses Skandalon gab *Lady Chatterley* den Rest, um den Roman im klassenbewussten England über Jahrzehnte zu verbannen, erst 1960 durfte nach offiziellem Gerichtsbeschluss eine ungekürzte Fassung erscheinen.

SEX, UNFREIWILLIG KOMISCH

D. H. Lawrence hatte zu seiner Zeit allen Grund, es ernst zu meinen mit seiner erotischen Philosophie. Heutzutage reizen viele Passagen in *Lady Chatterley* eher zum Lachen. So wirken des Wildhüters feierliche Vagina-Monologe ebenso drollig wie die Anbetung, die Connie ihrem Liebhaber zuteil werden lässt, wenn »sein Penis sich mit schweigender wunderbarer Gewalt und Sicherheit erhebt«. Zumal Mellors auch unter dem alten Männerproblem leidet: Er kommt permanent zu früh!

Wie hört sich dieses Buch nun an? »*Ich mag dich, ich lieb dich, wenn du da so liegst. Eine Frau ist was Schönes, wenn man sie tief ficken kann und sie eine gute Fud hat. Ich liebe dich und deine Beine und deine Figur und die Frau an dir. Ich liebe die Frau, die du bist. Ich liebe dich mit meinen Eiern und genauso mit meinem Herzen.*« Wer so eindeutig, derb und liebevoll zugleich formuliert, heißt Oliver Mellors, angestellt als Wildhüter für das Anwesen von Sir Clifford Chatterley und gerade in postkoitaler Verzückung mit dessen Ehefrau Constance »Connie« Chatterley. Ort der Szene ist Mellors' Hütte im Wald, wo Connie den Förster auf ihren Spaziergängen kennengelernt hat. Sie ist Ende zwanzig, einsam und unglücklich, denn ihre Ehe besteht nur noch auf dem Papier. Aus dem Ersten Weltkrieg ist Sir Clifford als Krüppel heimgekehrt, querschnittgelähmt sitzt er im Rollstuhl und überzieht seine Umgebung mit bitterem Zynismus. Schon vor der Verletzung war er das Paradebeispiel eines arroganten Engländers ohne Herzlichkeit und Sinn für Nähe. Enttäuscht durch frühere Erlebnisse mit Männern, hatte Connie den Landadligen aus Konvention geheiratet, von wahrer Liebe konnte keine Rede sein. Jetzt findet Connie dieses Leben in der Provinz und neben einem herrisch-frustrierten Mann unerträglich, sie sehnt sich nach Zärtlichkeit und Zuwendung.

Dieser Wunsch geht auf ungeahnt rauschhafte Weise in Erfüllung. Mit Mellors entdeckt Connie ihre lang verdrängte Sexualität. Immer wieder schleicht sie sich heimlich in die Försterhütte, wo es zu ekstatischen Begegnungen und gegenseitigen Treueschwüren kommt. Wie ernst es Connie damit ist, beweist sie, als sie schwanger wird. Obwohl ihre Verwandten die Hände überm Kopf zusammenschlagen, steht sie zu ihrem Geliebten, Connie will das Kind und mit Mellors leben. Das Ende des Romans bleibt offen, der Wildhüter verlässt die Gegend, die Liebenden werden getrennt, aber versprechen sich, bald wieder vereint zu sein.

D. H. Lawrence betrachtete *Lady Chatterley* als persönliches Vermächtnis an die Nachwelt. In langen, intimen Dialogen erörtern Connie

»Ich will, dass Männer und Frauen fähig werden, sexuell zu denken, völlig, vollständig, aufrichtig und sauber. Genau darum geht es mir in dem Buch.«

D. H. Lawrence in einem Brief

■ 1981 verfilmte Just Jaeckin den Roman *Lady Chatterleys Liebhaber* als Softporno, mit Sylvia Kristel in der weiblichen Hauptrolle und Nicholas Clay als Wildhüter Oliver Mellors.

»Diese Worte mögen die Augen schockieren, aber nicht den Geist, der erleichtert darüber ist, dass jemand den Mut hat, sie auszusprechen.«
D. H. Lawrence in einem Brief

■ Sylvia Kristel und Nicholas Clay in der englischen Verfilmung von Just Jaeckin. Heute eher amüsant als erotisch wirkt die typische Softpornokitschästhetik der 1980er Jahre.

und ihr Lover die Weltsicht ihres Autors. Mit seinem Wildhüter teilt Lawrence die Abscheu vor der modernen Zivilisation, die den Menschen der Natur entfremdet und ihn seiner ursprünglichen Sinnlichkeit beraubt. Besonders die Prüderie in sexuellen Dingen zeigt den Zustand einer Gesellschaft, die alles Körperliche aus dem Bewusstsein zu tilgen versucht, indem sie jedes offene Wort darüber mit dem Tabu des »Schmutzigen« belegt. In zahlreichen Briefen und Äußerungen über seinen Roman hat Lawrence die Ursachen dieser Entwicklung reflektiert. Warum, fragt er, stößt uns ein Wort wie »ficken« unangenehm auf, wenn wir es lesen oder hören?

Lawrence antwortet: Weil wir den Ausdruck nur in einer abfälligen Bedeutung gebrauchen, als Wort, mit dem Männer schlecht über Frauen sprechen, als Wort, das auf dreckigen Toilettenwänden gekritzelt steht. Lawrence wollte diese Worte vom Ruch des Obszönen befreien, der Sexualität wieder ihre Sprache zurückgeben, um Geist und Körper zu versöhnen: »Das Leben ist nur erträglich, wenn beide miteinander in Harmonie leben, beide respektieren sich auf natürliche Weise. Obszönität herrscht nur, wenn der Geist den Körper verachtet und fürchtet.« Bewusst setzt Lawrence die Begriffe deshalb nur in Situationen ein, wenn das geliebte Paar vollkommen glücklich ist und alle Probleme vergessen sind. Dann feiern Connie und Mellors ihre Liebe, die Momente höchster Erfüllung auch durch eine sexuelle Sprache, die den Körper nicht entwürdigt, sondern zum Gefäß, zur Quelle reinster, erhebender Empfindungen macht. Für Lawrence war Sex weit mehr als lediglich ein Akt, er betrachtete ihn als Inbegriff der Humanität. Im Mysterium der körperlichen Vereinigung sah der Autor die Chance, sich als Mensch zu erkennen, in wahrhaftigem Miteinander und gegenseitigem Respekt. Auch das ist ein wichtiger, kritischer Impuls von *Lady Chatterley:* Mann und Frau auf derselben Stufe, als gleichberechtigte Partner, einig im Gefühl und in der Bewunderung des anderen. Damit verband Lawrence die Vision einer besseren, ehrlichen Welt, geprägt von einem neuen Menschentum, das kraft seiner akzeptierten sinnlichen Instinkte weiß, was gut, gerecht und schön ist.

Schon in früheren Büchern hatte Lawrence diese emanzipatorische Vorstellung skizziert, etwa 1915 im Roman *Der Regenbogen,* der ebenfalls etliche »Stellen« enthielt und daraufhin sofort verboten wurde. Fünf Jahre später schilderte Lawrence in *Liebende Frauen* die Geschichte zweier Paare, die ebenfalls um sexuelle Selbstverwirklichung ringen; der Roman fand keinen Verleger.

Als *Lady Chatterley* erschien, hatte D.H. Lawrence den Ruf eines Pornographen also bereits weg, nichts hat den Autor tiefer verletzt. Denn er war alles andere als ein flotter Erotiker, lehnte Promiskuität ebenso entschieden ab, wie er jede Form von Pornographie hasste, bei der Lektüre von Casanovas Memoiren (s. S. 124), die er während der Arbeit an *Lady Chatterley* las, wurde ihm speiübel. Er selbst lebte streng monogam, mit seiner Gattin Frieda. Sie kam aus Deutschland, entstammte einer adligen Offiziersfamilie und war mit einem englischen Professor verheiratet, als sie Lawrence 1912 traf und beide sich ineinander verliebten. Noch im selben Jahr ließ Frieda den Ehemann und drei Kinder sitzen, um mit ihrem mittellosen Liebhaber ein unstetes Wanderleben zu beginnen, meist in Armut und Abhängigkeit von wohlhabenden Gönnern des Schriftstellers. Es gibt keine Zeugnisse, dass Frieda diese Entscheidung, den eklatanten familiären und sozialen Affront je bereut hätte. Gegenüber ihrem fassungslosen Vater erklärte Frieda, mit Lawrence sei ihr das »Allerbeste« widerfahren; in heutiger Kenntnis von Lawrence' Philosophie fällt es nicht schwer, dieses »Allerbeste« zu entschlüsseln …

■ Frieda Lawrence (1879–1956), die Ehefrau von D. H. Lawrence. Photographie von 1950

»Es ist kein unanständiges Buch – ich habe versucht, die sexuelle Beziehung als etwas Wertvolles darzustellen, nicht als etwas, für das man sich schämen muss. Mit diesem Roman bin ich so weit gegangen wie nie zuvor. Für mich ist er wunderschön und zart und zerbrechlich wie ein nackter Körper.«   D. H. Lawrence

DIE ERSTE AUSGABE

Es dauerte über dreißig Jahre, bis *Lady Chatterley* in England frei verkäuflich war. Der Penguin Verlag wagte 1959 eine erste unzensierte Ausgabe, die 1960 gedruckt wurde, und wurde gemäß dem Obscene Publications Act verklagt. Der Prozess fand im berühmten Londoner Gericht Old Bailey statt, am 2. November 1960 erging das Urteil: »Nicht schuldig.« Damit war der Weg frei, die Verleger widmeten das Buch den zwölf Geschworenen, drei Frauen und neun Männern – ein einmaliger Fall in der englischen Literaturgeschichte.

■ Ein Pendler liest *Lady Chatterley* in der Londoner U-Bahn. Das Photo wurde am 3. November 1960 aufgenommen, einen Tag zuvor hatte man das Buch per Gesetz zum Verkauf freigegeben.

Vielerlei autobiographische Motive sind in *Lady Chatterley* eingeflossen, und so lässt sich der Roman auch als große Liebeserklärung des Autors an die eigene Frau lesen; ursprünglich sollte das Buch *Tenderness* heißen. In der Tat ist es eine Ode an die Zärtlichkeit, ein quasi-religiöses Bekenntnis zur allumfassenden Macht der Liebe. Diese romantische Botschaft hat die Nachgeborenen inzwischen erreicht, eine andere nicht: Immer noch piepst es im britischen Rundfunk, wenn sich ein *four-letter word* ankündigt, die Zeitungen drucken schamhaft nur »f…«. Weiterhin warten die Worte des D. H. Lawrence auf ihre Anerkennung.

D. H. LAWRENCE

BIOGRAPHIE

David Herbert Lawrence wird am 11. September 1885 in Eastwood, Nottinghamshire, geboren. Er ist das vierte Kind eines Bergarbeiters. Nach dem Studium in Nottingham geht er 1908 als Lehrer nach London, erkrankt aber drei Jahre später an Tuberkulose und muss die Stelle aufgeben. 1912 lernt er die Deutsche Frieda Weekley, geborene von Richthofen, kennen, die Frau seines ehemaligen Professors. Die beiden verlieben sich heftig, Frieda lässt sich scheiden und heiratet Lawrence 1914. Ein Jahr zuvor ist *Söhne und Liebhaber*, sein erster Roman, erschienen. Der zweite, *Der Regenbogen*, wird 1915 veröffentlicht und bringt Lawrence einen Prozess wegen Obszönität ein. Das Buch wird verboten. 1917, während des Ersten Weltkriegs, gerät Lawrence in Verdacht, ein deutscher Spion zu sein; er und Frieda werden aus Cornwall, wo sie sich niedergelassen haben, ausgewiesen. Lawrence beantragt die Ausreise in die USA, doch es dauert vier Jahre, bis sein Antrag angenommen wird. Also verlässt Lawrence zunächst einmal England und lebt in Italien. Endlich darf er in die USA übersiedeln. Als Wohnsitz wählt er New Mexico, zieht sich dort mit Frieda auf eine kleine Ranch bei Taos zurück. Längere Reisen führen ihn nach Mexiko und Australien. 1926 lässt er sich in der Toskana nieder. Hier schreibt er *Lady Chatterleys Liebhaber*, das 1928 erscheint. Allerdings in einer gekürzten Fassung – da ihm erneut Obszönität vorgeworfen wird, zudem Verherrlichung von Ehebruch, darf der ungekürzte Roman in den USA erst 1959 veröffentlicht werden. Lawrence erlebt das nicht mehr: Er stirbt am 2. März 1930 im französischen Vence an Tuberkulose. – Lawrence' Romane verbindet das Thema der Zivilisationsflucht. Nicht nur *Lady Chatterleys Liebhaber*, auch *Liebende Frauen* (1920), *Der Hengst St. Mawr* (1925), *Kangaroo* (1923) und *Die gefiederte Schlange* (1926) durchzieht die Sehnsucht nach einem »natürlichen« Leben fernab von der Zivilisation und ihren Zwängen. Außer Romanen und Erzählungen schrieb Lawrence auch Reisetagebücher, etwa *Etruskische Orte, Italienische Dämmerung* und *Mexikanischer Morgen*.

WISSENSWERTES

Eskapismus
Die freizügigen Sexszenen sind bei Lawrence nicht unbedingt pornographischer Natur. Für ihn sind sie zugleich ein politisches Statement, ein Plädoyer für mehr Natürlichkeit. Sein Traum von einem naturnahen Leben fernab der Zivilisation rückt sein Werk in die Nähe des Eskapismus (englisch *to escape* = »entfliehen, ausbrechen«). Dieser Begriff bezeichnet in der Literaturwissenschaft im Allgemeinen die Flucht vor der Wirklichkeit und vor sozialer Verantwortung, den Unwillen, sich den gesellschaftlichen Normen anzupassen. Lawrence wendet sich in seinen Werken offen gegen Sozialismus und Demokratie, sehnt sich nach einem ganzheitlichen Sein, doch es fehlt ein praktikabler Gegenentwurf.

EMPFEHLUNGEN

Lesenswert:
D. H. Lawrence: *Lady Chatterleys Liebhaber*, München 2008

Ders.: *Liebesgeschichten*, Frankfurt / M. 1994

Ders.: *Söhne und Liebhaber*, Reinbek 1993

Ders.: *Mr. Noon*, Zürich 1991 (autobiographischer Roman)

Richard Aldington: *D. H. Lawrence. Mit Selbstzeugnissen und Bilddokumenten*, Reinbek 1995

Robert Lucas: *Frieda von Richthofen. Ihr Leben mit D. H. Lawrence*, München 1982

Sehenswert:
Lady Chatterley. Regie: Pascale Ferran; mit Marina Hands, Jean-Louis Coullo'ch, Hyppolyte Girardot. B / F 2006

Lady Chatterleys Liebhaber. Regie: Just Jaeckin; mit Sylvia Kristel, Nicholas Clay. GB / F /BRD 1981

Liebende Frauen. Regie: Ken Russell; mit Alan Bates, Oliver Reed, Glenda Jackson. GB 1969

AUF DEN PUNKT GEBRACHT

Jahrzehntelang verfemt und als Pornographie geschmäht, gilt *Lady Chatterleys Liebhaber* heute weltweit als moderner Klassiker des 20. Jahrhunderts. Neben *Fanny Hill* wurde die Lady zur berühmtesten Sünderin Englands.

Brennende Bezirke
Ladies Almanach
Djuna Barnes

Paris war in den 1920er Jahren ein Magnet für künstlerische Talente aus Amerika und England; vor allem zog es die Literaturschaffenden in die Stadt an der Seine. Unter ihnen waren ungewöhnlich viele Frauen. Gertrude Stein war schon damals eine Legende, Janet Flanner die unverzichtbare Berichterstatterin und Djuna Barnes der Geheimtipp. Zwar wurden Barnes' Bücher von Kritikern und Kollegen höher geschätzt als vom breiten Publikum – aber das machte sie nur umso interessanter. Von ihr erwartete man allerhand. Und das lieferte sie. 1928 erschien *Ladies Almanach*.

■ Djuna Barnes und Mina Loy.
Photographie von 1927

In den zwanziger Jahren war die Psychologie en vogue. Freud wurde gelesen, die Sexualität stieg zum Gegenstand der Wissenschaft auf und verlor ihre Anrüchigkeit in der öffentlichen Debatte. Man konnte alles sagen. Die Frau war in den Sex-Diskursen jener Zeit zwar immer noch dem Manne unterworfen, aber sie hatte als sexuelles Wesen ihren Auftritt auf der öffentlichen Bühne, und es schien nicht möglich, sie von dort wieder zu vertreiben. Die bedeutenden Schriftstellerinnen jener Zeit, Gertrude Stein, Virginia Woolf, Marguerite Yourcenar und auch Djuna Barnes, standen der Psychoanalyse eher fern, aber sie profitierten von einem neuen Freimut, der weibliche Geschlechtsorgane beim Namen nannte und erotische Beziehungen unter Frauen nicht mehr als Unding leugnete. Diese libertäre Atmosphäre gab insbesondere den Wahlpariserinnen neue, unerhörte und »unanständige« Assoziationen ein, wenn sie über ihre Leidenschaft schrieben. Alle bisher erwähnten Schriftstellerinnen waren *lesbisch* oder *bisexuell* – Bezeichnungen und Realitäten, die bislang im öffentlichen Diskurs keinen Platz gehabt hatten.

Eine Liebhaberin von Frauen war auch Natalie Clifford Barney, Mittelpunkt eines Kreises avantgardistischer Künstler und Dichterinnen, Salonière und selbst Poetin. Barney war sehr vermögend und konnte sich einen exzentrischen Lebensstil leisten. Von ihr spannen sich die Fäden der Freundschaft, der Liebe, der Konkurrenz und der Eifersucht zu den beiden Buchhändlerinnen Sylvia Beach und Adrienne Monnier, die ihrerseits ein Paar waren und in ihrem Laden Shakespeare & Company die avancierte Moderne empfingen; Beach verlegte James Joyce.

■ Ein Café in Paris um 1920

Auch Gertrude Stein führte einen Salon, viele der jungen Maler und Autorinnen verkehrten hier wie dort. Die Künstlerin Romaine Brooks war Natalie Barneys langjährige Lebenspartnerin, ferner kam Dolly Wilde, Nichte Oscar Wildes (s. S. 160), zu Besuch. Una Troubridge und Marguerite Radclyffe-Hall schauten vorbei, und Janet Flanner brachte ihre Geliebte Solita Solano mit. Die Bildhauerin Thelma Wood war die große, letztlich unglückliche Liebe der Djuna Barnes. Die einzige Frau in diesem Milieu, die an der erotischen Beziehung zu Männern festhielt, hieß Mina Loy und war eine englische Designerin und Lyrikerin. Ihre seltsame Neigung wurde ihr nachgesehen. Mit Djuna Barnes war sie gut befreundet.

Diese »Frauen vom linken Seine-Ufer« sind die Heldinnen von *Ladies Almanach*. Sie treten nicht mit Klarnamen auf, haben aber alle ihre Rollen zu spielen und werden in den Miniaturporträts des Almanachs mit Vorliebe in einen erotischen Kontext gestellt. Das Buch spricht von der lesbischen Liebe. Allerdings findet man kaum Passagen, in denen der lesbische Akt unverblümt geschildert würde, dafür ist der Erzählstil der Autorin zu indirekt und zu verklausuliert. Die Kapitelaufteilung folgt dem Jahreskranz, in jedem Monat geschieht etwas anderes mit der Hauptfigur Dame Evangeline Musset alias Natalie Barney. Die Sprache, die Barnes

ENTSTEHUNG DES BUCHES
Djuna Barnes brachte den größten Teil der Druckkosten für die Erstausgabe selbst auf, hinzu kamen Einkünfte aus Subskriptionen. Die erste Auflage betrug 1050 Exemplare. Der Vertrieb gestaltete sich schwierig. Die Ladys von der Left Bank verkauften das Buch auf der Straße. Djuna Barnes bot es selbst in New York an, wenn sie mal in ihre Heimat reiste. Eine zweite Auflage kam erst 1972 mit einem Vorwort und unter der Autorschaft von Djuna Barnes heraus.

JAMES JOYCE
»Sowohl *Ladies Almanach* als auch der um die gleiche Zeit entstandene Roman *Ryder* sind voller Wortspiele in Joyce-Manier. Sein Einfluss ist offensichtlich. Barnes selbst hatte in einem ihrer Artikel über Joyce von 1922 beschrieben, wie er ihr einprägte, dass alle großen Erzähler in der Sprache von Sterne, Swift und der Restaurationszeit gesprochen hätten.«
Andrew Field in seiner Biographie

für ihr satirisches Werk gewählt hat, ist kunstvoll verschnörkelt und dem elisabethanischen Englisch nachgebildet. Ein wahres Feuerwerk an Verweisen und Wortspielen prasselt auf die Leserin nieder. Die sollte sich nicht täuschen. Wenn da steht, Dame Musset sei »weithin geschätzt für ihre Zungenfertigkeit«, ist damit nicht Redegewandtheit gemeint.

Dies ist die Geschichte von einem Mägdelein, welches Evangeline Musset geheißen und innerlich ein großes Rotes Kreuz war, das für die Verfolgung, Erleichterung und Zerstreuung solcher Mädchen glühte, die an ihren hinteren oder vorderen oder welchen Partien auch immer (…) grausam zu leiden hatten, sei es nun ein Jucken in der Hand, seien es grässlich brennende Bezirke, was häufig vorkommt in der Frühjahrszeit … Im *Almanach* durften sich Gertrude Stein als »Low-Heel«, Partnerin Alice B. Toklas als »High-Head« wiedererkennen; Radclyffe-Hall tritt als »Tilly-Tweed-in-Blood« und Troubridge als »Lady-Buck-and-Balk« auf. Die Wilde-Nichte heißt »Dolly Furious«, Romaine Brooks »Cynic Sal« und Mina Loy »Patience Scalpel«. Die karikierten Damen waren nicht durchweg begeistert von ihren Rollen im *Almanach*. Es war eher so, dass die angesehene Djuna Barnes sich diese Sammlung frivoler Seitenhiebe leisten konnte. Und dass irgendwie alle stolz darauf waren, ihr von der Bourgeoisie mit Degout beäugtes Liebesleben literarisch gewürdigt zu sehen.

Das Buch erschien als Privatdruck, Barnes verbarg sich hinter dem Nom de plume »a Lady of Fashion«. Die Illustrationen, die die zeichnerisch begabte Autorin beisteuerte, ahmen den Stil alter Volksbücher nach und zeigen reichlich Busen, Po und Schenkel. Fünfzig Exemplare kolorierte Barnes eigenhändig, zehn signierte sie. Das Buch wurde kein Verkaufserfolg. Das ist nicht verwunderlich, denn die Neigung der Schriftstellerin zur Verschlüsselung ihrer Botschaften und zur Verschleierung ihrer Figuren macht es schwierig, in das Werk einzudringen. Seine Bedeutung liegt in der Poetisierung einer Sexvariante, die damals keine Worte und schon gar keine Metaphern hatte und die es in den Augen des honetten Bürgertums nicht geben durfte.

DJUNA BARNES

 BIOGRAPHIE

 EMPFEHLUNGEN

Djuna Barnes wird am 12. Juni 1892 in einer Holzhütte nahe Cornwall-on-Hudson im Staat New York geboren. Ihr Vater befürwortet die Polygamie, hat 1889 Djunas Mutter geheiratet, doch zieht 1897 auch seine Geliebte bei der Familie ein. Großmutter Zadel und Vater Wald glauben nicht an das öffentliche Schulsystem und unterrichten die insgesamt acht Kinder selbst. So lernt Djuna, die sich als Zweitälteste früh um ihre kleinen Geschwister kümmern muss, das kreative Schreiben, doch werden Rechtschreibung, Mathematik und andere klassische Schulfächer vernachlässigt. Es gibt Hinweise, dass Djuna Barnes durch ihren Vater und männliche Nachbarn sexuell missbraucht wird, doch äußert sie sich selbst nur indirekt in ihren Werken dazu. Nach der Trennung ihrer Eltern geht sie mit ihrer Mutter und drei Brüdern nach New York. Sie beginnt ein Kunststudium, muss es aber nach sechs Monaten abbrechen, weil sie in Geldnot ist. Von nun an spielt sie Theater und arbeitet als Journalistin; ihre Reportagen, Illustrationen und Interviews erscheinen in verschiedenen New Yorker Tageszeitungen. 1915 zieht sie in die Künstlerkolonie im Greenwich Village. Ein Jahr später heiratet sie den Theaterkritiker Courtenay Lemon. Die Ehe hält nur drei Jahre. 1919 / 1920 kommen in dem kleinen Theater im Village – einem ehemaligen Pferdestall – drei Einakter von Djuna Barnes zur Aufführung, mit recht gutem Erfolg. Sie schreibt weitere kleine Stücke, veröffentlicht manche unter dem Pseudonym Lydia Steptoe. Ihr Vorbild ist der irische Schriftsteller John Millington Synge, den sie für seine poetische Sprache bewundert und dessen pessimistische Weltsicht sie teilt. Trotz ihres Erfolgs in New York geht Barnes in den 1920ern nach Paris. Dort schließt sie sich dem Kreis um die berühmte Salonière Natalie Clifford Barney an. 1923 veröffentlicht sie *Eine Nacht mit den Pferden*, einen Erzählband, in dem sie erstmals mit satirischem Biss das Leben und Lieben der größtenteils lesbischen oder bisexuellen Frauen von der »Left Bank«, dem linken Seine-Ufer, schildert. Im selben Jahr beginnt sie ihre Beziehung mit der Bildhauerin Thelma Wood, die bis 1931 andauert. Doch obwohl Djuna Barnes Werke von hoher literarischer Qualität liefert, findet sie kein Publikum – der finanzielle Erfolg bleibt aus. Barnes ist auf die Unterstützung von Freunden und von ihrer Mäzenin Peggy Guggenheim (1898–1979) angewiesen. Sie ist oft krank, depressiv, trinkt zu viel. 1939 begeht sie in London einen Selbstmordversuch. Ein Jahr später zieht sie wieder nach New York, lebt zurückgezogen in einem kleinen Apartment im Greenwich Village. Sie stirbt am 18. Juni 1958 im Alter von 90 Jahren. – Neben ihren Romanen *Eine Nacht mit den Pferden* (1923), *Ladies Almanach* und *Ryder* (beide von 1928) zählen die Dramen *Antiphon* (1958), eine bittere Abrechnung mit ihrer Familie, und *Die Taube* (1962) zu ihren wichtigsten Werken.

Lesenswert:

Djuna Barnes: *Ladies Almanach*, Berlin 1985

Dies.: *Nachtgewächs*, Frankfurt / M. 1993

Andrea Weiss: *Paris war eine Frau. Die Frauen von der Left Bank. Djuna Barnes, Janet Flanner, Gertrude Stein & Co.*, Reinbek 2006

Kyra Stromberg: *Djuna Barnes. Leben und Werk einer Extravaganten*, Berlin 1999

Klaus Wagenbach (Hg.): *Amore! oder Der Liebe Lauf. Wollust, Seitenpfade, Irr- und Unsinn. Djuna Barnes*, Berlin 1997

Andrew Field: *Djuna Barnes*, Frankfurt / M. 1992

Mary V. Dearborn: *Ich bereue nichts. Das außergewöhnliche Leben der Peggy Guggenheim*, Bergisch Gladbach 2007 (über Djuna Barnes' Mäzenin)

Mary Ellen Jordan Haight: *Spaziergänge durch Gertrude Steins Paris*, Zürich 1989

Sehenswert:

Paris was a woman. Regie: Greta Schiller. GB 1995 (Dokumentation)

 AUF DEN PUNKT GEBRACHT

Ein Zeugnis für den Reiz der lesbischen Liebe – aber auch ein Beleg dafür, wie wichtig es seinerzeit war, über Praktiken und Personen Stillschweigen zu bewahren und alles schön zu verschlüsseln.

Im Grenzbereich
Notre-Dame-des-Fleurs
Jean Genet

Er hatte Finger aus Spitzen, seine bei jedem Erwachen ausgestreckten Arme – geöffnet, um die Welt zu empfangen – verliehen ihm das Aussehen des Jesuskindes in der Krippe, und wenn er aufrecht stand, machte er mit seinen Armen dieselbe korbförmige Gebärde wie Nijinski auf alten Fotos, auf denen er mit gezackten Rosenblättern bekleidet ist. Das ist das beinahe genaue Portrait von Mignon, denn er war genial im Erfinden von Gebärden, die mich verwirrten, und wenn ich sein Bild heraufbeschwöre, so kann ich nicht aufhören, ihn zu besingen, ehe nicht meine Hand klebrig wird von meiner befreiten Lust.

Mignon ist ein Pariser Louis, ein schwuler Zuhälter der besonderen Art, denn die Prostituierten, die er anbietet, ausbeutet und beschützt, sind junge Männer, die sich »Tunten« nennen, mit weiblichen Attributen und Pronomen ausstatten und phantastische Ehrennamen füreinander erfinden, so »Divine«, die Göttliche, oder »Erstkommunion«, »Mimose I«, »Mimose II« oder »Notre-Dame-des-Fleurs«. Mignon selbst heißt »Mignon-les-petits-pieds«, »Liebling mit den kleinen Füßen«. Der Verfasser des Romans schrieb dieses Buch seines Lebens im Gefängnis. Jean Genet, geboren 1910, war selbst eine Tunte, die anschaffen ging. Durch seinen Roman geistert der Autor in verschiedenen Gestalten. Vor allem ist er Divine, eine Schwuchtel im Flitter-Outfit, verbandelt mit Mignon und eifersüchtig auf Notre-Dame, einen blutjungen Nachwuchsstricher mit blondem Schopf, der in sein Revier einbricht und dessen Zauber Divine sich nur erwehren kann, indem er/sie sich in ihn/sie verliebt. Wenn der Autor von seiner Kindheit erzählt, heißt er Louis Culafroy, unehelicher Sohn der exzentrischen Ernestine, seinerseits ein Außenseiter und früh verführt vom Schlangenfänger Alberto. Auch als Jean Genet lässt Genet sich selbst vorkommen, so wenn er vor Gericht steht, um wegen Diebstahls, Betruges oder Landstreicherei verurteilt zu werden.

Notre-Dame-des-Fleurs erzählt von zwei randständigen Milieus, die sich durchdrin-

■ Diese Photographie zeigt Jean Genet 1968 in Paris.

gen: die Szene der Strichjungen und die der Kriminellen. Worum es dem gebildeten und sprachmächtigen Häftling und Schriftsteller Genet geht, ist eine Beleuchtung des Milieus, die es aus der Verworfenheit in die Erhabenheit rückt. Er ruft die Menschlichkeit – seiner selbst, seiner Leser, seiner Mitangeklagten – auf, um der Szene der schwulen Huren vom Montmartre Gerechtigkeit widerfahren zu lassen. Aber er tut das nicht mit den Mitteln der Rekonstruktion und des Arguments, wie es bei einer Gerichtsverhandlung üblich ist, sondern durch das sehr kühn und konsequent angewandte Medium der Ästhetisierung, der Poesie.

Genet definiert Poesie so: »Sie ist der Bruch (oder vielmehr: die Begegnung am Bruchpunkt) zwischen dem Sichtbaren und dem Unsichtbaren.« Das Unsichtbare ist die Welt der Empfindungen, Assoziationen und Verweise, die nur die Poesie erschließen kann. Was tut es, dass Mignon ein Louis und ein Dieb ist, wo er doch – wie der Blick des Poeten erkennt – in manchen Momenten dem Tänzer Nijinski gleicht und so auch dessen Kleid aus gezackten Rosenblättern erbt. Was tut es, dass Notre-Dame-des-Fleurs gemordet

■ Der russische Tänzer und Choreograph Waslaw Nijinski im Jahr 1911 in einer Aufführung des Balletts *Le spectre de la Rose* am Theater von Monte Carlo

NICHT AUFRICHTIG

Genet pflegte sein Image eines »poète maudit«, er hat seine Vita gern verhässlicht – so sei er schon als Kind ein Dieb gewesen, aus dem Fürsorgeheim abgehauen und der Fremdenlegion von der Fahne gegangen. In Wahrheit hatte Jean freundliche Pflegeeltern, war ein guter Schüler und las sich durch die Werke Dostojewskis, Lautréamonts, Rimbauds, Verlaines und Prousts. Seiner Prosa merkt man diese literarische Vorbildung an, der Einfluss Dostojewskis und Rimbauds ist gar nicht zu überhören. Und desertiert ist Genet von der regulären französischen Armee.

■ Die Rue Pigalle in Paris bei Nacht. Photographie, um 1955, von Paul Almasy (1906–2003)

hat, wo er doch so jung, so hübsch, so geschmeidig ist und mit einem prachtvollen Penis ausgestattet. Mit großer Zärtlichkeit und Sprachkunst erhebt Genet seine Protagonisten über das Elend ihrer Lebenslagen und macht aus ihnen strahlende Gestalten, der Anbetung würdig. Er kommt dabei mit lyrischen Wendungen allein nicht aus. Er muss eine Anleihe bei den machtvollen Instanzen Religion und Kirche, ihrer Sprache, ihren Riten, ihren Gesängen, tätigen, um die nötige Ehrfurcht heraufzurufen. Die Poesie im Verein mit der verzweifelten Überzeugung, dass auch die gewissenlosesten Kerle ihr Recht auf Würde nie verwirken, solange sie nur schön und begehrenswert sind oder ihm, dem Dichter, so erscheinen, erreichen in Genets Roman die Erlösung der »Ganz-Verdammten«, der homosexuellen Gesetzesbrecher von Paris.

Die Kirche hat ja nun ihrerseits eine Anleihe gemacht, um die Gottsuche mit Leidenschaft aufzufüllen: Sie hat den Sexus zum Teufel gejagt und von den Gläubigen verlangt, ihre erotischen Begierden in jene Inbrunst zu transformieren, die ein Gebet zur

NICHT UNZÜCHTIG

Jean Genet beendete *Notre-Dame-des-Fleurs* 1942 im Gefängnis zu Fresnes. 1943 erschien eine auf 350 Exemplare limitierte Liebhaberausgabe, einige Jahre später die normale Buchausgabe bei Gallimard. Auf Deutsch kam der Roman 1960 heraus, es folgte ein Prozess gegen den Merlin Verlag, angestrengt von der Staatsanwaltschaft Hamburg, wegen »Verbreitung unzüchtiger Schriften«. Der Verlag gewann, das Buch blieb im Handel. Die Übersetzung von Gerhard Hock gilt als kongenial, sie liegt der deutschen Werkausgabe in Einzelbänden beim Merlin Verlag (seit 1998) zugrunde.

hingebungsvollen Kommunikation mit Gott steigern kann. Genet war sich dessen wohl bewusst. Er holt den Sexus zurück in das Humanum, überlässt ihn seinen Tunten und Luden, seinen Dieben und Mördern und besteht als Anwalt dieser Übeltäter gleichwohl darauf, dass sie, gerade weil sie die Sünde der Unkeuschheit ständig begehen und sogar von ihr leben, Erlösung verdienen. Dass Genet, der die Religion keineswegs bekämpfte wie sein Vorfahr im Reich der Literatur, Donatien de Sade (s. S. 104), sich dabei nicht unglaubwürdig macht, verdankt er seinem lyrischen Vermögen. Er beschwört eine geistige Welt herauf, in der die gewohnten Werte zerfließen und sich nach ästhetischen Maßstäben neu zusammenfügen. Und in der es, so widerwärtig es andernorts wäre, normal und menschlich erscheint, dass ein Mörder wie Notre-Dame, der einen alten Mann erdrosselt und beraubt hat, nach seiner Tat den sexuellen Akt nötig hat: *Von selbst sucht die Hand des Mörders sein steifes Glied. Er streichelt es über dem Laken, sanft zuerst, mit der Leichtigkeit eines flatternden Vogels, dann drückt und umschlingt er es heftig ...* Und Genet sagt dazu: *Ich will den Mord besingen, da ich die Mörder liebe. Ihn besingen ohne Schnörkel ... Lieber als einen Alten möchte ich einen schönen blonden Jungen töten. Ich würde dann mit ihm vereint sein*

■ Montmartre, Rue André Antoine in Paris. Photographie, 1943, von Paul Almasy. Aus der Reihe *Paris-Montmartre*

und in Tagen und Nächten verzweifelten Trübsinns von einem gefälligen Gespenst heimgesucht werden, dessen Geisterschloss ich wäre.

Doch das sind große Worte eines Kleinkriminellen, deren Sinn hinter ihrem Pathos zurücktritt. Genet wurde kein Mörder, und seine letzte Strafe wurde ihm erlassen, weil sich renommierte Kollegen aus der Literaturszene, darunter Jean Cocteau und Sartre, für den »Orpheus der Gosse« – so nannte ihn François Mauriac – eingesetzt hatten.

Als Divine ist Genet eine eher pflichtbewusste und leistungsstarke Sexarbeiterin, die so über ihre Bestimmung nachdenkt: *Den Kopf unter den Laken kombinierte sie verwickelte Zusammenkünfte, zu zweit, zu dritt oder zu viert, bei denen sich*

■ Ein Stricher und sein Kunde. Zeichnung, Anfang 20. Jh. Zeitweise verdiente Jean Genet seinen Lebensunterhalt mit Prostitution.

sämtliche Partner verabredeten, um auf ihr, in ihr und durch sie befriedigt zu werden. Sie begegnete in ihrer Erinnerung den schmalen, aber kräftigen Lenden wieder, den stählernen Lenden, die sie durchbohrt hatten. Und nach Hurenart, einer Professionellen würdig, lässt sie ihre eigenen Vorlieben ganz außer Acht. Auch die Intimität der Zweisamkeit ist keine Bedingung für ihre Hingabe. *Sie nahm es auf sich, alleiniges Ziel all dieser Brunst zu sein, und sie spannte ihren Geist an, um die Freier von allen Seiten gleichzeitig herbeieilen und in derselben Wollust untertauchen zu sehen. Sie fühlte, wie fremde Personen durch sie hindurchglitten. Sie schrie: »Gott, das ist Gott!«*

Mignon wandert wegen Diebstahls in den Bau. Divine stirbt im Bett, ihre Hand in der von Mutter Ernestine. Notre-Dame wird zum Tode verurteilt. Mit seinem Mord war er davongekommen, niemand hatte ihn in Verdacht. Und dann geschieht es, dass die Polizei Kokain bei ihm findet, er aber etwas Gefährlicheres sein will als bloß ein erbärmlicher Dealer. Es platzt aus ihm heraus, dass er der Mörder eines armen Alten war. Er wird verhaftet, vor Gericht gestellt, verurteilt und enthauptet, gerade mal achtzehn Jahre alt. Genet versucht nirgends, Verständnis für den Mord zu wecken, die Tat zu verkleinern oder das Gesetz zu ändern. Er spricht nur in seinem eigenen faszinierenden Singsang von der unwiederbringlichen Schönheit des blonden Knaben, den sie Notre-Dame-des-Fleurs nannten.

JEAN GENET

BIOGRAPHIE

Jean Genet wird am 19. Dezember 1910 in Paris geboren. Da er ein uneheliches Kind ist, wächst er bei Pflegeeltern auf, in einem kleinen Dorf. 1924 kehrt er nach Paris zurück und beginnt eine Druckerlehre. Schon nach zwei Wochen bricht er ab und rückt nach Nizza aus. Dort wird er aufgegriffen und in Paris zu einem Ehepaar in Pflege gegeben. Als er Geld unterschlägt, kommt er in psychiatrische Behandlung. Schließlich landet er im Gefängnis. Dieses Muster wiederholt sich: Genet bekommt eine Arbeit zugewiesen, bricht sie nach wenigen Wochen ab, flieht, wird eingefangen und verurteilt. Zweimal wird er in die Besserungsanstalt Mettray eingewiesen. Um den dortigen katastrophalen Verhältnissen zu entkommen, geht er freiwillig zum Militär. 1929 steigt er beim 7. Pionierregiment von Avignon zum Obergefreiten auf. 1930 wird er, auf eigenen Wunsch, bei einer Einheit in Damaskus eingesetzt. Er verlängert seine Militärzeit mehrfach, doch als er ein zweites Mal in Marokko eingesetzt werden soll, desertiert er. Von Juli 1936 bis Juli 1937 ist er auf der Flucht. Er durchwandert halb Europa, legt dabei angeblich über 8000 Kilometer zurück. Seinen Lebensunterhalt verdient er größtenteils mit Prostitution. Zurück in Paris, beginnt im September 1937 eine ganze Serie von Gefängnisaufenthalten: wegen Passfälschung, Zuhälterei, unerlaubten Waffenbesitzes, Landstreicherei und immer wieder Diebstahl. Im Gefängnis beginnt Genet zu schreiben. Durch ein auf eigene Kosten gedrucktes Gedicht wird Jean Cocteau auf ihn auf-

merksam und beginnt, ihn zu fördern. Zwischen 1941 und 1942 schreibt Genet, ebenfalls im Gefängnis, *Notre-Dame-des-Fleurs*. Cocteau ist begeistert, 1943 / 1944 wird der Roman veröffentlicht. Durch Cocteau eröffnen sich Genet Kontakte zur Pariser Künstler- und Intellektuellenszene, zu Jean-Paul Sartre, der Genets Kunst sehr lobt, Simone de Beauvoir und Pablo Picasso. Genet hat Erfolg, 1947 erhält er für seine Dramen *Die Zofen* und *Unter Aufsicht* den Prix de la Pléiade vom Gallimard Verlag. Glück in der Liebe hat er nicht: Nach mehreren unglücklichen Liebschaften geht Genet 1955 eine Beziehung mit dem 18-jährigen Zirkusartisten Abdallah Bentaga ein, doch auch diese Liebe scheitert: Abdallah stürzt mehrfach schwer, kann nicht mehr als Artist arbeiten und ist auf Genets Hilfe angewiesen, aber der lässt ihn im Stich. Abdallah nimmt sich das Leben. Genet legt daraufhin ein Gelübde ab, nie wieder zu schreiben, wird depressiv. 1967 begeht er seinerseits einen Selbstmordversuch. 1968 beginnt Genet, sich verstärkt politisch zu engagieren. Er setzt sich für die Bewegung der Black Panthers ein, unterstützt die PLO. Als er in den 1970ern mit der RAF sympathisiert, kostet ihn das Freundschaften und Ansehen. 1979 wird bei ihm Kehlkopfkrebs festgestellt. Trotzdem arbeitet er an verschiedenen Buch- und Filmprojekten und unternimmt Reisen. Doch der Krebs verschlimmert sich, Genet wird immer schwächer. Am 15. April 1986 stirbt er in Paris an den Folgen eines Sturzes. – Zu Genets Werk zählen die Romane *Que-*

relle und *Das Totenfest* (beide 1947), die Dramen *Der Balkon* (1956), *Die Neger* (1958) und *Wände überall* (1961) sowie die Autobiographie *Tagebuch eines Diebes* (1949).

EMPFEHLUNGEN

Lesenswert:
Jean Genet: *Werke in Einzelbänden, Bd. 1, Notre-Dame-des-Fleurs*, Vastorf 1998

Josef Winkler: *Das Zöglingsheft des Jean Genet*, Berlin 2010

Jean-Paul Sartre: *Saint Genet, Komödiant und Märtyrer*, Reinbek 1997

Edmund White: *Jean Genet. Biographie*, München 1993

Bettina Unger: *Das Lied der Liebe bei Jean Genet*, Paderborn 2007

Claude Bonnefoy: *Jean Genet. Eine Einführung in das Werk*, Lüneburg 1966

Sehenswert:
Ein Liebeslied. Regie: Jean Genet; mit Lucien Sénémaud. F 1950

AUF DEN PUNKT GEBRACHT

Den homosexuellen Strichern von Paris, auch den Dieben und Mördern unter ihnen, setzt Genet ein poetisches Denkmal.

Eine einfache Frau
Die Römerin
Alberto Moravia

Noch eine Weile lag ich mit offenen Augen im Dunkeln, ohne nachzudenken. »Ich bin eine Hure«, sagte ich schließlich mit erhobener Stimme, um die Wirkung auf mich auszuprobieren. Aber da es mir gar nichts auszumachen schien, schloss ich die Augen und schlief sofort ein.

Mit diesem Eingeständnis beginnt Adriana, die sich gerade zum ersten Mal einem fremden Mann für Geld hingegeben hat, ihr Leben als Straßendirne. Ursprünglich träumte die Tochter einer armen Hemdennäherin von einem Familienleben mit liebevollem Ehemann und Kindern in einem bescheidenen Haus. Doch dann muss sie erkennen, dass Träume und Realität nicht zusammengehen. Die Mutter sorgt früh dafür, dass sich Adrianas Schönheit verzinst: Sie bringt ihre achtzehnjährige Tochter als Aktmodell in der Künstlerszene unter. So lernt das Mädchen erst mal, sich ohne Scheu auszuziehen. Eine lange Lehrzeit ist nicht nötig, denn Adriana ist stolz auf ihren Körper und zeigt ihn gerne vor. Dennoch – das Modellstehen ist ermüdend und bringt wenig ein; während die Mutter weiterdenkt und hofft, ihre Tochter könne einst als Edelprostituierte zu Geld kommen (»das eine zieht das andere nach sich«), ersehnt Adriana noch das kleine Glück. Viele Monate glaubt sie dem Eheversprechen des Chauffeurs Gino, ihrer ersten Liebe. Eines Tages steckt ihr der Geheimpolizist Astarita – selbst leidenschaftlich in Adriana verliebt – die Wahrheit: Gino ist längst verheiratet und hat ein Kind. Die Hintergangene ist natürlich enttäuscht, bleibt aber gefasst. Sie beschließt, ihrer Armut die Stirn zu bieten und sich der materialisti-

■ Szene aus dem Film *Die freudlose Straße* nach Moravias *Die Römerin*, mit Gina Lollobrigida in der Rolle der Adriana (I 1954). Regie führte Luigi Zampa.

■ Alberto Moravia hinter einem weiblichen Akt in Paris. Photo von Sophie Bassouls

schen Lebensphilosophie anzuschließen, der auch die Mamma und Freundin Gisella anhängen: Geld ist das Wichtigste im Leben, wer davon genug hat, wird glücklich. Doch Adriana bleibt eine Dirne mit Selbstachtung und Prinzipien. Den Beamten Astarita, der ihr Wohlstand verspricht, wenn sie sich dauerhaft nur mit ihm einlässt, weist sie ab, weil sie ihn nicht liebt.

Alberto Moravia, als Sohn einer wohlhabenden Architektenfamilie jüdisch-katholischer Herkunft 1907 in Rom geboren, lässt seine Protagonistin rückblickend in Ich-Form erzählen und beschreibt Figuren und Handlung mit großer Detailfreude. Seine

MÄNNERTRÄUME

Die Römerin vermeidet dank des milieugetreuen Realismus jede Art von Nuttenromantik. In einem Punkt aber kommt dann doch eine typische Männerphantasie zum Durchbruch. Adriana verschweigt nichts, sie teilt jede Seelenregung mit, insbesondere die zwiespältigen. Und so wird dem Leser auch anvertraut, dass die Schöne den Geschlechtsakt immer genießt, egal ob ihr der Freier gefällt oder nicht. Das ist es ja, was Männer sich wünschen: dass die Frau, die sie kaufen, sie ihrerseits heiß begehrt. In Wirklichkeit aber gibt es unter Prostituierten nur selten echte Nymphomaninnen.

MACHT DER GEWALT

Mit der Beziehung zwischen Adriana und dem kriminellen Sonzogno greift Moravia ein schwer erklärliches Phänomen auf: Gewalttätige Männer unterjochen Frauen und halten das Verhältnis gerade mittels der Gewalt aufrecht. Statt dass Eva ihren tyrannischen Adam zum Teufel jagt oder zumindest verlässt, verfällt die Gequälte in eine ängstliche Demutsstarre, und nicht selten bleibt sie über Jahre bei ihrem Peiniger. Adriana wird zwar von Sonzogno, den die Polizei erwischt, erlöst, akzeptiert ihn aber als Vater ihres Kindes.

■ Szene aus *Die freudlose Straße* mit Gina Lollobrigida als Adriana

Kunst besteht darin, ein ungebildetes Mädchen schildern und reflektieren zu lassen, ohne dass es unglaubwürdig erschiene, aber auch ohne dass man die Meisterschaft des Erzählers Moravia vermisste. Der Romancier erfindet die Psyche einer naiven Frau, die zwar keinen gesellschaftlichen Aufstieg anstrebt, aber ihre moralischen Ideale opfert, um der Armut zu entkommen. Und er lässt sie sich mitteilen: einfach, klug, temperamentvoll. Ebenso trefflich stellt Moravia eine vermeintlich kleine Ursache mit großer Wirkung dar: Der anfangs nebensächlich anmutende Diebstahl einer goldenen Puderdose zieht immer schicksalhaftere Verwicklungen nach sich und endet mit drei toten Männern.

Adrianas Geschichte spielt in Moravias Heimatstadt, irgendwann in den 1930er Jahren. In dieser Zeit regierte in Italien mit Diktator Mussolini der Faschismus. Vielleicht liegt darin der Grund, dass sich bei der Lektüre ein Gefühl beklemmender Melancholie einschleicht, das sich der Erklärung entzieht. *Die Römerin* (italienischer Originaltitel: *La Romana*) erschien 1947 bei Valentino Bompiani in Mailand und wurde ein internationaler

Erfolg, auf Deutsch kam das Buch 1950 heraus. Allerdings gab es auch Kritiker, die das Fünfhundert-Seiten-Werk als schlüpfrig abqualifizierten. Aus heutiger Sicht ist das kaum nachvollziehbar, denn eine wirklich obszöne Szene sucht der pornographisch interessierte Leser vergeblich. Die einzige explizite Stelle im Roman, in der ein Geschlechtsorgan beim Namen genannt wird, schildert Adrianas scheiternden Koitus mit dem Studenten Giacomo, in den sie verliebt ist: *Als er nackt war, kniete ich zwischen seine Beine, nahm sein Glied in beide Hände und drückte es einen Augenblick lang gegen meine Wangen und Haare und schloss die Augen dabei.* Der katholischen Kirche reichte es schon, dass hier eine Prostituierte im Mittelpunkt stand, sie stufte den Roman als sittenwidrig ein und setzte ihn 1952 für viele Jahre auf den Index. Ebenso die gelungene Verfilmung des Stoffes; Regisseur Luigi Zampa inszenierte das unvergessliche Sozialdrama 1954 mit Gina Lollobrigida in der Hauptrolle.

■ »Der Schwan, der Kater, das Auto …« Kettenkarussell auf einem Jahrmarkt. Photographie, 1946, von Tony Vaccaro (geb. 1922)

Die Römerin entwirft das Psychogramm einer Frau, die weniger unter der eigenen Amoral und unter den Härten ihres Gewerbes leidet als unter der ewigen Wiederkehr des Gleichen. Diese Akzentsetzung war es wahrscheinlich, die seinerzeit die Moralapostel in Stellung brachte. Das Dirnendasein erlebt insofern eine Entmystifizierung, als nicht die Sündhaftigkeit herausgekehrt wird, sondern die Langeweile, nicht die Aufregungen der Rotlichtsphäre, sondern ihre Ödnis. *So ging also mein Leben seinen gleichmäßigen Gang – immer dieselben Figuren, wie bei den Karussells im Lunapark. Der Schwan, der Kater, das Auto, das Pferd, der Thron, der Drache und das Ei – dieselben Figuren immerfort, die ganze Nacht. Auch bei mir begannen die Figuren meiner Liebhaber sich um mich zu drehen,* so resümiert Adriana ihre existenzielle Erfahrung des »ennui«. Sie liebt zwar ihren Giacomo, aber ihre Gefühle finden keine echte Erwiderung und werden gerade deswegen so stark – ein Zusammenhang, den Adriana, die viel über die Widersprüchlichkeit menschlichen Seelenlebens zu sagen weiß, durchschaut.

■ »›Ich bin eine Hure‹, sagte ich schließlich mit erhobener Stimme, um die Wirkung auf mich auszuprobieren.« Szene aus *Die freudlose Straße* mit Gina Lollobrigida als Adriana

Über Gino lernt Adriana in Verbindung mit dem Puderdosendiebstahl den starken Ganoven Sonzogno kennen, der ihr einen Mord gesteht und sie schlägt. Während sie mit dem Mörder intim ist, überkommt Adriana Abscheu, aber auch Lust: *Endlich nahm er mich, und ich empfand eine Befriedigung, die durch den Schrecken dunkel und grässlich wurde; ich konnte einen langen, klagenden und kräftigen Schrei nicht zurückhalten.* Später stellt sie fest, dass sie schwanger und Sonzogno der Vater ist. *So schrecklich es auch war, dass mein Sohn von einem fühllosen, scheußlichen Mörder wie Sonzogno abstammte, dem er vielleicht ähnlich werden könnte, so konnte ich doch nicht umhin, einige Gerechtigkeit in dieser Vaterschaft zu sehen. Sonzogno hatte mich als einziger unter all den vielen Männern, die mich geliebt hatten, wirklich besessen, über jedes Gefühl von Liebe hinaus bis in den dunkelsten und geheimsten Grund meines Körpers.* Auch wenn das Baby *durch einen Mörder und eine Hure in die Welt komme,* wie Adriana am Schluss des Buches sinniert, und obwohl sie Giacomo verliert, ergibt sie sich in ihr Schicksal und blickt sogar hoffnungsvoll in die Zukunft.

Alberto Moravia starb 1990 in der Ewigen Stadt. Unter Mussolini noch mit Schreibverbot belegt, stieg er nach dem Zweiten Weltkrieg zu einer der einflussreichsten Persönlichkeiten Italiens auf. Vielleicht ließ er sich ja von den Karussellfiguren Schwan, Kater, Pferd und Drache dazu inspirieren, so unterschiedliche Charaktere wie Chauffeur, Geheimpolizist, Student und Mörder um eine Hure mit Herz kreisen zu lassen; jedenfalls gelang ihm mit der *Römerin* der ganz große Wurf. Als Genreliteratur schließt der Roman an die Dirnengeschichte an, er ist aber noch mehr: ein tiefer Einblick in das »Milieu«, in die Illusionen und Ängste der Unterschicht im Rom der 1930er Jahre, ein interessanter Versuch, die Selbstreflexion eines Menschen, der dazu normalerweise als unfähig angesehen wird, glaubwürdig Text werden zu lassen, und nicht zuletzt ein spannender Krimi. Wie üblich war es das Verbot der Kirche, das die Neugier des weltweiten Publikums erst recht reizte. Im Laufe der Jahrzehnte wurde *Die Römerin* zu einem kultigen Klassiker brillanter Erzählkunst.

ALBERTO MORAVIA

 BIOGRAPHIE

Alberto Pincherle, der sich später Alberto Moravia nennt, wird am 28. November 1907 in Rom geboren. Er ist das zweite von vier Kindern. Sein Vater Carlo, ein Architekt und Maler, ist Jude, seine Mutter ist Katholikin. Mit neun Jahren erkrankt Alberto an Knochentuberkulose, muss sich bis 1925 immer wieder in Sanatorien behandeln lassen. Danach schreibt er seinen ersten Roman, *Die Gleichgültigen*, der 1929 veröffentlicht wird und der als eines der ersten Werke des Existenzialismus gilt. Moravia arbeitet als Zeitungskorrespondent, reist nach Polen, China, Mexiko und in die USA. 1936 lernt er Elsa Morante (1912–1985) kennen, die später mit ihren psychologischen Familienromanen bekannt wird. Die beiden heiraten 1941. Doch der Faschismus unter Benito Mussolini bringt den Journalisten Moravia in Schwierigkeiten, seine Artikel erregen das Missfallen des Regimes. Am Ende steht ein Schreibverbot. Von 1941 bis 1943 lebt Moravia auf Capri. Dort entsteht eine bitterböse Satire auf den Faschismus: *Die Maskerade*. Als die deutschen Truppen 1943 Rom besetzen, muss Moravia in die einsame Bergwelt der Ciociaria fliehen. Bis zum Kriegsende versteckt er sich dort – und schreibt weitere Romane. Nach dem Krieg arbeitet er wieder als Journalist, verfasst zahlreiche Filmkritiken. 1947 sorgt das Erscheinen des Romans *Die Römerin* für Aufregung. 1952 wird das Werk indiziert, kurz nachdem Moravia für seine Erzählungen mit dem Premio Strega ausgezeichnet worden ist. 1960 wird *Die Langeweile*, auf Deutsch auch unter dem Originaltitel *La noia* erschienen, zu einem weltweiten Erfolg. Von 1959 bis 1962 ist Moravia zudem Vorsitzender des internationalen P.E.N.-Clubs. In dieser Zeit scheitert die Ehe mit Elsa Morante. Seine neue Gefährtin wird Dacia Maraini, ebenfalls eine Schriftstellerin. Als auch diese Beziehung zerbricht, heiratet Moravia 1986 die 47 Jahre jüngere Spanierin Carmen Llera. In seinen späten Jahren reist er viel, und er engagiert sich politisch, ist von 1984 bis 1989 Abgeordneter der Kommunistischen Partei Italiens im Europaparlament. Er stirbt am 26. September 1990 in Rom an Herzversagen. – Moravia hat zahlreiche Romane veröffentlicht, darunter *Die Gleichgültigen* (1929), *Gefährliches Spiel* (1935), *Agostino* (1945), *Der Konformist* (1951), *Cesira* (1957), *Inzest* (1965), *Ich und er* (1971) und *Die Reise nach Rom* (1988). Lesenswert sind auch seine Erzählungen, etwa *Die Mädchen vom Tiber* (1954), *Römische Erzählungen* (1959), *Ein Ding ist ein Ding* (1967) oder *Prähistorisches Histörchen* (1982). Moravia schrieb auch Dramen und Essays, u. a. über die chinesische Kulturrevolution.

 EMPFEHLUNGEN

Lesenswert:

Alberto Moravia: *Die Römerin*, München 2003

Ders.: *Der Junge Alberto. Gespräche mit Alberto Moravia*, hrsg. von Dacia Maraini, Reinbek 1990

Alain Elkann, Alberto Moravia: *Vita di Moravia. Ein Leben im Gespräch*, Freiburg / B. 1991

Peter V. Zima: *Der gleichgültige Held. Textsoziologische Untersuchungen zu Sartre, Moravia und Camus*, Trier 2004

Elsa Morante: *Arturos Insel*, Berlin 2005 (Roman)

Sehenswert:

Die Römerin. Regie: Luigi Zampa; mit Gina Lollobrigida. I 1954

Liebe, Sex und Leidenschaft. Regie: Cédric Kahn; mit Charles Berling, Sophie Guillemin. F / P 1998 (nach dem Roman *La noia*)

Der Konformist. Regie: Bernardo Bertolucci; mit Jean-Louis Trintignant, Stefania Sandrelli. I / F / BRD 1970

Die Verachtung. Regie: Jean-Luc Godard; mit Brigitte Bardot, Michel Piccoli. F / I 1963

... und dennoch leben sie. Regie: Vittorio De Sica; mit Sophia Loren, Jean-Paul Belmondo. I / F 1960 (nach dem Roman *Cesira*)

 AUF DEN PUNKT GEBRACHT

Einst als schlüpfrig, durch den Vatikan gar als »sittenwidrig« abgewertet, erscheint das Buch heute als gelungene düster-melancholische Variante des Genres »Dirnenroman«.

Zwischen Maude und Mara
Sexus
Henry Miller

»*Ich hob ihren Hintern über meinem Kopf, so wie man einen Milchkübel hochheben würde, um seinen Durst zu stillen, und trank und kaute und schlemmte wie ein Raubvogel ...*« Ja, so hat er es gern, dieser Henry, ein angehender Schriftsteller um die dreißig, der literarisch zwar noch nichts vorweisen kann, aber zumindest für seine Lieblingsbeschäftigung beeindruckend animalische Bilder findet. Im vorliegenden Fall treibt er es mit Ehefrau Maude, die ihn eigentlich gar nicht mehr recht interessiert. Weil

■ *Im Salon der Rue de Moulins.* Gemälde, 1894, von Henri de Toulouse-Lautrec (1864–1901). Musée Toulouse-Lautrec, Albi. Zu Henry Millers Zeiten werden nicht mehr alle Pariser Bordelle so gepflegt ausgesehen haben wie auf Toulouse-Lautrecs Gemälde.

er nämlich heiß verliebt in die schöne Mara ist, ein »Taxi-Girl« aus einem New Yorker Vergnügungspalast, wo sich gutbetuchte Herren Mädchen im Minutentakt mieten, zum Tanzen und später vielleicht für mehr. Wegen Mara will Henry seine Maude nebst kleiner Tochter verlassen, das Familienglück ödet ihn genauso an wie ein stupider Bürojob, den er bei der Telegraphen-Gesellschaft Western Union runterreißt. Mit der aufregenden Mara glaubt Hen-

OBELISK PRESS
Ohne diesen Verlag hätte Henry Miller wohl kaum eine Chance gehabt, je gedruckt zu werden. Der Amerikaner Jack Kahane gründete den Verlag 1929 in Paris und spezialisierte sich auf avantgardistische und erotische Literatur. Die Werke erschienen sämtlich in englischer Sprache und entgingen so der französischen Zensur. Alle frühen Romane Millers kamen bei The Obelisk Press heraus. Den Weltruhm seines Autors konnte Jack Kahane nur kurz verfolgen, er starb im September 1939.

»Monogam? Das ist, als müsste man jeden Tag Pommes frites essen.«   Henry Miller

ry seinem Traum näherzukommen, endlich ein richtiger Autor zu werden; in ihren Armen fühlt er sich inspiriert und angespornt, das gewöhnliche Leben einem unkonventionellen Künstlerdasein zu opfern. Aber Gattin Maude ist erotisch auch nicht ohne, und wenn sie wissentlich den Morgenrock über ihren langen, seidenbestrumpften Beinen aufklaffen lässt, dann wird Henry reflexartig zum Tier. Solch eheliche Vertrautheit bringt Mara wiederum in Rage, eifersüchtiger Streit entbrennt, zum Trost warten in den Kulissen noch Irma, Dolores, Elsie und Rebecca darauf, dass Henry mal Zeit hat, kein Wunder also, dass der Mann kaum zum Schreiben kommt.

Sexus bildet den furiosen Auftakt zu jener Romantrilogie, die Henry Miller nach Ende des Zweiten Weltkriegs in der Absicht schrieb, »die Geschichte der entscheidenden sieben Jahre meines Lebens zu erzählen«. Es ist die Zeit ab 1923, als die Roaring Twenties allmählich Fahrt aufnehmen, doch abgesehen von einigen Passagen in Maras Tanzlokal tritt die Epoche kaum in Erscheinung. Alles dreht sich einzig und allein um das Ego des bislang verhinderten Schriftstellers, den anstrengenden Alltag, um Wünsche, Hoffnungen und den manischen Drang zur Literatur, der ebenso mächtig in Henrys Adern glüht wie seine sexuelle Energie. Dabei darf man Held und Autor getrost als ein und dieselbe Person betrachten. Millers gesamtes Werk gründet im Wesentlichen auf seiner Biographie und eigenen Erfahrungen, lediglich die Namen von Frauen und Freunden hat er geändert, leicht lassen sich diese identifizieren. So steht Maude für Millers erste Ehefrau Beatrice Wickens, die kapriziöse Mara – später wird sie in Mona umgetauft – für June Smith, die er 1924 heiratete. Dass sie und zahlreiche andere Damen gegen solcherart literarische Verwendung lautstark protestierten, hat Henry Miller kaum gekümmert, begehrenswerte Weiblichkeit war und blieb sein Lebensthema, es machte ihn zu einer der bekanntesten Persönlichkeiten des 20. Jahrhunderts.

Den Durchbruch zum Weltruhm verdankte er schließlich wiederum einer Frau und Geliebten: Anaïs Nin (s. S. 244). Mit einem wohlhabenden

»Henry Miller hatte den Mut und Idealismus, für die literarische Freiheit zu kämpfen. Er war unser Anführer, durch ihn verschwand die Angst vor der Zensur. Jeder Schriftsteller kann heute sagen, was er will und wie er es will. Das haben wir Henry Miller zu verdanken.«
Isaac Bashevis Singer

■ Henry Miller. Photographie von 1932

■ Szenenbilder aus dem Film *Wendekreis des Krebses* von Joseph Strick (1970). In den Hauptrollen Rip Torn, James Callahan, Ellen Burstyn, David Bauer und Laurence Ligneres.

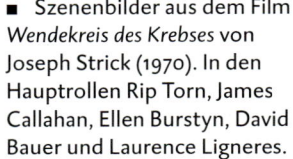

Gatten im Hintergrund sorgte die Französin 1934 für die Veröffentlichung von Millers Debütroman *Wendekreis des Krebses*, eine gleichfalls restlos autobiographische Schilderung seiner Erlebnisse in Paris. Dorthin hatte er sich geflüchtet, hier bekam er seine Chance. Natürlich schlossen ihn die mondänen Huren vom Montparnasse bald in ihr Herz, dieser virile *écrivain américain* verstand was von der Liebe, auch mit Anaïs Nin trieb er es rauschhaft und hemmungslos. Und hier, im fiebrigen Milieu der Pariser Bordelle und Bars, fand Miller seine künstlerische Identität. Das Leben in allen sinnlichen Facetten so wild zu beschreiben, wie er es selbst liebte, wurde zum literarischen Programm. Aus unzähligen Notizen formte sich der *Wendekreis des Krebses*, die erste typische Miller-Mischung aus Eindrücken, Visionen, Rausch und Sex. Anaïs Nin ordnete den chaotischen Zettelkasten zum Buch und finanzierte den Druck. Für den Roman regnete es Glück-

THE ROSY CRUCIFIXION

»Die fruchtbare Kreuzigung« – so überschrieb Henry Miller seine Romantrilogie *Sexus / Plexus / Nexus*. In der Rückschau auf seine literarischen Anfangsjahre sah sich der Autor buchstäblich als »Gekreuzigter«, dem nur zwei Möglichkeiten blieben: Verwandelt wiederaufzuerstehen oder endgültig zu verschwinden. So ist es auch kein Zufall, dass in *Sexus* Millers Henry im 33. Lebensjahr steht: In diesem Alter starb Jesus Christus am Kreuz.

wünsche vonseiten berühmter Kollegen wie T.S. Eliot und Ezra Pound, die Behörden setzten das Buch sogleich auf den Index. Eine französische Übersetzung durfte nicht erscheinen, in den USA hielt sich das Verbot bis 1961. Der Nimbus des Pornographen, der nun blitzartig einsetzte, scherte Miller herzlich wenig, er war selig, fühlte sich nun endlich als echter Schriftsteller, der weiß, wie viel er zu sagen hat, jetzt ging es richtig los.

Tatsächlich wirkt der Erstling im erotischen Vergleich mit späteren Werken wie ein matter Probelauf. *Sexus* dagegen zeigt den austrainierten Champion, der um seine Fähigkeiten weiß und entsprechend selbstbewusst auftritt: »*Na schön, dann lass uns was essen*«, sagte ich. »*Wenn wir nicht ficken können, so können wir doch jedenfalls essen.*« »*Ja, essen! Du kannst zu jeder Zeit essen. Das ist alles, woran dir gelegen ist, essen und schlafen.*« »*Ficken*«, verbesserte ich, »*nicht schlafen.*« »*Ich wollte, du würdest aufhören, so zu mir zu sprechen.*« Das tut Henry tatsächlich, er unterbricht das eheliche Zwiegespräch aber nur, weil das Töchterlein in der Nähe spielt. Sonst nimmt er auf den nahezu siebenhundert Seiten keinerlei Blatt vor den Mund, er spricht so gern und rüde über Sex, wie er ihn betreibt. Henrys förmlich dauererigierter Zustand prägt den gesamten Roman – und ist doch mehr als nur penetranter Schweinkram. *Sexus* spiegelt den überzeugten Glauben an die Sexualität als zentrale Kraft und Quelle wahrhaftigen, authentischen Lebens jenseits der Dogmen und Verdrucksstheiten bürgerlicher Moral.

■ Szenenbilder aus *Wendekreis des Krebses* von Joseph Strick.
Der Film wurde sehr kontrovers beurteilt. Mal war die Rede von gefährlicher Pornographie, mal hieß es, der Regisseur habe sich zu sehr an der literarischen Vorlage orientiert, wodurch die Dialoge hölzern wirkten. Die Kritikerin Pauline Kael bringt es auf den Punkt: »Eine triviale, aber unterhaltsame Sexkomödie.«

»Ich bedaure nicht, dass ich Werke wie *Wendekreis des Krebses* und *Sexus* geschrieben habe. Aber ich sehe inzwischen auch den Schaden, den ich dadurch angerichtet habe.«
Henry Miller

■ Henry Miller (rechts) und Anaïs Nin. Undatierte Aufnahme

In seinen Pariser Jahren hatte sich Miller intensiv mit dem englischen Schriftsteller D. H. Lawrence (s. S. 188) und dessen Skandalroman *Lady Chatterleys Liebhaber* beschäftigt. Darin formulierte Lawrence eine quasi-religiöse Philosophie der Sexualität, ihrer Macht und Schönheit, zugleich versuchte er, die gesellschaftlich geschmähten sexuellen Begriffe vom Ruch jeglicher Obszönität zu befreien. Gemeinsam mit Anaïs Nin, die sogar ein Buch über Lawrence schrieb, zog Henry Miller zwar gänzlich andere praktische Konsequenzen als der streng monogame Brite. Aber *Lady Chatterley* lieferte einen wichtigen literarischen Impuls, den Miller in *Sexus* voll entfaltet. So finden sich in vielen erotischen Passagen des Romans deutliche Bezüge zum Heiligen, bisweilen gleichen die Akte priesterlich zelebrierten Ritualen, Henry geht ins Bett wie in einen Gottesdienst.

Die amerikanischen Zensoren mochten nicht mitbeten, verboten das Buch prompt, als es 1949 in Frankreich erschien. Dennoch entfachte *Sexus* großes Interesse bei einem Heer von Lesern: US-Soldaten schmuggelten den Roman zu Tausenden aus dem besetzten Europa in die Heimat, wobei die philosophischen Einsichten des Autors vermutlich eine geringere Rolle spielten.

Auf rein erotischer Ebene entwickelt *Sexus* noch heute gehörigen Dampf. Allein Millers wuchtiger, explosiver Stil mit einem schier unerschöpflichen Potenzial an sexuellen Metaphern lohnt die Lektüre, selten hat ein moderner Schriftsteller der Liebeslust und Lebensgier solch kräftige Lieder gesungen. Und heiter sind sie obendrein. In der schärfsten Szene gegen Ende des Romans werden pornographische Männerträume wahr. Frisch geschieden, treffen sich Henry und Maude zum Plaudern. Es herrscht entspannte Stimmung, Maude bringt das Kind zu Bett, und Henry zieht sich schon mal aus. Im Spiegel bewundert er zufrieden sein Glied, entschlossen und »ausgelassen wie ein junger Hase« nimmt Maude sich der Sache an. Dann holt sie ihre Freundin Elsie dazu. Die Orgie dauert die ganze Nacht, alle möglichen Stellungen zu dritt werden ausprobiert. Nur bekommen die Damen einfach nicht genug. *»Plötzlich fühlte ich, dass mich der Schlaf überkam. Gott sei Dank, dachte ich.«* Nichts da, zwei Minuten später muss Henry wieder ran …

HENRY MILLER

 BIOGRAPHIE

Henry Miller wird am 26. Dezember 1891 in New York geboren und wächst im Stadtteil Brooklyn auf. Sein Vater stammt aus Deutschland. Miller bricht das College nach nur zwei Monaten ab, weil ihm die Lektüreliste nicht gefällt, und hält sich mit Gelegenheitsarbeiten über Wasser, darunter Totengräber, Milchmann und Küchenhilfe, jobbt vorübergehend auch in der Schneiderei seines Vaters. In dieser Zeit schreibt er »40 oder 50 Seiten lange Briefe über Gott und die Welt«. Aufmerksam beobachtet er die Kundschaft seines Vaters, er studiert die Menschen, um über sie schreiben zu können. 1917 heiratet Miller zum ersten Mal – vier weitere Ehen werden folgen. Mit seiner ersten Frau hat Miller eine Tochter. Als Personalchef einer Telegraphen-Gesellschaft bekommt er eine feste Stelle, die er vier Jahre lang behält, doch als seine Liebe zum Schreiben zu einem immer größeren Drang wird, kündigt er und beschließt, nie wieder in Festanstellung zu arbeiten. In diesem Entschluss bestärkt ihn seine zweite Ehefrau June. 1930 geht er mit ihr nach Europa, verbringt die meiste Zeit in Paris. Dort begegnet ihm Anaïs Nin, die in der Liebe und beim Schreiben seine Partnerin wird, was aber nicht bedeutet, dass er sich von June trennt. 1931 nimmt er, weil er vom Schreiben allein nicht leben kann, doch noch einmal einen Job an, und zwar als Korrektor bei der Pariser Ausgabe der *Chicago Tribune*. 1934 gelingt ihm mit *Der Wendekreis des Krebses* der schriftstellerische Durchbruch. 1939 unternimmt Miller eine fünfmonatige Griechenlandreise, die er später als »die bedeutendste geistige Erfahrung« seines Lebens bezeichnet. Davon erzählt der Reisebericht *Der Koloss von Maroussi*. 1940 geht Miller wegen des Zweiten Weltkriegs in die USA zurück, 1942 zieht er nach Big Sur in Kalifornien. Er schreibt weiterhin, wendet sich aber immer mehr der Aquarellmalerei zu. Seinen Lebensabend verbringt er sehr zurückgezogen. Er stirbt am 7. Juni 1980 in Los Angeles. – Neben der Trilogie *Sexus / Plexus / Nexus*, 1949, 1952 und 1960 veröffentlicht, zählen *Wendekreis des Krebses* (1934) und *Stille Tage in Clichy* (1956) zu Millers großen Romanen. Zudem erschienen die Erzählungen *Schwarzer Frühling* (1936), *Das Lächeln am Fuß der Leiter* (1948) und *Lachen, Liebe, Nächte* (1955) sowie die Essays *Die Welt des Sexus* (1940) und *Von der Unmoral der Moral* (1962).

 WISSENSWERTES

Walt Whitman
Henry Miller war ein großer Bewunderer des amerikanischen Dichters Walt Whitman (1819–1892). Wie er feierte er Amerika und seine Demokratie, das Einssein mit der Natur und einen unerschütterlichen Optimismus und sah den Materialismus und die Kommerzialisierung der Gesellschaft als Hindernisse für die freie Entfaltung des Menschen. Whitman war ein Wegbereiter der sog. Beatgeneration, einer amerikanischen Dichterbewegung der 1950er Jahre.

 EMPFEHLUNGEN

Lesenswert:
Henry Miller: *Sexus*, Reinbek 2002

Ders.: *Big Sur und die Orangen des Hieronymus Bosch*, Reinbek 1966 (Autobiographie von 1957)

Ders.: *Mein Leben und meine Welt*, Reinbek 1974 (Autobiographie von 1972)

Anaïs Nin: *Die Tagebücher 1931–1934*, München 2001

Erica Jong: *Der Teufel in Person. Henry Miller und ich*, Hamburg 1999

Robert Ferguson: *Henry Miller. Ein Leben ohne Tabus*, München 1991

Walter Schmiele: *Henry Miller. Mit Selbstzeugnissen und Bilddokumenten*, Reinbek 1990

Hörenswert:
Anaïs Nin: *Henry, June und ich*, gelesen von Franziska Pigulla, Freiburg / B. 2004. 2 CDs

Sehenswert:
Henry & June. Regie: Philip Kaufman; mit Fred Ward, Uma Thurman, Maria de Medeiros. USA 1990

Stille Tage in Clichy. Regie: Claude Chabrol; mit Andrew McCarthy, Barbara De Rossi. F / I / D 1990

Wendekreis des Krebses. Regie: Joseph Stricker; mit Rip Torn, Ellen Burstyn. USA 1970

 AUF DEN PUNKT GEBRACHT

Grell, unverblümt und einfach klasse geschrieben: Der heißeste Teil von Henry Millers großer, erotischer Konfession, die sein Lebenswerk bestimmt.

Sieg durch Unterwerfung?

Geschichte der O
Pauline Réage

■ Szene aus *Geschichte der O*, einer Verfilmung von Just Jaeckin (F / BRD / CDN 1975). Corinne Cléry spielte die Rolle der O, Udo Kier den René.

»Ich liebe dich. Steh auf. Du wirst von nun an hier in Gegenwart eines Mannes den Mund nur noch öffnen, um zu schreien oder ihm zu Willen zu sein.«

Aus der *Geschichte der O*

Eine junge Frau lässt sich von ihrem Geliebten auf ein Schloss in Roissy entführen, einer Ortschaft in der Nähe von Paris. Wochenlang wird sie dort vergewaltigt, gedemütigt und gefoltert. Sie leistet keinen Widerstand, erträgt die Torturen, erniedrigende und grausame sexuelle Praktiken, zum Zeichen ihrer bedingungslosen Hingabe an den Geliebten, der sie so auf die Probe stellen will. Und selbst in Momenten, in denen sie vor Schmerz den Verstand zu verlieren glaubt, unter der Peitsche brüllt und schluchzt, behauptet sie, mit allem *einverstanden* zu sein! Ist das zu fassen?

Seit 1954 *Histoire d'O – Geschichte der O* erschien, erregt sie die Gemüter. Als Gewaltpornographie in Frankreich sofort indiziert, machte das Buch eine bemerkenswerte Karriere. Es wurde heiß diskutiert, erhielt einen bedeutenden Literaturpreis und entwickelte sich rasch zu einem internationalen Klassiker der Sado-Maso-Szene. Über die Autorschaft konnte man nur spekulieren, niemand wusste, wer Pauline Réage war; auch der Verleger, der sich wegen der Publikation vor Gericht verantworten musste, hütete das Geheimnis. Lange Zeit herrschte Einstimmigkeit darüber, dass der Stoff nur der verkommenen Phantasie eines Männerhirns entsprungen sein könne, das sich mit einem weiblichen Pseudonym tarnte. Diese Perfidie brachte vor allem Feministinnen auf die Palme; noch in den 1980er Jahren wurde das Werk im Zuge der PorNO-Kampagne an amerikanischen Universitäten rituell verbrannt. 1994 indes triumphierten die Verteidiger der O: Pauline Réage gab sich zu erkennen, es war tatsächlich eine Frau! Und dazu keine Unbekannte, sondern eine angesehene französische Intellektuelle namens Anne Desclos, die als Lektorin und Kritikerin wiederum unter dem Pseudonym Dominique Aury auftrat und schließlich im hohen Alter von 86 Jahren einer verblüfften Öffentlichkeit nonchalant enthüllte: »Pauline Réage – c'est moi!«

Anne Desclos / Dominique Aury war bereits Mitte vierzig, als sie die Geschichte schrieb, heimlich, nachts im Bett. Es sollte eine private Liebesgabe sein, das Geschenk an ihren Liebhaber, den damals bekannten Schriftsteller und Publizisten Jean Paulhan. Für den verheirateten, wesentlich älteren Mann empfand Dominique Aury eine geradezu fanatische Leidenschaft: »Ich war wahnsinnig in ihn verliebt. Es gab für mich niemanden außer ihn …« Etliche Jahre währte die Affäre, doch dann begann Paulhan, sich zurückzuziehen. Verzweifelt überlegte Dominique Aury, wie sie das Feuer neu entfachen könnte. Eine beiläufige Bemerkung Paulhans, dass seiner Meinung nach Frauen nicht imstande seien, erotische Literatur zu verfassen, brachte die Geliebte auf die richtige Spur. Paulhan war ein großer Kenner und Genießer von Erotika; er selbst hatte die Werke des Marquis de Sade (s. S. 104) mit herausgegeben. Dominique Aury wusste um die erregende Wirkung von dessen absurden sexuellen Gewaltorgien auf ihren Liebespartner. »Das kannst du haben, mon cher«, dachte sie wohl, »und dir wird Hören und Sehen vergehen!«

In der Tat ersinnt die Autorin als Pauline Réage beeindruckend detaillierte Phantasien, die dem alten Marquis sicherlich gefallen hätten. Eine wesentliche Rolle spielen Kerker, Ketten, Peitschen und eine entsprechende Garderobe mit lasziv geschnittenen Kleidern und halsbrecherischen Stöckelschuhen. Kurz nach der Rückkehr aus Roissy muss O schon vor dem nächsten Gebieter knien: Sir Stephen, ein Stiefbruder ihres Geliebten und ausgemachtes sadistisches Dreckstück, übernimmt fortan die »Erziehung«, um O in die vollendete Sklavin zu verwandeln. Erneut erduldet sie vielfache sexuelle Misshandlungen vom Gangbang bis hin zum genitalen Piercing mit schweren Ringen. Und schließlich brennen glühende Eisen Sir Stephens Initialen in ihr Fleisch – O fällt vor

Die 1969 erschienene Fortsetzung, *Rückkehr nach Roissy*, besteht aus einem einzigen Kapitel, das Dominique Aury selbst als »Abstieg« bezeichnet hat. Darin entpuppt sich das einst gespenstische Schloss als banales Bordell. Die O bekommt sogar Geld für ihre Dienste, die sie engagiert verrichtet. Sir Stephen kommt nur noch in einer Zeitungsmeldung vor. Demnach ist er in einen Mordfall verwickelt. Und so erhält O ihre Freiheit zurück. Ob sie sich dafür entscheidet oder in Roissy bleibt, lässt der Text offen.

■ Die Autoren Albert Simon (links) und Raymond Queneau (rechts) mit »Pauline Réage«. Photo von 1955

■ Der französische Schriftsteller und Publizist Jean Paulhan, die große Liebe der Dominique Aury. Photo aus dem Jahr 1967 von Jacques Haillot

DIE MODE DER O
Die Fetisch-Monturen der O sind heute vielfach Standard in der S/M-Szene und stehen in jedem Erotik-Shop. Lederne Halsbänder gehören ebenso dazu wie raffiniert geschlitzte Röcke und ein eng geschnürtes Korsett, das die Brüste freilässt. Etliche Escort-Agenturen bieten attraktive Damen im O-Styling an – wer einmal Sir Stephen spielen will, muss allerdings tief in die Tasche greifen.

Schmerz in Ohnmacht und erwacht im glücklichen Gefühl, jetzt endgültig Sir Stephens Eigentum zu sein: *Diese Eisen und diese Zeichen erfüllten O mit unsinnigem Stolz …*

Was soll man nun von alldem halten? Entdeckt hier eine Frau ihr wahres, bislang verborgenes sexuelles Wesen? Oder bekräftigt die Geschichte lediglich die klischeehaft männliche Vorstellung, wonach sämtliche Frauen insgeheim von Vergewaltigung träumen? Die Autorin selbst hat eine Antwort auf solche Fragen amüsiert abgelehnt.

Beachtlich jedenfalls ist die stilistische Brillanz des Buches. In einer kühlen, vornehmen Sprache wird die Phantasie totaler Hingabe entfaltet. Dabei nimmt Dominique Aury den Begriff beim Wort. Wie in einem abgründigen erotischen Traum, der alle soziale Wirklichkeit und moralische Normen von sich stößt, durchlebt O unglaubliche, phantastische Situationen. Den krassen Gegensatz zu ihrer realen Welt – beruflich ist sie eine erfolgreiche Pariser Modephotographin – erfährt O als Steigerung ihrer bürgerlichen Existenz, der sie sich zunehmend entfremdet. Auch das gehört zu den irritierenden und vortrefflich geschilderten Pointen des Romans: Jede Schändung gibt O ein noch stärkeres Bewusstsein ihrer erotischen Ausstrahlung und Macht. Siegt O also am Ende? Man kann es so sehen …

Abrupt wie ein Traum erlischt auch der Roman. Wenige Zeilen deuten auf ein letztes, gestrichenes Kapitel mit folgendem Ausgang: *Als O sah, dass Sir Stephen sie verlassen würde, wünschte sie sich den Tod. Sir Stephen erteilte seine Zustimmung.* Dominique Aury hat diesen drastischen Schluss ebenfalls nur achselzuckend kommentiert. Ihr sei nichts Rechtes mehr eingefallen. Außerdem hatte der Text längst seinen Zweck erfüllt: Jean Paulhan war hingerissen vom Einfallsreichtum seiner Geliebten, besorgte sofort einen Verleger, schrieb selbst ein Vorwort – und zeigte sich in der Liebe frisch entflammt!

PAULINE RÉAGE

 BIOGRAPHIE

Anne Desclos, die später die Pseudonyme Dominique Aury und Pauline Réage verwendet, wird am 23. September 1907 in Rochefort-sur-Mer geboren. Sie wächst in der Bretagne auf, bei ihrer Großmutter. Nach ihrem Studium der Anglistik – Englisch ist ihre zweite Muttersprache – an der Sorbonne in Paris, lernt sie über ihren Vater den Chefredakteur der *Nouvelle Revue Française* kennen, Jean Paulhan (1884–1968). Der Mann, wie sie selbst ein Absolvent der Sorbonne, fasziniert sie, und sie verliebt sich heftig in ihn, kümmert sich nicht um den Altersunterschied von 23 Jahren. Er vermittelt ihr eine Stelle als Verlagssekretärin bei der *NRF*. Nebenher ist sie journalistisch tätig. Für ihre Artikel nutzt sie erstmals das Pseudonym Dominique Aury. Sie macht Karriere bei der *NRF*, steigt bis zur Chefredakteurin auf. Wie Paulhan arbeitet sie ab 1946 im Lektorat des Verlagshauses Gallimard. Sie übersetzt u. a. Werke von T. S. Eliot und F. Scott Fitzgerald ins Französische, macht sich einen Namen als Literaturkritikerin, sitzt bei der Vergabe wichtiger Literaturpreise in der Jury. Ende der 1940er Jahre beginnt es in der langjährigen Beziehung zu Paulhan zu kriseln. Desclos / Aury ist verzweifelt, fürchtet, die große Liebe ihres Lebens zu verlieren. Aus dieser Angst heraus schreibt sie die *Geschichte der O*, das Buch erscheint 1954. Es ist ein Riesenerfolg, für einige Zeit gibt es keinen Roman, der sich außerhalb Frankreichs besser verkauft. 1955 wird er mit dem Literaturpreis Prix des deux Magots ausgezeichnet. Doch Desclos selbst bekennt sich erst 40 Jahre nach der Veröffentlichung zu dem Werk, das unter dem Pseudonym Pauline Réage erschienen ist. Anne Desclos stirbt am 27. April 1998 in Corbeil-Essonnes, Île-de-France. Die *Geschichte der O* ist ihr einziges literarisches Werk. Die Fortsetzung *Rückkehr nach Roissy* ist von minderer Qualität, möglicherweise stammt der Text gar nicht von Desclos.

 WISSENSWERTES

Der Indizierungsbeschluss

Am 11. Juni 1963 fasste die deutsche Bundesprüfstelle für jugendgefährdende Schriften den Beschluss, die *Geschichte der O* zu indizieren, denn: »Die Widersprüchlichkeit der geschlagenen Frau, auf der einen Seite Schmerz, auf der anderen Seite Lust, wird immer zugunsten ihrer eigenen Triebhaftigkeit gelöst, die durch sadomasochistische Praktiken befriedigt wird. Das hier skizzierte Frauenbild entspricht in keiner Weise dem sexuellen Empfinden von Frauen, es entspringt vielmehr der männlichen Phantasiewelt, auch wenn der Autor eine Frau sein soll.«

 EMPFEHLUNGEN

Lesenswert:

Pauline Réage: *Geschichte der O*, mit einem Vorwort von Jean Paulhan, Darmstadt 1967

Régine Deforges: *Die »O« hat mir erzählt. Hintergründe eines Bestsellers*, Hamburg 2000

Andreas Hill, Peer Briken, Wolfgang Berner (Hg.): *Lust-voller Schmerz. Sadomasochistische Perspektiven*, Gießen 2008

Volkmar Sigusch: *Neosexualitäten. Über den Wandel von Liebe und Perversion*, Frankfurt / M. 2005

Jessica Benjamin: *Die Fesseln der Liebe. Psychoanalyse, Feminismus und das Problem der Macht*, Frankfurt / M. 2004

Niklaus Largier: *Lob der Peitsche. Eine Kulturgeschichte der Erregung*, München 2001

Jean Paulhan: *Die Blumen von Tarbes. Und weitere Schriften zur Theorie der Literatur*, Basel 2009

Ders.: *Leitfaden einer kleinen Reise durch die Schweiz*, Bern 2001

Sehenswert:

Geschichte der O. Regie: Just Jaeckin; mit Corinne Clery, Udo Kier, Anthony Steel. F / BRD / CDN 1975

Die Früchte der Leidenschaft. Regie: Shuji Terayama; mit Isabelle Illiers, Klaus Kinski. F / J 1981 (nach Motiven aus der *Geschichte der O*, spielt im Shanghai der 1920er)

 AUF DEN PUNKT GEBRACHT

Das Traum- und Kultbuch für den sadomasochistischen Geschmack: Schon ein Schlag gegen die Vorstellung friedlich emanzipierter Sexualität. Aber was kann man tun gegen die Macht der Phantasie?

Die Tragödie des Humbert Humbert
Lolita
Vladimir Nabokov

Am Anfang steht ein Bild, ein Typus, der für den Helden des Romans, den Literaten Humbert Humbert, zu einer erotischen Offenbarung geworden ist. Ihn begeistern ganz junge Mädchen zwischen neun und vierzehn Jahren, und der Autor Vladimir Nabokov wendet seine Sprachkunst daran, den Zauber dieser Nymphchen (englisch: *nymphets*) heraufzubeschwören. Schlank, zart und ein wenig wild sind die Nymphchen, langbeinig, schmalhüftig, von knabenhaftem Ungestüm. Ihr Haar ist seidig, ihr Gestus verwegen, ihr Gang geschmeidig – sie sind entschieden überirdisch. Dieses dritte Geschlecht neben Männern und Frauen ist kein Kind mehr und noch keine Frau, ist aber unbedingt kindlich und absolut weiblich. Selbstverständlich sind nicht alle Zwölfjährigen eines Mädchenjahrgangs Nymphchen, es ist immer nur ein geringer Prozentsatz, der über die einschlägigen Reize verfügt. Und es sind auch nur wenige Erotiker imstande, den Liebreiz

■ Szene aus *Lolita*, der amerikanisch-französischen Verfilmung aus dem Jahr 1997 von Adrian Lyne mit Dominique Swain in der Rolle des Nymphchens Dolores, genannt Lolita, und Jeremy Irons als Schriftsteller Humbert Humbert

eines Nymphchens zu erkennen und auf sich wirken zu lassen. Humbert gehört zu den Männern, die auf einer Bank neben einem Spielplatz eine starke Erektion bekommen, wenn urplötzlich ein Nymphchen neben ihnen auftaucht, mit fliegendem Haar, atemlos, eifrig, rosig, den Fuß auf die Bank stemmt, um den Rollschuh festzuzurren und dabei unterm kurzen Rock ein Stück Schenkel hervorblitzen lässt.

Nabokov erklärt uns mit den Worten seines Humbert, dass ein Mädchenfreund die kindliche Unberührtheit unbedingt respektiere, ja dass er weit entfernt sei von all dem, was heute als Kindesmissbrauch oder Kinderpornographie in den Medien erscheint. Ein Nymphchenliebhaber nach Art des feinsinnigen Humbert will das Kind seiner Wahl nicht bedrängen, ihm selbstverständlich niemals Gewalt antun, er will es nur anschauen, vielleicht ephemer berühren und

solche rücksichtsvolle Annäherung irgendwie mit Masturbation verbinden. Die sexuelle Aktivität darf dem Mädchen gar nicht auffallen – sie würde ja auch dessen Unbefangenheit beeinträchtigen, die einen Großteil der nymphischen Attraktivität ausmacht.

Die Tragödie Humberts ist es nun, dass glücklich-unglückliche Umstände es ihm ermöglichen, ein Nymphchen in Besitz zu nehmen – ganz und gar und scheinbar ganz legal, und dieser Versuchung vermag er nicht zu widerstehen, obwohl er damit sein Leben zerstört. Humbert, um die vierzig, kultivierter Schweizer Bürger, finanziell unabhängig und in Amerika lebend, sucht eine neue Bleibe und gerät an eine Witwe, Mrs Charlotte Haze, die ihm samt Haus und Fremdenzimmer sofort zuwider ist. Er will schon

DAS BUCH

Vladimir Nabokov, russischer Exilant, schloss den Roman *Lolita* 1953 in den USA ab. Er schrieb ihn auf Englisch. Amerikanische Verleger wollten zunächst nicht anbeißen. Sie fürchteten Prozesse und ein Verbot wegen Obszönität. Erst 1955 erschien *Lolita* – in Paris bei der Olympia Press. Das Buch löste einen Skandal aus, es spaltete Sittenwächter, Kritiker und die Leser von Erotika. 1956 wurde *Lolita* in Frankreich verboten, 1958 wurde das Verbot bestätigt, das Buch aber in den USA bei Putnam verlegt, ein Jahr später erschien es in England. Der weltweite Erfolg im Schatten des Skandals war beträchtlich.

gehen, da trifft er auf die Tochter Haze. Sie ist zwölf, heißt Lolita und bannt ihn auf den ersten Blick als Inbegriff seines Nymphchenbildes: süß, zart, lasziv, vulgär. Er nimmt das Zimmer.

Humbert scherzt mit der Kleinen, er will ihr möglichst täglich nahe sein, aber er will sie – zunächst – nicht verführen, will für sie der Onkel bleiben, der Abstand hält, während sie ihre Reize spielen lassen kann. Eine der wenigen explizit erotischen Stellen des Romans zeigt uns Humbert und Lolita allein im Haze'schen Wohnzimmer. Sie sitzen beide auf dem Sofa und lesen. Das Mädchen, einen Apfel verspeisend, ist gegen die eine Armlehne geflätzt und packt Humbert unverfroren die langen dünnen Unterschenkel samt Füßen auf den Schoß.

Als sie sich reckte, um das Kerngehäuse ihres abgenagten Apfels an das Kamingitter zu schleudern, veränderten ihr junges Gewicht, ihre schamlos unschuldigen Schenkel und ihr rundes Hinterteil in meinem gespannten, gequälten, heimlich arbeitenden Schoß ihre Lage; und plötzlich überkam meine Sinne eine geheimnisvolle Verwandlung. Ich gelangte auf eine Seinsebene, wo nichts galt außer dem Lustextrakt, der in meinem Körper gärte ... Nun, da die tiefe, heiße Süße gesichert und auf dem Wege zur äußersten Konvulsion war, wusste ich, dass ich langsamer machen durfte, um die Glut zu verlängern. Lolita war solipsistisch verwahrt. Soll heißen: Die Kleine ist mit sich selbst beschäftigt und kriegt nicht mit, dass ihr Anbeter dabei ist, zum sexuellen Höhepunkt zu kommen, und dabei seine Wollust, durchaus in Abhängigkeit von ihrer Gegenwart und ihren Regungen, steuert und steigert. *Sie biss in ihre glänzende Unterlippe, als sie sich halb von mir wegwandte, und mein stöhnender Mund erreichte fast ihren bloßen Nacken, während ich die letzte Zuckung der längsten Ekstase, die Mensch oder Monstrum je zuteil wurde, an ihrer linken Gesäßhälfte ausdrückte.*

So wäre es wohl weitergegangen ohne Gefahr für Lolitas Unschuld, hätte das Schicksal es nicht anders beschlossen. Die Dame des Hauses macht ihrem Untermieter brieflich ein Liebesgeständnis. Humbert er-

■ Mrs Haze hat in Humberts Tagebuch die Wahrheit über seine sexuellen Vorlieben entdeckt. Szene aus der *Lolita*-Verfilmung von Stanley Kubrick, mit Shelley Winters als Charlotte Haze und James Mason als Humbert Humbert (GB / USA 1962)

schrickt, lässt sich aber dann bestechen von den Möglichkeiten, die ihm die legale Stiefvaterschaft Lolitas bietet. Er heiratet Charlotte, die bald darauf von einem Auto überfahren wird – unmittelbar nachdem sie das Tagebuch ihres Gatten gefunden und gelesen und alles begriffen hat. Vielleicht ein Selbstmord, vielleicht ein Unfalltod, bei dem die Verzweiflung der getäuschten Frau mitgespielt hat. Niemand fragt nach Einzelheiten, und Humbert ist jetzt der rechtmäßige väterliche Beschützer des Mädchens Lolita, das ihn nicht nur entzückt und erregt, sondern das er inzwischen hoffnungslos und leidenschaftlich liebt.

Was folgt, ist ein Roadmovie. Der ältliche Humbert und seine blühende »Tochter« reisen durch Amerika und bemühen sich erfolgreich, den Rest der Welt über die wahre Natur ihres Verhältnisses im Unklaren zu lassen. Kunstvoll und ausführlich schildert Nabokov die erste Nacht des ungleichen Paares in einem Hotel. Humbert hat Schlaftabletten besorgt, mit denen er Lolita betäuben will, um sich nach Art der Sofaszene durch bloße Berührung ihres Rückens, ihrer Taille, ihres Pos an ihr, durch sie zu befriedigen. Aber die Droge wirkt nicht, Lolita ist bald wieder wach. *Ich werde Ihnen*

■ Nicht mehr Kind, noch nicht Frau. Szene aus *Lolita* von Adrian Lyne mit Dominique Swain in der Titelrolle (USA / F 1997)

DER AUTOR
Nabokov blieb inmitten des Wirbels um sein Werk scheinbar unbeteiligt. Er kämpfte nicht. Er bezog auch keine Stellung, wenn er gefragt wurde, was er mit *Lolita* habe sagen wollen, erklärte höchstens, er sei weder ein Pornograph noch ein Moralist. Und gab zu Protokoll, er habe nicht im Sinn gehabt – wie ihm unterstellt wurde – eine Parabel auf das alte Europa und das junge Amerika zu schreiben, sondern bloß die fiktive Geschichte einer Amour fou, wie sie so oder so ähnlich in der »Realität« hätte vorkommen können.

■ Eine tragische Figur: James Mason als Humbert Humbert in dem Kubrick-Film von 1962

etwas sehr Sonderbares verraten, wendet sich Humbert an die Leser seiner Beichte, *sie war es, die mich verführte.*

Lieben aber kann die knapp dreizehnjährige Lolita, die schon vor Humbert längst keine Jungfrau mehr war, den komischen alten Kauz, der so viel in sie hineinsieht, nimmermehr. Sie ist ihm zu Willen, weil sie sonst niemand hat, und es gefällt ihr, dass er ihr schöne Dinge kauft. Aber als er anfängt, sie abzuschotten, einzusperren, jeden ihrer Schritte zu kontrollieren, rebelliert sie. Schließlich findet sie einen anderen Beschützer, mit dessen Hilfe sie aus dem Gefängnis ausbricht, zu dem der besessene Humbert Humbert ihr und sein Leben verengt hat. Der große Liebhaber der Nymphchen und besonders Lolitas bleibt verstört zurück, sucht den Entführer seiner wundersamen und ewigen Liebe und tötet ihn. Im Gefängnis schreibt er seine Lebensbeichte – das Buch *Lolita.*

Niemals – und das weiß Humbert – hätte sich der Traum von der Nymphchenliebe in der »Realität« (ein Wort, das, wie Nabokov fand, immer in Anführungszeichen gesetzt werden müsse) behaupten können. Die erotische Faszination, die eine Kindfrau von der Schönheit und der Vulgarität Lolitas auf Humbert ausübt, hätte allerhöchstens nach Art der Sofaszene zur Erfüllung gelangen können – jedes Mehr muss in Grausamkeit, Hass und Destruktion umschlagen. Der Versuch, das Zauberwesen, das er bis zur Raserei begehrt, aus dessen heiliger Sphäre in die des Humbert'schen Alltags- und Trieblebens hinabzuzerren, führt nach nur wenigen Monaten mit heimlichem Sex und Gewissensqualen notwendig ins Desaster.

Es bleibt das leuchtende Bild der *nymphet* und ihrer grausamen, kurzlebigen, bestürzenden Attraktivität, das der arme Humbert in der grandiosen Sprache Nabokovs hinterlässt und das dem Leser den Begriff einer Liebespassion gibt, die verboten, verrückt, »verderbt« und vergeblich ist und somit das Urbild einer jeden unerwiderten Liebe, deren sexueller Furor dem Liebenden die Vernunft raubt, die er gebraucht hätte, um aufzugeben.

VLADIMIR NABOKOV

 ## BIOGRAPHIE

 ## EMPFEHLUNGEN

Vladimir Nabokov – russisch Wladimir Wladimirowitsch Nabokow – wird am 23. April 1899 in Sankt Petersburg geboren. Sein Vater ist Jurist und Publizist. Die Familie besitzt ein Landgut südlich von Sankt Petersburg; dort entdeckt der kleine Vladimir seine Begeisterung für die Schmetterlingskunde. Er wächst zweisprachig auf, mit Russisch und Englisch – später schreibt er seine Werke in beiden Sprachen –, lernt mit fünf Jahren auch Französisch. Anfangs erhält er Privatunterricht, 1911 kommt er auf das Petersburger Gymnasium. Noch während der Schulzeit veröffentlicht er seine ersten Gedichte. 1917 flieht die Familie vor der Oktoberrevolution, kommt 1919 über einige Umwege nach London. Drei Jahre lang studiert Nabokov in Cambridge russische und französische Literatur. In der Zeit siedeln Nabokovs Eltern, wie viele russische Emigranten, nach Berlin über. Ihr Salon wird zum Treffpunkt namhafter Künstler und Politiker. Im März 1922 versucht Nabokovs Vater, in der Philharmonie einen monarchistischen Attentäter zu überwältigen; sein Einsatz kostet ihn das Leben. Nun zieht auch Nabokov nach Berlin. Sein Geld verdient er mit Sprach- und Tennisunterricht, auch mit Übersetzungen und Schauspielerei. 1925 heiratet er die Jüdin Vera Slonim, ein Jahr später erscheint Maschenka, sein erster Roman. Sieben weitere Romane, in russischer Sprache geschrieben, folgen. Erst 1936, drei Jahre nach der »Machtergreifung« der Nationalsozialisten, beschließen die Nabokovs, Berlin zu verlassen. Vladimir geht allein nach Paris, Vera und der zweijährige Sohn Dmitri ziehen zu Vladimirs Mutter nach Prag. In Paris knüpft Vladimir Kontakte zu Künstlern und Intellektuellen, begegnet u. a. James Joyce. 1939 stirbt Vladimirs Mutter, ein Jahr später emigrieren die Nabokovs in die USA. Fünf Jahre später erfolgt die Einbürgerung. 1941 erhält Nabokov einen Lehrauftrag für russische Sprache am Wellesley College in Massachusetts. Außerdem ist er Mitarbeiter am Museum für vergleichende Zoologie an der berühmten Universität Harvard – im Bereich Schmetterlingskunde. Von 1948 bis 1959 unterrichtet er als Professor russische und europäische Literatur an der Cornell University in Ithaca, New York. Nebenbei schreibt er Erzählungen und den Roman Lolita, der 1955 in Paris erscheint. Anfang der 1960er Jahre zieht Nabokov in die Schweiz, lässt sich am Genfer See nieder, lebt nun als freier Schriftsteller in einem Hotel in Montreux. Dort stirbt er am 2. Juli 1977. – Nicht nur Lolita ist ein Werk von Weltrang. Von großer Bedeutung sind auch die Romane Gelächter im Dunkel (1932), Die Gabe (1937/1938), Der Zauberer (1939), Das wahre Leben des Sebastian Knight (1941), Das Bastardzeichen (1947), Durchsichtige Dinge (1972) oder Sieh doch die Harlekins! (1974).

Lesenswert:

Vladimir Nabokov: Lolita, Reinbek 1999

Ders.: Fahles Feuer, Reinbek 2008

Ders.: Ada oder das Verlangen. Aus den Annalen einer Familie, Reinbek 1998

Ders.: Die Kunst des Lesens, Frankfurt / M. 2010

Ders.: Erinnerung, sprich, Reinbek 1999 (Autobiographie)

Dieter E. Zimmer: Wirbelsturm Lolita. Auskünfte zu einem epochalen Roman, Reinbek 2008

Michael Maar: Solux Rex. Die schöne böse Welt des Vladimir Nabokov, Berlin 2010

Brian Boyd: Vladimir Nabokov. Die russischen Jahre, Reinbek 1999

Donald E. Morton: Vladimir Nabokov. Mit Selbstzeugnissen und Bilddokumenten, Reinbek 1997

Sehenswert:

Lolita. Regie: Adrian Lyne; mit Jeremy Irons, Melanie Griffith, Dominique Swaine. USA / F 1997

Lolita. Regie: Stanley Kubrick; mit James Mason, Shelley Winters. GB 1961

 ## AUF DEN PUNKT GEBRACHT

Der Romancier erfindet ein »drittes Geschlecht«: Die Nymphchen, ganz junge Mädchen am Beginn der Pubertät, und er erzählt die Tragödie eines Mannes, der den Nymphchen und besonders diesem einen, Lolita, verfallen ist.

Scheitern an der eigenen Angst
Giovannis Zimmer
James Baldwin

»Jeder reist für sich allein. Wenn du dich in einen Mann verliebst, dann verliebst du dich in einen Mann. Die Tatsache, dass es viele Amerikaner für eine Krankheit halten, sagt mehr über sie aus als über die Homosexualität.«

James Baldwin

■ James Baldwin. Die Aufnahme entstand 1979 in Frankreich.

Ein junger Amerikaner in Paris. David, Mitte zwanzig, treibt ziellos durch die Stadt. Er ist nach Frankreich gekommen, um eine neue Perspektive zu finden und sein Leben zu ordnen. Er strebt nach Sicherheit, nach Ruhe, die er etwa von der hübschen Hella erhofft. Sie stammt ebenfalls aus den USA, bereist Frankreich als Touristin, verliebt sich in David, sie planen die Heirat. Doch irgendetwas stimmt nicht. Der Bräutigam benimmt sich merkwürdig, seltsam unentschlossen, er hält Hella hin. Sie fährt also erst einmal weiter nach Spanien, David soll Zeit haben, um sich über seine Gefühle klarzuwerden. Genau das aber ist Davids Problem: Tief im Innern weiß er, dass er gar nicht heiraten und mit einer Frau glücklich werden kann. Denn es zieht ihn zu seinesgleichen, zu Männern, zu athletischen Körpern mit kräftigen Muskeln, behaarter Brust und schlanken Beinen. Als Teenager hatte David ein sexuelles Erlebnis mit seinem Schulfreund Joey, eine einzige Nacht, in der er ein solch brennendes Verlangen spürte wie bei keinem Mädchen zuvor und danach. Verwirrt, schamerfüllt war David damals geflohen, hatte jeden Kontakt zu Joey abgebrochen und seine Sehnsucht vor anderen und sich selbst versteckt. Bin ich krank?, fragt er, das ist doch nicht normal! Es sind die 1950er Jahre, David fürchtet die Ausgrenzung, auch Strafe, denn Homosexualität gilt in den USA als Verbrechen. In Frankreich nicht. Zwar werden Schwule dort auch verachtet und gesellschaftlich stigmatisiert, aber wenigstens geduldet und nicht gesetzlich verfolgt.

Bald verkehrt David in den entsprechenden Kreisen, wird umworben von reichen Schwulen, die ihm Geld zustecken in der Hoffnung, den gutaussehenden *américain* für sich zu gewinnen. Doch David scheut vor diesem Schritt zurück. Bis er eines Nachts in einer Schwulen-Bar jenem Mann begegnet, der über sein Schicksal entscheidet: *Da stand er, anmaßend, dunkelhaarig, löwenhaft, den Ellbogen lässig auf die Registrierkasse gestützt, die Finger am Kinn, und betrachtete die Gäste, als schaue er von einem Vorgebirge aufs Meer hinaus.* Das ist Giovanni: jung, hinreißend gebaut, ein italienischer *bello*, wie von Michelangelo gemeißelt, Barmann bei Guillaume, dem schmieri-

gen Barbesitzer, der sich vergnügt die Hände reibt. Giovanni ist die neue Sensation bei den Tunten, Transen, den wohlhabenden adligen Homosexuellen, die jetzt allabendlich das Lokal belagern. Auch David ist fasziniert und völlig entzückt, als Giovanni sofort mit ihm, dem »Pflänzchen Rührmichnichtan!«, zu flirten beginnt. Nach Dienstschluss wird David kurzerhand abgeschleppt, im Morgengrauen landet das Paar in Giovannis Zimmer: *Wenn ich nicht sofort die Tür aufmache und gehe, dachte ich, bin ich verloren. Aber ich wusste, dass ich die Tür nicht aufmachen konnte, ich wusste, es war zu spät und bald konnte ich nur noch stöhnen. Er zog mich an sich, überließ sich meinen Armen, als sollte ich ihn tragen, und zog mich langsam auf das Bett hinunter. Während alles in mir nein schrie, seufzte mein wahres Ich ja …*

Nun folgen rauschhafte Tage und Wochen auf engstem Raum, denn Giovannis Zimmer ist winzig, mit schimmligen Wänden, was den heiß verliebten David zunächst kaum stört. Doch gerade die billige, ständig zugemüllte Bruchbude macht ihm den sozialen Ausnahmezustand deutlich, der keine Zukunft verspricht. Nichtige Anlässe führen zu Streit und Eifersüchteleien; Giovanni fordert rückhaltlose Liebe, doch David zögert weiterhin, den Sprung in ein anderes Leben zu wagen. *Das Tier, das Giovanni in mir geweckt hatte, würde nie wieder einschlummern, aber eines Tages würde ich nicht mehr bei Giovanni sein. Und dann – ob ich dann wohl, wie all die anderen, auf Gott weiß welchen dunklen Straßen hinter allen möglichen jungen Männern herlief, ihnen in Gott weiß welche dunklen Verstecke folgte?*

SCHWUL UND SCHWARZ

Für einen US-Schriftsteller in der Mitte des 20. Jahrhunderts war das eine fatale Kombination. James Baldwins gesamtes literarisches Werk ist vom Kampf an zwei Fronten geprägt. Von Weißen wurde er angegriffen, weil er schwarz, von Schwarzen, weil er schwul war. Heute gilt Baldwin als einer der bedeutendsten Vertreter der schwarzen Emanzipation. 2005 wurde er dafür mit einer eigenen Briefmarke offiziell geehrt.

■ 30. August 1970 in New York: Nach einer Demonstration für die Gleichberechtigung von Homosexuellen gehen Polizisten mit Schlagstöcken auf die Demonstranten los.
Während in Frankreich homosexueller Verkehr bereits 1791 aus dem Strafgesetzbuch gestrichen wurde, herrschte in den USA ein striktes Verbot bis weit ins 20. Jh. Noch in den 1990er Jahren stand in der Hälfte aller amerikanischen Bundesstaaten gleichgeschlechtlicher Sex unter Strafe. In Deutschland währte der Kampf der Schwulen gegen ihre rechtliche Stigmatisierung ebenfalls sehr lange. Erst 1994 fiel der berüchtigte Paragraph 175 (»Unzucht unter Männern«) endgültig.

Der Konflikt eskaliert, als Giovanni seinen Job verliert und Hella ihre Rückkehr nach Paris ankündigt. Sie will nun endlich Nägel mit Köpfen machen, heiraten, in den USA eine Familie gründen. Abrupt, ohne Abschied verlässt David den Geliebten. Kurz vor Hellas Ankunft schläft David noch schnell mit einer alten Bekannten, um sich seiner heterosexuellen Männlichkeit zu vergewissern. Ein quälender, brutaler Akt demütigt beide gleichermaßen. Mit Hella reist David schließlich in den Süden, fort von Paris, fort von Giovanni, redet sich in ein gemeinsames Glück hinein – und steigt bei nächster Gelegenheit mit irgendeinem Matrosen in die Kiste. Die erschütterte Hella ertappt ihn dabei und packt prompt ihre Koffer.

James Baldwin lässt David seine Geschichte von ihrem tragischen Ende her erzählen: Giovanni hat aus Verzweiflung einen Mord begangen, an Guillaume, dem widerlichen Wirt, der seinen nun mittellosen Ex-Barmann erst zum Sex nötigte und ihn dann auf die Straße warf. Giovanni wird verhaftet, vor Gericht gestellt und zum Tode verurteilt. In der Nacht vor der Hinrichtung erinnert sich David an alles, mit Schuldgefühlen, die ihn, wie er weiß, lebenslang verfolgen werden.

Als *Giovannis Zimmer* 1956 in den USA erschien, prophezeiten empörte amerikanische Kritiker, dass es nun mit James Baldwins literarischer Karriere zu Ende sei. Ein solch offenes schwules Coming-out war im prüden Amerika ein unverzeihlicher Tabubruch. Tatsächlich war die Empörung groß, James Baldwin flüchtete wie sein Held nach Frankreich. Doch mit den Jahren wurde der Roman zum Welterfolg. In einem kühlen, nahezu existenzialistischen Stil entfaltet Baldwin ein bewegendes Drama sexueller Verdrängung. Aus den Zwängen gesellschaftlicher Konvention vermag sich David nicht zu lösen, und so zerstört er das Glück mit dem einzigen Menschen, den er je wirklich geliebt hat. Nur in Giovannis Zimmer fand David Erfüllung. Doch die Furcht vor der Welt außerhalb konnte er nicht besiegen.

JAMES BALDWIN

 BIOGRAPHIE

James Arthur Jones wird am 2. August 1924 im New Yorker Stadtteil Harlem geboren. Sein Vater ist unbekannt. Als seine Mutter den Fabrikarbeiter David Baldwin heiratet, bekommt der dreijährige James dessen Nachnamen. Seine Mutter und sein Stiefvater haben acht gemeinsame Kinder. Schon früh wird James Laienprediger in der Pfingstgemeinde von Harlem, doch gibt er das Predigen 1941 auf, weil er das Gefühl hat, es komme nicht von Herzen. 1942 macht er seinen Abschluss an einer vorwiegend von Weißen besuchten Schule in der Bronx. Im Jahr darauf stirbt sein Stiefvater, nun ist James Baldwin der Ernährer, muss die zehnköpfige Familie mit Gelegenheitsjobs durchbringen. 1944 lernt er den Schriftsteller Richard Wright kennen, der den literarisch sehr interessierten Baldwin fördert. Zwei Jahre später erscheint Baldwins erste Buchrezension in The Nation. Weitere Rezensionen und Essays folgen, Baldwin macht sich einen Namen. 1948 wird seine erste Kurzgeschichte, Sonny's Blues, veröffentlicht. Doch er fühlt sich in New York nicht mehr wohl, überall begegnet ihm der Rassismus. Deshalb geht er für zehn Jahre nach Paris. Hier findet er den Mut, sich zu seiner Homosexualität zu bekennen. Literarisch setzt er sich mit dem Thema in Giovannis Zimmer auseinander, seinem zweiten Roman, der 1956 veröffentlicht wird. Nach seiner Rückkehr in die USA engagiert sich Baldwin in der schwarzen Bürgerrechtsbewegung, prangert in Reden und Essays den Rassismus und

die Doppelmoral der amerikanischen Gesellschaft an. 1970 zieht er wieder nach Frankreich. Dort wird er 1986 zum Kommandeur der französischen Ehrenlegion ernannt. Er stirbt am 1. Dezember 1987 in Saint-Paul-de-Vence. – In seinen Romanen, Dramen, Erzählungen, Essays und Gedichten beschäftigt sich Baldwin mit zwei Grundthemen: den Problemen der Afroamerikaner und dem Zwiespalt des Künstlers in der Gesellschaft. Neben Giovannis Zimmer (1956) schrieb Baldwin die Romane Gehe hin und verkünde es vom Berge (1953), Eine andere Welt (1962) und Sag mir, wie lange ist der Zug schon fort (1968).

 WISSENSWERTES

Civil Rights Movement
Nach der Abschaffung der Sklaverei 1865 bekamen die ehemaligen Sklaven das Bürgerrecht und das Wahlrecht. Doch wurden die Afroamerikaner noch lange diskriminiert: 1896 wurde die Rassentrennung gar durch den Obersten Gerichtshof legitimiert, nach »Rassen« getrennte öffentliche Einrichtungen wie Schulen, Krankenhäuser und öffentliche Verkehrsmittel galten nun als verfassungsgemäß. Jahrzehntelang hatte der Widerstand der Afroamerikaner nur mäßigen Erfolg. Erst als sich Rosa Parks 1955 weigerte, ihren Sitzplatz in einem Bus für einen Weißen zu räumen, ging es voran: 13 Monate boykottierte die schwarze

Bevölkerung von Montgomery, Alabama, die Busgesellschaft, außerdem wurde eine Klage eingereicht, beides mit Erfolg. Der Initiator des Boykotts war Martin Luther King, der nun die Führung der schwarzen Bürgerrechtsbewegung übernahm.

 EMPFEHLUNGEN

Lesenswert:
James Baldwin: Giovannis Zimmer, Hamburg 1963

Ders.: Sie nannten ihn Malcolm X. Ein Drehbuch, Reinbek 1993

John Hope Franklin, Alfred A. Moss: Von der Sklaverei zur Freiheit. Die Geschichte der Schwarzen in den USA, Berlin 1999

Britta Waldschmidt-Nelson: GegenSpieler. Martin Luther King / Malcolm X, Frankfurt / M. 2000

Sehenswert:
À la place du cœur. Regie: Robert Guédiguian; mit Ariane Ascaride, Jean-Pierre Darroussin. F 1998 (nach dem Roman von Baldwin, deutscher Fernsehtitel: Die Farbe des Herzens)

Malcolm X. Regie: Spike Lee; mit Denzel Washington, Angela Bassett. USA 1992 (nach Baldwins Drehbuch)

Making Love. Regie: Arthur Hiller; mit Michael Ontkean, Harry Hamlin. USA 1982

 AUF DEN PUNKT GEBRACHT

Ein berührendes und hartes Buch über die Not und die Angst, sich zu seiner wahren sexuellen Natur zu bekennen. Der Roman erinnert an die Zeiten, als Schwule noch zu Kranken und Verbrechern gemacht wurden.

Keine Angst vorm Fliegen
Emmanuelle oder die Schule der Lust
Emmanuelle Arsan

»Rate ich euch, eure Sinne zu töten? Ich rate euch zur Unschuld der Sinne.«
Mit diesem Zitat aus *Also sprach Zarathustra* von Friedrich Nietzsche wird ein Kapitel von *Emmanuelle* eröffnet.

■ Emmanuelle Arsan als Mai Li in *Kanonenboot am Yangtse-Kiang*, einem Film über den Chinesischen Bürgerkrieg nach einem Roman von Richard McKenna. Regie führte Robert Wise (USA 1966). Der Film, in dem Arsan unter ihrem richtigen Namen Marayat Andriane mitwirkte, war ein großer Erfolg. Die Hauptrollen spielten Steve McQueen und Richard Attenborough.

So ein Erster-Klasse-Flug ist schon was Feines. Höchster Komfort, exquisites Essen, toller Service – und dann noch diese Unterhaltung: *Emmanuelle fühlte, wie eine Hand die Decke anhob und zurückschlug, um sich gelassen eines ihrer Knie zu bemächtigen und es zu erforschen. Dann aber glitt sie, ohne innezuhalten, langsam an ihrem Schenkel hinauf und bewegte sich bald schon oberhalb des Strumpfrandes.* Kundig macht die Hand weiter und hört nicht auf, bis die Passagierin einen grandiosen Orgasmus genießt. Dankbar revanchiert sich die Beglückte mit zärtlicher Fellatio, und dann wird schön geschlummert in zehntausend Meter Höhe, kein Wort ist gefallen.

Der lange Flug von London nach Bangkok hält für die junge Emmanuelle noch mehr Abenteuer parat. Nach einer Zwischenlandung kommt es auf den bequemen Liegesitzen zu einem wilden Koitus mit dem anonymen Nebenmann, und kurz darauf wird Emmanuelle von einem wiederum Unbekannten in den Waschraum entführt und umstandslos zum nächsten Höhepunkt gebracht. Nach derart traumhaften Erlebnissen landet Emmanuelle in bester Stimmung in Thailand, wo neben ihrem Ehemann Jean eine ganze Rotte lüsterner Männer und Frauen auf sie wartet, um ihr ähnliches Vergnügen zu bereiten.

Von Erscheinung und Temperament her scheint Emmanuelle wie für die Liebe gemacht: Hinreißend sieht die Neunzehnjährige aus, mit langen schwarzen Haaren und einer atemberaubenden Figur. Und ihr weitaus älterer Gatte weiß, was er an ihr hat. Einem neidischen Freund erklärt Jean, was er an seiner schönen Frau so schätzt: *»Emmanuelle hat mich mit ihrem sinnlichen Genie erobert.*

Ich kenne niemanden auf der Welt, der die körperliche Liebe so liebt wie sie – und der sich so gut darauf versteht.«

■ Sylvia Kristel als Emmanuelle in dem gleichnamigen Film von Just Jaeckin (F 1974)

Jean arbeitet in leitender Stellung an der französischen Botschaft in Bangkok. Entsprechend gehoben sind Ambiente und Gesellschaft. Man wohnt luxuriös mit reichlich Dienerschaft, lümmelt am Swimmingpool, empfängt zu erlesenen Diners hohe Gäste und hat wenig anderes im Sinn als Amüsement, Genuss und sexuelle Sensationen. Vor allem Frauen fliegen auf Emmanuelle, und das behagt ihr gar nicht schlecht. Da ist Marie-Anne, ein äußerst experimentierfreudiger Teenager, dem sich Emmanuelle willig unterwirft. Oder Ariane, reife Lesbe und adlige Dame, die der jungen Schönheit im Squash-Court zeigt, wie Liebe unter Frauen geht. Mit der knabenhaften Bee probiert Emmanuelle das Gelernte gleich im Ehebett aus. Gatte Jean hat nichts dagegen, ermuntert vielmehr seine Frau zu derlei Capricen und bahnt sie selber an. Als Inbegriff der Sinnlichkeit, den Emmanuelle für Jean verkörpert, muss sie die gewagtesten Kleider tragen,

EMMANUELLE AUF DER LEINWAND

Mit den Verfilmungen begann der internationale Siegeszug: Exotisches Flair, schöne Menschen und weichgezeichneter Sex lockten Millionen Menschen in die Kinos. Allein in Paris lief die erste französische Produktion *Emmanuelle* (1974) volle acht Jahre lang. Bis 1993 folgten sechs weitere Filme aus der Feder der »Arsans«. Die Pornoindustrie machte fröhlich mit; die unautorisierten Hardcoreversionen sind kaum mehr zu überblicken.

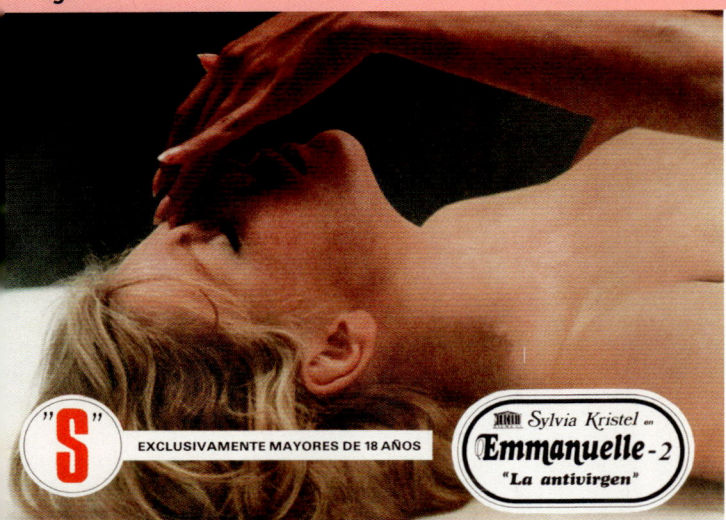

EXCLUSIVAMENTE MAYORES DE 18 AÑOS

Sylvia Kristel en
Emmanuelle - 2
"La antivirgen"

■ *Emmanuelle II*, Szene mit Catherine Rivet als Anna-Maria, Regie führte Francis Giacobetti (F 1975)

herausfordernd ihre Reize zeigen. Stolz präsentiert sie sich denn auch und gibt sich jedem hin, der nach ihr verlangt. In der »Schule der Lust«, in die Jean sie schickt, ist Emmanuelle die Klassenbeste.

Der Roman erschien 1959 zunächst anonym und durfte nach den strengen französischen Zensurvorschriften nur unter dem Ladentisch verkauft werden. Dennoch entwickelte sich das Buch zu einem Best-seller; die Ausgabe von 1967 trug erstmals das Pseudonym einer gewissen Emmanuelle Arsan im Titel, und bald wusste man, wer sich dahinter verbarg. In Wirklichkeit hieß die Autorin Marayat Rollet-Andriane, eine blutjunge, gebürtige Thailänderin, die wie ihre Heldin mit einem französischen UNESCO-Diplomaten verheiratet war. Dieser musste den Dienst quittieren, Paris hatte einen hübschen Skandal, die »Arsans« wurden zu einem stadtbekannten Paar. Tatkräftig unterstützte der entehrte Beamte fortan seine Frau bei ihrer schriftstellerischen Karriere, die sich durch eine ganze Reihe von *Emmanuelle*-Romanen fortsetzte.

Die Softpornoverfilmungen in den 1970er Jahren schufen schließlich den Weltruhm jenseits der Literatur. Wie bei Lolita oder Josefine Mutzenbacher verbinden Millionen Menschen den Namen Emmanuelle mit Sex und Erotik, ohne die Bücher gelesen zu haben. Inzwischen gibt es glaubhafte Hinweise, dass jener Ehemann, Louis-Jacques Rollet-Andriane, die treibende Kraft hinter *Emmanuelle* war und die Romane selbst schrieb. Dafür sprechen sowohl der anspruchsvolle, elegante Stil als auch die im Text verschwenderisch ausgestreute kulturelle Bildung. Zitate verschiedener Geistesgrößen, von Stéphane Mallarmé über Nietzsche und Paul Valéry bis hin zu Goethe, leiten die Kapitel ein. Auch die Konversation der High Society in Bangkok ist gespickt mit literarischen Anspielungen, wie sie Absolventen französischer Eliteschulen geläufig sind.

Das Ehepaar Rollet-Andriane hat diesen Verdacht stets bestritten. Jedoch tragen zumindest die beiden letzten Romankapitel eine intellektuelle Handschrift, die man einer knapp Zwanzigjährigen kaum zutraut. Hier wird Emmanuelle endlich ihrem ers-

WAR ES WIRKLICH DER EHEMANN?
2007 behauptete der Filmproduzent Ovidio G. Assonitis, er habe es aus erster Hand, dass Louis-Jacques Rollet-Andriane der Verfasser der Romane sowie der Drehbücher sei. Assonitis schildert den Gatten als »sehr intellektuell« und »sexuellen Maniker, allerdings mehr im geistigen als im praktischen Sinne«. So könnte man auch die Figur des Mario im Roman beschreiben.

ten männlichen Liebhaber auf thailändischem Boden zugeführt. Mario ist Italiener, deutlich homosexuell, ein Ästhet und Denker, der sich gerne reden hört. Beim Rendezvous im Kerzenschein entfaltet er eine weitgespannte Philosophie körperlicher Lust, über der das Essen allerdings genauso erkaltet wie sein Gast. Vergeblich offeriert Emmanuelle ihre Schönheit, zeigt sie lasziv Beine und Busen, doch Mario ist nicht zu stoppen: *Die Erotik ist keine Hervorbringung der Dekadenz, sondern ein Fortschritt. Sie ist ein Werkzeug der geistigen und gesellschaftlichen Hygiene: Sie nimmt dem Geschlechtlichen das Sakrale. Und ich behaupte, sie ist ein Grundbestandteil der geistigen Fortentwicklung, denn sie setzt eine Erziehung des Charakters voraus, den Verzicht auf die Leidenschaften der Illusion zugunsten der Leidenschaften des klaren Verstandes. So sage ich denn auch, die Erotik, dieser Triumph des Traums über die Natur, ist das hohe Refugium des Geistes der Poesie, weil sie das Unmögliche leugnet. Sie ist der MENSCH, der alles vermag.*

Über glatt sechzig Seiten erstreckt sich dieses Räsonnement, wild zitiert Mario abendländische Kulturgeschichte, schlägt gar die Bibel auf – und Emmanuelle lässt, wie vermutlich viele Leser, alle Hoffnung auf ein heißes Abenteuer fahren. Dann passiert aber doch noch etwas Aufregendes. Nach dem Abendessen darf

■ Sylvia Kristel als Titelheldin und Marika Green als ihre Gespielin Bee in der ersten *Emmanuelle*-Verfilmung aus dem Jahr 1974 von Just Jaeckin. »Bei Arsan ist der Erotismus optimistisch, strahlend, leuchtend, vergleichbar einem Monument zum Ruhme des vom Erdenschlamm und von der uralten Knechtschaft befreiten Menschen.« So sah der französische surrealistische Schriftsteller André Pieyre de Mandiargues das Werk Arsans.

Emmanuelle in einer Opium-höhle Mario wenigstens masturbieren und einen schönen Eingeborenen mit dem Mund befriedigen. Die schwül-exotische Szene endet in einem flotten Dreier mit einem siamesischen Rikscha-Fahrer. Dieser *sam-lo* wird wörtlich zum Bindeglied: *Emmanuelle hielt die Beine gespreizt, die Fersen auf den Teppich gestützt, und schlang, als*

■ *Mach' weiter Emmanuelle.* Parodie auf die *Emmanuelle*-Filme, mit Suzanne Danielle als Titelheldin und Kenneth Williams als ihrem Ehemann. Regie führte Gerald Thomas (GB 1978). Der Film ist Teil der Kultreihe *Carry On …*

der Mann behutsam in sie eindringen wollte, die Arme um seine Lenden. Als er ganz in ihr war, stellte sich Mario, der bisher an Emmanuelles Seite geblieben war und sie in den Armen gehalten hatte, hinter den sam-lo, und seine Hände packten dessen Hüften … Die rituelle Vereinigung bildet Höhepunkt und Schluss des Romans. Mit Mario erklimmt Emmanuelle eine höhere Stufe allumfassender Sinnlichkeit, die ihrem erotischen Wesen die wahre Identität verleiht.

Als Ausdruck entschiedener weiblicher Sexualität stellt man *Emmanuelle* heute zu Recht in eine Reihe mit Pauline Réages *Geschichte der O* (s. S. 216). Beide für ihre Epoche skandalösen Werke propagieren den unbedingten Willen einer Frau zur Wollust, die sich nur durch die radikale Abkehr von überlieferten Moralvorstellungen erfüllt. Ungleich freundlicher und optimistischer im Ton als die düster-brutale *Geschichte der O,* ist *Emmanuelle* eine humane Utopie vom freien Umgang der Geschlechter, ohne Eifersucht, Zwang und Tabus. Unbekümmert erobert sich die Heldin ihren Platz, im heiteren Bewusstsein, dass er ihr zusteht. Als Mario und Emmanuelle einander das erste Mal begegnen, heißt es: *Mario sah sie mit undurchdringlichem Gesicht forschend an. Schließlich sagte er ohne jedes Pathos: »Sie sind schön.« »Das ist doch eine Selbstverständlichkeit«, antwortete Emmanuelle höflich.*

EMMANUELLE ARSAN

 BIOGRAPHIE

Marayat Bibidh, nach ihrer Heirat Marayat Rollet-Andriane, wird 1932 oder 1940 in Bangkok geboren. Mit 16 (?) heiratet sie den Franzosen Louis-Jacques Rollet-Andriane, einen Diplomaten der UNESCO. 1959 erscheint der erste Roman der Serie um Emmanuelle, Marayat benutzt das Pseudonym Emmanuelle Arsan. Zahlreiche Bände folgen, sie verkaufen sich gut, noch besser nach den ersten Filmen, die in den 1970er Jahren zu Kassenschlagern werden. Arsan / Rollet-Andriane liefert aber nicht nur Drehbuchvorlagen für die Filmindustrie, sie ist auch selbst auf der Leinwand zu sehen, etwa 1966 in einer Nebenrolle in *Kanonenboot am Yangtse-Kiang* mit Steve McQueen. Ein Jahr später hat sie einen Auftritt in der damals äußerst beliebten amerikanischen TV-Serie *Big Valley*. 1975 führt sie Regie bei *Laure*, der Verfilmung eines ihrer Romane, und sie übernimmt eine Rolle darin. Allerdings bestreitet der Produzent des Films, Ovidio G. Assonitis, dass sie wirklich selbst Regie geführt habe – tatsächlich sei das ihr Mann gewesen. Louis-Jacques habe auch die *Emmanuelle*-Bücher geschrieben, sich nur nicht getraut, sie unter seinem Namen zu veröffentlichen. Bis heute ist die Frage der Autorschaft ungeklärt.

 WISSENSWERTES

Hedonismus

Die »Philosophie der Lust«, die in den Romanen um Emmanuelle entwickelt wird, steht in der Tradition des Hedonismus; das griechische Wort *hedone* bedeutet »Lust«. Aristippos von Kyrene (um 435– um 355 v. Chr.) begründete diese ethische Richtung, er war der erste Hedoniker, was man auch mit »Genießer« übersetzen könnte. Seiner Lehre zufolge ist der Genuss, das Vergnügen, die sinnliche Lust das Ziel allen sittlichen Handelns. Aristippos definiert Empfindung als Bewegung; ist die Bewegung sanft, verspürt der Mensch Lust, ist sie heftig, verspürt er Unlust. Den Begriff der Tugend setzt Aristippos mit Genussfähigkeit gleich. Damit meint er nicht maß- und hemmungslose Sinnenfreuden: Nur der Weise, der Gebildete vermag, »richtig« zu genießen, denn Genuss bedeutet nicht, spontan jedes plötzliche Bedürfnis zu befriedigen, sondern sich mit Bedacht und Verstand dem Genuss zu widmen und sich nie von ihm beherrschen zu lassen. Spätere Hedoniker wichen von der Auffassung des Aristippos ab, sahen nicht die sinnliche Lust als höchstes Gut, sondern die heitere Gemütsverfassung, das fröhliche Beisammensein mit anderen Menschen oder auch das bloße Freisein von Leiden, von Schmerz, von Unlust. Letzteres ist die Lehre Epikurs (341–270 v. Chr.), für den in der Tat die Freiheit von körperlichen Schmerzen und Beschwerden sowie von geistiger Unruhe die höchste Lust bedeutete. Zur Zeit der französi-schen Aufklärung im 18. Jh. wurde der Hedonismus wiederentdeckt, beeinflusste u. a. den Materialismus Denis Diderots (1713–1784), dem zufolge die Materie die Substanz aller Wirklichkeit ist. Daraus ergibt sich, dass Körperlichkeit in aller Form ein hoher Wert beigemessen wird.

 EMPFEHLUNGEN

Lesenswert:
Emmanuelle Arsan: *Emmanuelle oder die Schule der Lust*, Reinbek 1971

Dies.: *Aurélie*, Reinbek 2001

Bettina Dessau, Bernulf Kanitscheider: *Von Lust und Freude. Gedanken zu einer hedonistischen Lebensorientierung*, Frankfurt / M. 2000

Malte Hossenfelder: *Antike Glückslehren*, Stuttgart 1996

Sehenswert:
Emmanuelle. Regie: Just Jaeckin; mit Sylvia Kristel, Alain Cuny. F 1974

Laure. Regie: Emmanuelle Arsan, Ovidio G. Assonitis; mit Annie Belle, Emmanuelle Arsan. I / F 1976

Kanonenboot am Yangtse-Kiang. Regie: Robert Wise; mit Steve McQueen, Candice Bergen, Richard Attenborough, Marayat Andriane (Emmanuelle Arsan). USA 1966

 AUF DEN PUNKT GEBRACHT

Etwas langatmig zum Ende hin, aber sonst extrem sexy und erlesen: *Emmanuelle* ist eine literarische Feier der Schönheit und der körperlichen Liebe, wie sie nur das elegante Frankreich zustande bringt.

Mit dem Essen spielt man nicht
Portnoys Beschwerden
Philip Roth

»Wenn ich nicht schreibe, komme ich mir vor wie ein Wagen, dessen Räder im Schnee durchdrehen.«

Philip Roth

Er ist schon ein armer Hund, der jüdische New Yorker Anwalt Alexander Portnoy. Da liegt der 33-Jährige auf der Couch des Psychoanalytikers Dr. Spielvogel und beichtet sein Leben, um schließlich als pathologisches Phänomen im medizinischen Lexikon zu landen: PORTNOYS BESCHWERDEN *[nach Alexander Portnoy (1933–)] eine durch den anhaltenden Konflikt zwischen stark empfundenen moralischen und altruistischen Regungen mit übermäßigem Verlangen oftmals perversen Charakters gekennzeichnete Persönlichkeitsstörung.* Ausführlich wird Dr. Spielvogel die Symptome in seinem Aufsatz »Der verwirrte Penis« schildern, wonach der Patient exhibitionistischen wie voyeuristischen Neigungen frönt, permanent auf Sex aus ist und diesen Drang in jederlei Form zu stillen versucht. Der Anblick seiner Mutter, die ihre Nylonstrümpfe hochstreift, macht schon den Vierjährigen verrückt, als Jugendlicher masturbiert Alex von früh bis spät. Dabei benutzt er die absonderlichsten Hilfsmittel wie Äpfel, leere Milchflaschen, sogar eine Scheibe Leber, die er extra beim Metzger kauft und dann auf dem Weg zum Bar-Mizwa-Unterricht missbraucht: *Es war nicht mein erstes Stück Leber. Mein erstes Stück hatte ich ungestört bei mir zu Hause, um halb vier, im Bad um meinen Schwanz gewickelt – und dann um halb sechs noch mal am Ende einer Gabel, zusammen mit den anderen Mitgliedern dieser meiner armen unschuldigen Familie. So. Jetzt wissen Sie das Schlimmste, was ich jemals getan habe. Ich habe das Abendessen meiner Familie gevögelt.*

Was treibt den jungen Alex zu solchen derb-sinnlichen Grotesken? Patienten wie

■ Die Schauspielerin Rita Hayworth probiert Nylonstrümpfe an. Die Aufnahme entstand in den 1940er Jahren.

Psychiater ist natürlich sonnenklar, dass eben diese Familie dafür Verantwortung trägt. Die Portnoys liefern das Abziehbild einer kleinbürgerlichen, jüdischen Familie mit engem Horizont und festen moralischen Vorstellungen. Man wohnt in den 1930er Jahren in New Jersey, lebt nach den orthodoxen Regeln, kocht koscher und pflegt munter seine Vorurteile gegen alle Schwarzen und Nichtjuden. Mutter Portnoy regiert das Haus mit strenger Hand. Sie ist die perfekte jiddische *Mamme*, überbesorgt und sofort hysterisch, wenn sich die Kinder ihrer Zuwendung verweigern. Der Vater schuftet sieben Tage die Woche für einen Versicherungskonzern und wird nie befördert. Zudem leidet er unter chronischer Verstopfung, hockt ständig auf dem Klo, was besonders den pubertierenden Alex erbittert, wenn er sich zwischendurch mal schnell sexuelle Erleichterung verschaffen will. Und dabei etwa das Höschen seiner Schwester Hannah zu Hilfe nimmt, das er aus dem Wäschekorb klaubt.

Die Spezialität beider Eltern sind Schuldgefühle, die sie vor allem Alex einimpfen: Sei dankbar, dass wir hier leben dürfen, in Europa wärst du längst in der Gaskammer! Wenn du weiterhin heimlich Hamburger isst, bekommst du Magenkrebs! Du bringst uns noch ins Grab! Und warum verliebst du dich nicht endlich in ein nettes jüdisches Mädchen? So ungefähr klingen die Vorwürfe, die Alexander Portnoy von Kindesbeinen an begleiten, auch seine erfolgreiche Karriere in der New Yorker Stadtverwaltung ändert nichts an Alex' bitterem Fazit: *Guter Gott, ein erwachsener jüdischer Mann, dessen Eltern noch leben, wird ein fünfzehnjähriger Junge bleiben, bis sie sterben!*

Sein Sexleben spricht deutlich vom familiären Trauma: Mit Jüdinnen nämlich will es nicht klappen, die Potenz versagt, nur *Schicksen* bringen Alex in Glut. Echte Befriedigung bleibt selten, ob bei dem Mannequin Mary Jane, der strammen Kay, bei flotten Dreiern oder exzessivem Oralverkehr an den unmöglichsten Orten. Denn die Frauen wollen nicht nur ins Bett, sondern roman-

■ Philip Roth. Photo von 1960

NUR EINER FEHLT NOCH

Philip Roth zählt zu den bedeutendsten und meistausgezeichneten amerikanischen Schriftstellern. Mehrfach gewann er die wichtigsten US-Literaturpreise, den National Book Award und den PEN / Faulkner Award. Auch der Pulitzerpreis wurde ihm 1998 zuerkannt, Präsident Bill Clinton verlieh ihm die National Medal of Arts im Weißen Haus. Seit nunmehr Jahrzehnten steht Philip Roth auf der Kandidatenliste für den Nobelpreis. Dieser Triumph blieb ihm bislang versagt.

Stadtneurotisch: Isaac Davis alias Woody Allen beim Seelenklempner. Szene aus *Manhattan* (USA 1979). Allen zeichnete auch für Drehbuch und Regie verantwortlich.

tisch geliebt, vielleicht gar geheiratet werden, doch dafür ist Alex einfach kein Kandidat. Keine Geliebte hält es lange mit ihm aus, am Ende herrscht stets Frust. Dr. Spielvogel empfängt einen zutiefst resignierten Patienten, der zum großen Monolog ansetzt …

Portnoys Beschwerden erschien 1969, das Buch machte Philip Roth schlagartig berühmt und wurde ein internationaler Bestseller. Bis heute hat es nichts von seinem grandiosen Humor verloren. Ausgestattet mit Selbstironie und einem hoch entwickelten Sinn für Situationskomik, ist Alex ein begnadeter Erzähler. Die Pointen jagen einander, die Sexszenen dampfen, wirken aber nie obszön, sondern eher rührend angesichts der Seelenqual, die damit einhergeht. Amerikanische Kritiker fanden das Buch zunächst überhaupt nicht witzig. Jüdische Organisationen protestierten, warfen dem Juden Roth Sexismus und antisemitisches Denken vor, jahrelang währte diese Kontroverse. Mit seinem Helden teilt der Autor mehrere biographische Daten. Im selben Jahr, 1933, geboren, wuchs auch Roth in New Jersey auf. Wie Alex entstammt er dem Milieu zugewanderter Juden aus Galizien, die sich an der amerikanischen Ostküste niederließen und eine starke, eigenständige Kultur ausbildeten. Einem Woody Allen vergleichbar, dessen frühe Filme sehr an den schnoddrigsarkastischen Stil von *Portnoys Beschwerden* erinnern, hat Philip Roth seither immer wieder, in bald dreißig Romanen, die Konflikte und Brechungen jüdisch-amerikanischer Identität gestaltet. Dabei spielt Sex eine Hauptrolle: Alex ist der Vorläufer von zahlreichen weiteren erotomanen jüdischen Intellektuellen, die sich an ihrer Herkunft, ihren Familien und den gesellschaftlichen Normen sexuell abarbeiten.

Philip Roth geht mittlerweile auf die achtzig zu, und entlang dieser Lebenslinie bevölkern zunehmend lüsterne Greise sein Alterswerk. Jetzt zwicken allerdings körperliche Probleme, überwiegt die Melancholie: »Wenn du siebzig bist, bereust du jeden Fick, den du verpasst hast.« So sagt es der herrlich versaute Mickey Sabbath in dem Roman *Sabbaths Theater* von 1995. Der alte Alexander Portnoy hätte dazu wohl traurig genickt.

PHILIP ROTH

 BIOGRAPHIE

Philip Roth wird am 19. März 1933 in Newark, New Jersey, geboren. Seine Großeltern stammen aus Galizien. Nach dem Besuch der jüdischen Weequahic High School studiert Roth von 1950 bis 1951 an der Rutgers University in New Jersey Literatur. An der Bucknell University in Lewisburg, Pennsylvania, macht er seinen Bachelor, 1955 schließt er sein Studium in Chicago mit dem Master of Arts ab. Im Anschluss daran geht er für ein Jahr zum Militär. Danach ist er bis 1958 Dozent für englische Literatur an der Universität von Chicago. 1959 ist ein ereignisreiches Jahr für Roth: Er erhält ein Guggenheim-Stipendium, eine Förderung, die Wissenschaftlern, die sich durch ihre Arbeit hervorgetan haben, ermöglichen soll, einige Monate finanziell abgesichert ihrer Forschung nachzugehen. Sein erstes Buch erscheint, *Goodbye Columbus*, eine Sammlung von Erzählungen. Und er heiratet Margaret Martinson, doch die Ehe ist unglücklich; schon vier Jahre später lässt sich das Paar wieder scheiden. Nach Ablauf des Stipendiums lehrt Roth bis 1962 an der Universität von Iowa kreatives Schreiben. Bis 1980 ist er dann erst in Princeton, darauf an der Universität von Pennsylvania »Writer in Residence«, d. h., wieder erhält er Fördermittel, um seine schriftstellerische Tätigkeit ausüben zu können, ohne auf eigene finanzielle Mittel zurückgreifen zu müssen; außerdem wird im Rahmen dieses Programms der Austausch mit anderen Künstlern ermöglicht. In Pennsylvania lehrt Roth zudem

vergleichende Literaturwissenschaft. Von 1989 bis 1992 ist er wieder als Dozent für kreatives Schreiben tätig, diesmal am Hunter College in New York. 1990 heiratet er die britische Schauspielerin Claire Bloom, mit der er bereits seit 15 Jahren zusammenlebt. 1994 scheitert auch diese Ehe. – Das erfolgreichste Werk von Philip Roth ist *Portnoys Beschwerden* von 1969. Weitere Werke sind *Mein Leben als Mann* (1974), *Professor der Begierde* (1977), *Der Ghost Writer* (1979), *Zuckermans Befreiung* (1981), *Die Anatomiestunde* (1983), *Die Prager Orgie. Ein Epilog* (1985), *Gegenleben* (1987), *Operation Shylock* (1993), *Mein Mann, der Kommunist* (1998) und *Verschwörung gegen Amerika* (2004).

 WISSENSWERTES

Galizische Juden
Die Region Galizien umfasst heute Teile Polens und der Ukraine. Mitte des 19. Jh.s begann Zar Nikolaus I., die Rechte der russischen Juden einzuschränken, was dazu führte, dass sich nun viele Juden in Galizien ansiedelten, das als österreichisch-ungarisches Kronland nicht dem Zar unterstand. Hier lebten die Juden überwiegend in eigenen Stadtvierteln, den sog. Schtetln, wo sie ihre jiddische Sprache und Kultur pflegten. Die Lebensbedingungen waren jedoch auch hier schlecht, weshalb viele, wie die Großeltern von Philip Roth, in die USA emigrierten.

 EMPFEHLUNGEN

Lesenswert:
Philip Roth: *Portnoys Beschwerden*, München 2009

Ders.: *Jedermann*, München 2006

Ders.: *Der menschliche Makel*, Reinbek 2003

Ders.: *Sabbaths Theater*, Reinbek 1998

Ders.: *Mein Leben als Sohn. Eine wahre Geschichte*, München 1995

Ders.: *Die Tatsachen. Autobiographie eines Schriftstellers*, Reinbek 2005

Verena Dohrn: *Reise nach Galizien. Grenzlandschaften des alten Europa*, Frankfurt / M. 1991

Sehenswert:
Elegy oder Die Kunst zu lieben. Regie: Isabel Coixet; mit Penélope Cruz, Ben Kingsley, Dennis Hopper, Deborah Harry. USA 2008 (nach der Erzählung *Das sterbende Tier*)

Der menschliche Makel. Regie: Robert Benton; mit Anthony Hopkins, Nicole Kidman, Ed Harris. USA / D / F 2003

Rampenlicht. Regie: Charles Chaplin; mit Charles Chaplin, Claire Bloom. USA 1952

 AUF DEN PUNKT GEBRACHT

Ein schräges, unglaublich witziges Buch, mit dem Philip Roth sein literarisches Lebensthema fand. Er variiert es bis heute, zum Vergnügen von Millionen Lesern weltweit.

Macht Sperma dick?
Angst vorm Fliegen
Erica Jong

■ Erica Jong. Undatierte Aufnahme.
»Es verblüfft mich immer noch, wenn Menschen, ob in Belgrad oder Tokio, mich als Isadora begrüßen – es ist ein Geschenk, das ich durchaus schätze, aber irgendwie auch ein Fluch.«   Erica Jong, 2008

■ Gegenüber: Rolf Rüssmann, Verteidiger der deutschen Fußballnationalmannschaft, liest im Flugzeug *Angst vorm Fliegen*. Photo von Roland Witschel, 1977

Eine Frau sitzt im Zug. Ein Mann betritt das Abteil, nimmt neben ihr Platz. Es ist eng, die Körper berühren sich. Als der Zug durch einen Tunnel fährt, spürt die Frau, wie sich die Finger des Mannes unter ihren Rock tasten. Sie protestiert nicht, öffnet vielmehr die Schenkel. Mühelos kommt die Frau zum Orgasmus, an der nächsten Station steigt der Mann aus. Nicht ein einziges Wort ist gefallen, beide werden sich nie wiedersehen. Das ist der *zipless fuck*, der Spontanfick, die Lieblingsphantasie von Isadora Wing. Anonym, keinerlei Gerede, jenseits sozialer und seelischer Komplikationen, der pure Sex: *Der Spontanfick ist von äußerster Reinheit, da ohne jede Nebenabsicht. Es findet kein Machtkampf statt. Der Spontanfick ist das sauberste, was es gibt. Und er ist seltener als das Einhorn. Mir ist er nie beschieden gewesen.*

Solche erotischen Vorstellungen pflegt Isadora gern auf Reisen, zum Beispiel, um ihre notorische Flugangst zu bekämpfen. In einem Flugzeug sitzt sie nämlich jetzt gerade, umgeben von 117 Psychoanalytikern, auf der Reise von New York nach Wien, wo ein internationaler Kongress stattfindet. Darüber soll Isadora, knapp dreißig und angehende Schriftstellerin, für ein amerikanisches Magazin berichten. Bei sechs Teilnehmern war Isadora selbst in Behandlung, den siebten hat sie geheiratet, und in Wien wartet ein achter, der sich zu ihrem grenzenlosen Entzücken als potenzieller Kandidat für den Spontanfick entpuppt. Adrian Goodlove heißt er auch noch, ist ein englischer Snob und leicht angegammelter Macho in Jesus-Latschen, die seine dreckigen Fußnägel offensiv zur Schau stellen. Das stört Isadora überhaupt nicht, weil Adrian ohne Umschweife zur Sache kommt, kaum hat man sich begrüßt, sofort Isadora an den Hintern greift und »Fotze« zu ihr sagt. Das macht Isadora mächtig an, also auf zum *zipless fuck!* Dem allerdings dann doch einiges im Wege steht. Zum einen der eifersüchtige Ehemann Bennett, zum andern Adrians sexuelles Unvermögen. Isadora mag's nicht fassen und müht sich nach Kräften, das wäre doch gelacht! Bennett wiederum antwortet auf die Avancen seines Kollegen, indem er Isadora bei jeder Gelegenheit flachlegt.

So auch nach einem angespannten gesellschaftlichen Abend zu dritt: *Welche Heuchelei, mit einem Mann aufs Zimmer zu gehen, mit dem man NICHT ficken möchte, und den, mit dem man möchte, allein und einsam zurückzulassen und sich dann, im Zustand großer Erregung, vom DEM ficken zu lassen, mit dem man NICHT ficken möchte, und sich dabei vorzustellen, er sei derjenige, mit dem man möchte. Das nennt man eheliche Treue. Das nennt man Monogamie. Das nennt man das Unbehagen in der Kultur.* Mit Adrian klappt es dann gottlob doch noch. Er verführt Isadora zu einer Autofahrt quer durch halb Europa, entwickelt vor allem in der Öffentlichkeit, auf Parkplätzen, in Klosterruinen, erstaunliches sexuelles Talent, und so erfüllen sich schließlich Isadoras Träume von zügelloser Sinnlichkeit, fernab des Alltags und aller Konventionen. Zwar endet das Abenteuer jäh, Adrian lässt Isadora eiskalt sitzen und kehrt zu Weib und Kind zurück, doch als Frau und sexuelles Wesen hat sie zu sich selbst gefunden.

Nun weiß Isadora, wer sie ist, steht dazu und fühlt sich auch in ihrer künstlerischen Identität gestärkt. Aus den Notizen zum geplanten Magazin-Artikel wird ein furioses Buch, das ihr ganzes Leben enthält. Dabei nimmt sie keinerlei Rücksicht auf Personen und gesellschaftliche Moral. Schonungslos ergründet Isadora ihre jüdische Herkunft, schildert famili-

---

DIE ISADORA-TRILOGIE
Erica Jong hat Isadoras Geschichte weiterentwickelt. In den zwei Romanen *Rette sich wer kann* (1977) und *Fallschirme und Küsse* (1984) geht es erneut erotisch turbulent zu. Isadora ist jetzt eine berühmte Schriftstellerin, was ihr Liebesleben allerdings nicht einfacher macht. Am Ende träumt sie vom Mutterglück. Natürlich wünscht sie sich ein Mädchen, ein *sehr gescheites, verständiges und amüsantes kleines Mädchen, das zu der Frau aufwachsen würde, die ich nicht sein konnte.*

Erica Jong mit einem Kuchen in Form eines Flugzeugs. Photo von 1977. Für die vielen Frauen, die ihr nach dem Erfolg von *Angst vorm Fliegen* literarisch nacheiferten, hat Erica Jong zwanzig Schreibregeln aufgestellt. »Bring Sex in Dein Buch!« gehört ebenso dazu wie »Erwarte kein Lob von Eltern, Kollegen, Freunden dafür, dass du die Wahrheit schreibst«. Und ganz im Stil von Isadora mahnt die Autorin: »Nicht vergessen – immer schön wild sein!«

äre Desaster und die vielen gescheiterten Beziehungen, geht unverblümt, rotzig und zugleich sehr witzig ins sexuelle Detail. Ob Menstruation, Inzestphantasien, Analverkehr oder Kaloriengehalt von Sperma – Isadora lässt nichts aus. Und hauptsächlich für ihre amerikanischen Schwestern zersetzt sie lustvoll das eisenharte Tabu ehelicher Treue: *Wie ist es bloß möglich, dass fremde Männer dich nach wie vor reizen und erregen? Wie kannst du auf einer Versammlung sitzen und dir ausmalen, auf welche Weise jeder der anwesenden Männer dich vögelt? Wie kannst du deinem Mann das bloß antun? Hat Ihnen je einer gesagt, dass das vielleicht mit Ihrem Mann überhaupt nichts zu tun hat?*

Erica Jong hat den stark autobiographischen Charakter ihres Romans kaum bestritten. Als strahlende Isadora reiste die Autorin hinfort im Triumph durch die Welt und wurde zu einer Ikone der amerikanischen Frauenbewegung. Vor allem diese Leserinnen dankten ihr den massiven Befreiungsschlag, allein in den ersten vier Jahren nach Erscheinen überschritt die US-Auflage von *Fear of Flying* die Sechs-Millionen-Grenze. Noch heute macht die Lektüre richtig Spaß. Unerhört schmissig geschrieben, strotzt das Buch vor Intelligenz und zahlreichen literarischen Anspielungen. Nicht zufällig schreibt die Studentin Isadora an einer Arbeit über sexuellen Slang in der Dichtkunst, als »pedantische Pornographin« kennt sie alle klassischen Schlüpfrigkeiten von D. H. Lawrence (s. S. 188) bis zu Henry Miller (s. S. 210). Oftmals nimmt Erica Jong alias Isadora Wing humorvollen Bezug zu dem Roman *Portnoys Beschwerden* von Philip Roth (s. S. 236), der wenige Jahre vor *Angst vorm Fliegen* erschien. Einig im erotischen Bestreben sowie der satirischen Ablehnung des grassierenden psychoanalytischen Schnickschnacks, sind Roth und Jong beste Kameraden im Geiste: *»Warum wird das Ficken mit der Zeit immer so fade wie Schmelzkäse?«*, fragt Isadora einen ihrer Therapeuten nach fünf Jahren Ehe. In genau dem gleichen Stil denkt und insistiert Roths Held Alexander. Und in beiden Büchern erklingt die gleiche analytische Antwort: Es hat natürlich mit dem gestörten Verhältnis zur Mutter zu tun …

ERICA JONG

 BIOGRAPHIE

 WISSENSWERTES

 EMPFEHLUNGEN

Erica Jong wird am 26. März 1942 in New York geboren. Sie ist die zweite Tochter einer jüdischen Intellektuellenfamilie und wächst an der Upper Westside in Manhattan auf, in einem Milieu, das sie selbst mit dem vergleicht, das Woody Allen in seinen Filmen porträtiert. Sie besucht die renommierte New Yorker High School of Music and Art, studiert danach am Barnard College in Maryland und an der Columbia University englische Literatur, mit dem Schwerpunkt auf der Literatur des 18. Jh.s. Nach ihrem Abschluss ist sie Dozentin an verschiedenen Colleges, lehrt außer in den USA auch in Österreich und Israel. Von 1966 bis 1969 lebt sie mit ihrem zweiten Ehemann, einem Facharzt für Kinderpsychiatrie, in Heidelberg. 1971 veröffentlicht sie den ersten von mehreren Gedichtbänden. 1973 erscheint Angst vorm Fliegen, das Buch verkauft sich millionenfach und erhält großes Lob von Autoren wie John Updike und Henry Miller, der prophezeit, dass dieser Roman Literaturgeschichte schreiben wird. Weitere Werke sind Rette sich wer kann (1977), Fanny (1980), eine Parodie auf den pikaresken Roman des 18. Jh.s, Fallschirme und Küsse (1984), Serenissima (1987) und Der letzte Blues (1990). Insgesamt hat sie 21 Bücher veröffentlicht, außerdem schreibt sie für die New York Times, die Elle und die Vogue. Ihr Werk ist mit vielen wichtigen Preisen ausgezeichnet. Erica Jong lebt abwechselnd in New York und in Weston, Connecticut. Sie ist in vierter Ehe mit dem Anwalt Ken Burrows verheiratet.

Das Unbehagen in der Kultur

Erica Jong bezieht sich in Angst vorm Fliegen ausdrücklich auf eine bedeutende Schrift von Sigmund Freud (1856–1939), Das Unbehagen in der Kultur aus dem Jahr 1930. Darin analysiert Freud den Konflikt zwischen der Kultur und den Triebregungen. Seiner These zufolge ist es das Ziel der Kultur, die Natur zu beherrschen und möglichst große soziale Einheiten zu bilden. Das geht nur, wenn die Individuen ihre eigenen Bedürfnisse zurückstellen, d. h. auch ihren Sexualtrieb und ihren Aggressionstrieb unterdrücken. Dieser Verlust der individuellen Freiheit führt zu Schuldgefühlen und einem wachsenden Unbehagen, denn die »Lustvermehrung« ist wiederum das oberste Ziel des Einzelnen. Dadurch, dass er seine Triebregungen kontrollieren und der Kultur unterordnen muss, wird sie für ihn zu einer Quelle des Leidens. Im schlimmsten Fall entstehen Neurosen. Isadora Wings Traum vom »Spontanfick« ist somit der Traum des Kulturmenschen, seine Bedürfnisse ohne Rücksicht auf die Forderungen der Gesellschaft befriedigen, seinen Trieben ungehemmt nachgeben zu dürfen.

Lesenswert:
Erica Jong: Angst vorm Fliegen, Berlin 2004

Dies.: Den Dämon verführen. Schreiben, um zu leben, Berlin 2006

Dies.: Sappho, Berlin 2005

Dies.: Der Buddha im Schoß. Über Sex, Macht und Literatur. 24 Essays, München 2003

Dies.: Der Teufel in Person. Henry Miller und ich, Hamburg 1999

Dies.: Fanny. Der Lebenslauf einer ehrbaren Dirne, Frankfurt / M. 1995 (Parodie auf John Clelands Fanny Hill)

Dies.: Keine Angst vor Fünfzig, München 1996 (Autobiographie)

Molly Jong-Fast: Ein ganz normales Mädchen, München 2002 (Roman von Erica Jongs Tochter)

Sigmund Freud: Das Unbehagen in der Kultur und andere kulturtheoretische Schriften, Frankfurt / M. 1994

John Cleland: Die Abenteuer der Fanny Hill, Flensburg 2009

Sehenswert:
Sylvia im Reich der Wollust. Regie: Franz Josef Gottlieb; mit Gianni Garko, Olivia Pascal. BRD 1977 (ursprünglich unter dem Titel Freude am Fliegen, Softporno nach Angst vorm Fliegen)

 AUF DEN PUNKT GEBRACHT

Flott, scharf und völlig ehrlich – der literarische Klassiker des amerikanischen Feminismus. Mit Isadoras Selbsterfahrungstrip verloren Millionen Frauen die Angst vorm Fliegen.

Erotik im Akkord
Das Delta der Venus
Anaïs Nin

»Ein Privatsammler bietet Henry Miller hundert Dollar monatlich für erotische Erzählungen … Als Henry Geld für seine Reisen brauchte, schlug er mir vor, inzwischen selbst einige Erotika zu schreiben. Ich wollte nichts Selbsterlebtes preisgeben und beschloss, eine Mixtur aus Gehörtem und Erfundenem zu fabrizieren …« Im April 1940 lebt die französische Schriftstellerin Anaïs Nin in New York. Der Krieg hat sie aus Europa vertrieben, zusammen mit ihrem schottischen Ehemann Hugo Guiler, der als Bankier in Paris seiner Frau allen Komfort bieten konnte. Jetzt sind die Mittel knapp, die Aussichten schlecht. Ebenfalls in New York wohnt Henry Miller (s. S. 210), ein enger Freund, Kollege – und, seit bald zehn Jahren, heimlicher Liebhaber von Anaïs.

Der Autor des Skandalromans *Wendekreis des Krebses* steht bereits weltweit im Ruf des manisch Sexbesessenen. So wirkt jenes Angebot eines reichen Lüstlings plausibel und verlockend zugleich. Aber nur für einen einzigen Leser schreiben? Miller hat dazu keine Lust, Anaïs Nin übernimmt den Job. In ihrem Tagebuch begleitet sie diesen sonderbaren Prozess, rätselt sie über den mysteriösen Auftraggeber, den sie nie zu Gesicht bekommt. Jedenfalls scheint er pünktlich zu zahlen: »Jeden Morgen nach dem Frühstück setze ich mich hin und schreibe mein Tagessoll an Erotika …« Und dabei entwickelt Anaïs Nin einige Phantasie. In der ersten und mit über einhundert Seiten längsten Erzählung verfällt die unbefriedigte Elena dem Anarchisten Pierre, der sie auf nie gekannte Weise in sexuelle Raserei versetzt. Einmal erweckt, wird Elena immer hungriger und wagemutiger. Auf den Spuren des inzwischen untergetauchten Pierre begegnet sie anderen Männern und Frauen, in schwülen Boudoirs und Bars erlebt und genießt sie Gruppensex und lesbische Liebe.

Eine andere Geschichte schildert die originelle Aufführungspraxis einer Sängerin. Auf der Bühne betört sie mit ihrer Stimme und

EINE FEMINISTIN?
Vor allem durch die Veröffentlichung ihrer Tagebücher wurde
Anaïs Nin weltberühmt. Von 1966 bis zu ihrem Tod erschienen
sieben umfangreiche Bände. Sie zeigen eine endlose, obsessive
Recherche der eigenen Weiblichkeit. Sex und Sinnlichkeit spielen
eine gewichtige Rolle. Als Ikone der Frauenbewegung ist Anaïs
Nin bis heute umstritten. Die einen verehren die radikale, emanzi-
pierte Frau, andere sehen in ihr ein permanent rolliges Weibchen,
das lebenslang auf Macho-Männer abfährt.

»Dies ist das schönste und
direkteste Buch, das je von
einer Frau geschrieben wurde.
Was es zum doppelten Genuss
macht, ist seine Sprache:
delikat und geschmeidig,
unverblümt und sinnlich.«
The New York Times

einem atemberaubenden Körper ihr Publikum, nach dem Auftritt
besucht sie die einzelnen Logen, um reihum ihre männlichen Verehrer zu befriedigen. Dann erzählt die Autorin von der kleinen
Pariser Putzmacherin Mathilde, die sich durch kosmetisches Ge-
schick in eine Diva verwandelt und eine Welt voll Glamour, Luxus
und hemmungslosem Sex mit wohlhabenden Gönnern erobert.
Ebenfalls in Paris ereignen sich diese erotischen Machenschaften:
Ein geschäftstüchtiges Pärchen streift durch schummrige Kneipen
und guckt sich einsame Männer aus. In diesem Fall ist der abge-
brannte Schriftsteller George das willige Opfer. Ihm wird weis-
gemacht, dass die schöne Ehefrau darauf stehe, mit einem völlig
Unbekannten zu schlafen, ohne Namen, ohne Worte. Die Vorstellung ist herrlich erregend, eine wilde Nacht in einem prunk-

■ *Der Ursprung der Welt.*
Gemälde, 1866, von Gustave
Coubert (1819–1877). Paris,
Musée d'Orsay

vollen Apartment nimmt ihren Lauf – und George erhält
zudem fünfzig Dollar Honorar! Völlig betäubt von diesem Erlebnis, träumt George
noch monatelang von seiner
geheimnisvollen Gespielin.
Bis er erfährt, dass hinter einem Vorhang ein Voyeur das
Schauspiel verfolgt hat, für
hundert Dollar »Eintritt«.
  Solche Pointen sind allerdings selten in den insgesamt
fünfzehn Erzählungen, die
später den Band *Das Delta
der Venus* füllen. Meist brechen die Geschichten abrupt
ab, eine stimmige, in sich ge-

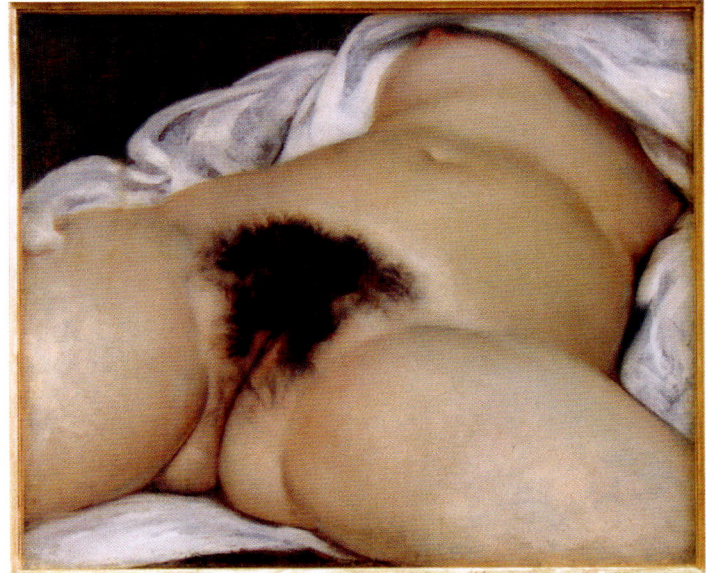

»Poetisch und pornographisch, sinnlich und sensibel.«
Henry Miller über
Das Delta der Venus

■ *Das Delta der Venus*, amerikanisch-französische Verfilmung der Erzählungen von Anaïs Nin aus dem Jahr 1994 mit Audie England als Elena Martin. Regie führte Zalman King.

schlossene Handlung schert die Autorin offenbar nicht. Anaïs Nin hat für diese literarische Nachlässigkeit ihren Mäzen verantwortlich gemacht, im Tagebuch bekräftigt sie wiederholt dessen Forderung, sich auf das rein Sexuelle zu beschränken: Kein Firlefanz, kommen Sie schnell zur Sache! So bleibt der psychologische, soziale oder historische Kontext weitgehend im Nebel; man erfährt nie, was die Protagonisten jenseits sexueller Triebkraft motiviert, Ort und Zeit spielen kaum eine Rolle, nur in der letzten Erzählung wird der Ausbruch des Zweiten Weltkrieges immerhin erwähnt.

Intensiv hat sich Anaïs Nin auf das pornographische Projekt vorbereitet: Mit etlichen Liebhabern, vor allem aber mit Henry Miller selbst, in vielen ekstatischen Pariser Nächten, im eigens gezimmerten »black lace laboratory«, dem Refugium schwarzer Spitzenwäsche, die beider Leidenschaft ist. Dessous kommen denn auch reichlich vor in den Erzählungen, und ungeachtet des Auftrags, platte Pornographie zu liefern, richtet Anaïs Nin ihr stilistisches Augenmerk besonders auf den erotischen Reiz, bevor die Hüllen fallen: *Geschickt und behutsam liebkoste er nun ihren Bauch. Mit ausgestrecktem Zeigefinger spannte er die schwarze Seide ihres Kleides, damit die Umrisse ihrer Beine und die Linie zwischen den Schenkeln hervortraten. Nachdem er das Delta sichtbar gemacht hatte, streichelte er ihre Beine. Er hatte sie noch nicht unter ihrem Kleid berührt.* Wenn es schließlich zum Sex kommt, schreibt Anaïs Nin ausgesprochen derb, betont obszön, was ihr von feministischer Seite den Vorwurf eintrug, die Erzählungen bedienten am Ende doch nur die Klischees männlich-pornographischer Vorstellungen. Simone de Beauvoir, die berühmte Zeitgenossin, fand das Buch entsetzlich.

Heute, im Licht der Tagebücher, weiß man, dass Anaïs Nin diese Prosa als weiteren Baustein ihrer erotischen und künstlerischen Selbsterfahrung verstand. Ihre allererste Arbeit war eine Studie über D. H. Lawrence und seinen Roman *Lady Chatterleys Liebhaber* (s. S. 188). Kühn verteidigte Anaïs Nin das allseits verworfene Buch, sie sah darin eine längst fällige Befreiung von den moralischen Dogmen der Epoche. Wie Lawrence glaubte sie, in der gewaltigen Macht der Sexualität

den Brennpunkt aller menschlichen Existenz zu erkennen, gleichzeitig fühlte sie sich durch die freizügige Darstellung im Roman zu eigenen Experimenten angespornt – auf dem Papier wie im Leben.

Anders als der reichlich puritanische Brite Lawrence, dem jegliche Promiskuität ein Graus war, ging die Französin entschieden auf Tuchfühlung, in Henry Miller fand sie dafür den perfekten Kompagnon. Als eines der rasantesten Liebespaare sind die beiden in die Geschichte eingegangen. Doch mit der erotischen Obsession verknüpfen sich untrennbar ästhetische Interessen: Wie schreibt man über Sex? Oder konkreter: Wie schreibt »frau« dar-

■ Szene aus dem Film *Henry & June* mit Maria de Medeiros als Anaïs Nin, Fred Ward als Henry Miller und Uma Thurman als dessen Frau June. Regie führte Philip Kaufman (USA 1990). Die Dreiecksbeziehung ist keine Hollywooderfindung: Das Ehepaar Miller und Anaïs Nin unterhielten in Paris tatsächlich eine leidenschaftliche *ménage à trois.*

ANAÏS, HENRY – UND JUNE
Als Henry Millers kapriziöse Ehefrau June von der Affäre mit Anaïs Nin erfährt, reist sie zornig von New York nach Paris, »um sich die kleine Schlampe einmal anzusehen«. Prompt verlieben sich die beiden Schönheiten ineinander. Gemeinsam ziehen sie um die Häuser, besuchen lesbische Bordelle und knutschen in aller Öffentlichkeit. Henry Miller kann nur fassungslos zuschauen.

■ Szene aus *Das Delta
der Venus* von Zalman King
(USA / F 1994)

über? Was ist eigentlich Obszönität? Gibt es eine
weibliche Pornographie? So ungefähr lauten die
Fragen in den Pariser Hotelzimmern, und die
literarische Diskussion bedeutet für Anaïs Nin
bisweilen mehr als das eigentliche Rendezvous:
»Gleich hinterher reden wir übers Schreiben …«,
notiert sie in ihrem Tagebuch.

Das Delta der Venus wird zur Probe aufs Ex-
empel, einer mutigen Erkundungsreise in die
unerforschten Zonen der weiblichen Begierde.
Denn diese steht bei aller Kritik groß und eindeutig im Zentrum der Erzählungen: Anaïs Nins
Frauengestalten sind Hohepriesterinnen der
Lust, ihre Orgasmen ozeanisch, die Männer können da kaum mithalten Dabei variiert die Autorin durchaus augenzwinkernd das traditionelle
pornographische Prinzip, dass die Phantasien
grenzenloser Hingabe jede Realität übersteigen.
Anaïs Nin inszeniert tolle Träume, im Leben
allerdings muss auch sie sich der nüchternen
Wirklichkeit stellen: »Ich verberge es vor Henry,
dass ich selten zum Höhepunkt gelange.«

Über dreißig Jahre hielt Anaïs Nin die Manuskripte unter Ver-
schluss. 1977 schien die Zeit reif für eine Veröffentlichung. Tatsächlich stieg *Das Delta der Venus* rasch zu einem internationalen
Bestseller auf, Hunderttausende von Leserinnen gingen mit auf
den Trip. Und jener geheimnisvolle Auftraggeber? Seine Identität
blieb verborgen, Literaturforscher bezweifeln, dass es ihn überhaupt gab. Im Tagebuch formuliert Anaïs Nin scheinbar wütende
Briefe an diesen Mann, der stur auf Pornographie beharrt, wo
doch »nur der gemeinsame Pulsschlag von Herz und Sexus wahre
Ekstase schaffen« könne. Es sind Zeilen, die sich vermutlich alle
Männer hinter die Ohren schreiben sollen.

ANAÏS NIN

 BIOGRAPHIE

 WISSENSWERTES

Anaïs Nin wird am 21. Februar 1903 in Neuilly-sur-Seine nahe Paris geboren. Ihr Vater ist ein spanischer Komponist und Konzertpianist, ihre Mutter eine dänische Sängerin französisch-kubanischer Abstammung. Nachdem der Vater die Familie 1914 verlassen hat, zieht die Mutter mit Anaïs und ihren beiden Geschwistern nach New York. Anaïs bricht die Schule ab, jobbt als Model und Tänzerin. 1923 geht sie nach Europa und heiratet den Bankangestellten Hugo Guiler, der später Filmproduzent wird. 1924 zieht Nin mit ihm nach Paris, wird Mittelpunkt eines Zirkels von Künstlern und Literaten. 1931 beginnt sie eine Beziehung mit dem amerikanischen Schriftsteller Henry Miller. 1940 kehrt Nin in die USA zurück. Sieben Jahre später heiratet sie heimlich den 17 Jahre jüngeren Rupert Pole. Sie führt ein Doppelleben: Abwechselnd lebt sie mit Pole in Los Angeles und mit Guiler in New York. Neben der Schriftstellerei studiert Nin Psychoanalyse, einige Zeit ist sie in Behandlung bei C. G. Jung. Sie stirbt am 14. Januar 1977 in Los Angeles an Krebs. – Anaïs Nin schrieb mehrere Romane, darunter *Leitern ins Feuer* (1946), *Djuna oder das Herz mit vier Kammern* (1950), *Ein Spion im Haus der Liebe* (1954), *Wien war die Stadt der Statuen* (1964), außerdem einige Erzählungen, etwa *Unter einer Glasglocke* (1944).

C. G. Jung

Carl Gustav Jung (1875–1961) war zunächst ein Schüler von Sigmund Freud (1856–1939), dem Begründer der Psychoanalyse. 1913 trennte er sich von seinem Lehrer und entwickelte eine eigene Richtung der Tiefenpsychologie, die er selbst Analytische Psychologie nannte. Während in Freuds Lehre der Trieb eine Zentralstellung hat, legt Jung den Schwerpunkt auf das Bild. In seiner Archetypenlehre setzt er das Bild zur Kultur in Beziehung. Außerdem betrachtet er nicht so sehr das Individuum, sondern untersucht Phänomene, die überindividuell sind; Jung vermutet ein »kollektives Unbewusstes«, aus dem Menschen Bilder schöpfen, die überzeitlich und überräumlich sind. Als Ziel des Menschen definiert Jung die Selbstwerdung. Mit dem Selbst ist die Entwicklung der Persönlichkeit – in Jungs Terminologie: Individuationsprozess – abgeschlossen. Während dieses Prozesses muss sich das Individuum mit den sog. archetypischen Leitbildern auseinandersetzen: dem Schatten, dem Seelenbild (Animus für die Frau, Anima für den Mann), der Großen Mutter und dem Alten Weisen. Der Schatten steht bildhaft für Seiten der Persönlichkeit, die nicht gelebt, nicht bewusstgemacht werden. Animus bzw. Anima sind weibliche Seelenteile beim Mann bzw. männliche Seelenteile bei der Frau, es sind Vorurteile über das jeweils andere Geschlecht, die es zu überwinden gilt, um partnerschaftsfähig zu sein. Die Große Mutter versinnbildlicht die positiven wie die negativen Aspekte der Mütterlichkeit, ihre männliche Entsprechung ist der Alte Weise. Nur wenn die Auseinandersetzung mit diesen Archetypen gelingt, ist die Selbstfindung eines Menschen erfolgreich.

 EMPFEHLUNGEN

Lesenswert:
Anaïs Nin: *Das Delta der Venus*, Frankfurt / M. 2005

Dies.: *Die Tagebücher 1931–1934*, München 2001

Deirdre Bair: *Anaïs Nin. Eine Biographie*, München 1998

Elisabeth Barillé: *Maskierte Venus. Das Leben der Anaïs Nin*, München 1992

Henry Miller: *Mein Leben und meine Welt*, Reinbek 1974 (Autobiographie)

Robert Ferguson: *Henry Miller. Ein Leben ohne Tabus*, München 1991

Jolande Jacobi: *Die Psychologie von C. G. Jung. Eine Einführung in das Gesamtwerk*, Frankfurt / M. 1977

Sehenswert:
Henry & June. Regie: Philip Kaufman; mit Fred Ward, Uma Thurman. USA 1990

 AUF DEN PUNKT GEBRACHT

Ein entschlossener Selbstversuch in weiblicher Pornographie – der Erfolg zeigte Anaïs Nin, dass er ihr gelungen ist.

Melancholische Leidenschaft
Der Liebhaber
Marguerite Duras

Er hat ihr das Kleid vom Leib gerissen, er wirft es zu Boden, er reißt den kleinen weißen Baumwollslip weg und trägt sie nackt zum Bett. Und dann dreht er sich zur anderen Bettseite und weint. Und sie, langsam, geduldig, holt ihn zu sich zurück und beginnt, ihn auszukleiden.

Es war eine Zufallsbegegnung. Er saß auf der Autofähre in seiner Limousine und erblickte sie, die an die Reling gelehnt stand. Sie ist fünfzehn, ein französisches Mädchen, das in Saigon aufs Gymnasium geht. Er ist zwölf Jahre älter, ein Chinese, reich durch seinen Vater, zwei Jahre hat er in Frankreich zugebracht. Sie, die anderthalb Jahre später nach Paris gehen wird, ist mittellos. Arm sind auch Mutter und Brüder. Das Mädchen trägt ein zerschlissenes Seidenkleid und einen flachen rosenholzfarbenen Herrenhut. Er ist elegant gekleidet, sitzt im Fond seines Wagens, hinter dem Chauffeur. Und sieht sie an.

Ich bin es gewohnt, dass man mich ansieht. Man sieht die Weißen in den Kolonien an, und die zwölfjährigen Mädchen auch. Seit drei Jahren sehen mich auch die Weißen auf der Straße an, und die Freunde meiner Mutter laden mich zum Kaffee ein, wenn ihre Frauen im Sportclub Tennis spielen.

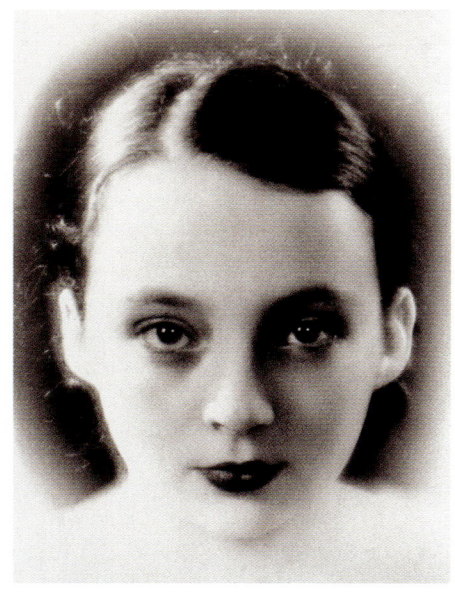

■ Die ganz junge Marguerite Duras. Photo von 1930

Der elegante Chinese entsteigt der Limousine, er geht auf die Kleine mit dem Hut zu und bietet ihr eine Zigarette an. Sie lehnt ab. Er ist schüchtern, er zittert. Doch da sie ihn nicht abweist und nicht weggeht, taut er auf. Er lobt den Hut. Sagt ihr, sie sei so hübsch, sie könne sich alles erlauben. Fragt sie, wohin sie jetzt wolle, er könne sie fahren. Sie steigt ein.

Von nun an holt er sie täglich am Gymnasium ab. Und fährt an einem Donnerstag mit ihr in das Chinesenviertel, in seine Wohnung. Er sagt ihr, er liebe sie wahnsinnig. Und sie: das wolle sie gar nicht. Sie wolle nur mit ihm schlafen. *Sie berührt ihn. Sie berührt die Zartheit seines Geschlechts, seiner Haut, sie liebkost seine goldgelbe Farbe, das unbekannte*

Neuland. Er stöhnt, er weint. Er ist in einer erbärmlichen Liebe. Und weinend tut er es. Dann wird dieser Schmerz genommen, wird umgewandelt, langsam herausgerissen, der Lust zugeführt, mit ihr vereint.

Die Erzählung *Der Liebhaber* spielt Anfang der 1930er Jahre. Damals hieß Vietnam noch Französisch-Indochina. Marguerite ist die Tochter eines Lehrerehepaars aus Frankreich, das in der Kolonie unterrichtet hat. Sie erzählt ihre eigene Geschichte. Der Vater ist gestorben, die Mutter schlägt sich mühsam durch. Der ältere Bruder ist ein Tunichtgut, dem Rauschgift verfallen, notorischer Dieb. Der jüngere ist nicht viel besser. Die Tochter merkt, dass man sie gerne ansieht, und sie denkt dabei auch an Geld. Und als sie jetzt diesem Chinesen begegnet, gefällt ihr an ihm, dass er Geld hat. Sie geht mit ihm, weil sie hofft, er könne die Not ihrer Familie lindern. Aber sie fühlt sich auch zu ihm hingezogen, und sie geht mit, weil sie die Lust kennenlernen will.

Ich wusste nicht, dass man dabei blutet. Er fragt, ob es mir weh getan habe, ich sage nein, er sagt, dass er glücklich darüber sei. Wir sehen uns an. Er fragt mich, warum ich gekommen sei. Ich sagte, ich hätte es tun müssen, es sei wie eine Verpflichtung gewesen. Zum ersten Mal reden wir miteinander. Ich spreche von meinen beiden Brüdern. Ich sage, dass wir kein Geld haben. Er kennt den älteren Bruder, er ist ihm in der Opiumhöhle begegnet. Ich werde gewahr, dass ich ihn begehre.

Die Schriftstellerin Duras flicht die Schilderung ihrer Defloration eher beiläufig in die fragmentarische Geschichte ihrer Jugend ein. Sie deutet immer nur an, und wo sie näher herangeht an die Begebenheiten, macht sie es kurz und springt gleich wieder in einen anderen Zusammenhang: das Schicksal der Brüder, den Ruin der Mutter, das Pensionat, die Zukunft in Frankreich. Aber sie gibt genug preis von ihrer Liaison mit dem Chinesen, um dem Roman, den sie erst im Alter schrieb und der 1984 erschien, eine melancholisch-erotische Grundstimmung mitzugeben. Melan-

DER FILM
Aus dem Jahr 1992 stammt das Filmwerk *Der Liebhaber,* kongenial auf die Leinwand übertragen von Jean-Jacques Annaud (Regie) und Gérard Brach (Buch, mit Annaud). Für die weibliche Hauptrolle wurde lange nach einer Besetzung gesucht. Der Regisseur selbst entdeckte schließlich Jane March, die Titelrolle spielte Tony Leung Ka-Fai. Der erfolgreiche Film überzeugt durch ein hoch konzentriertes Spiel der Stars und eine faszinierende Ausstattung. Duras jedoch war nicht zufrieden.

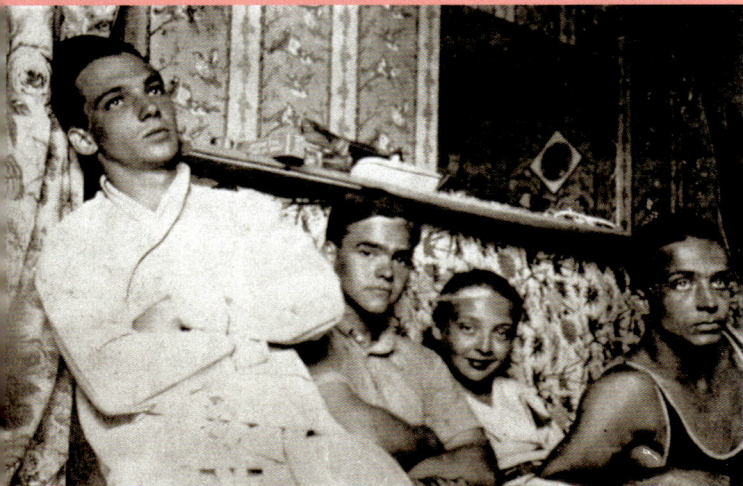

■ Marguerite Duras mit ihrem Bruder Paul und Freunden 1929 in Saigon

cholisch ist die Stimmung, weil das Paar nicht glücklich wird, weil sie ihn bloß begehrt, während er ihr, wie sie sogleich spürt, in hoffnungsloser Leidenschaft verfallen ist. Aber da – anders als in Nabokovs *Lolita* (s. S. 220) – der weibliche Part es ist, der die Geschichte erzählt, wird die Hoffnungslosigkeit nur beobachtet, nicht dramatisiert. Eine bemerkenswerte Kühle durchzieht das Buch. Es ist die Kühle der jungen Marguerite, die es ausnutzt, dass sie begehrenswert ist, und die ihrerseits herausfindet, was sie ihrer Sinnlichkeit schuldet.

Er sagt mir: Du bist gekommen, weil ich Geld habe. Sie antwortet, dass sie ihn begehre. Und er verfällt ihr, weil sie ein Mädchen ist, das die Liebe mehr liebt als die Männer, eine kleine Femme fatale. Sie nennt sich selbst eine Kinderprostituierte. Aber es geht ihr keineswegs nur ums Geld, das sie für das Nötigste in der Familie verwendet. Sie liebt auch den Augenblick, in dem er verzweifelt, weil sie ihm nicht ganz gehört, und sie unter Tränen nimmt. *Er wirft sich auf mich, er verschlingt die Kinderbrüste, er schreit, er flucht. Das Lustgefühl ist so groß, dass ich die Augen schließe.*

Die Kühle der Marguerite Duras ist keine Kälte. Auch »die Kleine« weint in den Armen des Liebhabers und spricht zu ihm von ihrer Traurigkeit. Liebt sie ihn doch? Sie ist ein Kind, minderjährig, er käme ins Gefängnis, würde ihr Verhältnis bekannt. Und er ist Chinese, Angehöriger einer Minderheit, auf die man in der weißen Oberschicht herabsieht. Beide können sich mit dem je anderen nirgends sehen lassen. Beide wissen, dass ihre gemeinsame Zeit begrenzt ist: Sie wird bald nach Frankreich gehen. Es bleiben ihnen nur die Augenblicke der gemeinsamen Lust, die sich so, in der Isolation vom sozialen Leben, umso fieberhafter steigert. Der Roman ist eine kühle Elegie auf diese verbotene, verstohlene, phantastische Lust.

DAS DREHBUCH
Duras' Beziehungen zur Filmkunst waren intensiv. Mit ihrem Drehbuch zu *Hiroshima, mon amour* (1959) von Alain Resnais, der ebenfalls von einer geheimen Liaison zwischen einer Französin und einem Asiaten erzählt, wurde sie berühmt. Die Avantgardistin experimentierte auch selbst mit der Kamera und versuchte, mit filmischen Mitteln das Geschichtenerzählen zu überwinden. Folgerichtig endete sie bei der schwarzen Leinwand.

MARGUERITE DURAS

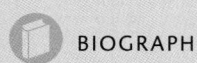 BIOGRAPHIE

Marguerite Donnadieu, die sich später Duras nennt, wird am 4. April 1914 in Gia Dinh, einem Vorort von Saigon (heute Ho-Chi-Minh-Stadt in Vietnam), als Tochter eines Lehrerehepaars geboren. Als sie sechs Jahre alt ist, stirbt der Vater, ihre Mutter hat es schwer, Marguerite und ihre zwei Brüder durchzubringen. Es kommt zu Gewalt innerhalb der Familie, verbal und physisch. 1932 bricht Marguerite aus, zieht nach Paris, studiert erst Mathematik, wechselt dann zu Jura und Politologie. Sie engagiert sich für das französische Kolonialreich und wird ab 1940 Mitglied der Résistance, der französischen Widerstandsbewegung gegen die deutsche Besatzung im Zweiten Weltkrieg. 1939 heiratet sie Robert Antelme, auch er ein Widerstandskämpfer und Schriftsteller. 1944 wird er von der Gestapo verschleppt, zunächst nach Buchenwald, dann nach Dachau. Im selben Jahr tritt Duras der Kommunistischen Partei Frankreichs bei. Als Antelme aus dem Konzentrationslager zurückkehrt, ist Duras nicht mehr allein: Sie lebt mit Dionys Mascolo, 1947 wird der gemeinsame Sohn geboren. Duras, Antelme und Mascolo versuchen es mit einer Ehe zu dritt, doch der Versuch scheitert; die Ehe mit Antelme wird geschieden, und Duras bleibt bei Mascolo. 1957 zerbricht auch diese Beziehung. In den 1940er Jahren hat Duras, nach dem Tod ihres jüngeren Bruders, mit dem Schreiben begonnen. 1958 gelingt ihr mit *Moderato cantabile* ein erster Erfolg, zu Weltruhm kommt sie ein Jahr später mit dem Drehbuch zu *Hiroshima, mon amour*. 1968 engagiert sie sich, nachdem sie 1950 die Kommunistische Partei verlassen hat – oder ausgeschlossen worden ist –, in der Studentenbewegung. 1986 findet sie in dem jungen, homosexuellen Yann Andréa einen neuen Gefährten. Er unterstützt sie, schreibt ein Buch über sie, Duras schreibt ein Buch über ihn. Als sie am 3. März 1996 in Paris stirbt, ist er an ihrer Seite. – Duras hat zahlreiche Romane, Dramen, Hörspiele und Filmdrehbücher verfasst. Ihre wichtigsten Romane sind *Moderato cantabile* (1958), *Im Sommer abends um halb elf* (1960), *Die Verzückung der Lol V. Stein* (1964), *Der Vize-Konsul* (1966), *Die englische Geliebte* (1967), *Der Liebhaber* (1984), für den sie den Prix Goncourt erhielt, *Sommerregen* (1990) und *Die Schamlosen* (1993).

 EMPFEHLUNGEN

Lesenswert:

Marguerite Duras: *Der Liebhaber*, Frankfurt / M. 1989

Yann Andréa: *Diese Liebe*, Frankfurt / M. 2000

Laure Adler: *Marguerite Duras. Biographie*, Frankfurt / M. 2000

Frédérique Lebelley: *Marguerite Duras. Ein Leben*, Frankfurt / M. 1998

Lars Henrik Gass: *Das ortlose Kino. Über Marguerite Duras*, Bochum 2001

Robert Antelme: *Das Menschengeschlecht*, Frankfurt / M. 2000

Hörenswert:

Marguerite Duras: *Der Liebhaber*, gelesen von Nina Hoss, München 2006. 3 CDs

Sehenswert:

Der Liebhaber. Regie: Jean-Jacques Annaud; mit Jane March, Tony Leung Ka-Fai. F / GB / VIE 1992

Hiroshima, mon amour. Regie: Alain Resnais; mit Emmanuelle Riva, Eiji Okada. F 1959

Baxter, Vera Baxter. Regie: Marguerite Duras; mit Delphine Seyrig, Claudine Gabay, Gérard Depardieu. F 1977 (Duras schrieb auch das Drehbuch)

Nathalie Granger. Regie: Marguerite Duras; mit Lucia Bosé, Jeanne Moreau, Gérard Depardieu. F 1972

Mademoiselle. Regie: Tony Richardson; mit Jeanne Moreau, Ettore Manni. F / GB 1966 (Duras schrieb das Drehbuch nach einer Geschichte von Jean Genet)

Diese Liebe. Regie: Josée Dayan; mit Jeanne Moreau, Aymeric Demarigny. F 2001

Marguerite. Ihr wahres Gesicht. Regie: Dominique Auvray; Originalszenen mit Marguerite Duras, Jean-Luc Godard u. a. F 2003 (Dokumentarfilm)

 AUF DEN PUNKT GEBRACHT

Eine 15-Jährige erzählt von ihrer ersten Affäre: Sie tat es für Geld und für die Neugier auf die Lust – und auch, weil sie den Chinesen mochte.

Eine unmögliche Liebe

Salz auf unserer Haut

Benoîte Groult

Sie heißt George – nach der Schriftstellerin George Sand (s. S. 138), der sich ihre belesene Mutter verbunden fühlt. Sie ist ein hübsches, kluges Mädchen aus Paris, und wenn sie den Sommer mit ihrer Familie in der Bretagne verbringt, kabbelt sie sich mit den zahlreichen Kindern der Nachbarn – Bauern, die immer hier leben. Doch irgendwann ist sie achtzehn, und als sie wie jeden Sommer beim Einbringen der Ernte hilft, fällt ihr auf, wie schön Gauvain ist, einer der älteren Nachbarsjungen, der auf einem Leiterwagen steht und die Korngarben mit einer Forke aufs Förderband wuchtet. Er arbeitet mit nacktem Oberkörper, er ist ganz konzentriert auf den Weizen, und er hat schwarzes, dichtes Lockenhaar. George weiß, dass dieser junge Mann, der sie immer so gemein geärgert hat, als beide Kinder waren, zur See fährt, aber wenn Erntezeit ist, muss er dabei sein, da wird jede Hand gebraucht. Nach der Arbeit singen und tanzen die Bauern; zu ihrem Entzücken greift sich Gauvain keine andere als George und walzt mit ihr herum, fast eifersüchtig darauf bedacht, dass niemand sonst sie auffordert. Er schlägt einen Ausflug ans Meer vor. Da sitzen sie am Strand, schauen auf die Wogen, springen sogar nackt ins Wasser, trauen sich aber nicht, einander zu berühren.

■ Benoîte Groult. Photo, 1980, von Sophie Bassouls. Die engagierte Feministin Groult ist u. a. Mitglied der ausschließlich weiblich besetzten Jury für den Prix Femina.

George kann diese Begegnung nicht vergessen. Sie beginnt ein Studium der Geschichte, geht mit ihrem ersten, bald mit ihrem zweiten Freund, aber Gauvain spukt ihr immer noch durch die Phantasie. In den Ferien hält sie verstohlen nach ihm Ausschau. Es heißt, er sei nun für immer auf See und kaum noch zu Hause. Aber dann heiratet seine Schwester Yvonne, das einzige Mädchen in der achtköpfigen Geschwisterschar, und zu so einem Anlass muss die gesamte Familie zusammenkommen. Das ist Pflicht. Auch George ist eingeladen. Sie macht sich schön, sie ist voller Erwartung.

Was für ein Schlag ist es für sie, als sie erfährt, dass Gauvain sich verlobt hat, als sie mit ansehen muss, dass er nur mit dieser farblosen Marie-Josée tanzt und wie der Tag und der Abend vergehen ohne einen Blick oder ein Wort von ihm. Sie verabschiedet sich von der Braut, enttäuscht und beschämt, sie ist schon draußen, als sie plötzlich eine Hand auf ihrer Schulter spürt. Es ist Gauvain, der ihr sagt, sie solle am Dock auf ihn warten: *Ich komme, sobald ich kann.* Sie geht zum Wasser, er folgt, sie küssen sich sofort, ohne aufzuhören, sie schlafen miteinander im Sand, im Regen, bis die Flut steigt.

■ Nur George, Gauvain und das Meer: Szene aus der Romanverfilmung *Salz auf unserer Haut* mit Greta Scacchi und Vincent D'Onofrio als ungleiches Liebespaar. Regie führte Andrew Birkin (D / CDN / F 1992).

DIE SPRACHE DER LUST

Gleich auf den ersten Seiten bekennt die Schriftstellerin Groult, dass der Roman, den sie schreiben wolle, sich nicht mit Metaphern zufriedengeben, sondern explizit von Sex reden werde. Aber wie sollte sie die beteiligten Organe benennen – lexikalisch, medizinisch, vulgär, lyrisch? Sie entwickelte eine Art Mischung aus allem, was gängig war, durchaus mit dem Ehrgeiz, einen persönlichen Erotikstil zu kreieren. Das ist ihr gelungen. Sie ist eine der wenigen, die eine präzise und poetische Sprache des Sexus mit sanfter Ironie anzureichern vermochte.

■ Gauvain macht George einen Heiratsantrag, sie sagt Nein. Greta Scacchi und Vincent D'Onofrio in *Salz auf unserer Haut* von Andrew Birkin (D / CDN / F 1992)

In jener Nacht fielen zum ersten Mal alle Schranken, als ob sich unsere Körper schon immer gekannt hätten, und wir tasteten uns voran im Takt der gleichen Lust, bis all unsere Unterschiede sich verwischten, als ob wir aufeinander gewartet hätten, um uns zu lieben und uns ineinander aufzulösen, ohne Ende, denn die Lust an der Lust erschöpft sich nicht durch die Befriedigung der Lust, und in der Tiefe der gerade verklingenden spürten wir schon die ersten Schwingungen der zukünftigen Lust. Wir erlebten eine jener Nächte ohne Dauer, wie sie einem nur ganz selten im Leben widerfahren.

Der Weltbestseller *Salz auf unserer Haut* wurde berühmt als Chronik der Affäre einer hochgebildeten Dame mit einem simplen Seebären, und die dauert ein Leben lang, obwohl sie eine Affäre bleibt. Gibt es so etwas? Der Roman erreichte Millionenauflagen wohl auch deshalb, weil es der Schriftstellerin Benoîte Groult gelang, diese Frage mit einem nachdrücklichen Ja! zu beantworten, womit sie eine Utopie beglaubigte. George wird Professorin, heiratet einen Kollegen, bekommt einen Sohn, lässt sich scheiden, bindet sich erneut – aber es gibt immer auch den Bretonen in ihrem Leben. Gauvain wird Hochseefischer, heiratet seine Marie-Josée und bekommt drei Söhne – aber es gibt immer auch die Pariserin in seinem Leben. Oft vergehen Jahre, einmal sogar ein Jahrzehnt zwischen ihren geheimen Rendezvous, aber ohne diese Rendezvous könnten beide nicht sein. Erst als Gauvain, aufgerieben von seinem harten Beruf, mit 57 Jahren stirbt, endet diese Amour fou, die für beide das erotische Versprechen, das wohl jede Liebe in ihren Anfängen aufbietet, ein Leben lang gehalten hat.

Anfangs ist es schwierig. Nach der ersten Liebesnacht am Strand entschuldigt sich Gauvain für sein Ungestüm – denn schließlich ist er mit einer anderen verlobt, und seine Moral verbie-

DER WAHRE FREMDE

Die Geschichte von George und Gauvain ist anteilweise autobiographisch. Zwar war der »echte« Gauvain kein bretonischer Fischer, sondern ein amerikanischer Soldat, aber die Sache, um die es geht, die lebenslange erotische Bezauberung zweier Fremder, hat sich so ähnlich wirklich abgespielt. Groult hat den Roman erst geschrieben, als sie sicher sein konnte, keinen Beteiligten mehr zu verletzen. Über die Einwände von Feministinnen, sie habe sich einem erotischen Machismo unterworfen, konnte sie, die selbst in der Frauenbewegung aktiv war, nur lachen.

tet ihm den Seitensprung. Doch genau den will George – sie will ihr Leben in der Pariser intellektuellen Boheme fortführen, ohne diesen gänzlich unpassenden Naturburschen an ihrer Seite. Aber ihn hin und wieder sehen und mit ihm das körperliche Glück genießen, das er und sie einander geben können, das möchte sie schon. So kommt es zu einer ernsten Krise, als er in Paris auftaucht und sie bittet, ihn zu heiraten. Sie sagt Nein und versucht, ihm zu erklären, dass es keine echte Chance für ein Zusammenleben gäbe – da sie ja doch in verschiedenen Welten zu Hause seien und sie nie und nimmer als Fischersfrau in der Bretagne existieren könnte. Er versteht sie nicht und versteht sie doch und reist tief verletzt ab. Aber die Sehnsucht ist stärker. Sie begegnen sich erneut, das nächste geheime Rendezvous steht in Aussicht. Und so geht es weiter, über die Jahrzehnte und an den fernsten Enden der Welt, in Montreal etwa oder auf den Seychellen. Wie eng sie zueinander gehören, zeigen ihre Abschiede, die immer herzzerreißend sind. Oder ihre Telefonate.

»Hast du schon mal einen Mann am Telefon weinen sehen? Jedesmal, wenn ich mich von dir trenne, ist es, als würde etwas in mir absterben. Ich sag dir das jetzt, weil schreiben könnt' ich's nicht. Sogar wenn ich dich hasse, liebe ich dich. Verstehst du das?« George kann kaum sprechen. Gauvin sagt ihr, dass er froh war über ihre Traurigkeit und ihren Ärger, als er ihr eröffnet hat, er werde nun nach Südafrika gehen. Die Vorstellung, er könne unerreichbar für sie sein, lässt sie verzweifeln. Aber er ist

■ »In jener Nacht fielen zum ersten Mal alle Schranken, als ob sich unsere Körper schon immer gekannt hätten …« Szene aus der Verfilmung von Andrew Birkin mit Greta Scacchi und Vincent D'Onofrio

nicht besser dran. Er verblüfft sie mit seinem Bekenntnis zu Hass und Liebe. *Wie üblich wird Gauvain intelligent, wenn er unglücklich ist. Wenn er friedlich ist, wenn er sich freut und wenn er Spaß machen will, dann findet George ihn doof. Eine merkwürdige Sache ist das mit der Liebe!*

Er lacht, wie sie es mag. Sie haben trotz allem ihre Kennwörter, eine ganze Sammlung von Anspielungen, Witzeleien, gemeinsamen Assoziationen, ohne die eine Liebesgeschichte nur ein Sexabenteuer wäre.

■ Gegensätze ziehen sich an – aber kann das Glück von Dauer sein? Greta Scacchi als George und Vincent D'Onofrio als Gauvin in *Salz auf unserer Haut* von Andrew Birkin

Es begann mit einem Sexabenteuer, es ging weiter als Sexabenteuer, aber dann erwachte das Herz und beanspruchte seinen Anteil an dieser sonderbaren, prekären und beglückenden Leidenschaft. Schauplatz von Gauvains und Georges Verbundenheit bleibt das Bett, aber ohne ihr Gefühl, das mit jedem unkeuschen Kuss weiter wuchs, hätten sie einander doch vergessen. Und woher kam das Gefühl? Bei zwei Menschen, die nicht nur in unterschiedlichen Milieus verkehrten, sondern sich auch in ihren Lebensstilen, in ihrer Sprache und in ihren Wertvorstellungen so fern und fremd waren, dass sie einander oft genug auf schmerzhafte Weise missverstanden, bei zwei Menschen, die nichts, aber auch gar nichts gemein hatten außer ihrem Begehren? Es kam eben daher, es kam aus der Radikalität des Begehrens und aus der Tiefe der Erfüllung. Dass der Sexus, wenn er nur seinem eigenen Gesetz gehorche, notwendig egomanisch, volatil und von kurzem Gedächtnis sei, wie oft behauptet wird, widerlegt Groult mit dieser Liebesgeschichte zwischen der Professorin und dem Seemann. Allerdings kommt da noch eine weitere Bedingung hinzu: die Verborgenheit, die Heimlichkeit, die Verschwörung, die sich gerne mit dem Sex verbündet. Dennoch, die Grundthese bleibt mutig: Groult zeigt, dass das Gefühl die Kraft hat, das angeblich flüchtige sexuelle Verlangen in der Erinnerung so zu verankern, dass es immer wieder neu entzündet werden kann.

BENOÎTE GROULT

BIOGRAPHIE

Benoîte Groult wird am 31. Januar 1920 in Paris geboren. Ihre Mutter ist eine sehr bekannte Modedesignerin, ihr Vater ist der Innenarchitekt André Groult, Benoîte und ihre jüngere Schwester Flora wachsen in der gehobenen Gesellschaft auf. Benoîte studiert Literaturwissenschaft, danach ist sie als Fernsehjournalistin tätig. 1943 heiratet sie Blaise Landon, der nur wenige Monate später stirbt. Mit ihrem zweiten Ehemann, dem Journalisten und Fernsehmoderator Georges des Caunes, hat sie zwei Töchter. Ihre ersten drei Bücher schreibt sie zusammen mit Flora, 1972 veröffentlicht sie den ersten Roman, den sie allein verfasst hat: *Die Dinge wie sie sind*. Sie heiratet ein drittes Mal, nun wird der Schriftsteller Paul Guimard ihr Ehemann. Das Paar hat eine gemeinsame Tochter. Guimard stirbt 2004. Groult wird im April 2010 zur Kommandeurin der Ehrenlegion ernannt. Sie lebt in Paris. – Zu Groults Werk gehören *Ödipus' Schwester. Zorniges zur Macht der Männer über die Frauen* (1975), *Leben will ich* (1983), *Wie die Freiheit zu den Frauen kam. Das Leben der Pauline Roland* (1991) und *Salz des Lebens* (2006). Zusammen mit ihrer Schwester Flora schrieb sie u. a. *Tagebuch vierhändig. Eine Chronique intime* (1962) und *Es war zweimal* (1968).

WISSENSWERTES

Pauline Roland

Benoîte Groult schrieb eine Biographie über Pauline Roland (1805–1852), eine französische Feministin und Sozialistin. Da Rolands Mutter dafür sorgte, dass ihre Tochter eine solide Bildung erhielt, kam sie mit den Thesen Claude Henri de Rouvroys in Berührung, der den französischen Sozialismus begründet hatte, und wurde zu einer begeisterten Verfechterin seiner Ideologie. Sie zog nach Paris und schrieb für feministische Zeitungen, gehörte bald zum Kreis um George Sand. Zwölf Jahre lang führte sie eine »offene Beziehung« mit Jean Aicard und bestand darauf, dass die beiden Kinder – und ein weiteres Kind von einem anderen Mann – ihren Namen trugen und von ihr erzogen wurden. Mit Jeanne Deroin und Gustave Lefrançais gründete sie einen Verband sozialistischer Lehrer, der sich für die Gleichberechtigung der Geschlechter einsetzte. Außerdem engagierte sich Roland in der Gewerkschaftsbewegung. Im Oktober 1849 wurde sie in das Zentralkomitee gewählt. Im folgenden Jahr ließ die Regierung Roland und 49 weitere Aktivisten verhaften. Man warf ihr Sozialismus, Feminismus und einen unsittlichen Lebenswandel vor und verurteilte sie zu sieben Monaten Gefängnis. Nach ihrer Freilassung engagierte sie sich gegen den Staatsstreich Louis Napoleons – später Kaiser Napoleon III. – im Dezember 1851 und wurde erneut inhaftiert, diesmal in Algerien. Prominente Fürsprecher, darunter George Sand, erwirkten ihre vorzeitige Freilassung, doch war sie durch den Ge-

fängnisaufenthalt so geschwächt, dass sie auf der Heimreise nach Paris erkrankte und in Lyon starb.

EMPFEHLUNGEN

Lesenswert:

Benoîte Groult: *Salz auf unserer Haut*, München 1988

Dies.: *Ödipus' Schwester. Zorniges zur Macht der Männer über Frauen*, München 1995

Dies.: *Gleiche unter Gleichen. Männer zur Frauenfrage*, München 1995

Dies.: *Die Hälfte der Erde. Aufsätze zur Frauenfrage*, München 1994

Dies.: *Meine Befreiung*, Berlin 2009 (Autobiographie)

Dies., Flora Groult: *Juliette und Marianne. Zwei Tagebücher einer Liebe*, München 1966

Sehenswert:

Salz auf unserer Haut. Regie: Andrew Birkin; mit Greta Scacchi, Vincent D'Onofrio. D / CDN / F 1992

Die Dinge des Lebens. Regie: Claude Sautet; mit Michel Piccoli, Romy Schneider. F / I / CH 1970 (nach einem Roman von Paul Guimard)

AUF DEN PUNKT GEBRACHT

Wie sich in eine Beziehung, die anfangs ganz vom Sex regiert wird, nach und nach die Liebe einschleicht.

KLEINES GLOSSAR DER EROTIK

Affäre Französisch *affaire* bedeutet »Angelegenheit, Vorfall«, verschmolzen aus der Wendung *avoire à faire*, »zu tun haben«. Eine Liebesaffäre ist nichts Dauerhaftes wie ein Verhältnis, dennoch kann sie sehr ernsthaft, zuweilen auch tragisch sein.

Amour fou Der Begriff kommt aus dem Französischen und bedeutet wörtlich »verrückte Liebe«. Die Amour fou trifft die Liebenden wie ein Blitzschlag und lässt sie nicht mehr los, ganz gleich, was geschieht. Oft zwingt sie die Liebenden, sich gegen gesellschaftliche Konventionen zu stellen, wodurch sie in große Gefahr geraten können. Doch darüber denken die Betroffenen nicht nach – die Amour fou ist stärker als die Vernunft.

Beischlaf Der Geschlechtsakt findet meist im Bett statt, das in der Regel dem Schlafen dient. So entstand die Umschreibung »bei jemandem liegen« oder »bei jemandem schlafen« für »mit jemandem Sex haben«. Genauso erklärt sich das ältere Wort »Beilager«.

Buhlerin Ein altes Wort für »begehren« lautet »buhlen«. Eine Buhlerin oder Buhle war

eine Frau, die einen Mann oder mehrere Männer begehrte. Da eine Frau sich aber nur begehren lassen sollte, anstatt von sich aus die Initiative zu ergreifen und eigene Ansprüche zu stellen, wurde das Wort im Lauf der Zeit fast gleichbedeutend mit »Hure«.

Charmeur Wörtlich ist ein Charmeur »einer, der bezaubert«. Dahinter steht die Vorstellung, ein Mann müsse eine Frau für sich gewinnen, sie »charmieren«, sie bezaubern. Ist er dabei erfolgreich, findet sie ihn charmant.

Dame Die Dame war einst die Herrin, die der französische Minnesänger zu preisen hatte. Ihre deutsche Entsprechung war die *frouwe*, die hohe Frau, im Unterschied zum *wip*, dem einfachen Weib. Noch heute wird mit der Bezeichnung Dame eine gewisse Erhabenheit und Unnahbarkeit assoziiert.

Dandy Der Typ des Dandy bildete sich Mitte des 19. Jahrhunderts in London heraus. Im Sinne des Ästhetizismus machte er sein Leben zum Kunstwerk, versuchte, sich sowohl von der Arbeiterschicht als auch vom Bürgertum abzugrenzen, und achtete sehr

auf eine gepflegte Erscheinung und kultiviertes Benehmen. Als Prototyp eines Dandy kann noch heute der irische Schriftsteller Oscar Wilde gelten.

Dirne Ursprünglich bedeutet das Wort einfach »Mädchen«, wie das norddeutsche Deern oder das bayerische Dirndl. Da junge, unverheiratete Mädchen aber oft nur als Sexualobjekt wahrgenommen wurden, machte das Wort den Bedeutungswandel zur »Hure« durch.

Don Juan Die Sage von Don Juan, dem Prototyp eines Frauensammlers, ist schon recht alt. Ihre bekanntesten Bearbeitungen stammen von Molière und von Mozart (*Don Giovanni*). Die Liste der Amouren des Don Juan war so lang, dass sein Diener Leporello sich die Namen nur mit Hilfe eines langen, ziehharmonikaartig gefalteten Blatts Papier merken konnte (das heute nach ihm benannt ist). Mehr noch als ein Casanova, der stets mit Rücksicht auf die Frauen agiert, gilt ein Don Juan als kompromissloser Draufgänger, dem keine Sexualmoral heilig ist und der versucht, sein Leben in vollen Zügen auszukosten – und wenn er dabei über Leichen gehen muss.

Ehe Die Ehe war anfangs einfach nur ein Vertrag: über Eigentums- und Erbverhältnisse und, wie Immanuel Kant es formuliert, den »wechselseitigen Gebrauch der Geschlechtswerkzeuge«. Erst im späten 18. Jahrhundert wurde die Liebesehe zum gesellschaftlichen Ideal. Was nicht bedeutet, dass dieses Ideal immer erreicht wird – Liebe lässt sich nicht vertraglich absichern.

Eifersucht »Eifersucht ist eine Leidenschaft, die mit Eifer sucht, was Leiden schafft« – so schrieb einst Franz Grillparzer. Dass der oder die Liebende fürchtet, die Partnerin oder den Partner zu verlieren, ist Teil der Liebe. Erst wenn die Angst vor dem Verlassenwerden zu ständigem Misstrauen führt, wird aus einer gesunden Eifersucht jene gefürchtete Raserei, die manchem erotischen Text die Würze verleiht, die aber im Alltag in der Tat eher Leiden schafft.

Erotomane Der Erotomane ist ein Liebes- oder Sexsüchtiger, der fortwährend sexuelle Erlebnisse und damit Bestätigung braucht. Eine erotomane Frau wurde früher auch als Nymphomanin bezeichnet.

Eskapade Im Wortsinn ist die Eskapade eine Flucht. Eine erotische Eskapade ist eine Flucht aus dem Ehealltag, ein sexuelles Abenteuer.

Flirt Damit wird meist ein erster subtiler Kontakt bezeichnet, der oft nur aus einem Tausch der Blicke besteht. Flirten im Sinn von »kokettieren«, also andeuten, dass man an dem anderen ein erotisches Interesse hat, wurde im 19. Jahrhundert aus dem Englischen entlehnt, wo to flirt »herumflattern« oder »sich schnell bewegen« bedeutet. Das englische Wort wiederum stammt möglicherweise aus dem Altfranzösischen, wo fleureter »schmeicheln, den Hof machen« heißt. In fleureter steckt fleur – auch im Deutschen sagen wir es noch heute mit »Blumen«, wenn wir jemanden mögen.

Galan Ein Spanier, der seine gala, seine Festkleidung trug, war ein Galan. Ein solcher war aber nicht nur gut gekleidet, er verfügte auch über gute Manieren, er war also den Damen gegenüber stets zuvorkommend, eben: galant.

Geschlecht Das Wort Geschlecht gehört zu dem Verb »schlagen« und meint eigentlich »das, was in dieselbe Richtung schlägt«, also »zu einer Art gehört«. Ursprünglich gebrauchte man das Wort im Sinne von »Abstammung«, wie in »Adelsgeschlecht«. Erst im Laufe der Zeit entwickelte sich die Bedeutung wie in »die Geschlechter«, als Begriff zur Unterscheidung von Mann und Frau. Ähnlich verhält es sich mit dem lateinischen genus, das ursprünglich auch »Art, Gattung« bedeutete und erst später der sexuellen Differenzierung diente. Aus dem lateinischen pars genitalis wurde im 18. Jahrhundert die Lehnübersetzung »Geschlechtsteil«.

Geschlechtsakt Die präziseste Bezeichnung für die körperliche Vereinigung. »Beischlaf« lässt das Wesentliche aus, »Liebesakt« trifft es nicht ganz, denn der Geschlechtsakt setzt keine Liebe voraus. »Kopulation« ist ein medizinischer Begriff, genau wie »Koitus«; das beschreibt nur das bloße Ineinanderbringen der Geschlechtsteile, was nur ein Aspekt des Geschlechtsakts ist. Daran wird deutlich: Sex ist ein Tabu, mit dem sich die Sprache bis heute schwer tut.

Godemiché Das veraltete Wort für »Dildo« wurde zwar aus dem Französischen entlehnt, ist aber ursprünglich eine Verballhornung des lateinischen gaude mihi, »erfreue mich«. Der Godemiché wurde im 18. Jahrhundert erfunden. Einige Modelle konnten sogar die männliche Ejakulation simulieren.

Hetäre Im antiken Griechenland war die Hetäre eine käufliche »Gefährtin«. Keine einfache Straßenhure, sondern eine Frau, die dazu ausgebildet war, ihre Kunden geistreich zu unterhalten, etwa durch einen musikalischen Vortrag oder durch Gespräche auf hohem intellektuellen Niveau. Die Hetäre war der japanischen Geisha oder der Kurtisane vergleichbar.

Hochzeit Das Fest anlässlich der Heirat war und ist für viele Menschen tatsächlich eine »hohe Zeit«, der wichtigste Tag im Leben. Mit der Hochzeitsnacht wird »die Ehe vollzogen«. Erst danach ist die Ehe der Tradition nach (und bis heute nach dem Recht der katholischen Kirche) gültig.

Hörner aufsetzen Die Wendung bedeutet »den Ehemann betrügen«, genauso wie »jemanden zum Hahnrei machen«. Mit Hahnrei bezeichnete man früher einen kastrierten Hahn. Ihm wurden die abgeschnittenen Sporen in den Kamm eingesetzt, damit man ihn als kastriertes Tier in der Hühnerschar erkennen konnte. Die Sporen wuchsen dort weiter und sahen aus wie Hörner. Der »gehörnte Ehemann« gilt also in gewisser Weise als entmannt, er ist kein echter Kerl mehr, weil seine Frau ihn betrogen hat.

Hure Die indoeuropäische Wurzel des Wortes Hure, karo-s, bedeutet ursprünglich »lieb, begehrlich«. Eigentlich ist die Hure also ein »Liebchen«. Doch im Althochdeutschen gibt es bereits die Bezeichnung huorōn für »außerehelichen Beischlaf treiben«. Eine Hure war also nicht unbedingt eine professionelle Prostituierte, sondern jede junge Frau, die sich ohne Trauschein mit einem Mann einließ, galt der Gesellschaft als Hure. Im Mittelalter nannte man die berufsmäßigen Huren euphemistisch »Hübsch(l)erinnen«, später kam die Bezeichnung »Kurtisane« für Edelhuren mit festen, zahlungskräftigen Kunden auf. Auch von »Dirne« oder »Gunstgewerblerin« war die Rede. Heute spricht man politisch korrekt meist von »Prostituierten«. Doch wertfrei ist die Bezeichnung nicht: »Sich prostituieren« bedeutet »sich zum Verkauf ausstellen«. Deshalb nennen sich die Prostituierten selbst wieder Huren, da dieser Begriff keine moralische Wertung enthält.

Koketterie Wenn jemand »kokett« seine Reize ins Spiel bringt, dann balzt er im Grunde wie ein Gockel. Genau das meint das Wort »kokett«: Lateinisch coccus ist der Hahn, genau wie der englische cock oder der französische coq. Im übertragenen Sinn bedeutet »kokett« so viel wie »eitel« oder »gefallsüchtig«. Ein cocotte ist ein Hühnchen, woraus im 19. Jahrhundert der Begriff »Kokotte« für eine Hure wurde.

Konkubine Im Wortsinn ist eine Konkubine eine Frau, die mit einem Mann das Bett teilt. Gemeint ist aber eine Nebenfrau, eine ständige Geliebte neben der Ehefrau. Konkubinen wurden und werden meist von der Gesellschaft toleriert.

Kupplerin Das mittelhochdeutsche Wort kuppeln (auch: koppeln) heißt »an die Koppel legen, binden, fesseln, vereinigen«. Daraus entwickelte sich die Bedeutung »eine Heirat vermitteln«. Ein Kuppler oder eine Kupplerin vermittelte aber auch außerehelichen Sexualverkehr.

Kurtisane Eine Kurtisane ist eigentlich nichts anderes als eine »Hofdame«, so die Wortbedeutung. Sie ist keine gewöhnliche Hure, sondern die Geliebte wohlhabender, einflussreicher Männer, von denen sie sich aushalten lässt. Wie die antike Hetäre bietet sie neben sexuellen Diensten auch geistreiche Gespräche, sie ist eine gebildete Frau.

Liaison Wörtlich ist die Liaison eine »Verbindung«. Im alltäglichen Sprachgebrauch ist damit jedoch in der Regel eine nicht- oder außereheliche Liebesbeziehung gemeint.

Libertin Ein Libertin sieht sich als »freier« Mensch, das ist die Wortbedeutung. Er ist aber nicht nur frei, sondern auch »freizügig«, nimmt sich also vor allem auf sexuellem Gebiet seine Freiheiten. Dabei setzt er sich selbstbewusst über Religion und Moral hinweg, was ihn in den Augen der »braven Bürger« zum Inbegriff der Gottlosigkeit macht. Die große Zeit der Libertins war das späte 18. und frühe 19. Jahrhundert.

Lust Man kann sowohl »Lust haben« als auch »Lust empfinden« – das Wort drückt also zugleich Begehren und Genuss aus. Beides gehört in der Erotik zusammen, macht sie zu einem dynamischen Prozess. Für Sigmund Freud, den Begründer der Psychoanalyse, war das »Lustprinzip« die Kraft schlechthin, die das menschliche Leben bestimmt. Die wissenschaftliche Bezeichnung für die sexuelle Lust, für den Geschlechtstrieb, lautet Libido.

Mätresse In der französischen Schreibweise wird schnell deutlich, dass die maîtresse die »Meisterin«, die »Herrin« ist. Die Bezeichnung schmeichelt der Geliebten, erhöht ihre Position im Vergleich mit der Ehefrau. Und oftmals entsprach es der Realität, dass eine Mätresse große Macht über ihren Liebhaber hatte, so etwa Madame Pompadour, die Geliebte des französischen Königs Ludwig XV.

Ménage à trois Eine *ménage à trois* ist ein »Dreierhaushalt«. Diese Konstellation entsteht, wenn ein Mann zwei Frauen liebt oder eine Frau zwei Männer oder eine Frau einen Mann und eine Frau, und so weiter – gemeint ist jede Form von Dreiecksverhältnis. Idealerweise sind bei einem solchen Dreiecksverhältnis alle Beziehungen gleichgewichtig und werden auch sexuell ausgelebt, allerdings ist diese Konstellation selten von Dauer. Eine berühmte *ménage à trois* bildeten Anaïs Nin und Henry und June Miller.

Obszönität Das lateinische *obscenus* bedeutet »unanständig, schmutzig, schlüpfrig, anstößig«. Höchstwahrscheinlich ist jedoch der Wortsinn ein anderer, nämlich »abseits der Bühne«. Obszön ist etwas, das so sehr das menschliche Schamgefühl verletzen kann, dass man es nicht auf einer Bühne, also »szenisch«, darstellen sollte. Tut man es dennoch, bricht man ein Tabu – und das ist wiederum eine der Aufgaben von Kunst.

Rendezvous Die wörtliche Bedeutung von Rendezvous ist »Verabredung, Versammlung«. Im Deutschen meinte es aber stets die *heimliche* Verabredung, das Stelldichein zweier Liebender. Heute findet ein Rendezvous auch im Deutschen in aller Öffentlichkeit statt. Zudem ist das Wort aus der Mode: Man hat wohl eher ein »Date«.

Romanze Ist etwas romantisch, dann ist es »wie im Roman«, wie in einer mittelalterlichen Ritterdichtung. Erst im Lauf der Zeit entwickelte sich die Bedeutung »poetisch, gefühlsbetont, phantastisch«. Deshalb nannte man eine bestimmte Form der spanischen Ballade »Romanze«, weil sie so sentimental war. Daraus wiederum entwickelte sich die Bedeutung von Romanze im Sinne einer schwärmerischen Liebschaft. Wie das Musikstück, ist jedoch auch eine Liebesromanze nur selten von Dauer.

Schürzenjäger Der Schürzenjäger ist hinter Frauen her, die Schürzen tragen – also zum Dienstpersonal gehören. Ein Schürzenjäger war ursprünglich ein Mann der gehobenen Schicht, der sich gern einmal in die Küche begab, um mit den Dienstmädchen anzubändeln.

Schwerenöter Die »schwere Not«, die der Schwerenöter heraufbeschwört, ist in erster Linie die seiner Eltern, die wegen seiner Eskapaden um den guten Ruf der Familie bangen, unbezahlte Zechen bezahlen und die Ehre von den Familien der verführten Töchter durch Geld und gute Worte wiederherstellen müssen.

Seitensprung Das verharmlosende Wort für Ehebruch dürfte wohl von den Ehebrechern oder Ehebrecherinnen selbst erfunden worden sein, die darum bemüht waren, ihren Gatten zu erklären, dass der kleine Seitensprung, die kleine Abweichung, sie niemals von der ehelichen Hauptbahn ihres Lebens abbringen werde.

Strich »Auf den Strich gehen« heißt eigentlich »umherstreichen«. Strichmädchen und -jungen leben also auf der Straße, oft ohne festen Wohnsitz. Daher sind sie als Huren billig zu haben und leicht auszubeuten.

Sublimation In der Psychologie wird als Sublimation die Kulturleistung bezeichnet, den Geschlechtstrieb von seinem direkten Ziel, dem Geschlechtsakt, abzulenken und auf produktive Umwege zu schicken. So kann etwa das Verfassen eines Liebesgedichts als Ersatzhandlung für den eigentlichen Akt gedeutet werden.

Techtelmechtel Ein Techtelmechtel ist ein altes Wort für einen Flirt, für eine Liebelei. Die Herkunft ist nicht ganz klar, es ist aber möglich, dass es von dem italienischen *teco meco*, »ich mit dir, du mit mir« kommt.

Tête-à-tête Dieser Begriff für ein Rendezvous kommt aus dem Französischen und bedeutet wörtlich »Kopf an Kopf«. Denn Verliebte schmiegen gern ihre Köpfe aneinander.

Trauung Das mittelhochdeutsche *trūwen* hieß eigentlich »fest werden«, auch »glauben, hoffen, zutrauen«. Seit dem 13. Jahrhundert hat es zudem die Bedeutung »eine Ehe schließen«, im Sinne von »anvertrauen«. Denn eigentlich wurde die Frau dem Mann anvertraut, er sollte sie beschützen, in seine Obhut nehmen. Zugleich schließen die Eheleute aber auch ein »festes Band«, sie versprechen, einander »treu« zu sein, also »stark und fest wie ein Baum« zusammenzuhalten.

Dazu gehören selbstverständlich Vertrauen und Zutrauen.

Tribadie Im antiken Griechenland war eine Tribade eine sehr männliche Frau mit einer vergrößerten Klitoris. Tribadie bezeichnet daher die Sexualpraktik unter Frauen, die äußeren Genitalien aneinander zu reiben. In einem allgemeineren Sinn ist der Begriff »tribadisch« gleichbedeutend mit »lesbisch«.

Verlobung Das Wort Verlobung kommt von »loben«. Im Mittelhochdeutschen hieß das »für lieb halten, lieb nennen, gutheißen«. Und wenn man jemanden für lieb hält, dann möchte man vielleicht die Ehe mit ihm eingehen. Gibt man dieses Eheversprechen, ist man miteinander verlobt. Die Hochzeit ist nicht mehr als die Umsetzung dieses Versprechens in ein Rechtsgeschäft. Deshalb war in manchen Gegenden zu manchen Zeiten die Verlobung noch wichtiger als die Hochzeit.

Zensur »Zensieren« ist aus dem lateinischen *censere*, »begutachten, schätzen, prüfen«, gebildet. Die Zensur ist dementsprechend eine Prüfung. Wird ein literarischer Text »zensiert«, bedeutet das eine »behördliche Prüfung und Überwachung von Druckschriften«. Geprüft wird dabei, ob ein erotischer Text gegen die guten Sitten verstößt.

Zuhälter Ursprünglich war der Zuhälter der Mann, der »zu ihr hält«, der Geliebte einer Frau, und sie war seine Zuhälterin. Da sie nicht miteinander verheiratet waren, lag für den Bürger der Verdacht nahe, dass sie eine Hure und er der Mann war, der sie beschützte und einen Teil ihres Geldes einsteckte. Und so wird es auch gewesen sein, denn wie anders hätte ein »nicht ehrbares« Paar in der Zeit, als das Wort seine moderne Bedeutung erhielt, also etwa im 19. Jahrhundert, seinen Lebensunterhalt verdienen sollen?

PERSONENREGISTER

Fiktive Personen sind *kursiv* gesetzt.
Personen, denen ein Essay gewidmet ist, sind **fett** gesetzt.

BILDNACHWEIS

Der Verlag dankt allen, die uns Bilder zur Verfügung gestellt haben, für die freundliche Genehmigung zum Abdruck. Leider war es uns nicht in allen Fällen möglich, die Rechteinhaber ausfindig zu machen; alle Ansprüche bleiben gewahrt.

akg-images Berlin: Umschlag vorn rechts, Umschlag hinten links, S. 3, 10, 16, 17, 26, 27 und 4, 38, 44, 46, 48, 49, 50 und 5, 52, 58, 59, 62, 69, 91, 101, 104, 105, 108 und 5, 110, 115, 126, 132, 142, 143, 148, 150, 154, 160, 174, 177 rechts, 184 und 4, 188, 191, 204, 212, 217, 244, 272/Album/M. G. M.: S. 220/Album/United Artists: S. 11, 247/Paul Almasy: S. 66, 200, 201/British Library: S. 83 und 5/Cameraphoto: S. 41/CDA/Guillemot: S. 112/Electa: S. 37/Erich Lessing: S. 1, 30, 87, 88, 106, 149/Gilles Mermet: S. 42/Pirozzi: S. 7, 15/Sotheby's: S. 92/Tony Vaccaro: S. 273 · Associated Press: S. 9, 198, 223, 228, 237 · bpk/Antikensammlung, SMB/Johannes Laurentius: S. 22/Lutz Braun: S. 157, 260–261/Kunstbibliothek, SMB: Umschlag hinten rechts, S. 24/Willi Saeger: S. 23 · Bridgeman Art Library: S. 36, 139, 140/© VG Bild-Kunst, Bonn 2010: S. 171 · Cinetext/Sammlung Richter: S. 210, 214 · CORBIS/Sophie Bassouls: S. 211, 254/Bettmann: S. 242/Hulton-Deutsch Collection: S. 182, 192/Sygma: S. 246, 248/Sygma/Apis/Jacques Haillot: S. 224/Sygma/Collection Jean Mascolo: S. 250, 252 · Filmbild Fundus Herbert Klemens: Umschlag hinten Mitte, S. 12, 216, 219 · Filmfotoarchiv Jauch und Scheikowski: Buchrücken, S. 13, 18, 90, 96, 100 und 4, 102, 124, 161 und 5, 162, 167, 176 links und rechts, 186 und 4, 189, 190, 206 rechts und links, 207 rechts und links, 222, 230, 238, 251, 255, 257, 258 · INTERFOTO/Mary Evans Picture Library: S. 6, 32, 128 · picture-alliance/dpa: S. 21, 60, 178, 199, 226, 236, 241/IMAGNO/Austrian Archives: S. 168 und 5/KPA/TopFoto: S. 163, 218, 256/Mary Evans Picture Library: S. 28, 56, 57, 86, 158, 181, 202, 227, 231, 232, 233, 234/maxppp: S. 172, 195/photoshot: S. 240/united archives: S. 93

Gestaltung und Satz: typocepta, Wilhelm Schäfer, Köln
Satz aus der Berthold Concorde und der DTL Caspari
Printed and bound in Singapore by Imago

www.gerstenberg-verlag.de

ISBN 978-3-8369-2627-0